Kohlhammer
Urban Taschenbücher

Band 644

Alfred K. Treml

Philosophische Pädagogik

Die theoretischen Grundlagen
der Erziehungswissenschaft

Verlag W. Kohlhammer

Dieses Werk einschließlich aller seiner Teile ist urheberrechtlich geschützt. Jede Verwendung außerhalb der engen Grenzen des Urheberrechts ist ohne Zustimmung des Verlags unzulässig und strafbar. Das gilt insbesondere für Vervielfältigungen, Übersetzungen, Mikroverfilmungen und für die Einspeicherung und Verarbeitung in elektronischen Systemen.

Alle Rechte vorbehalten
© 2010 W. Kohlhammer GmbH
Gesamtherstellung:
W. Kohlhammer Druckerei GmbH + Co. KG, Stuttgart
Printed in Germany

ISBN 978-3-17-020728-8

Inhalt

Vorwort | 7

1 Theorie
 ...oder doch lieber Praxis? | 9

2 Erkenntnistheorie
 ...oder die Erkenntnis der Erkenntnis | 25

3 Ontologie
 ...oder was ist eigentlich »ist«? | 53

4 Wissenschaftstheorie
 ...oder Wissenschaft als das, was Wissen schafft | 78

5 Methodologie
 ... oder die Brillen der Beobachtung | 115

6 Sprachphilosophie
 ... oder Erziehungswissenschaft als Kommunikation | 147

7 Logik
 ... oder das Collegium Logicum | 173

8 Ethik
 ...oder Vorsicht Moral! | 201

9 Anthropologie
 ...oder warum es in der Pädagogik so menschelt | 239

10 Theorien
... oder die Anarchie pädagogischer Systeme | 282

Literaturverzeichnis | 301

Personenregister | 315

Sachregister | 318

ns Vorwort

Auch nach der Studienreform müssen Studierende des Faches Pädagogik sowohl im Bachelor-Studiengang als auch im Master-Studiengang Seminare und Vorlesungen zu den theoretischen und philosophischen Grundlagen des Faches belegen. Eine dafür konzipierte Literatur ist noch nicht in Sicht. Viele ältere Titel informieren über wissenschaftstheoretische Schlachten vergangener Zeiten und skizzieren so genannte »Theorien der Erziehungswissenschaft«. Das vorliegende Werk unterscheidet sich von dieser Literatur insofern, als es sich auf die theoretischen Probleme des (erziehungs-)wissenschaftlichen Denkens konzentriert und dabei ein Theorieverständnis rehabilitiert, das Theorie als Zurückdenken auf die im Denken in Anspruch genommenen allgemeinen Voraussetzungen versteht. Das ist nichts anderes als Philosophie im klassischen Sinne. Der Titel »Philosophische Pädagogik« bringt diesen Anspruch plakativ zum Ausdruck. Weil dabei ein Fach, nämlich die Erziehungswissenschaft, im Vordergrund steht, führt der Text auch gleichzeitig in deren wissenschaftstheoretische Grundlagen ein.

Der Aufbau des Buches orientiert sich an den traditionellen Kategorien philosophischen Denkens (wie sie insbesondere in der Sprachanalytischen Philosophie gängig sind) und wendet diese auf die Pädagogik an: *Theorie, Erkenntnistheorie, Ontologie, Wissenschaftstheorie, Methodologie, Sprachphilosophie, Logik, Ethik und Anthropologie.* Ich versuche dabei, sowohl über die wichtigsten Erkenntnisse eines philosophischen Nachdenkens zu informieren und dabei bewährte begriffliche Unterscheidungen zu vermitteln, als auch selbst philosophisch an Problemen entlang zu denken und dabei zu zeigen, wie Erkenntnisse in der Erziehungswissenschaft zustande kommen und welche Voraussetzungen dabei unwillkürlich in Anspruch genommen werden. Ob diese – durchaus nicht kongruenten – Ziele tatsächlich erreicht werden, können letztlich nur die Leser entscheiden. Das Buch setzt keine Fachkenntnisse voraus, aber die Bereitschaft, die Anstrengungen des begrifflichen Denkens auf sich zu nehmen. Als Belohnung winken überraschende Einsichten in übersehene Zusammenhänge.

Ich danke allen meinen Mitarbeitern, die mir viele inhaltliche Anregungen gegeben und mich durch ihre kritische Rückfragen gezwungen haben, manches besser und verständlicher auszudrücken – vor allem Julia Kurig, die mir inhaltlich und formal eine große Hilfe war.

Nicht zuletzt geht mein Dank an meinen Doktorvater Karl-Ernst Nipkow. Ihm verdanke ich vor allem die harte Schule des gründlichen philosophischen (Nach-)Denkens und diskursiven Begründens, aber auch die Bereitschaft, auf andere Meinungen zu hören und sie zu überprüfen, bevor man sie übernimmt oder verwirft.

Alfred K. Treml
Hamburg, im April 2010

1 Theorie
...oder doch lieber Praxis?

Der Anfang eines wissenschaftlichen Buches stellt für den Autor eine besondere Herausforderung dar. Wo beginnen, wenn man nicht zu viel, aber auch nicht zu wenig voraussetzen will? Es sind zwei ganz unterschiedliche Gefahren, die da lauern. Die eine Gefahr besteht darin, beim Versuch, den Anfang zu finden, immer weiter zurückzugehen, um das Thema wirklich gründlich vorzubereiten. Ludwig Wittgenstein hat dieses Problem einmal so formuliert: »Es ist so schwer, den *Anfang* zu finden. Oder besser: Es ist schwer, am Anfang anzufangen. Und nicht versuchen, weiter zurückzugehen« (Wittgenstein 1970, S. 123). Die andere Gefahr aber lauert in der ganz entgegengesetzten Richtung, nämlich in der Neigung, möglichst viel von dem schon zu Beginn sagen zu wollen, was erst das Buch im weiteren Verlauf der Lektüre entwickelt. In der Einleitung oder im ersten Kapitel das schon vorwegzunehmen, was erst kommt, hieße jedoch im Extremfall, den Text zu verdoppeln. Das kann niemand wollen. Also was tun? Es bleibt wohl nur, irgendwo in der Alltagssprache mit dem Gedankengang zu beginnen und ihn argumentativ weiterzuentwickeln und dabei die Gefahr in Kauf zu nehmen, dass das dabei in Anspruch genommene Vorverständnis über weite Strecken eine Art »Scheck« ist, der möglicherweise bei manchen Lesern gar nicht gedeckt ist. Das zunächst (etwa im Titel und im Untertitel) nur schlagworthaft in Anspruch genommene Vorverständnis mag noch so vage, ungenau und unklar sein, es erlaubt immerhin, einfach einmal zu beginnen – in der Hoffnung, dass im Verlaufe der Lektüre die Lücken des Verständnisses sich von selbst auffüllen, weil erst der Zusammenhang die Einzelheiten (und die Verbindung der Einzelheiten den Zusammenhang) verständlich machen. Dabei mag zunächst auch ein Argumentieren, das sich assoziativ an einem Gedankengang entlanghangelt (und nicht deduktiv aufgebaut ist) und dabei selbst vor Beispielen und Redundanz (z. B. in

Form von Wiederholungen) nicht zurückschreckt, didaktisch hilfreich sein.

Ich will mit dem Üblichen beginnen und versuchen, im Kontrast dazu die eigene Zugangsweise auf das Thema abzugrenzen. Üblich ist es in den theoretischen Büchern der Erziehungswissenschaft, über »Theorien der Erziehungswissenschaft« zu informieren und einen Überblick über die verschiedenen wissenschaftstheoretischen Schulen, die in der Erziehungswissenschaft gebräuchlich sind, zu geben. Dazu gibt es eine Vielzahl von Büchern, in denen immer die gleichen »Schulen« und/oder »Theorien« oder »Ansätze« vorgestellt, interpretiert und kritisiert werden. Ein weiteres Buch wäre hier also absolut unnötig, denn von einem Mangel auf diesem Gebiet kann man sicher nicht sprechen. Alles wäre schon gesagt, wenngleich auch – frei nach Karl Valentin – »noch nicht von jedem«, und das wäre wahrscheinlich auch der einzige Grund, um das, was an anderer Stelle schon mehrfach gesagt wurde, noch einmal zu sagen (bzw. zu schreiben). Es gibt keinen Mangel an einführender Literatur zu den verschiedenen »Theorien« bzw. wissenschaftstheoretischen »Schulen«, die in der Erziehungswissenschaft gängig sind; ganz im Gegenteil, es gibt eher zu viel an solcher Literatur, und genau dies ist das Problem. Alle diese verschiedenen Ansätze unterscheiden sich (sonst würde man nicht von verschiedenen Ansätzen sprechen) und gleichen sich doch bestenfalls darin, dass sie (aus ihrer Sicht) für die Überzeugung stehen, recht zu haben bzw. besser zu sein als die anderen. Aber wer hat nun recht?

Es kann hier also nicht um eine weitere, neue Variation eines alten Themas gehen. Zumindest nicht nur. Eine philosophische Pädagogik, die diese Bezeichnung verdient und die es in diesem Buch zu entfalten gilt, wird stattdessen zunächst jene theoretischen Grundlagen erziehungswissenschaftlicher Kommunikation erörtern und klären müssen, die den verschiedenen Theorien selbst zugrunde liegen, weil natürlich auch sie Teil der erziehungswissenschaftlichen Kommunikation sind. Erst wenn dies geschehen ist, wird man möglicherweise in der Lage sein, auf der Basis des Gemeinsamen die Unterschiede zu erkennen und zu bewerten, aber auch vor dem Hintergrund der heterogenen Vielfalt die gemeinsame Funktion von Theorienpluralität zu entdecken. Ein solches »philosophisches« Vorgehen kann man auch als »theoretisch« bezeichnen, weil damit ein bestimmtes, einflussreich gewordenes Verständnis von Philosophie in Anspruch genommen wird, das den Theoriebegriff in einem ganz bestimmten (noch zu klärenden) Sinne an prominenter Stelle in Anspruch nimmt.

Philosophie

Philosophie in diesem Sinne ist ein Zurückdenken auf die impliziten Voraussetzungen, die man gewöhnlich übersieht, weil man sich einer Sache nicht theoretisch, sondern praktisch nähert. Theoretisch an eine Sache gehen, heißt zunächst einmal, *Abstand* von ihr zu nehmen, gedanklich auf *Distanz* zu gehen und damit ein artifizielles Verhältnis zum Erkenntnisgegenstand einzunehmen, das gerade nicht alltäglich ist. Das steht deutlich im Gegensatz zu unserem gewöhnlichen Verständnis eines Begriffs von »Praxis«, der ein enges Verhältnis von erkennendem Subjekt und erkanntem Objekt unterstellt und die Vermittlung als Handeln erfährt (Praxis als das »ändernde Handeln und Erfahren«) und auch den Begriff der *poiesis*, also des »herstellenden Machens«, umfasst. Theoretisch wird es, wenn man das in unserer lebensweltlichen Praxis aufgehobene Allgemeinverständliche und Selbstverständliche problematisiert und hinter dem Konkret-Erfahrenen das Abstrakt-Allgemeine sucht. Philosophisch wird ein solches kontemplatives Verhältnis eines Denkens, das ein Allgemeines »schaut«, dann, wenn man die Praxis mit einer skeptischen Grundhaltung überschreitet und die theoretisch eingenommene Distanz dazu benützt, um die impliziten Voraussetzungen des Erkennens, des Denkens und Handelns reflexiv zu beobachten, die man gewöhnlich zu übersehen pflegt.

Dieses Philosophieverständnis ist in der Philosophie und in der philosophischen Pädagogik seit der frühen Antike – also etwa seit den Sophisten – bekannt und in der Pädagogik neben den Sokratischen Dialogen vor allem durch das platonische Höhlengleichnis (aus dem 7. Buch der Politeia) auch bildungstheoretisch einflussreich geworden, denn Bildung im Sinne Platons wird hier als eine besondere Form der »Umwendung« beschrieben, die gerade für die theoretische Lebensform charakteristisch ist. Es ist eine Umwendung in der geistigen Aufmerksamkeit: weg vom

Offensichtlichen und Selbstverständlichen und hin zu dem dahinter liegenden und begründenden Nichtoffensichtlichen und Nichtselbstverständlichen. Die Pointe dieses Gleichnisses besteht in der paradoxen Erkenntnis, dass gerade das Allgemeinverständliche, das Immer-schon-Bekannte, das am wenigsten *Er*kannte ist – oder anders gesagt: dass man gerade im immer genaueren Hinsehen die Wirklichkeit verfehlen kann und es eine Erkenntnis gibt, bei der das »Wegsehen förderlicher ist als das Hinsehen« (sinngemäß Blumenberg 1989, S. 172) –, gemeint ist natürlich ein Wegsehen vom praktischen Bezug des alltäglichen Handelns (hier: der pädagogischen Praxis in den diversen pädagogischen Praxisfeldern) und mit »Umwendung« oder »Umkehr« die artifizielle theoretische Schau des implizit Vorausgesetzten, das wir in der Praxis gerade übersehen. Statt »wegsehen« kann man auch »absehen« sagen, wenn man das Charakteristische einer theoretischen Beziehung bezeichnen will: »Im Absehen von dem primär erfahrbaren und vertraut gewordenen Ganzen unserer Welt entwickelte sie sich zu einer Erkenntnis durch isolierende Erforschung beherrschbarer Zusammenhänge« (Gadamer 1987, S. 217)[1].

Aber warum dieser Aufwand? Die Antwort muss lauten: Erst durch den gedanklichen Umweg und aus der damit gewonnenen artifiziellen, nichtalltäglichen Distanz zum Gegenstand wird der Vergleichshorizont der Beobachtung so erweitert, dass auch die übersehenen Zusammenhänge, insbesondere jene Voraussetzungen, die Bedingungen seiner Möglichkeit sind, in den Blick kommen können. Unsere sinnliche Wahrnehmung und unsere aktuelle (bewusste) Aufmerksamkeit sind in mehrfacher Weise begrenzt: zunächst durch die angeborenen Grenzen unserer natürlichen Sinne und Anlagen. Man bezeichnet diesen Raum der begrenzten Wahrnehmung, an die der Mensch von Natur aus angepasst ist, auch als »Mesokosmos«, weil er jene mittlere Dimension umfasst, die zwischen Mikro- und Makrokosmos angesiedelt und durch sinnliche Erfahrung unmittelbar zugänglich

---

1 Die hier gebrauchte Herrschaftsmetaphorik ist allerdings nicht unproblematisch. Besser wäre es, von »verstehbaren Zusammenhängen« zu sprechen.

ist[2]. Dieser Erfahrungsraum wird zusätzlich begrenzt und geformt durch kulturell und individuell gelernte Relevanzstrukturen. Hier »wohnen« wir gewöhnlich in unseren kulturellen und individuellen Gewohnheiten, die – durch Sozialisations- und Erziehungsprozesse vermittelt – uns Sicherheit verleihen. Theoriearbeit macht diese Beschränkungen wieder sichtbar und damit Unvergleichliches vergleichbar. Auf einmal kommen Zusammenhänge in den Blick, die uns bislang verborgen geblieben sind. Wir können plötzlich Dinge vergleichen, die bislang unvergleichbar schienen – und das ist schließlich das basale Kennzeichen jeder Erkenntnis: Alles Erkennen ist Vergleichen, wusste schon der im 14. Jahrhundert lebende Nikolaus von Kues[3], und Niklas Luhmann ergänzte und radikalisierte diese Einsicht über 600 Jahre später mit den Worten: »Absolute Unvergleichbarkeit belegt immer nur einen Mangel an Abstraktionsvermögen...« (Luhmann 1983, S. 366).

Damit haben wir die charakteristische Eigenschaft der philosophischen Theoriearbeit auf den Punkt gebracht und gleichzeitig

---

2 Der Begriff wurde vor allem durch Gerhard Vollmer geprägt. Er schreibt: »Die Welt, an die sich unser Erkenntnisapparat in Jahrmillionen der Evolution angepaßt hat, weil er sie wahrnehmend und handelnd zu bewältigen hatte, ist nur ein Teil der wirklichen Welt. Es ist eine Welt der mittleren Dimensionen; sie reicht von Millimetern zu Kilometern, von Sekunden zu Jahren, von Gramm zu Tonnen. Diese Welt nennen wir ›Mesokosmos‹« (Vollmer 1985, S. 42). Der Mesokosmos ist die kognitive Nische des Menschen, »also jener Ausschnitt der realen Welt, den wir wahrnehmend und handelnd, sensorisch und motorisch, bewältigen« (Vollmer 1985, S. 77). Die Überschreitung der Grenzen des Mesokosmos durch *Theorie* findet allerdings nicht in Richtung Mikro- oder Makrokosmos statt, sondern geht denkend noch einmal hinter die Möglichkeit zurück, etwas zu erfahren (sei es aus dem Mikro-, Meso- oder Makrokosmos), und insofern ist der Begriff des »Transzendierens« (als Prozessbegriff) vielleicht der bessere.

3 Das genaue Zitat lautet etwas anders: »Alles Forschen geschieht also durch Vergleichen« (Kues 1970, S. 7), und wenige Zeilen später heißt es genauer: »Alle Forschung besteht also im Setzen von Beziehungen und Vergleichen ...« (dito). Das Ziel des Forschens ist allerdings Erkenntnis, und die höchste Form der Erkenntnis ist jene, die sich ihrer Einbettung in die Unwissenheit bewusst ist. Cusanus nennt dies die »belehrte Unwissenheit«.

ihre Funktion angedeutet. Man kann diese Funktion – in einer ersten Annäherung – in der (geistigen) Überschreitung der sinnlich wahrnehmbaren (konkreten) Welt und der dadurch möglichen Erkenntnis von abstrakten Beziehungen erkennen, die Vergleiche von bislang Unvergleichlichem ermöglichen. Die »reale« Welt unserer Praxis wird gerade verlassen, überschritten bzw. »transzendiert«, um komplexe und unanschauliche Zusammenhänge zu erkennen, die uns sonst verborgen bleiben. Die Leistungsfähigkeit einer theoretischen Haltung gründet also in ihrem weiten Blick für komplexe Zusammenhänge, die sich der sinnlichen Wahrnehmung entziehen.

Theoriearbeit

Diese planmäßige Ausweitung unseres begrenzten Wahrnehmungshorizontes ist allerdings nicht kostenlos zu haben. Man muss dafür einen Preis bezahlen, denn man verzichtet zunächst einmal auf die entlastende Behaglichkeit des Selbstverständlichen und des nicht weiter Problematisierten und belastet sich stattdessen mit der reflexiven Aufmerksamkeit auf Dinge, die man bisher nur gebraucht, nicht aber hinterfragt hat. Wir verlieren damit ein Stück weit die Selbstsicherheit, die das »Wohnen« im Gewohnten nun einmal ausstrahlt, und damit auch die Nähe zu einer Praxis, in der wir die Dinge zu kennen glauben und die uns deshalb eine vertraute, wenngleich vielleicht trügerische Sicherheit vermittelt. Denken, vor allem Nachdenken, kann gefährlich sein, weil es verunsichern kann. Schon Dante klagte in seiner Göttlichen Komödie: »Mein Denken fraß das Unternehmen auf, das vor dem noch so ganz und fest gewesen« (2. Gesang). Der theoretische Blick auf die Voraussetzungen und übersehenen Bedingungen kann die damit vorgenommene Ausweitung des Blickes nur um den Preis eines Verlustes vornehmen. Nur wenige Merkmale werden abstrahiert und das heißt, dass das Allermeiste weggelassen wird. Der lateinische Begriff »abstraho« heißt denn auch wörtlich: wegschleppen, fortziehen, fortreißen, entfernen. Wir müssen uns also geradezu wegreißen von den Verführungen und Gewohnheiten unserer konkreten Welt. Man muss sich mehr oder weniger gewaltsam fortreißen und davon entfernen, um eine theoretische

Lebensform einzunehmen, die verborgen hinter der bekannten Fassade des Bekannten und Gewohnten haust. Aus der Perspektive des Praktikers scheint das geradezu abstrus zu sein, und tatsächlich bedeutet das lateinische Wort »abstrusus«: verborgen, versteckt, schwer begründbar. Und genau dafür interessiert sich die theoretische (oder philosophische) Haltung, die gegenüber der Praxis eine skeptische Grundhaltung einnimmt.

Diese theoretische Haltung kann selbst als eine praktische Lebensform interpretiert werden, wenngleich als eine Lebensform sui generis. Aristoteles bezeichnete sie sogar als »einzig wahre Praxis«, weil sie selbst das Ziel ihres eigenen Vollzugs ist und nicht unter dem Zwang entfremdeter Arbeit steht (vgl. Vollrath 1989). Sie ist deshalb das Gegenteil von Aktionismus, vielmehr »Selbstbesinnung; die Unterbrechung der blind nach außen zielenden Aktion« (Adorno 1969, S. 172). Diese Selbstbesinnung geht nicht auf die Dinge zu, sondern nimmt einen durchaus künstlich erzeugten Abstand zu ihnen ein, der alleine die Sicht auf das Allgemeine frei macht.

Dieses »Weglassen« durch Abstrahieren beginnt schon bei den benützten Allgemeinbegriffen. Wenn wir beispielsweise in der Pädagogik von »dem Kind« sprechen, dann lassen wir alle Merkmale des Geschlechts, der Größe, der Haarfarbe, des Aussehens, des Namens, der Vorlieben u. a. m. weg und extrahieren alleine ein einziges Merkmal, nämlich die Zugehörigkeit zu einem frühen ontogenetischen Altersabschnitt (und damit – durch den heimlich mitgeschleiften Gegenbegriff – die Abgrenzung zu dem Erwachsenen). Noch schwieriger wird es dann bei Allgemeinbegriffen der Art »Erziehung«, »Begabung«, »Curriculumreform«, weil hier der Ausschließungsraum größer und der Einschließungsraum unklarer wird[4].

Theorie arbeitet ausschließlich mit solchen Allgemeinbegriffen und gebraucht – wenn überhaupt – Eigennamen nur als Exempel oder als Quellennachweise. Wir wissen jetzt auch, warum: Theorie lässt das Allermeiste weg und reduziert ihre Aussagen auf einen überschaubaren Bereich allgemeiner Merkmale, weil sie nur dadurch einen vergrößerten Vergleichshorizont komplexer Bezie-

---

4 Ausführlicher zur Begriffsbildung vgl. das Kapitel 3 zur Sprachphilosophie.

hungen in den Blick bekommt. Deshalb ist Theorie zwangsläufig *abstrakt* und als wissenschaftliche Theorie *allgemein*, denn »Wissenschaft hat als Gegenstand das Allgemeine« (Aristoteles 1971, S. 299)[5].

Theoriearbeit gilt nicht zu Unrecht als schwierig und mühsam. Ihr Anlass ist der *Zweifel* an der Tragfähigkeit der alltäglichen Praxis. Nicht erst seit Descartes, der explizit darauf hingewiesen hat, gründet eine anspruchsvolle wissenschaftliche Theoriearbeit im systematischen Verdacht, dass das, was uns als Praxis erscheint, trügerisch sein kann. Es ist so gesehen der Zweifel, der jeder philosophischen Theorie zugrunde liegt. Damit wird für dieses Buch ein Theorieverständnis in Anspruch genommen, das *griechische* Wurzeln hat und das Verhältnis zur Praxis völlig anders bestimmt, als wir es gewohnt sind. Die Frage, ob Theorie auf Anwendung oder Verwirklichung in der Praxis zielt, wird nämlich ausdrücklich verneint. Ein instrumentelles Theorie-Praxis-Verhältnis wird abgelehnt. Theorie als *theoria* ist eine Lebensform, die sich einer Instrumentalisierung für außerhalb liegende Zwecke verweigert. Sie ist Selbstzweck und Teil eines Reichs der Freiheit, das sich von den Zwängen der Praxis (als Reich der Notwendigkeit) befreit, um damit jene Haltung zu finden, die eine distanzierte »Schau« des Allgemeinen ermöglicht, das sich hinter dem vielen Besonderen (der so genannten »Praxis«) verbirgt[6].

---

5 In den Worten von Herbart: »Die Theorie in ihrer Allgemeinheit erstreckt sich über eine Weite, von welcher jeder Einzelne in seiner Ausübung nur einen unendlich kleinen Teil berührt; sie übergeht wieder in ihrer Unbestimmtheit, welche unmittelbar aus der Allgemeinheit folgt, alle die Details, alle die individuellen Umstände, in welchen der Praktiker sich jedesmal befinden wird, und alle die individuellen Maßregeln, Überlegungen, Anstrengungen, durch die er jenen Umständen entsprechen muß« (Herbart 1982, S. 124f.).

6 Die Metaphorik des »Schauens«, des »Betrachtens« und »Sehens« bringt den Kontrast zu einem handlungstheoretischen Verständnis (z.B. von »Erziehen«) auf den Begriff und erinnert an die etymologischen Wurzeln des Begriffes »Theorie«: »*theoria*« – gr.: Anschauen, Betrachten; »*theorein*«: anschauendes Denken, Überlegen des Allgemeinen – im Gegensatz zu einem ändernden Handeln und Erfahren, wie es der Praxis eigen ist. In Dantes »Göttlicher Komödie« werden die beiden Lebensformen »Theorie« und »Praxis« zu mythischen Personen ver-

Zwei Theorieverständnisse

Dieses griechische Theorieverständnis kann auf eine lange und auch für die Pädagogik einflussreich gewordene Tradition zurückblicken, und es wird auch heute noch metasprachlich erwähnt, objektsprachlich aber nur noch selten vertreten. Es kommt z. B. in der Hermeneutischen Pädagogik dort zum Ausdruck, wo diese darauf beharrt, »ein Bewusstmachen und begriffliches Entfalten des im Vorverständnis unausdrücklich schon Gegebenen« (Bollnow 1969, S. 37) zu leisten und dabei das Gegebene nachdenkend überschreitet – mit dem Ziel: »Bewusstmachung seines Tuns und der Weitung seines Blicks, in der Befreiung von der Zufälligkeit und im tieferen Verständnis der erzieherischen Zusammenhänge im ganzen, durch das er sein Tun besser versteht und im einzelnen Fall auch besser einzurichten lernt« (Bollnow 1969, S. 48). Allerdings wäre es verkehrt, davon konkrete Hilfe im Einzelfall zu erhoffen. Schon Goethe wusste, dass man eigentlich nur dadurch handlungssicher wird, dass man *nicht* alles weiß. Wer viel weiß, verbessert dadurch nicht unbedingt seine Handlungskompetenz, sondern – im Gegenteil – verschlechtert sie. Ein Wissen, das Handlungskompetenz vermittelt, muss sich also auf Weniges beschränken: »Eigentlich weiß man nur, wenn man wenig weiß; mit dem Wissen wächs't der Zweifel« (Goethe 1976, S. 64). Wer alles wüsste, könnte nicht mehr handeln[7].

Nun muss man allerdings innehalten und feststellen: In der Pädagogik dominiert allerdings ein anderes, dazu geradezu konträres Theorie-Praxis-Verständnis. Auf die Ausgangsfrage, ob pädagogische Theorie der pädagogischen Praxis nützlich sein solle, wird gewöhnlich eine bejahende Antwort gegeben und damit auf eine *römische* (und damit jüngere) Tradition zurück-

---

dichtet: Lea und Rahel. Lea bedeutet das tätige praktische, Rahel das beschauliche theoretische Leben: Dieser »ist die Schau genug«, jener »ist's die Tat« (Dante o. J., S. 326).

7 Ein Gott, der alles wüsste, könnte nicht mehr handeln. Er würde an Langeweile leiden. Deshalb, so vermuten kluge Denker, hat er den Menschen als freies Wesen erschaffen und damit die Überraschung – das Nichtwissen – in seine Schöpfung eingebaut: »Die Freiheit des Menschen ist die Voraussetzung dafür, daß Gott sich nicht langweilt« (Blumenberg 1988, S. 88).

gegriffen. Es geht hier ganz unbescheiden um die »fortlaufende Entwicklung pädagogischer Theorien, die für praktische Zwecke in modernen Gesellschaften bereitgestellt werden müssen« (Oelkers 1976, S. 135). Dabei wird ein Wissenschaftsverständnis in Anspruch genommen, das wissenschaftliche Theorien »für praktische Zwecke, als philosophische Hilfe für Handlungszusammenhänge oder als praxisbezogene Handlungswissenschaft« (Oelkers/Neumann 1980, S. 451) versteht bzw. instrumentalisiert. Eine Theorie wird »für eine Praxis konzipiert« (Röhrs 1968, S. 133) – und für nichts anderes. Erziehungswissenschaftler neigen überwiegend diesem Verständnis von Theorie (bzw. Theorie – Praxis) zu. Nach einer Befragung von pädagogischen Hochschullehrern, die Ende der siebziger Jahre durchgeführt worden ist, verstehen 83 Prozent von ihnen die Pädagogik als eine auf Praxis bezogene Handlungswissenschaft (vgl. Horn 1991, S. 193). Die Idee der »Pädagogik als einer praktischen Wissenschaft« ist in der Fachdisziplin eine »tragende Grundüberzeugung« (ebd.), und rund 40 Prozent der diesem Verständnis von Pädagogik zuneigenden Professoren des Faches sind der Überzeugung, dass ihre wissenschaftliche Tätigkeit relativ geradlinig in die Praxis führe (vgl. ebd.). Es dominiert die Meinung, Theorie entstünde aus der Praxis, reflektiere diese und kehre dann mit einer Verbesserungsabsicht in diese zurück. So gesehen ist Pädagogik als Wissenschaft eine angewandte Wissenschaft, die professionelles Wissen für die Praxis vermittelt. Dieses Theorie-Praxis-Verständnis wird z. B. von Otto Friedrich Bollnow mit folgenden Sätzen auf den Punkt gebracht: »Diese Welt erweitert sich im Laufe der fortschreitenden Lebenserfahrung. Wo Schwierigkeiten auftauchen, wo der Umgang gestört ist, da muß der Mensch innehalten und sich besinnen. Da entsteht aus den Interessen der Praxis eine Theorie. Aber es bleibt eine Theorie um der Praxis willen« (Bollnow 1988, S. 78).

Dieses Theorieverständnis impliziert allerdings eine ganze Reihe von problematischen Annahmen und Konsequenzen. Theorie steht hier unter ständigem Legitimationsdruck hinsichtlich ihrer Praxisrelevanz und handelt sich als Dauerproblem das so genannte »Vermittlungsproblem« ein – also das Problem, zwischen pädagogischer Theorie und pädagogischer Praxis vermitteln zu müssen (vgl. Oelkers 1976). Pädagogik sei ein Typ von Wissenschaft, »der sich mit der Vermittlung zwischen Theorie und Praxis befaßt, also mit der Zusammenstellung und Umsetzung wissenschaftlicher Theorien für praktische Zwecke« (Oelkers/Neumann 1980, S. 451). Eine pädagogische Theorie ist dabei in doppelter Weise auf den praktischen Handlungszusammenhang von Erziehung und Unterricht bezogen, nämlich am Anfang und am Ende ihrer Arbeit. Schon ihr Entstehen verdankt sie – nach diesem Verständnis – einer bestimmten, nämlich gestörten (bzw. defizienten) Praxis; sie reflektiert diese, macht diese sich selbst bewusst und neigt sich wieder zu ihr zurück, um sie zu verbessern und gewissermaßen die auslösenden Störungen zu beseitigen. Das Theorie-Praxis-Verhältnis wird als ein instrumentelles Problemlöseverhältnis interpretiert. Theorie erscheint in diesem Denken nur legitim, wenn sie für die Praxis – was immer das auch sei – einen Nutzen hat. Pädagogische Theorie steht damit immer vor einem doppelten Problem: Sie muss ihre Daseinsberechtigung vor dem Richterstuhl der Praxis legitimieren (und ein großer Teil ihrer Texte beschäftigt sich selbstreferentiell mit dieser Legitimierung), und sie muss sich in Bezug auf Praxis problemlösend bewähren – das heißt also, sie muss Wissen produzieren, das dem Praktiker nützt. Das so genannte »Vermittlungsproblem« zwischen Theorie und Praxis (vgl. Oelkers 1976) entsteht erst auf der Basis dieses Theorieverständnisses. Jedoch »der Erfolg der Anstrengungen« lässt »zu wünschen übrig« (Horn 1991, S. 193). Weder sind kausale Gesetze der »Vermittlung« erkennbar, die gelehrt werden könnten, noch ist eine plausible Theorie pädagogischen Handelns zu erkennen, die es auch nur erlaubte, zwischen pädagogischen und nichtpädagogischen Handlungen zu unterscheiden. Trotz alledem dominiert in der gegenwärtigen Pädagogik dieses Theorieverständnis mit einer Ausschließlichkeit, die sich jedem alternativen Denken geradezu trotzig verweigert oder dieses mit einem Sinnlosigkeitsverdikt belegt. Eine theoretische Pädagogik sei nur dann »begründbar und sinnvoll«, wenn sie diese »Vermittlung zwischen Theorie und Praxis« leiste (Oelkers/Neumann 1981, S. 627)[8].

---

8 Unter dem Anspruch der Vermittlung erscheine die Distanz von Theorie und Praxis als »hochgradig dissonant und führe zu einem Dauerverdacht der Sinnlosigkeit gegenüber allen abstrakten und all-

Kein Wunder, dass auch Studenten dieses instrumentelle Theorie-Praxis-Verständnis teilen. Bei einer Umfrage an der Universität Frankfurt, die 1970 durchgeführt wurde, ergab sich ein analoges Bild wie bei den Hochschullehrern (vgl. Horn 1991, S. 193 ff.). Der weit überwiegende Teil der Befragten ist der Meinung, dass es im Studium der Pädagogik primär auf Praxisrelevanz ankäme und Theoriearbeit, wenn sie nicht bloß als schmückendes, aber überflüssiges Beiwerk bezeichnet wurde, im Studium eine rein instrumentelle – der Praxis dienende – Funktion habe. Das für jede Theoriearbeit im griechischen Sinne charakteristische Innehalten und Sich-Besinnen (das sich jeder Anbiederung an die so genannte Praxis verweigert und sich stattdessen als eigenständige Lebensform begreift, die ihre Eigenart gerade in der Distanz zur Praxis gewinnt) wird hier als Funktion der Praxis selbst beschrieben und damit jegliches Theoretisieren wieder auf seinen möglichen Nutzen für diese Praxis bezogen – »*theoria cum praxi*«, so brachte schon Leibniz dieses weit verbreitete Theorie-Praxis-Verhältnis auf den Begriff, also: Theorie, um der Praxis Willen[9].

Wir können hier zwei Zwischenergebnisse einschieben: Erstens gibt es zwei völlig verschiedene Arten, Theorie zu verstehen und die Beziehung von Theorie und Praxis zu bestimmen. Weil in der Praxis üblicherweise für eines dieser beiden Verständnisse unreflektiert Partei ergriffen wird, kann man – und das ist die zweite Erkenntnis – die Praxis als eine angewandte implizite, unbewusste Theorie bezeichnen. Der Unterschied ist nur der, dass das eine Mal Theorie als Erkenntnis ihrer selbst daherkommt und explizit *erwähnt* wird und das andere Mal unbewusst bloß *gebraucht* wird. Sobald man dies aber weiß, wird jede Theorie – die Theorie der Theorie und die Theorie der Praxis – kontingent und in den Modus der Vermutung überführt. So gesehen könnte man in

---

gemeinen Aussagen«. Eine solche Theorie sei also »überflüssig, ja gefährlich« (Oelkers/Neumann 1981, S. 637).
9 Ein solches Theorie-Praxis-Verständnis ist in hohem Maße anschlussfähig an eine technische Verfügbarkeit und dominiert deshalb das Verhältnis von Wissenschaft und Technik (vgl. Knoblich 1987). Ein Pädagogikverständnis, das sich daran orientiert, reproduziert – wohl unbewusst und ungewollt – dieses »technische Erkenntnisinteresse«, ohne allerdings die dazu gehörige pädagogische Technik zu besitzen.

Anlehnung an ein J.A. Carter zugeschriebenes Aperçu sagen: Theorie ist eine Vermutung mit Hochschulbildung und Praxis eine mit Volksschulbildung. Eine Praxis, die sich selbst ihrer immanenten Theorie nicht bewusst ist, belastet sich nicht mit theoretischen Problemen ihrer Begründung. Praxis ist so gesehen auf Dauer gestellte Entlastung. Eine Theorie, die den Status einer Erkenntnis beansprucht, kann man sich deshalb nur als seltenen Luxus leisten[10].

Aber auch der Praktiker kann sich gelegentlich seine impliziten Theorieannahmen bewusst machen und dann vielleicht entdecken, dass er – wie selbstverständlich – sich der oben aufgeführten engen Verzahnung von Theorie und Praxis unterwirft. Ein solches Verständnis des Zusammenhangs von Theorie und Praxis hat allerdings fatale Folgen. Frustrationen sind unvermeidlich, weil die Erwartungen, die damit verbunden sind, im bzw. durch das Studium des Faches nicht erfüllt werden können[11]. Ein Wissenschaftsverständnis von Pädagogik, das sich in dieser Weise selbst instrumentalisiert und sich als Mittel zu einem Zweck der Praxis deformiert (anstatt für sich den Eigensinn als Selbstzweck zu reklamieren), ist auf breiter Flur gescheitert. Eine Lehre, die diese Erwartungen weckt und trotz des ungelösten »Vermittlungsproblems« weiterhin kontrafaktisch erwartet, mündet zwangsläufig in Orientierungslosigkeit und Enttäuschung. Warum das so ist, wird im weiteren Verlauf dieser Ausführungen begründet. An dieser (frühen) Stelle genügt (vorläufig) die Feststellung: Ein Theorieverständnis, das ständig Versprechungen (auf Praxisrelevanz) abgibt, die nicht eingelöst werden, ist trotz seiner Beliebtheit und seiner weiten Verbreitung letzten Endes illusionär und seine Folgen sind fatal. Wir wollen es deshalb einmal anders herum

---

10 Das ist es, was die alten Griechen mit dem »Reich der Freiheit« meinten, die Muße, die eine Befreiung von den Zwängen der harten Arbeit (im Reich der Notwendigkeit) ermöglicht.

11 Diese Vermutung äußert auch der Autor der zitierten Studie: »Diese Praxisorientierung hat […] zur Folge, daß u.a. unmittelbar anwendbares Handlungswissen und nicht Reflexionsangebote gefragt sind. Zudem kann man darüber spekulieren, ob ein dritter Grund für diese Orientierung(slosigkeit) der Studierenden nicht in der Praxisorientierung vieler Lehrender zu suchen ist« (Horn 1991, S. 194).

probieren und ein Theorieverständnis reaktivieren und in Anspruch nehmen, das sich von der Knute der Praxisrelevanz befreit, stattdessen auf Eigenständigkeit pocht und sich jeglicher Instrumentalisierung (*theoria cum praxis!*) verweigert. Es geht ihr zunächst weder um Affirmation, noch um Kritik der Praxis, sondern um ihre Beobachtung und Erklärung. Eine Theorie, die sich der Instrumentalisierung der Praxis unterwürfe, wäre auf die bestehenden Verhältnisse fixiert (vgl. Adorno 1969). Nur eine Theorie, die sich radikal von der Praxis (und ihren Erwartungen) emanzipiert, kann jene Freiheit des Denkens erreichen, die Bedingung ihres Gelingens ist. Sie nimmt die objektive Ohnmacht für die gegebene Praxis freiwillig in Kauf.

Ein solches Theorieverständnis verzichtet auch freiwillig auf alle Ansprüche, die es eh nicht erfüllen kann, die aber in der traditionellen philosophischen Pädagogik immer noch herumgeistern. Herman Nohl hat beispielhaft ein solches Verständnis von Philosophie vertreten und in seiner bis in die sechziger Jahre des letzten Jahrhunderts immer wieder aufgelegten »Einführung in die Philosophie«, die in der Pädagogik viel gelesen und rezipiert wurde, so umschrieben: Philosophie habe es mit dem »höheren Bewusstsein« zu tun, ihr gehe es letztlich um »Sicherheit und Gestalt«, »Grund und Maßstab« und »objektive Wahrheit« und sie habe das Ziel, »feste Punkte der Natur« bzw. ein »Ufer« für das umherirrende Denken zu gewinnen, auf dem »das Ganze« bzw. der »Sinn« in seiner ganzen »Erhebung« gefunden werden könne (Nohl 1967). Der Philosoph suche »den sicheren Weg zur Wahrheit«, er »zielt auf [...] objektive Wahrheit [...] und verlangt [...] eine allgemeingültige Antwort«, er frage »nach dem Grunde« und sei »verliebt in die Tiefe«, wo er das geistige »Fundament, Sicherheit und Gesetz« und den »Ankergrund« vermutet (Nohl 1967 passim, insbesondere S. 10 ff.).

Konträr zu diesen optimistischen Hoffnungen und Versprechungen steht das hier in Anspruch genommene Verständnis eines philosophischen Nachdenkens, das schon Sokrates gebraucht. Dieses vergrößert nicht die Sicherheit, sondern die Unsicherheit, es verspricht keinen Grund, sondern überhaupt nichts, auch kein Fundament und nicht das Ganze, es erhebt nicht, und wenn doch, dann zufällig; es findet keine gültige objektive oder gar notwendige Erkenntnis, sondern wahrscheinlich nur Kontingenz (also die

Erfahrung, dass alles auch anders sein kann). Philosophie in diesem Verständnis ist nur eine Bewegung des Denkens – ohne Versprechen, irgendwo anzukommen.

Vorbehalte

Die Inanspruchnahme eines solchen Theorieverständnisses in einem pädagogischen Buch kann nicht auf ungeteilten Beifall hoffen, im Gegenteil. Die Vorbehalte gegen ein »fruchtloses Theoretisieren« sind wahrscheinlich ebenso weit verbreitet wie die Hoffnungen auf theoretische Erkenntnisse, die in einer Welt, in der alles auch anders sein kann, als absolut sichere Kontingenzunterbrecher dienen können. Auch und gerade in der Pädagogik. In vielen pädagogischen Schriften lässt sich das gepflegte Ressentiment gegen Theoriearbeit nachweisen. Rousseau – um nur ein prominentes Beispiel zu geben – erinnert seine Leser an das vielleicht wichtigste Prinzip bei der Erziehung (seines Zöglings Emile): »... denkt daran, daß eine Stunde praktischer Arbeit ihm mehr beibringen wird, als er aus dem theoretischen Unterricht eines Tages behalten würde« (Rousseau 1963, S. 392), und in dicken Büchern bringt er seinen Hass auf (dicke) Bücher und wortreich (also geschwätzig) seinen Vorbehalt gegen eine »geschwätzige Erziehung« zum Ausdruck (vgl. ebd., S. 380, 388). Diese Theorieaversion hat Tradition. Wenn Theorie unbedingt sein muss, dann nur im Dienste einer ominösen »Praxisrelevanz«. Es gibt keinen Zweifel, dass in der pädagogischen Literatur bis heute ein instrumentelles Theorie-Praxis-Verständnis dominiert, das sich freiwillig unter die Knute der Praxisrelevanz begibt (z. B. König 1975; Gerspach 2000, S. 90 f.). Ein rein theoretisches Verhältnis wird geradezu mit einem Sinnlosigkeitsverdikt belegt: »Vom Aspekt des Verhältnisses von Theorie und Praxis aus erscheint eine Erziehungswissenschaft, die ausschließlich auf Erkenntnis ausgerichtet ist, ohne den Willen zu haben, Praxis zu verändern, überflüssig« (Beckmann 1971, S. 197).

Die beiden Begriffe »Theorie und Praxis« stehen sich also keineswegs gleichberechtigt gegenüber, hat der Praxisbegriff doch einen guten und der Theoriebegriff einen schlechten Klang. »Grau, teurer Freund, ist alle Theorie,/Und grün des Lebens goldner Baum«, lockt Mephistopheles seinen Gesprächpartner Faust auf eine falsche Fährte (Goethe 1989, S. 66). Warum ist alle Theorie »grau«? Der Teufel erinnert hier mit einer Metapher an den weit verbreiteten (und möglicherweise sogar angeborenen) Vorbehalt gegenüber der der unmittelbaren Handlungspraxis auf Distanz gehenden nachdenklichen Theoriehaltung. Der Umweg über das Denken, den man hier gehen muss, ist (zeit-)aufwendig und lästig. Er bedeutet zumindest vorübergehend den Verzicht auf die entlastenden Gewohnheiten unserer konkreten alltäglichen Praxis und erzwingt stattdessen ein Einlassen auf abstrakte Gedankengänge, die keinen Anhaltspunkt mehr in der Anschaulichkeit finden.

Es kann deshalb in diesem Buch, wo es um die theoretischen Unterscheidungen geht, die der erziehungswissenschaftlichen Kommunikation zugrunde liegen, keine leichte Unterhaltung versprochen werden. Leicht fällt die Unterhaltung in Platons Höhle nur den unmittelbar vor der Wand Sitzenden, also denjenigen, die sich mit den allgemein geteilten Meinungen der alltäglichen Kommunikation zufrieden geben. Diejenigen aber, die sich »umwenden« und entdecken, was sich hinter ihrem Rücken abspielt, werden auf eine ganz neue Art und Weise unterhalten. Im Durchgang durch die Höhle, vorbei am Feuer hinauf zum Höhleneingang und wieder zurück, werden sie vielleicht eine Erfahrung machen, die Thomas Mann einmal als Hoffnung so formulierte: »... daß nur das Gründliche wahrhaft unterhaltend sei« (Mann 1967, S. 6).

2 Erkenntnistheorie
...oder die Erkenntnis der Erkenntnis

Wir denken über Erkenntnis nach und fragen: Was verstehen wir eigentlich darunter? Woher kommt sie? Wie sicher ist sie? Wie lässt sich erkennen, ob es sich um Erkenntnis handelt? Wie für jede Wissenschaft, so sind auch für die Erziehungswissenschaft diese Fragen von grundlegender Bedeutung, denn – wie der Name schon sagt – Wissenschaft ist das, was (auf eine ganz bestimmte, noch zu klärenden Weise) Wissen schafft. Ein »geschaffenes« bzw. »hergestelltes« Wissen, das sich seiner Herstellungsbedingungen versichert, können wir auch »Erkenntnis« bezeichnen. Unter dem Begriff der Erkenntnis wollen wir also in diesem Buch ein Wissen verstehen, das sich seiner Herkunft und seines Grundes weiß. Oder anders gesagt: Erkenntnis ist Wissen, das nicht nur etwas weiß, sondern auch sich selbst als Wissen weiß. Erkenntnis ist also eine besondere Art von Wissen, nicht unbedingt ein »besseres« Wissen, ein »Wissen de luxe«, sondern eher ein Wissen, das sich bei Bedarf der Bedingungen seiner Entstehung reflexiv versichern kann. Es ist deshalb eher ein skeptisches Wissen, und das schwingt ja auch schon in den Grundfragen der Erkenntnistheorie mit: Woher kommt Erkenntnis? Wie sicher ist sie? Wie wird sie begründet?

Kenntnis und Erkenntnis

Dieser skeptische Umgang mit Wissen, der erst Erkenntnis generiert, ist nicht alltäglich. Wir wollen deshalb zunächst den Begriff der wissenschaftlichen Erkenntnis von dem eines alltäglichen Wissens abgrenzen. Im alltäglichen Zusammenhang spricht man wie selbstverständlich von Wissen, z. B. »Ich weiß, dass die Schule morgen ausfällt!«, »Woher weißt du, dass die Eltern ihr Kind vernachlässigen?« Aber wir lesen z. B. »Das Jugendamt hat *Erkenntnisse*, dass das Kind vernachlässigt wird«. Warum ist hier von

»Erkenntnissen« und nicht von »Wissen« die Rede? Ich vermute, dass damit eine versteckte Botschaft versendet wird, und diese lautet: Unser Wissen ist auf eine ganz bestimmte Art und Weise – methodisch – erzeugt worden, gewissermaßen mit einer professionellen Beobachtungsmethode und als bürokratischer Akt dokumentiert. Damit wird deutlich, dass man auch in unserer Alltagssprache nur dann von »Erkenntnis« spricht, wenn seine Erzeugung nichtselbstverständlich bzw. nichtalltäglich ist. Der Begriff wird deshalb, wie in unserem Beispiel, von Jugendämtern gebraucht, aber auch von diversen Geheimdiensten (»Wir haben Erkenntnisse über Sie!«) – und in der Wissenschaft (»wissenschaftliche Erkenntnisse«), aber normalerweise nicht bei Oma Ilse, die durchaus »weiß«, wann ihr Enkel Geburtstag hat (aber keine »Erkenntnisse« darüber besitzt). Der Wissende kann durchaus etwas wissen, ohne zu wissen, dass er es weiß, derjenige, der Erkenntnis beansprucht, nicht.

Man könnte auch sagen: Erkenntnis ist Wissen, das seine Unschuld verloren hat, nämlich die Unschuld des Selbstverständlichen, Nichthinterfragten und deshalb auch Nichtproblematisierten[12]. In dem Augenblick allerdings, wo jemand das Wissen eines anderen bezweifelt (»Woher weißt du denn das?«, »Stimmt das überhaupt?«), wird der erste Schritt vom Wissen in Richtung Erkenntnis getan. Alle praktischen Erziehungsgewohnheiten implizieren unvermeidbar Wissen über das, was selbstverständlich ist. Allen pädagogischen Imperativen liegt das Wissen einer Differenz zugrunde, z. B. einer Abweichung, die es pädagogisch zu behandeln gilt. Ohne dieses Wissen (dass man das oder jenes – nicht – tut! bzw. nicht tun sollte!) bedürfte es gar keiner pädagogischen Intervention. Ohne ein solches Wissen ist praktische Pädagogik nicht möglich. Deshalb ist Wissen gewöhnlich unproblematisch, Erkenntnis jedoch immer problematisch, denn schon im Begriff

---

12 Theologisch gesehen ist das der Sündenfall, von dem in 1. Mose 3 berichtet wird. Nachdem die ersten Menschen vom »Baum der Erkenntnis« gegessen hatten, gewannen sie die Erkenntnisfähigkeit (über Gut und Böse), verloren aber das Paradies (das in der Selbstverständlichkeit des immer Richtigen begründet liegt). Von jetzt an sollte Erkenntnis nichtselbstverständlich sein – prinzipiell bezweifelbar, möglicherweise falsch, also unsicher.

der Erkenntnis schwingt eine skeptische Frage mit, nämlich jene nach seiner Entstehung und seiner Geltung.

Das ist auch der Grund, warum wir nicht mit jenen Formen von Wissen beginnen, die sich dieser reflexiven und skeptischen Haltung verweigern, etwa der *religiöse Glaube, die Gewohnheit und die Tradition* aber auch das alltägliche *subjektive Denken*. Hier wird das selbstkritische Weiterfragen nach der Geltung entweder gar nicht erhoben, etwa dort, wo das subjektive Denken bloß spekulativ bleibt[13], oder durch den Rekurs auf »göttliche Offenbarung« oder überkommene Gewohnheitsmuster dogmatisch abgestoppt[14]. Sowohl »Gott« als auch »Tradition« können Verhaltensmuster durch ein Abbrechen des kritischen Weiterfragens nach den Bedingungen ihrer Möglichkeit absichern und Handeln erleichtern: »Deus volt!« – Gott will es! bzw. Allah will es! Oder »Das war immer schon so!«

Im Erfolgsfalle können diese Kontingenzstopps Sicherheit des Handelns verbürgen, weil sie die skeptische Rückfrage auf die Bedingungen seiner Möglichkeit im Denken vermeiden helfen. Aber um welchen Preis? Vielleicht um den Preis der Erkenntnis im engeren, also wissenschaftlichen Sinne. In der Praxis des alltäglichen Handelns spielt allerdings Erkenntnis eine untergeordnete Rolle. Hier geht es primär um Handlungsfähigkeit und nicht um Erkenntnis; eine Immunisierung der latent zugrunde liegenden Glaubens- und Wissensbestände gegen Transparenz und Veränderung kann hier durchaus funktional sein. Zum Beispiel mit den beliebten pädagogischen Einwänden: »Das tut man nicht!«, »Das war ja noch nie da!«, »Da könnte ja jeder kommen!« Hierbei geht es nicht um die Überprüfung von Geltungsansprüchen, sondern um den appellativen Versuch, tragende Überzeugungen, die dem Handeln zugrunde liegen, vor ihrer Erkenntnis zu schützen und in der Latenz zu belassen, von der Traditionsbestände nun

---

13 Dazu Kant: »Einen Gegenstand erkennen, dazu wird erfordert, daß ich seine Möglichkeit (es sei nach dem Zeugnis der Erfahrung aus seiner Wirklichkeit, oder a priori durch Vernunft) beweisen könne. Aber denken kann ich, was ich will, wenn ich mir nur nicht selbst widerspreche …« (Kant KrV B 26).

14 Das Adjektiv »dogmatisch« wird hier im Sinne Kants gebraucht: »ohne vorangehende Kritik ihres eigenen Vermögens« (Kant KrV B 35).

einmal zehren (weil sie am besten vor Veränderungen schützen). Die heimliche Paradoxie, die hier in Anspruch genommen wird, verdeckt nur mühsam diese Absicht, und deshalb kann man hier vielleicht von (latentem) Wissen, nicht aber von Erkenntnis sprechen.

Die Subjekt-Objekt-Struktur von Erkenntnis

Erkenntnis im wissenschaftlichen Sinne impliziert eine reflexive und skeptische Umwendung auf die Bedingungen seiner Möglichkeit. In dieser starken Formulierung wird ein quasitranszendentaler Anspruch erhoben, denn Erkenntnisse, die auf der Basis der Bedingungen ihrer Möglichkeit erlangt wurden, können diese Voraussetzungen nicht mehr korrigieren. Beginnen wir mit dem Begriff und denken dann zurück auf seine heimliche Semantik. »Er-kenntnis« oder »Er-kennen« besteht eigentlich aus zwei Begriffen: Da ist das Präfix »Er« – nehmen wir es ruhig wörtlich als jemanden, dem ein Prädikat zugeordnet wird (»kennen«). Anders gesagt: Da ist ein Subjekt, das den Anspruch erhebt zu (er-)kennen. Erkennen ist ein transitives Verb, das notwendigerweise auf ein Objekt verweist, das selbst dort mitgemeint ist, wo es nicht ausdrücklich – wie hier – erwähnt wird. Dieses »Etwas«, also das Objekt des »Kennens«, wird – weil nicht ausdrücklich genannt – quasi verschluckt, aber im transitiven Gebrauch des Verbs »kennen« mitgeschleift. Die damit angezeigte Subjekt-Objekt-Struktur ist also genau genommen dreiwertig: *Subjekt – Objekt –* und schließlich das »Kennen« als *Modus* der Vermittlung des Getrennten. Wir sprechen nur dann von Erkenntnis, wenn wir damit den Anspruch einer Differenzwahrnehmung eines erkennenden Subjekts in einem Objektbereich erheben: X erkennt y. Erkenntnis ist also so gesehen ein dreiwertiger Relationsbegriff: E(X, y). Wenn in erziehungswissenschaftlichen Texten Geltungsansprüche auf wahre Erkenntnis erhoben werden, bedeutet das deshalb immer, dass jemand (z. B. der Autor) über einen Gegenstandsbereich (z. B. Mathematikunterricht in der Sekundarstufe) eine Aussage macht, die nichtbeliebiger Art ist, weil sie im Modus der Erkenntnis daherkommt. Der Autor (ein Subjekt, ein Beobachter, ein Wissenschaftler) erhebt damit den Anspruch, bei Bedarf den Geltungsanspruch auf Erkenntnis dem Leser reflexiv versichern zu können. Denn zu sagen »Das ist mir halt gerade so eingefallen!« wäre zu wenig.

Das bedeutet u. a., dass Erkenntnis die Möglichkeit des Irrtums voraussetzt, denn die Welt, wie sie ist, kann nicht irren. Sie ist immer so, wie sie ist. Ein Mensch, ein Beobachter, der den Anspruch erhebt, über die Welt eine Erkenntnis zu produzieren, kann sich irren. Erkenntnis ist deshalb ein Wissen, das ein Beobachter sich selbst zurechnet, und wobei er unmarkiert ein Wissen von der unaufhebbaren Irrtumsfähigkeit transportiert – und trotzdem dabei bleibt, ein Objekt (der Welt) zu erkennen. Diese skeptische Erfahrung eines möglicherweise falschen, irrtümlichen Erkenntnisanspruchs kann in allen drei Relationen des Erkenntnisbegriffs aufbrechen; sie kann beim Problematischwerden des Subjekts einsetzen, das sich etymologisch nicht mehr als »Sub-jekt«, als ein Daruntergeworfenes (also unter den objektiven Anspruch des Erkennens) erfährt; es kann bei einer gestörten Objekterfahrung beginnen, weil das »Ob-jekt« als das »Entgegengeworfene« nicht mehr als etwas erfahren wird, an dem wir »uns stoßen« können, und es kann am vermittelnden Begriff der Erkenntnis ansetzen, dessen Geltungsanspruch fraglich wird.

Diese sogenannte Subjekt-Objekt-Struktur von Erkenntnis ist unvermeidlich und unhintergehbar (und deshalb auch keine Erfindung von Descartes), denn selbst dann, wenn man sie bestreitet, muss man sie in Anspruch nehmen. Allein schon die dabei benutzte Negation »nicht« impliziert nicht nur die Identität des Bestrittenen (a = a), sondern auch die Differenz dazu (Nicht-a). Wenn man gar versuchen will, eine Erkenntnis (sagen wir von »a«) selbstrückbezüglich zu negieren, landen wir unweigerlich in Paradoxien: »Achtung, diesen Hinweis *nicht* beachten!« Alle Versuche, ohne Differenzen zu erkennen, münden vielleicht in einen psychischen Erregungszustand; sobald man allerdings versuchen will, diesen als Erkenntnis zu präsentieren, geht es nicht mehr ohne Differenzen. Es sei dahingestellt, ob der Einzelne vielleicht in der Lage ist, etwa durch meditative Techniken sich in einen psychischen Zustand zu versetzen, der durch das Ausschalten aller Differenzempfindungen gekennzeichnet ist. Sobald man aber darüber kommuniziert, davon berichtet, oder dieses besondere Erlebnis gar als Erkenntnis präsentiert, landet man wieder unweigerlich in der Subjekt-Objekt-Struktur, aus der es in sozialen Systemen keine Flucht gibt. Erziehungswissenschaft, wie jede Wissenschaft, ist aber ein soziales (und keine psychisches) System, das über *Kommunikation* Erkenntnisse produziert und präsentiert. Deshalb geht es auch in erziehungswissenschaftlichen Texten nicht ohne diese Subjekt-Objekt-Struktur.

Es ist deshalb erstaunlich, dass in der Fachliteratur, gerade auch in philosophischen und pädagogischen Texten, häufig von einer »Subjekt-Objekt-Spaltung« die Rede ist, und nicht selten noch angefügt wird, dass es eigentlich darum gehe, diese zu »überwinden«. Warum, so wird empört geklagt, wird erst etwas »auseinander gerissen« (nämlich Subjekt und Objekt), um es dann mühsam wieder (Begriff des »Kennens«) zusammenzubringen? Sind nicht alle diesbezüglichen Versuche gescheitert bzw. alles andere als zufriedenstellend ausgefallen? Lassen wir es deshalb doch einmal gleich zusammen: Alles sei eins! Wie lässt sich diese weit verbreitete Denunziation der für Erkenntnis grundlegenden Subjekt-Objekt-Struktur erklären?[15] Man könnte dieses Bestreben als Flucht vor der Mühe einer Erkenntnisbegründung interpretieren oder – dort wo es in mystischen Einheitsbeschwörungen mündet – als Ausdruck eines Leidens an Differenzen. Es scheint allen Mystikern gemeinsam – seien es religiöse, esoterische oder säkulare Mystiker, dass sie an Differenzen leiden und deshalb immer wieder versuchen, sie miteinander zu verschmelzen, an die Stelle von Unterschieden so etwas wie Einheit zu setzen.

Sollte es tatsächlich gelingen, alle Differenzwahrnehmung zu vermeiden und eins zu werden (sei es mit »Gott«, mit einem »Objekt«, mit der »Natur«, mit einem anderen »Subjekt« usw.) – ich lasse es einmal dahingestellt, ob das überhaupt möglich ist –, eines ist allerdings sicher: Von »Erkenntnis« können wir dann nicht mehr sprechen – auch nicht von »höherer Erkenntnis« oder von »der

---

15 Sie findet sich nicht nur in religiösen und esoterischen Zusammenhängen, angefangen von christlichen Mystikern über fernöstliche Buddhisten bis hin zu Mantra murmelnden Esoterikern, sondern auch in wissenschaftlichen Texten zuhauf. Selbst prominente Denker aus den unterschiedlichsten Richtungen suchen die Einheit von Subjekt und Objekt, von Natur und Geist, von Natur- und Geisteswissenschaft, von Erkenntnis und Erleuchtung u. a. m. (vgl. Essler 1990; Bateson 1984).

Erkenntnis höherer Welten«[16]. Der Erkenntnisbegriff schleift semantisch nicht umsonst diese permanente Skepsis (nach dem Wahrheitsgehalt seiner Geltungsansprüche) mit, unter der viele offenbar leiden und deshalb versuchen, in einen Monismus zu flüchten, der sich nicht mehr mit den Mühen und Plagen einer Erkenntnisbegründung beschäftigen muss. Und mühsam ist eine erkenntnistheoretische Begründung der Erkenntnis ohne Zweifel, denn sie muss – zumindest vorübergehend – auf die entlastende Funktion latenter Geltungsansprüche verzichten und einen gedanklichen Umweg auf die Bedingungen ihrer Möglichkeit gehen.

Ein weiteres, vor allem in pädagogischen Texten häufig zu findendes Missverständnis bezieht sich auf die Mehrdeutigkeit des Subjektbegriffes. Er wurde hier bisher ausschließlich theorietechnisch im Sinne der einen Seite eines Erkenntnisbegriffes gebraucht, der als Differenzwahrnehmung bzw. Differenzverarbeitung bestimmt wurde. Subjekt ist die eine Seite einer Unterscheidung, und die andere wird als Objekt bezeichnet. Im Begriffe des Subjekts schwingt allerdings – zumindest im alteuropäischen Denken – noch eine emphatische bzw. evokative Bedeutung mit, und das hängt vermutlich mit unserer Neigung zusammen, binäre Begriffe asymmetrisch zu bewerten. In diesem Falle wird das Subjekt aufgewertet und das Objekt abgewertet. »Subjekt« wird zu einer Art Wärmemetapher und als solche bringt sie etwas Gutes zum Ausdruck, denn man unterstellt, dass das Subjekt eine Art autonomes Agens ist, das Wirkungen bewirken kann und dadurch eine eigene Würde besitzt. Dagegen wird der Objektbegriff abgewertet; man wird etwa »zum Objekt gemacht« und verliert damit sein Subjektsein und seine Würde als selbstbestimmendes Agens. Weil die Begriffe »Subjekt« und »Objekt« diese merkwürdige asymmetrische Bewertung mitschleppen, hat Niklas Luhmann – um diesen historischen Ballast evokativer Bedeutungen zu vermeiden – in seiner Erkenntnistheorie auf sie verzichtet und spricht stattdessen von »Beobachter« und

---

16 Diese Formulierung spielt auf Rudolf Steiners (ambitionierten, aber gleichwohl gescheiterten) Versuch an, die Geheimnisse »höherer Welten« zu »erkennen« (vgl. Steiner 1975 – im Titel ist von »Kenntnissen« die Rede; zur Kritik vgl. Treml 1999, S. 154 ff.).

»Beobachtetem« (vgl. Luhmann 1990, S. 68 ff.). Ich werde diese Begriffe gelegentlich analog benutzen, vorläufig aber die traditionelle Unterscheidung von Subjekt und Objekt beibehalten, weil sie in der Tradition der Erkenntnistheorie die vertraute Begrifflichkeit ist. Allerdings muss man hier deutlich machen, dass die Begriffe dabei nur einen theorietechnischen Stellenwert (als die jeweils eine bezeichnete Seite einer binären Unterscheidung) besitzen und nicht asymmetrisch bewertet werden. Deshalb kann man sowohl das (oder ein) Subjekt zum Objekt einer Erkenntnis machen und auch im Objekt(bereich) das (ein) Subjekt wiederfinden. Mit anderen Worten: Die Unterscheidung von Subjekt und Objekt in diesem Sinne kann auf jeder Seite der Unterscheidung wiederholt werden[17]. Wer das übersieht und die Begriffe asymmetrisch bewertet, verfällt in den »evokativen Kurzschluss«, der darin besteht, dass man zwischen den beschreibenden und bewertenden Bedeutungsanteilen »kurzschließt« und damit unter Umständen die Weiterleitung des Stromes (des Gedankenganges!) unterbricht. Wie immer bei alten Begriffen, sammeln sich im Laufe ihrer langen Geschichte nicht nur beschreibende Bedeutungen, sondern auch bewertende Färbungen an, und das bedarf deshalb der historischen Aufarbeitung oder der systematischen (definitorischen) Klärung (wie hier).

Rationalismus und Empirismus

Es kann hier, wo es um einen Überblick über die wichtigsten theoretischen Unterscheidungen geht, nicht um eine erkenntnistheoretische Ideengeschichte gehen. Ich beschränke mich deshalb auf die wichtigsten Positionen und werde sie aus didaktischen Gründen durch Kontrastverschärfung deutlich voneinander abheben, ohne auf die vielen Schattierungen einzugehen, die dazwischen gibt. Im Grunde sind es zwei – und nur zwei – unterschiedliche Grundpositionen, die in der philosophischen Erkenntnistheorie seit jeher eine bedeutende Rolle spielen, und sie unterscheiden sich

---

17 Logisch gesehen handelt es sich hierbei um die Figur eines »re-entry«, des Wiedereintretens einer Unterscheidung in eine Unterscheidung (vgl. Spencer-Brown 1979).

durch den jeweils anderen Geltungsgrund[18]. Auf die Frage: »Worauf gründet Erkenntnis?«, antworten die *Rationalisten*: »auf der Ratio bzw. der *Vernunft*!«; »Halt, stopp! Stimmt nicht!«, sagen dagegen die *Empiristen,* »Erkenntnis beruht vor allem auf sinnlicher *Erfahrung*!«[19] Wenn wir uns an die Subjekt-Objekt-Struktur jeglicher Erkenntnis erinnern, dann wird klar, warum es zwei – und nur zwei – Grundpositionen gibt und alle anderen Positionen vermittelnde und differenzierende Zwischenpositionen einnehmen. Wenn Erkenntnis eine Beziehung zwischen einem erkennenden (beobachtenden) geistigen Subjekt und einem erkannten (beobachteten) Objekt ist, das als ein Sachverhalt erfahrbar ist, der deutlich vom Subjekt unterschieden ist, dann erhält man je nachdem, wo man die Erkenntnis primär verankert, die beiden Grundpositionen: Der Rationalist beginnt mit dem *Subjekt* und sagt: Alles was ich erkenne, erkenne *ich* und ist die Erkenntnis eines geistigen Subjekts, also ist Erkenntnis immer (zumindest primär) eine geistige Tätigkeit meiner »Ratio« bzw. meiner »Vernunft«. Dagegen verankert der Empirist (oder Realist) seine Erkenntnis im *Objekt* der Erkenntnis, denn alle Erkenntnis, wenn sie denn nicht nur ein subjektives Hirngespinst sein soll, ist Erkenntnis »von etwas«, also eines »Objekts«. Ohne einen erkannten Gegenstandsbereich von Erkenntnis kann kein Subjekt erkennen[20], und deshalb ist die Erfahrung (dieses »Objekts«) primär! Die Frage drängt sich auf: Wer hat nun recht?

---

18 In der philosophischen Tradition wird auch von »zwei Reichen« gesprochen, des »Sichtbaren und des Erkennbaren« (Platon 2001, S. 323) oder von »zwei Wahrheiten« – nämlich »Vernunftwahrheiten« und »Tatsachenwahrheiten« (Leibniz 1958, S. 138).

19 Für das Begriffspaar »Rationalismus« vs. »Empirismus« gibt es eine Reihe anderer Begriffe. Statt »Rationalismus« wird auch gelegentlich »Idealismus«, »Platonismus« oder gar »Solipsismus« gesagt, und statt »Empirismus« lesen wir häufig »Realismus« und/oder »Naturalismus«. Diese Begrifflichkeit ist nicht optimal, denn der Gegenbegriff zu »Rationalismus« wäre eigentlich »Irrationalismus« (vgl. Popper 1992, Bd. 2, S. 262 ff., wo dieser den Begriff des Irrationalismus in diesem – weiten – Sinne als Gegenbegriff zum Rationalismus verwendet). Aus Gründen der Vertrautheit verwende ich im Folgenden das am häufigsten gebrauchte Begriffspaar »Rationalismus vs. Empirismus«.

20 Deshalb ist »erkennen« ein transitives Verb: Ich erkenne »etwas«. Es ist sinnlos, das Verb transitiv und damit ohne Objekt zu gebrauchen.

Um dieser Frage nachzudenken, wollen wir uns zunächst einigen der wichtigsten Begründungsversuchen des Rationalismus zuwenden, sie an pädagogischen Kontexten plausibilisieren und verstehen, denn ein rationalistisches Selbstverständnis in der Allgemeinen (philosophischen!) Pädagogik ist bis heute dominant (vgl. z. B. Schäfer 2005, S. 17, 22). Im Anschluss daran werden wir das Gleiche mit der Position des Realismus (bzw. Empirismus) versuchen. Abschließend wollen wir uns wieder dieser Frage zuwenden: Wer hat nun recht? Und was heißt das (möglicherweise) für Erziehungswissenschaft?

Was können wir sicher, allgemeingültig und dauerhaft wissen? Nur wenn diese Bedingungen erfüllt sind, scheint Wissen als Erkenntnis möglich. Unser alltägliches Wissen aber, das zeigt sich täglich, scheint alles andere als sicher, allgemeingültig und dauerhaft zu sein. Wohl arbeiten wir ständig mit unseren Sinnen und versuchen mit ihrer Hilfe Erkenntnisse (z. B. über Erziehungsprozesse) zu gewinnen. Aber immer wieder täuschen wir uns, wenn wir unseren Sinnen trauen. Schon zwei Eltern, die ihr Kind beobachten, haben oft konträre Wahrnehmungen und urteilen deshalb verschieden. Das Kind (im Objektbereich der Beobachtung) ist stets in Veränderung, und die sinnliche Wahrnehmung (im Subjektbereich der Beobachtung) unzuverlässig und deshalb trügerisch. Dazu kommt erschwerend, dass vieles gar nicht sinnlich wahrgenommen werden, sondern nur gedacht werden kann. Durch die Sinne wahrnehmen können wir im Grunde nur Einzeldinge, z. B. dieses eine, individuelle Kind, das wir mit einem Eigennamen benennen können. Aber alle Beziehungen und abstrakten Zusammenhänge – und dazu gehören schon einfache Negationen – können wir nicht mehr mit unseren Sinnen beobachten, wir können sie bestenfalls denken. Deshalb ist schon der Satz »Mein Kind hat seine Hände vor dem Essen wieder nicht gewaschen!« streng genommen kein Beobachtungssatz, denn wie soll man z. B. das »Nicht« beobachten? Kein Wunder also, dass auch in Erziehungsfragen schon zwei Eltern häufig nicht nur unterschiedliche Erkenntnisse über ihr Kind gewinnen, sondern auch sehr unterschiedliche Meinungen darüber haben können. Kurzum, eine sichere, allgemeingültige und dauerhafte Erkenntnis kann nicht auf Erfahrung aufbauen. Das ist z. B. die frühe und einflussreiche Position von Platon.

Angeborene oder erworbene »Ideen«?

An diesem Beispiel wird deutlich, dass es offenbar ein Wissen vor aller Erkenntnis – »a priori« – geben muss, ohne das diese gar nicht möglich ist. In unserem Beispiel muss man z. B. zunächst wissen, was »nicht« bedeutet, damit man es in einen sinnvollen Satz einfügen kann. Im Gegenstandsbereich der Erkenntnis findet sich dieses »nicht« nicht vor. Ein anderes Beispiel: Wenn die Lehrerin in der ersten Stunde zu ihren Schülern sagt: »Bildet einen Stuhlkreis!«, dann muss sie (und müssen ihre Schüler!) vorher – also a priori (vor aller Erfahrung) – wissen, was ein »Kreis« ist. Das ist vor allem deshalb bemerkenswert, weil es – streng genommen – in der äußeren Welt gar keinen (reinen) Kreis gibt[21]. Wir haben wohl einen Begriff des Kreises und vielleicht auch eine Vorstellung davon, was das sein soll. Aber all dies gibt es nur vor aller auf Erfahrung beruhenden Erkenntnis. So wie es mit den Begriffen »nicht« oder »Kreis« ist, so ist es im Grunde mit allen Allgemeinbegriffen, z. B. »Gleichheit«, »Unterschied«, »Tapferkeit«, »Freundschaft«, »Kind«, »Erziehung« usw. Nirgendwo in der realen Welt finden wir z. B. »Erziehung« vor – es sei denn, wir haben vorher (vor aller Erfahrung) ein Wissen darüber und erinnern uns im konkreten Falle an dieses Wissen. So kommt es, dass Platon zu der Überzeugung kommt, dass Lernen nicht ein Suchen von Unbekanntem und Neuem sein kann, sondern immer nur ein Wiedererinnern von einem früheren Wissen, das wir nur vergessen haben: »Alles Suchen und Lernen ist demnach ganz und gar Erinnerung«[22].

Konkrete Erfahrungen, die wir in und mit der Außenwelt (bzw. Umwelt) machen, sind in diesem platonischen Verständnis nur Auslösereize für das vergessene Wissen. Dieses Wissen ist theo-

---

21 Der reine Kreis ist ein Gebilde der Geometrie und wird alleine durch den (völlig) gleichmäßigen Abstand zu einem (Mittel)Punkt definiert. In der Realität gibt es keinen absolut gleichmäßigen Abstand zu einem Mittelpunkt.
22 Dieser erkenntnistheoretische Ansatz Platons wird als »Anamnesislehre« tradiert und findet sich idealtypisch im Dialog »Menon« (aus dem auch das Zitat stammt).

retischer Natur und d. h. vor allem: allgemein. Das Einzelne (z. B. in der pädagogischen Praxis) kann man nur dann erkennen, wenn man zuvor schon das Allgemeine erkannt hat: Wissen heißt, eine Erkenntnis zu besitzen und nicht verloren zu haben; Lernen ist dann nichts anderes, als dass man sich ihrer wieder erinnert. Der Zugang zu dieser unserer Erfahrung vorausliegenden Erkenntnis ist folglich nicht über Erfahrung möglich, sondern nur durch ein kontemplatives Hineinhorchen in unsere Vernunft (Platon spricht hier auch von »Seele«). Allein die Vernunft vermag in die Seele zu schauen und dort die allgemeinen »Ideen« (oder »Idolas«, wie Platon diese Universalien bezeichnet) zu entdecken.

Diese Ideen müssen, weil sie nicht auf Erfahrung kommen, angeboren sein. Deshalb spricht man im Rationalismus auch häufig von »*angeborenen Ideen*«. Diese sollten an und für sich durch eine innere Schau unmittelbar – also ohne Umweg über Erfahrung – erfasst werden können. Zugespitzt gesagt: Wenn wir z. B. wissen wollen, was »Erziehung« ist, sollten wir nicht die Augen öffnen und aufmerksam die Umwelt daraufhin beobachten, sondern – ganz im Gegenteil – die Augen schließen und in uns hineinhorchen und so lange nachdenken, bis wir die angeborene Idee von Erziehung (qua Universalie) klar und deutlich erkannt haben. »Unmittelbar evident«, »gewiss« und intuitiv »sicher« sollte diese Erkenntnis sein. Aber ist sie das tatsächlich?

Schnell werden wir bemerken, dass es keinesfalls klar ist, was »Erziehung« (oder »Gott«, »Geist«, »Körper« oder »Lernen« usw.) ist. Nicht nur kulturell, sondern auch individuell wird unter den *Idolas* sehr Verschiedenes verstanden. Francis Bacon sollte im 17. Jahrhundert die stammesgeschichtlichen Ideen (*idola tribus*), die gesellschaftlichen Ideen (*idola fori*), die individuellen, durch Sozialisation und Erziehung erworbenen Ideen (*idola specus*) und die lehrmäßig erworbenen Überzeugungen (*idola theatri*) unterscheiden und damit ein wenig Ordnung in die Unordnung der vielen unterschiedlichen Ideenarten bringen. Statt Einigkeit gibt es eine unübersehbare Vielfalt bei den so genannten »angeborenen Ideen«. Welche dieser verschiedenen Verständnisse ist aber dann die richtige? Auch Rationalisten haben diese Schwäche der Theorie (der angeborenen Ideen) erkannt und auf Abhilfe gesonnen. Die wohl prominenteste Weiterentwicklung stammt von *René Descartes*. Er reaktivierte einen Gedankengang, der ursprünglich von *Augustinus* stammte[23] und säkularisierte ihn. In der descartischen Variante lautet er etwa wie folgt: Wenn also alles unsicher ist, sowohl die äußere Erfahrung als auch die innere Erkenntnis unserer »angeborenen Ideen«, dann ist doch wohl inmitten dieses Zweifels *eines* unzweifelhaft sicher, nämlich dass »*ich*« es unsicher und zweifelhaft finde. Also ist doch wenigstens etwas sicher: ich! Auf die quälende Frage, was nun wirklich sichere Erkenntnis ist, lautet also die einfache Antwort: ich! Denn selbst im Zweifel ist sicher, dass ich zweifle! Dieser Gedankengang ist in der lateinischen Formulierung »*Cogito, ergo sum*!« bekannt geworden (übersetzt: »Ich denke, also bin ich!« oder »Weil ich denke, bin ich!«). Descartes unterscheidet damit deutlich das sich selbst bewusste und sich selbst sichere Ich, das er als »*res cogitans*« bezeichnet, vom materiellen Einzelding (das ausgedehnte »Das« der Erkenntnis), das außerhalb des Ichs Gegenstand der Erkenntnis ist (»*res extensa*«). Die schon bekannte Subjekt-Objekt-Struktur von Erkenntnis wird hier eigenwillig (und gerade auch für die Pädagogik sehr folgenreich) als Unterscheidung von einem inneren erkennenden Geistigen und einem äußeren erkannten Materiellen interpretiert.

Kann es sichere Erkenntnis geben?

Die entscheidende Frage lautet dann aber: Wie eignet sich das sich selbst sichere »Ich« das immer unsichere »Das« so an, dass seine Erkenntnis sicher ist? Die Erfahrung zeigt, dass die Ergebnisse sehr unterschiedlich sind. Selbst wenn man zugesteht, dass jedem Erkennenden sein Ich bewusst und sicher ist, gilt das für die Erkenntnis eines äußeren Sachverhaltes keineswegs. Gibt es doch nichts, was Menschen nicht glauben zu erkennen: Geister, Götter,

---

23 Er findet sich im 11. Buch von Augustinus »Gottesstaat« und bezieht sich auf den Glaubenszweifel: »Doch ohne das Gaukelspiel von Phantasien und Einbildungen fürchten zu müssen, bin ich dessen ganz gewiss, dass ich bin, erkenne und liebe. Bei diesen Wahrheiten machen mir die Argumente der Akademiker keinerlei Sorge. Mögen sie sagen: Wie, wenn du dich täuschst? Wenn ich mich täusche, bin ich ja. Denn wer nicht ist, kann sich auch nicht täuschen; also bin ich, wenn ich mich täusche« (Augustinus 1979).

okkulte Phänomene, UFOs, Erdstrahlen, Wiedergeburte usw. Anstatt Sicherheit und Gewissheit zu gewinnen, landet man hier schnell wieder in einem Sumpf von Unsicherheit und Ungewissheit. Auch die Rationalisten streiten miteinander um die richtige Erkenntnis, denn Erkenntnis kann nicht bloß in einer unfruchtbaren Selbsterkenntnis beharren, sondern sie muss immer Erkenntnis von »etwas«, von einer »*res extensa*«, sein, und hier lässt uns das bloße Selbstbewusstsein im Stich. Damit ein bloß subjektives Selbstbewusstsein zu einer objektiven Erkenntnis gelangen kann, bedarf es eines Brückenprinzips zu allen anderen »Ichs«. Dieses Brückenprinzip, auf das auch viele Rationalisten zurückgreifen, heißt: *Methode*[24]. Eine Methode ist nämlich ein Verfahren, das jeder (sofern er sich die dazu nötigen Kompetenzen angeeignet hat) anwenden kann. Wenn es dann gelingt, kann man zu Recht von einer objektiven (und nicht bloß subjektiven) Erkenntnis sprechen.

Spätestens hier kommen nun die Empiristen ins Spiel, weil sie eine erfolgreiche Methode offerieren: *sinnliche Erfahrung durch Beobachtung und Experiment*. Der rationalistische Rückzug auf das einsame Ich und seine »angeborenen Ideen« führt offenbar zu keiner Erkenntnisgewissheit, zumindest dann nicht, wenn sie objektiv sein soll. Selbst das »Ich« lässt sich ohne Differenz (zu einem Objekt) nicht bestimmen, und der subjektive Selbstbezug verliert sein »Selbst«. Von objektiver Erkenntnis keine Spur! Genau das erhofft sich nun der moderne Empirismus von einem – in der Ideengeschichte zunächst sehr »niedrig« eingestuften – Erkenntnismittel, nämlich der sinnlichen Wahrnehmung[25]. Objektive Erkenntnisgewissheit gründet hier in der sinnlichen Erfahrung (griechisch: »*empeira*«), denn diese scheint im Idealfalle nicht nur methodisch erzeugbar, sondern auch bei Bedarf wiederholbar. Erkenntnis ist dabei Folge, nicht Voraussetzung, von Erfahrung

---

24 »Discours de la Méthode« heißt deshalb ein Hauptwerk Descartes (Descartes 1922). Hier findet sich auch das berühmte »cogito, ergo sum« auf S. 28.

25 In Anlehnung an Luhmann formuliert: »Ein vordem als ›niedrig‹ eingestuftes Erkenntnismittel, die sinnliche Wahrnehmung, wird zur letzten Kontrollinstanz, zum Richter über wahr und falsch aufgewertet« (Luhmann 1971, S. 33).

(»*a posteriori*«). Im Vordergrund der sinnlichen Erfahrung steht zunächst die *Beobachtung*, genauer gesagt: die visuelle Beobachtung der wahrnehmbaren Dinge in der Außenwelt; darüber hinaus kommen alle weiteren menschlichen Sinne als Erkenntnisquelle in den Betracht: Das, was man hören, riechen, schmecken und sehen kann, wird zur Basis einer sicheren Erkenntnis, denn die Sinne sind »Einfallstore« (Comenius) äußerer Erfahrungen, die sich in der »Seele« widerspiegeln. Wenn es dann gelingt, (empirische) Methoden anzugeben, die auch bei anderen Beobachtern zu den gleichen Ergebnissen führen, ist die Erkenntnis »objektiv« begründet.

Nun waren sich auch die frühen Empiristen (z. B. Bacon, Locke) durchaus im Klaren darüber, dass es mit der bloßen Beobachtung nicht getan ist. Denn auch ein noch so fleißiges Sammeln von Beobachtungsdaten[26] führt nicht zu einer *allgemeinen* Erkenntnis, also zu einer Erkenntnis, die über das bloße Beschreiben von Einzelerfahrungen hinausführt (»Das gibt es, und das gibt es, und das gibt es ...«). Eine Erkenntnis, die auf dieser Ebene verhaftet bliebe, wäre vergleichbar mit dem sinnlosen Sammeln von Einzeldaten, dem der geistige Zusammenhang fehlt. Eine Erkenntnis, die zu den Gründen oder Ursachen der beobachteten Dinge führt – und damit von der Anhäufung bloß sinnlicher Einzeldaten zu einer allgemeinen Erkenntnis (z. B. von Gesetzmäßigkeiten) übergeht –, bedarf einer *induktiven* Verallgemeinerung und einer Methode, die diese – selbstverständlich theoretische Leistung – an der Wirklichkeit überprüft: das *Experiment*. Durch das Experiment wird die zunächst bloß hypothetische (weil nicht beobachtbare), induktiv vorgenommene Verallgemeinerung wieder an die empirische Basis zurückgebunden und kontrolliert. Ein so verstandener radikaler Empirismus bedarf also wohl durchaus auch theoretischer Leistungen einer erkennenden Vernunft. Allerdings muss alle Erkenntnis, auch die theoretische, letztlich auf Sinnesempfindungen zurückgeführt werden können, denn alle Erkenntnis beruht letztlich auf Erfahrung – auch die so genannten »angeborenen Ideen« der Rationalisten. Alle Vorstellungen und

---

26 Ich übergehe hier das (ungelöste) Problem, wie eine Beobachtungssprache möglich ist, die ausschließlich aus Termen besteht, die beobachtbare Eigenschaften und Beziehungen bezeichnet, ohne theoretische Elemente zu enthalten (vgl. Carnap 1960).

Begriffe gehen danach ursprünglich auf Sinnesempfindungen zurück; allerdings haben sie – die »einfachen Vorstellungen« (Locke) – sich im Verlaufe ihres Gebrauchs durch Abstraktion von diesem Ursprung häufig weit entfernt, so dass ihr Realitätsbezug oft kaum oder gar nicht mehr zu erkennen ist. Es bedarf deshalb immer wieder methodischer Anstrengungen (etwa durch Experimente), bloße Behauptungen auf ihre empirische Basis zurückzuführen. Erst dann kann man aus Sicht des Empirismus von einer sicheren, objektiven Erkenntnis sprechen.

Eine solche empiristische Erkenntnistheorie, die ganz auf die Basis der Sinne zurückgeht (und deshalb häufig auch als »Sensualismus« bezeichnet wird) hat übrigens – etwa bei Locke (im 1. Buch seines Werks »Versuch über den menschlichen Verstand« von 1690) – eine pädagogisch bedeutsame Implikation: Wenn alle theoretische Erkenntnis auf verallgemeinerte Erfahrungen (der Sinne) zurückgeht, muss man davon ausgehen, dass der menschliche Geist anfangs (also bei der Geburt) eine Art *tabula rasa* ist – also ein unbeschriebenes Blatt, denn schließlich hat das neugeborene Wesen ja noch keinerlei Erfahrung (in und von der Welt) machen können. Wenn dies zuträfe, würde es eine beachtliche Aufwertung der Pädagogik zur Folge haben, denn sie schreibt auf diese Tafel ja ihre Geschichten. So kommt es, dass paradoxerweise der radikale Empirismus (ursprünglich) der Pädagogik größeres Gewicht einräumte als der radikale Rationalismus, der von einer Vielzahl »angeborener Ideen« ausgeht, die pädagogisch nicht verändert werden können. Wir sehen an dieser Stelle schon, dass erkenntnistheoretische Positionierungen eine unmittelbar pädagogische Bedeutung besitzen können.

Wer hat nun recht?

Nun ist allerdings noch keinesfalls geklärt, wer von den beiden hier vorgestellten »Streithähnen« nun eigentlich recht hat. Wir wollen deshalb zu unserer Ausgangsfrage zurückkehren und ein Resümee zu ziehen versuchen. Im Rückblick wird deutlich, dass beide erkenntnistheoretischen Grundpositionen gute Gründe für sich anführen können. Sie scheinen vor allem dort stark und plausibel zu sein, wo es um den Nachweis der Schwachstellen der jeweils anderen Position geht. So kritisiert der Rationalismus am Empirismus zu Recht, dass dieser systematisch die unvermeidbare Priorität jeglicher Erkenntnis als das Produkt eines geistigen Subjekts übersieht oder gar leugnet. Erkenntnis ist immer die Leistung eines denkenden Bewusstseins[27], denn sie bezieht sich auf Ideen oder Vorstellungen, die man in sprachlicher Form präsentiert, und nicht direkt auf die Dinge der Welt, die immer nur so sind, wie sie sind. Ohne geistige Formen der Erkenntnis, die a priori gegeben sein müssen und nur im Selbstbewusstsein zum Ausdruck kommen, kann es keine inhaltliche Erkenntnis von Dingen in der realen (Um-)Welt – a posteriori – geben. Selbst die Induktion als eine verallgemeinerte Denkbewegung vom Einzelnen auf das Allgemeine setzt eine theoretische Annahme a priori voraus und kann nicht in der Erfahrung selbst gefunden werden. Deshalb kann eine (so verstandene) Erkenntnistheorie keine empirische Wissenschaft sein (vgl. Gabriel 2008, S. 10). Beweisen nicht schon diese einfachen Überlegungen allein aus rational einsehbaren Gründen (als Ausdruck unserer denkenden Vernunft), dass der Empirismus falsch sein muss?

»Nein, auf gar keinen Fall!«, erwidern die Empiristen und Naturalisten. Mit gleicher Emphase kritisieren sie gerade diesen Subjektbezug eines solitären Geistes mit dem Hinweis auf die erfahrungslose Beliebigkeit und Zufälligkeit der Ergebnisse einer bloß subjektiven Erkenntnis. Zeigt nicht die Erfahrung (!), dass eine geisteswissenschaftliche Literatur, die sich empirischer Forschung verweigert, oft nichts anderes ist als ein bloß subjektives und offenbar rein assoziativ erzeugtes Phantasieren, das nicht in der Lage ist, sich als objektive Erkenntnis zu begründen? Finden wir nicht vor allem in pädagogischen Texten von Autoren, die sich

---

27 Hegel interpretierend formuliert der Philosoph Volker Gerhardt dieses Argument mit den Worten: »Von der Entwicklung der Natur kann man nur sprechen, soweit man sie erkennt. Und der Mensch kann sich ihr nur stellen, sofern er sie sowohl in den äußeren Formen des Lebens als auch in seinen eigenen Lebensäußerungen begreift. Wenn er aber den Zugang zur Natur und zu sich selbst nur in seinem Selbstbewusstsein findet, hat der Geist den Primat, den man nicht auf die Methode beschränken kann, sondern in der Sache anzuerkennen hat« (Gerhardt 2007, S. 1).

überwiegend dem erkenntnistheoretischen Rationalismus verpflichtet fühlen, ein Maß an spekulativer Beliebigkeit, der erschreckend ist? Damit der Geist fruchtbar werden kann, bedarf es deshalb des Widerstands der Sachen in der (Um-)Welt, an dem er scheitern kann, denn »Eng ist die Welt, und das Gehirn ist weit,/ Leicht beieinander wohnen die Gedanken,/Doch hart im Raume stoßen sich die Sachen« (Schiller: Wallensteins Tod II, 2). Die solipsistische Verabsolutierung eines einsamen, sich selbst genügsamen Geistes (»Ich denke, also bin ich!«) hängt leer in der Luft, wenn sie nicht auf den Boden der Erfahrung zurückgeholt wird. Goethe und Schiller nehmen ironisch dieses empiristische Argument auf, wenn sie (in den Xenien) formulieren: »Denk' ich, so bin ich. Wohl! Doch wer wird immer auch denken? Oft schon war ich und hab' wirklich an gar nichts gedacht«. Der Anspruch des radikalen Rationalismus, der eine Identität von erkennender Vernunft (Denken) und erkannter Wirklichkeit (Sein) unterstellt, ist eine unbegründbare metaphysische Position, die keinerlei Beweisführung zugänglich ist – setzt sie doch eine Art Gottesperspektive (eines Beobachters, der alles beobachten könnte) voraus. Erkenntnis ist Spiegelung von Erkennenden selbst und es bedarf deshalb der Erinnerung an die materielle »Rückseite des Spiegels« (Lorenz 1973).

Beide kritischen Einwände gegenüber der jeweils anderen Grundposition überzeugen – wobei allerdings die jeweils gegnerische Position holzschnittartig vergröbert gezeichnet wird, vielleicht, um sie desto einfacher kritisieren zu können. Aber selbst, wenn wir das berücksichtigen, muss man sich die Frage stellen, ob die nachgewiesene Schwäche der jeweils anderen Position die eigene schon stärker macht. Der Streit, der zwischen den Vertretern beider Grundpositionen (über die Frage, welche von beiden nun die stärkere bzw. überlegenere Position ist) ausgefochten wird, ist uralt und inzwischen in seiner Differenziertheit selbst für Fachleute kaum noch zu überblicken[28]. Anstatt uns in diesem Gestrüpp distinkter Argumentationsverläufe zu verirren, wollen wir lieber von ihr als Tatsache ausgehen und – wie es sich für Theoriearbeit gehört – geistig einen Schritt zurücktreten und uns

---

28 Vgl. die Überblicke über diese Auseinandersetzung Gawlick/Specht 1980; Kreimendahl 1994.

fragen, warum das so ist und welche Funktion gerade diese Dauerhaftigkeit eines Problems haben könnte. Ist vielleicht die Ungelöstheit des Problems Ausdruck seiner Unlösbarkeit?

Nun hängen Problemlösungen, gleichgültig wie überzeugend sie uns präsentiert werden, von den Problemstellungen ab. In diesem Falle entsteht das Problem der Unlösbarkeit durch zwei Voraussetzungen, die wir abschließend noch einmal genauer betrachten müssen.

1. Erkenntnis muss *allgemein* sein und
2. Erkenntnis muss *sicher* sein.

Erkenntnis muss *allgemein* sein, impliziert einen unbegrenzten Geltungsbereich für ihre Grundaussagen: *Alle* Erkenntnis ist primär eine geistige Leistung (Rationalismus), *alle* Erkenntnis ist primär ein Produkt der Erfahrung (Empirismus). Das bedeutet allerdings, dass sowohl die eigene Position als auch jede andere Position in den Gegenstandsbereich der Erkenntnis fällt. Rationalisten und Empiristen sind deshalb gleichermaßen in der Lage, sich selbst und jeden Gegner zu verstehen und zu erklären. Der damit in Anspruch genommene Selbstbezug von Erkenntnis ist nicht, wie man fälschlicherweise häufig lesen kann, selbstwidersprüchlich. Er wendet vielmehr widerspruchsfrei die eigene Prämisse auf sich selbst an. Aber es geht ja noch weiter: Der Rationalismus und der Empirismus sind beide gleichermaßen in der Lage, die jeweils andere Position auf der Basis der eigenen Erkenntnistheorie zu erklären. So ist für den Rationalisten alles Produkt seines selbstbewussten Geistes, auch das was der Empirist als »Erfahrung« bezeichnet[29]. Damit wäre bewiesen, dass der Rationalismus alles – einschließlich sich selbst und jeden Gegner –

---

[29] Ein Beispiel dafür aus der pädagogischen Literatur, in dem die rationalistische (philosophische) Perspektive gegen die naturalistische Position (hier Konrad Lorenz) in Stellung gebracht wird: »Wenn Sprache und Logik von der Evolution abhängen ..., so gilt zugleich, daß die Theorie von der Evolution ihrerseits von Sprache und Logik abhängt. Biologen neigen dazu, diesen einfachen Gedanken« zu übersehen, wenn sie z.B. beim »Versuch einer Naturgeschichte des menschlichen Erkennens« (Lorenz) nicht beachten, daß sie eben diese als erkennende Menschen schreiben ...« (Kern/Wittig 1982, S. 404).

zu erkennen und zu erklären vermag. Aber auch der Empirist vermag seinen allgemeinen und universellen Geltungsanspruch zu realisieren. Er beruft sich bekanntlich auf die Erfahrung, die der Mensch als natürliches Wesen durch seine Sinnesausstattung zu machen in der Lage ist, und insofern darf man ihn auch als Naturalisten bezeichnen. Alles ist als Anpassung eines Naturwesens an seine Umwelt zum Zwecke seines Überlebens entstanden. Das gilt in der Linie für seine Sinne, die den Kontakt zur Umwelt herstellen und gewissermaßen als Einfallstore für Differenzerfahrungen der äußeren Welt dienen. Das gilt aber auch für sein Denken und seine Vernunft, denn auch diese steht im Dienste des Überlebens. Weil auch eine empiristische (oder naturalistische) Erkenntnistheorie keinen Ausnahmezustand im Bereich der durch Erfahrung wissenswerten Gegenstände für sich in Anspruch nimmt, ist sie selbst empirisch erforschbar – und gegebenenfalls, wenn die Forschung zu diesem Ergebnis kommen sollte, veränderbar.

Am einfachsten kann man sich das an jenem Organ deutlich machen, auf das sich die Rationalisten implizit am liebsten beziehen: den menschlichen Geist. Auch dieser, und nicht nur die Sinnesorgane, steht – im Gehirn materialisiert – selbst dort, wo er Erkenntnisleistungen vollbringt, letztlich im Dienst des Überlebens. Das sich selbst bewusste Denken, auf das sich Rationalisten so stolz beziehen, ist so gesehen nur eine Funktion des Gehirns als materielles Substrat und Produkt einer natürlichen Entwicklung. Ohne Gehirn kein Denken, kein Subjektbewusstsein, kein Rationalismus. Folglich ist der Empirismus in der Lage, auch eine naturalistische Erklärung des Empirismus als Erkenntnistheorie selbst zu leisten, und insofern vermag er seinen Erkenntnisanspruch auch auf sich selbst zu beziehen.

Supertheorien

Beide erkenntnistheoretischen Grundpositionen argumentieren hierbei gewissermaßen immer hinter dem Rücken der gegnerischen Position und sind deshalb von dieser nicht widerlegbar. Verweisen die Naturalisten auf die »Rückseite des Spiegels« (Konrad Lorenz), kontern die Rationalisten mit dem Hinweis darauf, »daß auch das Bild, das die Naturwissenschaft von der Rückseite des Spiegels entwirft, ein Bild im Spiegel ist« (v. Weizsäcker zit. nach Kern/Wittig 1982, S. 404). Kein Vertreter einer der beiden erkenntnistheoretischen Grundpositionen ist damit in der Lage, den Gegner zu überzeugen. Wenn z. B. der Rationalist sagt: »Eine so verstandene Erkenntnistheorie kann keine empirische Wissenschaft sein. Sie soll ja gerade auch die Bedingungen, Möglichkeiten und Grenzen empirischer Wissenschaften selbst kritisch untersuchen, und sie würde sich am eigenen Schopfe aus dem Sumpf zu ziehen versuchen, wollte sie diese kritische Untersuchung gerade mit den infrage stehenden Methoden anstellen« (Gabriel 2008, S. 10), kann der Empirist mit dem berühmten »*tu quoque*-Argument« kontern: »Auch Du versuchst ja im Grund nichts anderes, als Dich aus dem eigenen Schopfe aus dem Sumpf zu ziehen, denn eine rationalistische Erkenntnistheorie kann ja sich selbst wiederum nur rationalistisch begründen und ist deshalb nur ein operativ geschlossenes Sprachspiel. Dabei musst du unterstellen, dass deine Argumente erfahrbar sind – also durch Erfahrung auch für andere zugänglich sind.« Und der Empirist kann noch eines draufsetzen und sagen: »Während wir Empiristen durch unsere empirischen Methoden in der Lage sind, unsere Erkenntnis experimentell überprüfen zu können, sind Eure ausschließlich rationalistisch begründeten Thesen wohl durch andere rationalistisch begründeten Thesen kritisierbar, aber in Ermangelung empirischer Falsifikatoren gibt es kein Kriterium, um zu überprüfen, wer nun eigentlich recht hat. Rationalistisch begründete Erkenntnis kann nicht an der Wirklichkeit scheitern.« Daraufhin antwortet der Rationalist ohne zu zögern mit dem Argument: »Aber hallo! Auch Deine empirischen Falsifikatoren sind doch letzten Endes nichts anderes als sinnhafte Äußerungen eines denkenden Subjekts! Wir Rationalisten dagegen bewahren eine kritische Erinnerungskultur, indem wir unsere Argumente z. B. mit den Argumenten der Klassiker vergleichen« usw.

Kurzum, beide Grundpositionen – der Rationalismus und der Empirismus – sind weder falsifizierbar noch verifizierbar. Es sind beide dort, wo sie Aussagen über »alle« Erkenntnis beanspruchen, »Supertheorien« in dem Sinne, dass sie in der Lage sind, alles – einschließlich sich selbst und jeden Gegner – zu erkennen und zu erklären. Allein schon dadurch ist der Streit der beiden Grundpositionen miteinander auf Dauer gestellt. Aber es kommt noch ein Weiteres hinzu: der Anspruch beider Theorien, sichere und absolut unbezweifelbare Erkenntnis zu begründen.

Dies ist aber – wie sowohl ein einfaches Nachdenken wie auch die allgemeine Erfahrung einer Jahrtausend langen Geschichte zeigt – nicht möglich (und ich füge gleich hinzu: auch gar nötig). Erkenntnis ist alleine durch seine Subjekt-Objekt-Struktur eine in Sprache gefasste gedankliche Differenzerfahrung und damit abhängig von einer Reihe von Voraussetzungen, z. B. sprachlicher und methodischer Art. Ob man diese Voraussetzungen nun als »Denken« oder als »Erfahrung« bezeichnen will, ist in diesem Gedankengang gleichgültig. Wichtig ist nur die Tatsache, dass Erkenntnis von Voraussetzungen abhängig ist, die im Augenblick des Erkennens als blinde Flecke selbst unerkannt bleiben. Schon allein die Forderung, Erkenntnis möge absolut sicher sein, setzt voraus, dass man weiß und versteht, was damit zum Ausdruck gebracht werden soll. So wie unsere Augen, wenn sie etwas sehen, dabei sich selbst nicht sehen können, so kann auch der Erkennende wohl sehen, *was* er sieht, nicht aber was er *nicht* sieht, z. B. *dass* er es sieht. Eine vollständig voraussetzungslose Erkenntnis, ohne blinde Flecke des Erkennens, kann es nicht geben und damit auch keine absolut sichere Erkenntnis. Allerdings kann ein anderer Beobachter durchaus sehen, welche blinden Flecke bzw. »Balken« man vor den Augen hat, und das kann vielleicht anschaulich erklären, warum der Streit der Philosophen um die richtige Erkenntnistheorie kein Ende findet. Nur dadurch ist eine gegenseitige Beobachtung der blinden Flecke des jeweils anderen möglich, und das scheint der heimliche Nutzen (bzw. die Funktion) zu sein, die den erkenntnistheoretischen Streit auf Dauer gestellt hat.

Erkenntnis kann deshalb gar nicht absolut sicher sein, denn sie ist immer abhängig von Voraussetzungen, die man während der Erkenntnis selbst nicht beobachten kann. Aber es gibt andere Beobachter, die eine Beobachtung von außen beobachten können und die blinden Flecke sehen, die man selbst nicht sehen kann. Es gibt kein kontextfreies Beobachten – sprich: keine kontextfreie Erkenntnis[30] –, aber es gibt Beobachten der Kontexte anderer

---

30 In Anlehnung an ein drastisches Zitat von Niklas Luhmann formuliert: »Es gibt nur Ratten im Labyrinth, die einander beobachten und eben

Beobachter. Was kann man dabei sehen? Man sieht etwa, dass jede Erkenntnis auf der Basis einer Unterscheidung mit einer Entscheidung beginnt – einer Entscheidung, der man sich gewöhnlich nicht bewusst ist: Entweder beginnt man beim erkennenden Subjekt und beobachtet als Rationalist. Oder aber man beginnt beim erkannten Objekt und beobachtet als Empirist. Die Wahl steht uns frei, wenngleich sie auch vielfach eher zufällig entschieden werden dürfte. Besser gesagt: Sie ist willkürlich. Was dann als Nächstes daraus folgt, also welche Erkenntnis wir erhalten, wenn wir rationalistisch oder empiristisch vorgehen, das allerdings steht uns nicht mehr frei, das ist nicht mehr willkürlich, sondern von den zugrunde liegenden Unterscheidungen und der benützten Methode abhängig – und nur deshalb wird sie »objektiv«. Hier gilt das Goethe-Wort: »Das Erste steht uns frei, beim Zweiten sind wir Knechte!« (Faust I, Studierzimmerszene). Die erstaunliche Forderung, Erkenntnis möge sicher sein, gründet in einem Bedürfnis nach Gewissheit, das – historisch gesehen – wahrscheinlich Folge einer anthropologischen Kränkung ist: Nachdem die religiöse Verankerung in einem absoluten Gottesglauben verloren gegangen war, erhoffte man sich von einer säkular begründeten Erkenntnis eine analoge Leistung. Noch Kant glaubte im ausgehenden 18. Jahrhundert, dass Erkenntnis »allgemein und notwendig« sein müsse und versuchte – vergebens – in seiner umfangreichen und differenzierten »Kritik der reinen Vernunft« diese hohen Erwartungen zu erfüllen. Erwachsen würde eine solche Haltung erst genannt werden können, wenn sie sich mit der Erkenntnis arrangiert, dass Erkenntnis nicht (absolut) sicher sein kann.

Abschließend und zusammenfassend bleibt nur noch zu sagen, dass beide erkenntnistheoretischen Grundpositionen, die wir hier kontrastverschärfend gegeneinander herausgearbeitet haben, als die notwendigen zwei Seiten einer menschlichen Vernunft interpretiert werden können, insofern sie jeweils die Schwächen – die »blinden Flecken« des jeweils anderen – kompensiert und dadurch kombinatorische Gewinne einstreicht. Konsens wäre hier nicht

---

deshalb wohl zu Systemstrukturen, nie aber zu Konsens kommen können. Es gibt kein labyrinthfreies, kein kontextfreies Beobachten« (Luhmann 1987a).

hilfreich; er würde zwangsläufig als Monismus daherkommen und steril bleiben; das daraus folgende Schweigen wäre schlechter als die viel beklagte Geschwätzigkeit der Philosophen, die immer noch darüber streiten, wer denn nun eigentlich recht habe. Die Fruchtbarkeit einer differenztheoretischen Erkenntnistheorie, die beiden konträren Positionen ihr Recht – wenngleich auch nicht gleichzeitig – zugesteht, erweist sich im Erfolg der systematischen Erkenntnissuche durch die moderne Wissenschaft, wie sie sich etwa seit dem 16. Jahrhundert in Europa entfaltet hat. Dabei sind die Nachteile der jeweils rein in Anspruch genommenen Position vielfach offenkundig und kritisiert worden: Die Rationalisten haben sich oft wie Spinnen verhalten, die ihre Netze (sprich: Theorien) alleine aus sich selbst hervorbringen und warten, ob und bis vielleicht sich eine Fliege darin verirrt. Die Empiriker scheinen oft nur wie die Ameisen sich zu verhalten, die fleißig, aber ohne erkennbaren Sinn herumlaufen und Tannennadeln (Daten) sammeln[31].

Vermittlung und Widerspruch

Fruchtbar geworden sind deshalb vermittelnde Ansätze, also Bemühungen, die beide Positionen miteinander zu versöhnen versuchen. Das beginnt spätestens mit Galilei, dem es gelang, rationalistisch gewonnene Vermutungen (Hypothesen) mit Hilfe empirischer Methoden der Beobachtung experimentell zu überprüfen (vgl. Mittelstraß 1970). Die erkenntnistheoretische Unterfütterung eines Wissenschaftsverständnisses, das sowohl rationalistische als auch empiristische Grundsätze zulässt und zu einer Erkenntnistheorie ausformuliert, beginnt spätestens mit Leibniz, um dann bei Kant in ein einflussreiches System zu münden. Die

---

31 Oder in den Worten von Ernst Haeckel: »Während die Empiriker ›den Wald vor Bäumen nicht sehen‹, begnügen sich jene Metaphysiker mit dem bloßen Begriffe des Waldes, ohne seine Bäume zu sehen« (Haeckel 1984, S. 6). Haeckel plädiert deshalb dafür, empirische und rationalistische Vorgehensweisen für »gleichberechtigte und sich gegenseitig ergänzende Erkenntnismethoden« (ebd. S. 29) zu betrachten.

alte Auseinandersetzung mit den »angeborenen Ideen« aufgreifend, formuliert Leibniz gegen Hume das entscheidende Argument. Weil es für die Pädagogik von großer Bedeutung geworden ist, will ich es ausführlicher zitieren: »Hat die Seele Fenster? Gleicht sie einer Tafel? Ist sie wie Wachs? Es ist einleuchtend, daß alle die, welche so von der Seele denken, sie im Grunde für körperlich halten. Man wird mir den von den Philosophen angenommenen Grundsatz entgegenhalten, daß in der Seele nichts sei, das nicht von den Sinnen kommt. Aber man muß die Seele und ihre Zustände selbst davon ausnehmen. *Nihil est in intellectu quod non fuerit in sensu, excipe: nisi ipse intellectus* (Nichts ist im Verstand, ohne dass es zuvor durch die Sinne eingegangen ist – das Denken selbst ausgenommen). Die Seele enthält also das Sein, die Substanz, das Eine, das Selbige, die Ursache, die Wahrnehmung, das Denken und eine Menge anderer Vorstellungen, welche die Sinne nicht verleihen können« (Leibniz 1904, S. 78). Alle unsere Erkenntnis, so Leibniz, kommt a posteriori aus der Erfahrung – außer demjenigen, was a priori schon vorher in unserem Erkenntnisvermögen angeboren ist.

Damit ist eine erkenntnistheoretische Position skizziert, die sowohl rationalistische als auch empiristische Elemente in sich aufnimmt und produktiv aufeinander bezieht. Sie als »erkenntnistheoretischen Rationalismus« zu bezeichnen (z. B. bei Beckmann 1981) wäre allerdings missverständlich, weil das die vermittelnde Position, die Leibniz zwischen Rationalismus und Empirismus einnimmt, damit sprachlich nicht angemessen zum Ausdruck kommt. Man unterstellt dabei Leibniz (und übrigens auch Kant), dass sie trotz dieser Vermittlerposition immer noch von einem Primat des nichtempirischen Wissens (»angeborene Ideen«, »synthetische Apriori«) ausgehen. Aber darüber sind sich die Gelehrten bis heute nicht einig. Ich würde dieser Interpretation zustimmen, wenn das Primat im Sinne einer Temporalisierung gemeint ist: Man beginne im erkennenden Subjekt (und seinem angeborenen Apriori) und schreite dann weiter zu den Erfahrungen (eines Aposterioris). Diese Form der Erkenntnisgewinnung hat sich heute wissenschaftlich bewährt, weil sie den Zusammenhang von theoretischer Hypothesenbildung und empirischer Überprüfung beschreibt. So entsteht eine Art Pendelbewegung zwischen A-priori-Erwartungen und A-posteriori-

Erfahrungen. Der Hang zur Erwartung mag angeboren sein, die Erfahrung wird hinzugewonnen (vgl. Riedl 1980).

Wichtig für die Pädagogik ist diese Position – die wir hier am Beispiel von Leibniz erläutert haben – vor allem deshalb geworden, weil sie das Grundproblem der Pädagogen präzise, wenngleich auch metaphorisch beschreibt und in die Frage überführt, ob die Seele Fenster habe, durch die man gleichsam Pakete (des Wissens, der Erkenntnis – etwa durch Unterricht und Lehre) hineinreichen könne. Mit dieser Ausgangsfrage nimmt Leibniz zunächst auf eine allgemeine Erfahrung Bezug, die jeder Erzieher, jeder Lehrer macht, wenn er sich bemüht, Lehren in Lernen zu überführen. Er muss von angeborener Begabung (Lernfähigkeit) ausgehen, die es durch äußere Erfahrungen (die pädagogisch planbar sind) zu entwickeln und zu fördern gilt. Hier passt das Goethe-Wort: »Nicht allein das Angeborene, sondern auch das Erworbene ist der Mensch« (Goethe 1976, S. 158).

Leibniz geht darüber noch hinaus und macht aus dieser scheinbar trivialen Erkenntnis ein Problem. Das erkennende Subjekt (z. B. der Schüler) wird als eine geschlossene Monade bestimmt, als ein Subjekt, das wohl angeborene Fähigkeiten und ein angeborenes Erkenntnisvermögen auf die Welt mitbringt, aber keinen direkten Kontakt (in Form »offener Fenster«) zu seiner Umwelt besitzt. Wenn wir diese darin implizit enthaltene Erkenntnistheorie pädagogischer Praxis zugrunde legen, dann vermag sie präzise die Probleme zu beschreiben, die Lehrende haben, wenn sie absichtsvoll Erkenntnisse lehrend vermitteln und in Lernprozesse bei Schülern überführen wollen und an dem Problem der monadenhaften Subjektivität nicht selten scheitern.

Die zwischen Rationalismus und Empirismus vermittelnden Positionen sind weitaus differenzierter, als wir sie hier in diesem Rahmen darstellen können. Dazu kommt eine Reihe von relativierenden und kritikimmunisierenden Einschränkungen, die auf Kosten der Klarheit und Eindeutigkeit gehen. Universelle Geltung (Allgemeinheit) und absolute Sicherheit der Erkenntnis – von Kant noch obligatorisch von einer »kritischen« Erkenntnistheorie gefordert – wird heute (zumindest so ungeschützt) nicht mehr vertreten.

Vielleicht ist das der Grund dafür, dass viele dazu neigen, sich auf die eine oder die andere Seite zu schlagen und den Kontrast zu anderen als Kritik auf Dauer zu stellen. Das mag einer allgemein menschlichen Neigung zu Kontrastverschärfung und Bevorzugung einfacher und eindeutiger Lösungen entgegen kommen und ist dann nicht unbedingt schädlich, wenn man sich vor Augen führt, dass Wissenschaft ein soziales System ist, das die individuellen Reduktionen kompensatorisch ausgleichen kann. Wissenschaft als soziales System (vgl. Kap. 4) – auch Erziehungswissenschaft – lässt beide erkenntnistheoretischen Verankerungen zu und gleicht die Nachteile der Einseitigkeit einer Positionierung durch die der anderen auf längere Sicht wieder aus. Aus dieser Perspektive dominiert – wohl nicht beim einzelnen Wissenschaftler, aber im Wissenschaftssystem – als Kernbestand einer erkenntnistheoretischen Grundhaltung – die Überzeugung, dass methodisch kontrollierte Erfahrung durch empirische Forschung unter Umständen wichtig und hilfreich sein mag, diese jedoch abhängig ist von Bedingungen des erkennenden Subjekts, die seine Erkenntnis a priori sowohl ermöglichen als auch begrenzen. Dabei bleibt zunächst einmal offen, ob diese Bedingungen der Möglichkeit von Erkenntnis angeboren (und damit notwendig und unvermeidbar) sind oder auch durch methodische Vorentscheidungen bedingt (und damit kontingent und veränderbar) sein können. Man hat diese erkenntnistheoretische Position als »methodischen Rationalismus« bezeichnet (Beckmann 1981), weil sie davon ausgeht, dass jeder Erkenntnis unvermeidbar Bedingungen a priori vorausliegen.

Bedeutet dies, dass letztlich der Rationalismus »gesiegt« hat? Keineswegs! Wohl kann der Rationalist (z. B. in der Spur des Denkens von Platon und Kant) gerade diese Erkenntnis allein aus seiner Vernunft begründen und durch reflexives Nachdenken die Bedingungen detaillierter beschreiben. Aber der Empirist wird diese Bedingungen *a priori* selbst wiederum als Ergebnis eines natürlichen Evolutionsprozesses bestimmen und damit der empirischen Forschung selbst zugänglich machen. Die Bedingungen *a priori* sind aus dieser Sicht selbst *a posteriori* entstanden und das Ergebnis eines langen Anpassungsprozesses der Arten an ihre veränderten Umweltbedingungen. Sie haben sich im Überlebenskampf der Arten als nützlich erwiesen und sind deshalb phylogenetisch so fest stabilisiert worden, dass sie für das Individuum (ja selbst für die Gattung) als Bedingung der Möglichkeit seiner (ihrer)

Erkenntnis a priori erscheinen. Das ist die naturalistische Wende in der Erkenntnistheorie durch die so genannte »*Evolutionäre Erkenntnistheorie*« (Konrad Lorenz, Rupert Riedl, Gerhard Vollmer). Sie wird natürlich (!) von den Rationalisten (Philosophen) überwiegend nicht goutiert – mit dem schon bekannten Einwand, dass sie auf einem sprachlich formulierten Gedanken beruhe (und damit das Produkt einer bewusstseinsfähigen Vernunft sei).

Wir sehen: Der Wettkampf zwischen Rationalismus und Empirismus verläuft wie der Wettlauf zwischen dem Hasen und dem Igel in jenem berühmten Märchen von den Gebrüdern Grimm – nur mit dem Unterschied, dass einmal der Rationalist und das andere Mal der Empirist der »Hase« ist. Immer wenn eine Position glaubt, sie hätte ihr Ziel als Erste erreicht, ruft die andere: Ich bin schon hier! Man könnte, wenn wir schon bei Metaphern sind, auch ein anderes Bild gebrauchen, um den Unterschied der beiden erkenntnistheoretischen Grundpositionen zu veranschaulichen: Auf die Frage, wer wohl zuerst da war, das Ei oder die Henne, antwortet der Rationalist: »die Henne!«, der Empirist aber ruft – und das mit gleicher Berechtigung: »das Ei!«.

Auch mit Hilfe dieser Metaphern ist vielleicht deutlich geworden, dass es nicht möglich ist, die beiden erkenntnistheoretischen Grundpositionen in ein harmonisches »Sowohl-als-Auch« aufzulösen[32]. Nur dadurch, dass sie als basale Erkenntnistheorien mit universellem Geltungsanspruch in ihren Kernaussagen nicht kompatibel sind, erfüllen sie jene Funktion, die sie bislang auf Dauer gestellt hat: Der eingebaute Widerspruch setzt unser Denken einer irritierenden dauerhaften Belastung aus und hält es damit in Bewegung – oder frei nach Goethe: Das Gleiche lässt uns in Ruh. Es ist der Widerspruch, der fruchtbar macht[33].

---

32 Es sei denn durch Einbau der Zeitdimension: Im Nacheinander einer Temporalisierung lässt sich die Paradoxie methodisch entfalten (vgl. Kap. 5).

33 Oder in den Worten von Thomas Mann: »Der Dualismus, die Antithese, das ist das bewegende, das leidenschaftliche, das dialektische, das geistreiche Prinzip [...] Aller Monismus ist langweilig« (Mann 1987, S. 296).

3 Ontologie
...oder was ist eigentlich »ist«?

Wir haben uns bisher mit dem Begriff der Erkenntnis und der (beiden) wichtigsten Begründungsformen von Erkenntnis beschäftigt, aber wir haben noch nicht darüber nachgedacht, worauf sich Aussagen, die eine Erkenntnis zum Ausdruck bringen, beziehen – mit anderen Worten, »was« eigentlich erkannt wird. Es geht hier um die Frage nach der *Referenz* von Erkenntnisaussagen. Worte sind Zeichen, die über sich hinausweisen, weil sie etwas bezeichnen. Sie weisen bzw. zeigen auf etwas, was durch sie repräsentiert wird. Man kann, wie das der Genfer Sprachwissenschaftler Ferdinand de Saussure vorgeschlagen hat, bei Worten unterscheiden zwischen »Bezeichnung« (*signifiant*) und »Bezeichnetem« (*signifié*). Was meinen wir beispielsweise, wenn wir sagen: »Ich habe erkannt, dass (dieses oder jenes) ist« oder »Es versteht sich von selbst, dass ...(das oder jenes) ist« oder »Es ist in der Erziehungswissenschaft unbestritten, dass es (das oder jenes) gibt« oder »Es ist eine Tatsache, dass ...« oder »Faktisch ist es so, dass ...« oder »In der Realität ist es so, dass ...«? Es scheint also letztlich um die gemeinsame Frage zu gehen, was wir eigentlich meinen, wenn wir das Wörtchen »ist« verwenden, denn in allen diesen Beispielsätzen kommt es vor. Was also ist »ist«? so könnte man die Frage zuspitzen und damit die Grundfrage der Ontologie auf den Punkt bringen, die in der Philosophie traditionellerweise immer schon als die Lehre (bzw. die Wissenschaft) vom Sein bezeichnet wird.

Zur Semantik des »Ists«

Erschwerend kommt hinzu, dass wir das Hilfsverb »ist« oft konjugieren und häufig in einer getarnten, nicht sofort erkennbaren Form gebrauchen. Auch scheint die Bedeutung keineswegs einheitlich zu sein. Wir lesen z. B.: »Die europäische Tradition der

Ethik hat immer behauptet, es gäbe nur ... eine Wahrheit« (Oelkers 1992, S. 45). Hier versteckt sich der ontologische Anspruch in der Wortverbindung »hat ... behauptet«. Man könnte auch übersetzen: »Es ›ist‹ der Fall, dass die europäische Tradition behauptet hat ...« und sehen dann, dass sich das »ist« nur hinter dem »hat« verbirgt. Oder wir lesen: »Die erste Frage einer ›pädagogischen Ethik‹ ist nicht, wie Moral vermittelt, sondern wie Erziehung gerechtfertigt werden kann« (ebd., S. 11). Hier wird wohl das Wort »ist« explizit benutzt, allerdings ohne dass die Behauptung aufgestellt wird, dass etwas der Fall ist. Vielmehr zeigt der Zusammenhang, in dem der Satz erscheint, unmissverständlich, dass der Autor eigentlich sagen will: »Die meines Erachtens wichtigste Frage einer pädagogischen Ethik *soll* sein ...« Hier versteckt sich hinter dem »ist« also ein Werturteil oder eine Norm, die nicht beschreibt, was »ist«, sondern fordert, was sein soll.

Weil das Hilfswerb »ist« omnipräsent ist, in verschiedenen Formen und Bedeutungen daherkommen kann, übersehen wir normalerweise seine ontologische Problematik. Solange es funktioniert, solange der Satz durch andere Sätze fortgesetzt werden kann, ist das auch unproblematisch, denn seine Bedeutung ist der Gebrauch in der Sprache. »Sein« ist bekanntlich die Grundform von »ist«. Das Hilfsverb hat, wie schon angedeutet, eine Reihe verschiedener Bedeutungen. »Ist« kann

- eine semantische Identitätsbeziehung zum Ausdruck bringen (»Sokrates ist der Lehrer Platons«),
- einen Wortgebrauch definieren (»Curriculum ist ein anderes Wort für Lehrplan«),
- eine Klassensubsumtion bedeuten (»Herr Müller ist Lehrer«),
- eine Klasseneinteilung meinen (»Die meisten Lehrer sind Beamte«),
- eine mathematische Identitätsbeziehung zum Ausdruck bringen (»zwei und zwei ist vier«).

Wir wollen uns im Folgenden der wohl wichtigsten Bedeutung zuwenden: »ist« als Existenzbehauptung eines Objekts, das mit dem Wort bezeichnet wird. Wenn der Lehrer z. B. sagt: »In der Klasse ist schlechte Luft!«, dann hätte er auch sagen können: »In der Klasse existiert schlechte Luft«. Er sagt also nicht nur etwas über die Qualität der Luft aus, sondern auch (zusätzlich?), dass diese Luft und ihre Qualität »existiert«. Häufig wird das »ist« auch mit »es gibt« umschrieben und z. B. gesagt: »Es gibt in Deutschland ein föderales Bildungssystem«. Auch hier wird eine Existenzbehauptung gemacht, und das heißt, eine Aussage über eine transverbale Realität gemacht. Der Satz, in dem »ist« oder »es gibt« vorkommt, ist dabei bloß eine Art Zeichen, das auf ein jenseitiges Bezeichnetes deutet – eben auf die »Realität« oder die »Wirklichkeit« (die vielbeschworene »Erziehungswirklichkeit«). Was aber meinen wir, wenn wir von »Realität«, von »Existenz« oder von »pädagogischer Wirklichkeit« sprechen?

Am einfachsten scheinen Namen auf die Existenz von einem Ding – z. B. einer einzelnen Person – zu zeigen. Eigennamen bezeichnen einen ganz bestimmten Gegenstand in der Welt. Das scheint ontologisch der einfachste Fall zu sein, obwohl man auch ihn problematisieren kann, denn man nimmt damit unreflektiert eine realistische Erkenntnistheorie ein, ohne die Unterstellung einer real existierenden Existenz von Gegenständen in der Welt sprachfrei, aber empirisch beweisen zu können. Viele Wissenschaftler vertreten, um diese Klippe elegant zu umschiffen (und eng am Alltagsverständnis entlang denkend), den so genannten »hypothetischen Realismus«: Bis zum Beweis des Gegenteils gehen sie hypothetisch davon aus, dass es eine außersprachliche Wirklichkeit gibt. Nun benützen wir allerdings auch Namen, die als Zeichen durchaus etwas bezeichnen, dessen Existenz aber fraglich ist oder verneint wird. Zum Beispiel »Rotkäppchen« oder Begriffe, deren externe Referenz bestritten wird, z. B. »Gott«. Dann gibt es Wörter, die keine Eigennamen, sondern Allgemeinbegriffe sind, z. B. »Blinddarmentzündung«, »Erziehung«, »Bildung«, »Curriculumtheorie«. Verweisen solche Allgemeinbegriffe auf Existenz? Wenn ja, dann müssten sie in der so genannten Realität erfahrbar bzw. beobachtbar sein. Wenn wir die Augen aufmachen, können wir vielleicht sehen, dass Onkel Willi eine Blinddarmentzündung hat und der Jugendliche x schlecht erzogen ist, aber nirgendwo können wir »die« Blinddarmentzündung oder »die« Erziehung (als Universalie) sehen oder konkret beobachten. Was ist also mit der Realität, auf die Allgemeinbegriffe verweisen? Zumindest ist sie nicht sichtbar, nicht sinnlich wahrnehmbar. Über diese Frage nach der Existenz von Universalien wird seit vielen Jahrhunderten in der Philosophie als Universalienproblem diskutiert. Einen Höhepunkt sollte diese Diskussion im Spätmittelalter unter dem Begriff des Universalienstreits haben und die Befreiung der Zeichen von den (bezeichneten) Dingen – unter dem Begriff des Nominalismus – einläuten[34]. Schließlich kann man auch fragen, welchen ontologischen Stellenwert Wörter wie z. B. »und« oder »ist« besitzen, und damit sind wir wieder bei den Fragen: »Was ist ›ist‹?« oder: »Wie existent ist die Existenz?« oder: »Wie wirklich ist die Wirklichkeit?« oder: »Was meinen wir, wenn wir etwas als ›seiend‹, ›real‹ oder ›existierend‹ bezeichnen?«.

Alle diese Fragen berühren im Kern den Zusammenhang von Sprache und Wirklichkeit, von »*verba*« und »*res*« – und damit auch den Zusammenhang einer Sprache der Erziehungswissenschaft und der Wirklichkeit von Erziehung. Eine solche Sprache »zeigt« auf eine ihr externe Wirklichkeit und unterscheidet sich damit von ihr (wenngleich man natürlich auch auf Sprache (meta-)sprachlich zeigen kann). Wohl kann man in der Wissenschaft die Wirklichkeit nicht sprachfrei bekommen, das besagt aber nicht, dass wir über sie nicht sprechen können: »Wir können zwar nicht der Sprache die Wirklichkeit bzw. die Struktur der Wirklichkeit gegenüberstellen, aber wir können den Aussagen über die Sprache unsere Aussagen über die Wirklichkeit gegenüberstellen und auf diese Weise indirekt auch über das Verhältnis Sprache – Wirklichkeit reden« (Essler 1972, S. 175). Es ist also durchaus legitim (und keineswegs paradox), wenn wir hier – sprachlich – über die ontologischen Annahmen von Sprache sprechen.

Die unterschätzte praktische Relevanz ontologischer Entscheidungen

Diese Frage nach der Ontologie – in pädagogischen Texten selten gestellt – ist keineswegs nur ein Problem weltfremder Philosophen, die in ihrem Elfenbeinturm gerade nichts Besseres zu tun haben und deshalb über Probleme nachdenken, die sie selbst erfinden. Die Frage des Zusammenhangs von Sprache und Wirklichkeit, die in der Ontologie gestellt und diskutiert wird, hat von Anfang an

---

34 Zum Universalienproblem (im historischen und systematischen Überblick) vgl. Stegmüller 1956 und 1957; Essler 1972, S. 198 ff.

und bis heute erhebliche praktische (auch politische und pädagogische) Implikationen und Konsequenzen. Dass das Wort nicht die Sache und die Speisekarte nicht die Speise ist, und dass man deshalb die Freiheit sowohl über die Wortbezeichnungen als auch über Existenzaussagen habe, scheint seit dem spätmittelalterlichen Nominalismus[35] ein Allgemeinplatz zu sein. Es ist bemerkenswert, dass bestimmte ontologische Aussagen auch heute noch juristisch geschützt und ihre Negation bestraft wird. War es im christlichen Mittelalter z. B. die Leugnung Gottes (»Es gibt keinen Gott!«) und im Islam noch heute die Leugnung Allahs (»Allah gibt es nicht und Mohammed ist kein Prophet!«), so wird z. B. heute die Leugnung des Holocaust (»Es gab keinen Holocaust!«) in manchen Ländern strafrechtlich verfolgt[36]. Offenbar gibt es einen Kernbereich ontologischer Existenzaussagen, der für die Identität eines politischen bzw. sozialen Systems so hoch eingeschätzt wird, dass er strafrechtlich (vor Negation) geschützt werden muss[37].

---

35 Zum eigenständigen »Ersinnen der Namen« habe Gott den Menschen ermächtigt, und deshalb übe dieser, wenn er den Dingen einen Namen gebe, »eine Art souveränes Recht« aus: »So daß wohl gewiß das Wort *nomen* vom *nomos* kommt, d. h. von Gesetz; werden die *nomina* doch von den Menschen ersonnen *ad placitum,* also aufgrund freier und gemeinsamer Übereinkunft« (Eco 1984, S. 453).

36 Die Leugnung des Holocausts ist mittlerweile in mehreren europäischen Staaten ein Straftatbestand, neben Deutschland z. B. auch in Österreich, Belgien, Luxemburg und Liechtenstein. In Spanien entschied 2007 das Verfassungsgericht, dass nicht mehr die Leugnung des Holocausts als historische Tatsache bestraft werden darf (weil es gegen das Grundrecht auf Meinungsfreiheit verstoße), sondern nur noch dessen Rechtfertigung. In Frankreich wird seit 2006 die Bestreitung des Genozids an den Armeniern in der Türkei bestraft, in Ruanda steht die Leugnung des Völkermords an den Tutsi unter Strafe, und in Russland wird derzeit (2009) erwogen, die Behauptung unter Strafe zu stellen, die Sowjetarmee habe Verbrechen begangen.

37 Weil Wissenschaft sich auf die Produktion von – methodisch kontrolliertem – Wissen spezialisiert, kann sie a priori keine ontologischen Vorgaben akzeptieren – selbst wenn diese juristisch kodifiziert (Recht) oder politisch inkorrekt sein sollten. Das dürfte auch der Grund dafür sein, dass wissenschaftliches Wissen (*epistéme*) weniger sicher ist als das Alltagswissen (*dóxa*).

Auch in der Pädagogik steht das Verhältnis von Sprache und Wirklichkeit im Mittelpunkt ihres Selbstverständnisses und besitzt es eine Reihe wichtiger ontologischer Implikationen. In der pädagogischen Ideengeschichte wurde und wird in immer neuen Anläufen das Verhältnis von »*verba*« und »*res*« thematisiert und neu einjustiert. Schon im Bildungsbegriff finden wir, wenngleich metaphorisch verborgen, dieses ontologische Zeigeverhältnis: das Bild, das als Abbild auf eine ihm jenseitige Welt (qua Wirklichkeit bzw. Realität) verweist. Noch im Bildungsbegriff der späten Geisteswissenschaftlichen Pädagogik findet sich dieser heimliche ontologische Bezug: »Bildung ist Erschlossensein einer dinglichen und geistigen Wirklichkeit für einen Menschen [...], aber das heißt zugleich: Erschlossensein dieses Menschen für diese seine Wirklichkeit« (Klafki 1967, S. 43). Ohne Wirklichkeitsbezug, also ohne Bezug auf eine externe Realität, scheint die Bildung des Subjekts (und seines inneren Bildes von Welt) nicht möglich, denn »kategoriale Bildung ist sowohl die Erschließung des Menschen für eine Wirklichkeit wie auch die Erschließung einer Wirklichkeit durch einen Menschen« (ebd., S. 44). Was ist aber diese »Wirklichkeit«, von der und auf die hin alle Pädagogik sich orientieren soll?

Um einer Antwort auf diese Frage näher zu kommen, ist es hilfreich, den Begriff der Existenz mit seinen Gegenbegriffen zu kontrastieren. Wir wollen zunächst einen weichen (nicht ausschließenden) Gegenbegriff betrachten, nämlich den Modus der *Möglichkeit*, um dann den harten (ausschließenden) Gegenbegriff heranzuziehen, die *Nichtexistenz*. Existenz und Möglichkeit können in zwei unterschiedlichen Weisen miteinander korreliert werden: Entweder ist Möglichkeit ein Teil der Existenz oder Existenz ist ein Teil der Möglichkeit. Je nachdem, welche Position ergriffen wird, werden völlig unterschiedliche Konsequenzen wahrscheinlich. In der Antike dominierte die erste Variante: Wirklichkeit war primär und die Möglichkeit sekundär; »*existentia*« ging der »*potentia*« voraus. Ethische Störungen suchte man deshalb (z. B. in den Sokratischen Dialogen) durch diskursive Suche nach dem »existierenden«, nur vorübergehend verloren gegangenen allgemeinen Guten wieder zu beheben.

Die Vorstellung, dass die Wirklichkeit der Möglichkeit vorausgeht, ist auch heute noch alltäglich. Wenn ich mir z. B. überlege, welches Buch ich heute Abend zur Entspannung lesen könnte, geht die Existenz der sich in meinem Besitz befindlichen Bücher der Möglichkeit, eines davon zu lesen, voraus. Wenn der Physiklehrer – um ein anderes Beispiel zu geben – ein Experiment für die nächste Unterrichtsstunde plant, werden seine Möglichkeiten durch die Existenz der vorhandenen technischen Utensilien an seiner Schule limitiert sein. Eine wichtige Implikation dieser ontologischen Positionierung wird leicht übersehen: Wenn die Wirklichkeit primär ist, wird diese gegen zunächst nur gedachte Veränderungen (die nur als gedachte möglich scheinen) in ihrem ontologischen Status der Existenz geschützt. Sie begrenzt die Möglichkeiten des Handelns. Eine Veränderung oder Erweiterung nach Maßgabe zunächst nur gedachter Möglichkeiten ist nicht vorgesehen. Neues kann hier nur als das übersehene Alte, Vergessene oder Übersehene in Erscheinung treten[38]. Die Welt der Möglichkeiten muss sich außerhalb der äußeren Wirklichkeit entfalten, wie dies z.B. im frühen griechischen Denken angenommen wurde. Es blühte schon zu Zeiten der Sophisten auf, und das moderne philosophische und pädagogische Denken zehrt noch heute davon.

Mit dem Christentum beginnt eine ontologische Neubestimmung dieses Verhältnisses. Es mündete schließlich in einer Umkehr der ontologischen Prioritäten: Das Mögliche wird primär und das Existierende nur als eine Ausdrucksform des Möglichkeiten ontologisch sekundär[39]. Höher als die Wirklichkeit steht von nun an die Möglichkeit, denn diese bildet – z.B. in Form der Naturgesetze – den ontologischen Spielraum, in dem sich »das Wirkliche als das Unbeständig-flüchtige konkretisiert« (Pape 1966, S. 2). Möglichkeit ist zufälliges Nichtsein, Wirklichkeit kontingentes, also zufälliges Sein. Existenzaussagen blockieren (»Das ist nun mal so!«, »Es ist Tatsache, dass …!«), Möglichkeitsaussagen

---

38 Platons Lerntheorie sollte dieser Logik folgen: Lernen ist Wieder-Erinnern eines zuvor schon Gewussten, was aber inzwischen wieder vergessen wurde. Noch bei Augustinus (*De magistro*) finden wir dieses Argument, wenngleich nun theologisch interpretiert.
39 Vgl. dazu die subtile Studie von Pape 1966, in der dieser modaltheoretische Transformationsprozess als für das moderne wissenschaftliche Denken konstitutiv herausgearbeitet und entfaltet wird.

eröffnen einen Spielraum für Handlungsoptionen, die neue Wirklichkeiten modellieren. Das »Dasein« wird nun nicht mehr als Summe der Tatsachen, sondern als Summe »seiner Möglichkeiten« (Bloch) interpretierbar – und veränderbar.

Diese Transformation der Modalität bzw. die Umkehrung der ontologischen Prioritäten von Wirklichkeit auf Möglichkeit steht am Anfang des modernen Denkens und hat auch für das pädagogische Selbstverständnis erhebliche Bedeutung. Wenn z. B. Leibniz sich den Schöpfungsakt Gottes so vorstellt, dass Gott zunächst eine Reihe von »möglichen Welten« durchdenkt, bevor er dann die »beste aller möglichen Welten« erschafft, sollte er das moderne Selbstverständnis der Pädagogik auf ihren Kern – genauer gesagt: auf ihre logische Form – zurückführen. Der Erzieher bzw. der Lehrer wird (im Rahmen einer intentionalen Erziehung) idealiter zunächst mehrere Möglichkeiten durchdenken und dann schließlich die beste aller Möglichkeiten zu realisieren versuchen. Auch der Schüler wird z. B. bei einer Lehrerfrage wahrscheinlich zunächst mehrere Möglichkeiten erwägen, um dann die – seiner Meinung nach – beste aller möglichen Antworten zu geben. Handeln wird so als Selektion aus einem Möglichkeitsraum begriffen. Es sind zunächst die Abweichungen in Form gedachter bzw. antizipierter Möglichkeiten, die als Variation der Handlung vorausgehen, und diese lässt sich als Selektion nach Maßgabe eines Bewertungsprinzips (des jeweils Besseren) interpretieren.

Wir sehen an diesen einfachen Beispielen, wie und dass die ontologische Priorität des Möglichen die Welt dynamisiert, animiert und ihre Veränderung qua Verbesserung legitimiert – auch die Menschenverbesserung qua Erziehung. Ohne die Anspruchnahme der Modalform »Möglichkeit« kann heute eine am intentionalen Erziehungsbegriff aufgehängte moderne Pädagogik pädagogische Wirklichkeit gar nicht mehr denken – ohne *potentia* keine *existenz* als »Verwirklichung« eines zunächst nur antizipierten Zieles. Diese Vorrangstellung der Möglichkeit wird in den Naturwissenschaften als *possibilitas*, als Möglichkeit, die den natürlichen Dingen inhärent ist, und als Naturgesetze formuliert, in der Technik und in der Pädagogik als *potentia* begriffen – als aktives Vermögen, die äußere oder die innere Welt von Möglichkeit in Wirklichkeit zu transformieren. So kommt es, dass das

»Wesen des Kindes« als ausstehend gedacht wird, weil seine bloße Existenz im Modus der Kontingenz erscheint. Es wird erziehungsbedürftig. Das Individuum, wie es ist, bleibt immer hinter seinen Möglichkeiten zurück und wird so personifizierte »Unzufriedenheit« (Luhmann).

Wir sehen, dass sich hinter diesen philosophischen Diskursen um modaltheoretische Transformationsprozesse reale Entwicklungen und Veränderungen verbergen, von denen die Pädagogik unmittelbar betroffen ist. Dass es sich bei ontologischen Fragen keineswegs nur um theoretische Fragen mit rein akademischem Interesse handelt, sondern dass diese auch und gerade für die praktische Pädagogik erhebliche Folgen haben können, wird noch deutlicher, wenn wir uns der »harten« binären Begrifflichkeit von Existenz – Nichtexistenz zuwenden. Ob wir etwas als »existierend« bzw. »seiend« oder als »nichtexistierend« bzw. »nichtseiend« unterstellen, hat unmittelbare Folgen für pädagogisches Denken und Handeln, denn auch hier gilt: Was man als real definiert, hat reale Folgen! Wenn das Kind davon ausgeht, dass es im Keller fürchterliche Gespenster gibt, wird es sich fürchten und sich weigern, in den Keller zu gehen. Wenn dem Lehrer früh am Morgen während des Aufwachens einfällt, dass der Schulunterricht heute ausfällt, weil es in der Schule einen schlimmen Wasserrohrbruch gegeben hatte, wird er sich noch einmal umdrehen und weiterschlafen; wenn ihm aber einfällt, dass er das alles nur geträumt hat, wird er aufstehen und ins Bad schlurfen. Wenn der Nachwuchswissenschaftler weiß, dass er auf dem ersten Listenplatz einer Berufungsliste steht, wird er damit beginnen, sein neues künftiges Leben an einem wahrscheinlich neuen Ort zu planen; wenn er weiß, dass diese Liste gar nicht existiert (etwa, weil sie im Fakultätsrat gescheitert ist), wird er das nicht tun und vielleicht in tiefe Depressionen fallen usw.

Neben diesen individuellen Beispielen des Alltags sollten wir uns noch an kollektiv geltende Ontologien erinnern, also an ontologische Annahmen, die für eine große (oder kleine) Gruppe von Menschen oder gar für ein ganzes Zeitalter verbindlich das Verhalten prägen – und das nur deshalb, weil man etwas als existierend oder nichtexistierend ansah bzw. ansieht. Darunter fallen solche Dinge wie z. B. »Engel«, »Teufel«, »Dämonen«, »Propheten«, »Gott«, »Allah«, »Jungfernzeugung«, »Gottesgnadentum«, »unsterbliche Seele«, »Instinkt«, aber auch – um ein paar aktuelle Varianten zu erwähnen – »Rasse«, »Gender«, »Gender Mainstream«, u. a. m.

Wer in die Geschichte der Wissenschaften zurückdenkt, wird auch hier eine Reihe von Begriffen entdecken können, deren ontologischer Status – zumindest aus heutiger Sicht – unklar ist und heute mehrheitlich in Frage gestellt werden dürfte. Man muss dabei nicht einmal bis ins Spätmittelalter zurückgehen, wo so kluge Leute wie Thomas von Aquin ganz selbstverständlich noch davon ausgingen, dass es *Dämonen* und *Engel* »gibt«. Dass es *Hexen* »gibt«, war noch zu Luthers Zeiten eine allgemeine Wahrheit, die auch von gebildeten Denkern nicht (oder kaum) in Frage gestellt wurde – zumal die letzte *Hexe* in Deutschland noch zu Goethes Lebzeiten verbrannt wurde. Dass es *Äther* (als Urstoff der Weltseele) »gibt«, wurde von Wissenschaftlern noch im letzten Jahrhundert vertreten, und ob es so etwas wie *Instinkt, Meme, Altruismus* und *Gehirnmodule* »gibt«, darüber gibt es auch heute keine Einigkeit unter Wissenschaftlern. Dazu kommt die gerade im Deutschen so beliebte Substantivierung von Eigenschaften, von der vor allem Philosophen (und Pädagogen) manchmal hemmungslos Gebrauch machen. Gibt es z. B. »das Sein«? Oder »das Nichts«?[40]

Auch in der aktuellen pädagogischen Kommunikation finden sich solche Begriffe mit ontologisch prekärem oder strittigem Status, und selten macht man sich dabei klar, was für praktische Konsequenzen die theoretische Entscheidung für oder gegen eine ontologische Referenz hat. Zwei Beispiele mögen genügen: Seit ein paar Jahrzehnten spricht man von der »*Aufmerksamkeitsdefizithyperaktivitätsstörung*« – kurz ADHS genannt – und bezeichnet damit eine Krankheit, die häufig bei Schülern auftritt und durch Unaufmerksamkeit, Hyperaktivität und (scheinbar unkontrollier-

---

40 Das folgende (abschreckende) Bespiel für den hemmungslosen Gebrauch solcher Substantivierungen mit völlig undurchsichtiger Ontologie stammt aus einem philosophischen Werk: »... dieses dogmatische philosophische Denken, dem das Erkennen ohne Zweifel als Erkennen gilt, meint nur das affirmierende Sichangeben des Wortes, das als Geschehen des Sprechens das Wahrnehmen ist, als das das Gegenwärtigsein der Welt als das Sichvollziehen der Leere des Geistes als Sichbezeugen statthat« (Kopper 1997, S. 156).

bare) Impulsivität gekennzeichnet wird. Früher sagte man – in Anlehnung an Hofmanns »Struppelpeter« – zu solchen Kindern »Zappelphilipp«, ohne damit eine Krankheit zu unterstellen. Wenn man davon ausgeht, dass diese Krankheit tatsächlich »existiert«, werden die Folgen andere sein, als wenn man das bestreitet und stattdessen davon ausgeht, dass es eine Erfindung von einigen Kinderärzten, Psychologen und Therapeuten ist. Noch ein paar Jahrzehnte älter ist die Rede von einer Leserechtschreibschwäche namens *Legasthenie* – ein Wort, das ebenfalls als Referenz auf eine Art Krankheit weist, die häufig Schüler anfällt, die schlecht lesen und rechnen können. Auch hier weichen die Folgen der zugrunde liegenden ontologischen Entscheidung erheblich voneinander ab, je nachdem, ob man Legasthenie als eine real existierende Krankheit versteht, oder aber als ein Wort, das von Menschen erfunden wurde, um ein neues Arbeitsfeld für eine alte Erfahrung zu erschließen. Beide Begriffe – *ADHS* und *Legasthenie* – gibt es erst seit wenigen Jahrzehnten, und man darf sich deshalb die Frage erlauben, ob es diese Krankheiten vorher nicht gegeben hat, oder aber wohl gegeben, diese aber nicht erkannt wurden, oder aber, ob das nur Worte in einem Sprachspiel sind, das keinen darüber hinaus existierenden Sachverhalt beschreibt. Gibt es das tatsächlich, was mit den Begriffen bezeichnet wird, oder sind das nur Worte (eine Art *façon de parler*) – erfunden und eingeführt von Leuten mit durchsichtigen Interessen?

Nun kann man nicht die Dinge selbst fragen, ob es sie gibt (oder nicht gibt). Und selbst, wenn man das könnte, bleibt es offen, ob sie die Wahrheit sprächen oder flunkerten. Deshalb liegt es nahe, im Rahmen wissenschaftlicher Untersuchungen ontologische Entscheidungen weder juristisch noch ontologisch zu begründen, sondern unter dem Gesichtspunkt möglicher (wissenschaftlicher) Fruchtbarkeit (oder Unfruchtbarkeit) zu behandeln[41]. Es geht

---

41 Ob es z. B. »Gene« – als ontologisch klar abgrenzbare »Dinge« – wirklich gibt oder nicht, ist bei Fachleuten durchaus strittig. Nicht aber, dass es sich bei »Genen« um eine äußerst fruchtbare wissenschaftliche Perspektive handelt. Möglicherweise gilt dies auch für den (noch weit umstritteneren) Begriff des »Mems« (und für viele andere Begriffe auch). Ginge man so in ontologische Diskussionen, verlören sie ihre Verbissenheit und würden überführt in ein lockeres Spiel mit hypothe-

deshalb hier auch nicht um eine bejahende oder verneinende Antwort auf die oben gestellte Frage – wir lassen es offen, wer nun Recht hat, sondern wollen nur beispielhaft die praktische Bedeutung ontologischer Implikationen veranschaulichen[42]. Dass aus ontologischen Annahmen ein spezifisches Handeln folgt, lässt sich darüber hinaus besonders gut auch an den so genannten selbst erfüllenden Prophezeiungen zeigen:
- Wenn die Massenmedien als real unterstellen, dass demnächst der Zuckerpreis weltweit steigen wird, dann steigt der Zuckerpreis deshalb in kurzer Zeit (denn alle horten plötzlich Zucker);
- wenn ich mir einrede, dass »Freitag, der 13.«, Unglück droht, werde ich am Freitag, den 13., besonders vorsichtig sein;
- wenn ich fest daran glaube, dass es einen Gott gibt, der von mir will, dass ich mich fünf Mal am Tage in Richtung Mekka auf die Knie werfe, dann werde ich mich fünf Mal am Tage auf die Knie werfen – oder aber mich unwohl bzw. sündig fühlen, wenn ich es unterlasse;
- wenn ich als real unterstelle, dass Schüler x »dumm ist und bleibt«, dann ist es wahrscheinlich, dass er (deshalb!) »dumm« bleibt; umgekehrt steigt die Wahrscheinlichkeit eines Lernerfolgs, wenn der Lehrer der festen Überzeugung ist, dass der Schüler x »es schafft!« Dieser so genannte »Halo-Effekt« ist in der (Lern-)Psychologie eine gut bestätigte Erkenntnis.
- Wenn man (wie z. B. Rousseau) der Überzeugung ist, dass das Kind von Natur aus gut ist und nur durch die Gesellschaft verdorben werde, hat das erhebliche Einflüsse auf seine pädagogische Behandlung. Wenn man dagegen (wie z. B. Kant) der Meinung ist, dass das Kind von Natur aus eine Art Tier, eine »Bestie« ist, die durch Erziehung erst zum Menschen

---

tischen Dingen, von denen wir einmal so tun, »als ob« es sie gäbe – um dann zu sehen, was dabei herauskommt.

42 Weil – nach einem Wort von Kästner – niemand die Sache selbst fragen kann, ob sie »da ist«, bleibt nur die Entscheidung – bestenfalls kontrolliert mit Hilfe der Frage: Qui bono? Hans Blumenberg hat diese Situation als »die theoretische Situation des Menschen im Universum« bezeichnet und vorgeschlagen, jede Stunde Philosophie damit beginnen zu lassen (Blumenberg 1989, S. 535)

gemacht werden muss, dann hat das natürlich ebenso, wenngleich ganz andere Folgen für das pädagogische Investment.
- Wenn Schüler, die sich unwichtig fühlen, als real annehmen, dass der einzige Weg, in die Massenmedien zu kommen und schlagartig berühmt zu werden, ein Schulmassaker ist, werden sie eher mit dem Gedanken spielen (oder ihn gar ausführen), als wenn sie wissen, dass niemand sie beobachten und davon Kenntnis nehmen würde[43].

Wir sehen an diesen wenigen (unsortierten) Beispielen, dass ontologische Fragen gerade für Pädagogik von erheblicher Bedeutung sein können. Die impliziten Realitätsannahmen sind also keineswegs nur ein schmückendes Beiwerk der pädagogischen Semantik. Vielmehr handelt es sich dabei um folgenreiche Implikationen, derer wir uns im alltäglichen pädagogischen Handeln jedoch normalerweise nicht bewusst sind.

Existenzbehauptungen

Was geschieht eigentlich, wenn man eine ontologische Aussage, z. B. eine Existenzaussage, macht? Schon beim ersten, flüchtigen Nachdenken stoßen wir auf einen merkwürdigen Widerspruch: Einerseits entdecken wir eine Referenzbeziehung auf eine außersprachliche Entität in unserer Umwelt (die als »existent« behauptet wird), andererseits ist die Unterscheidung von »existierend – nichtexistierend« natürlich meine eigene, also systemeigene Unterscheidung. Schließlich »gibt es« in meiner Umwelt nichts Nichtexistierendes. Das »nicht«, mit dem die Existenz negiert wird, ist eine sprachliche Figur, die ein Teil der semantischen Interpretation meiner Sprache ist. Ontologische Annahmen werden deshalb in der Sprachanalytischen Philosophie als eine Form

---

[43] Wenn diese Vermutung richtig ist, wäre die »Lösung« des Problems einfach und schwer zugleich: Es würde genügen, wenn in den Medien über solche Vorkommnisse *nicht* mehr berichtet würde. Was nicht (mehr) beobachtet werden kann, fällt für die Signalselektion aus. Das würde aber einem (wahrscheinlich angeborenen) Programm widersprechen, das uns »befiehlt«, das Bedrohliche und Spektakuläre zu beobachten.

der semantischen Interpretation von Sprache behandelt[44]. Gleichwohl kann die semantische Interpretation von »nicht« (bzw. »nichtexistierend«) durchaus erhebliche praktische Folgen haben: Wenn ich mich nicht krank fühle, gehe ich nicht zum Arzt; würde ich mich elend und krank fühlen, ginge ich zum Arzt. In der Sprache müssen wir also einen Sinnhorizont unterstellen, der für beide Seiten der Unterscheidung (von existierend und nichtexistierend) seinen Ort vorsieht – was für die sprachexterne »Wirklichkeit« gerade nicht gilt.

Was meint man also, wenn man eine Existenzbehauptung macht? Zunächst einmal sind »Es-gibt-Aussagen« Operationen eines Beobachters, eines Subjekts, das Aussagen über ein Objekt macht. Sie unterstellen eine Beziehung zwischen einem Erkenntnissubjekt und einem Erkenntnisobjekt. Das, was ein Subjekt als Erkenntnis bezeichnet, verweist auf einen Sachverhalt, der damit bezeichnet wird, und das heißt: nichtidentisch damit ist. Die Speisekarte ist nicht die Speise – und insofern verweist das Wort »Speisekarte« auf etwas anderes, auf etwas »Nichtidentisches«. Aber gleichzeitig wird auch etwas Identisches zum Ausdruck gebracht: Die Speise ist in einer bestimmten Weise etwas, was schon in der Speisekarte vorkommt – als Referenz einer Sinnbedeutung. So kann man sagen, dass eine Existenzbehauptung die Beziehung herstellt, die als Gleichzeitigkeit von Identität und Nichtidentität gekennzeichnet werden kann.

Mit dem Begriff der Identität wird allerdings eine abgeschwächte Form der Wiederholung unterstellt. Wer anstatt der Speise die Speisekarte isst, wird es schnell bemerken. Das Wort ist nicht die Sache. Allerdings behauptet es eine Ähnlichkeitsbezie-

---

44 So heißt es z. B. bei Essler 1972, S. 167: »Das Grundproblem der Ontologie kann folgendermaßen formuliert werden: »Gibt es überhaupt Interpretationen einer vorgegebenen Sprache?« Der Vorteil eines solchen Zugangs zur Ontologie ist, dass er erlaubt, die verschiedenen ontologischen Positionen scharf voneinander zu unterscheiden: Hypernominalismus, Nominalismus, Konzeptualismus, naiver Platonismus, gestufter Platonismus und hypothetischer Platonismus (ebd., S. 200 f.). Ich werde im Folgenden einfacher vorgehen und nur mit drei Positionen arbeiten.

hung. Aber worin besteht sie? Das Zeichen bezeichnet also nicht nur etwas, sondern unterstellt auch einen Geltungsanspruch: Der bezeichnete Sachverhalt wird als unabhängig von der sprachlichen Bezeichnung bezeichnet. Wenn man sagt: »Es gibt an dieser Schule zweiunddreißig hauptamtlich angestellte Lehrer«, dann will man eine Beziehung zwischen der Aussage und dem Ausgesagten, zwischen dem semantischen Zeichen und dem sachlichen Bezeichneten herstellen. Dabei wird gleichzeitig Identität und Nichtidentität unterstellt: Das Bezeichnete ist nicht identisch mit dem Bezeichnenden – die Speisekarte ist nicht Speise, das Unterrichtsprotokoll ist nicht der Unterricht selbst. Aber gleichzeitig wird eine wie auch immer geartete Identität des Nichtidentischen behauptet: Das, was auf der Speisekarte steht, gibt es zu essen! Das Unterrichtsprotokoll beschreibt den Unterricht korrekt.

Vielleicht kommen wir dieser merkwürdigen Beziehung zwischen einer »*res cogitans*« und einer »*res extensa*« näher, wenn wir weiterfragen: Was ist eigentlich gemeint mit »*res extensa*«? Wo ist die Realität der Referenz? Es liegt nahe, sie in der Außenwelt zu vermuten, also »außerhalb« des Satzes, der sie beschreibt und behauptet. In der Tat gehören viele verwendete Begriffe in diese Rubrik. Viele Eigennamen verweisen auf eine Person in der Außenwelt: Angela Merkel, Alfred K. Treml usw. Aber was ist mit »Rotkäppchen« oder »Ontologie« oder der Konjunktion »und«?

Die Drei-Welten-Theorie

In der philosophischen Tradition gibt es Spuren eines Unterteilungsvorschlags, die darauf hinauslaufen, ontologisch drei verschiedene Ebenen zu unterscheiden. Ich habe (an anderer Stelle) vorgeschlagen, hier von »*drei Welten*« zu sprechen – man könnte auch von »*drei Räumen*« oder von »*drei Realitätsebenen*« sprechen, also unterschiedlichen Ebenen, auf denen wir Dinge – Entitäten – ablegen und wieder suchen müssen, wenn wir ontologische Existenzbehauptungen aufstellen (vgl. Treml 2000, S. 34 ff.; 2008):
- »*Welt 1*« ist die sinnlich wahrnehmbare Außenwelt, in der wir leben. Diese Welt erfahren wir durch Erfahrung, also durch

sinnlich wahrnehmbare Differenzerfahrungen, und am unmittelbarsten erfahren wir sie durch den Widerstand, den sie bietet, wenn wir von »falschen« Weltannahmen ausgehen. Sie ist insofern »objectiv«, als sie – im wörtlichen Sinne von »object« – dasjenige ist, was uns »entgegengeworfen« wird und an dem wir uns »stoßen« können. Weil sie durch die Sinne ermöglicht und begrenzt wird, ist sie *artspezifisch*, denn die Sinneskanäle sind artspezifisch kontingent und unterscheiden sich deshalb von Art zu Art. Man hat (in der Evolutionären Erkenntnistheorie) diese Welt auch als »Mesokosmos« bezeichnet und damit den durch sinnliche Erfahrung begrenzten mittleren Radius von Welterkenntnis gemeint. An ihn – den Mesokosmos – sind wir als Naturwesen evolutionär angepasst (was nicht ausschließt, dass wir ihn mit Hilfe der modernen Technik – qua Organverstärkung – erweitern können). Ich nenne diese »Welt 1« auch »*Handlungswelt*«, weil wir uns in ihr als handelndes Subjekt erleben. Das Kind, kaum geboren, erobert bzw. erfährt sie in erster Linie durch Bewegung im Raum und den erfahrenen Widerstand der Dinge (z. B. wenn es fällt oder sich stößt). Dinge in dieser Welt können recht präzise durch Eigennamen bezeichnet werden, so dass ihr singulärer Charakter auch sprachlich zum Ausdruck kommt. Dort, wo sie mit Allgemeinbegriffen bezeichnet werden, werden diese aus ökonomischen Sparsamkeitsgründen als Klassenbegriffe verwendet, die auf singuläre Erfahrungen zurückgeführt werden können.

Diese erste Ebene von »Realität« wird gelegentlich auch als »Ebene des realen Seins« (Cassirer) oder als Ebene der (physikalischen) »Welt der Dinge« (Popper) bezeichnet. Sie scheint uns primär und als »Boden der Tatsachen«. Aber schon Platon (in seinem Höhlengleichnis) verdächtigt diese Welt als »Schattenwelt«, deren Realitätsgehalt fragwürdig ist, weil sie nicht die eigentliche Welt ist. Selbst wenn wir mit Hilfe der Technik – verstanden als Organverstärkung – den Radius unserer Wahrnehmung vergrößern, ist das deshalb vielleicht nicht die »richtige« Welt, auf jeden Fall aber nicht die einzige Welt.

- »*Welt 2*« kann man auch als »*Vorstellungswelt*« (oder »Vorstellungsraum«) bezeichnen, weil sie nicht in der sinnlich wahrnehmbaren Außenwelt erfahrbar, sondern nur durch unser zerebrales Vorstellungsvermögen als Imagination gedacht werden kann. Gottlob Frege spricht hier von »Vorstellungen«, Ernst Cassirer von »gedachtem Sein«, Karl Popper von der »Welt des Bewusstseins« oder von der »Zweiten Welt« (vgl. Popper 1973, S. 123 ff.). Wir stellen hier etwas in einen subjektiven geistigen Vorstellungsraum, so dass es nicht durch die Sinne, sondern nur durch eine Art Introspektion (inneres Sehen) zugänglich ist. Diese Welt 2 wird nicht durch äußere Erfahrung, sondern durch inneres Denken erlebt und ist deshalb spezifisch individuell. Welt 2 ist analog der Welt 1 formatiert; d.h.: Auch in der Vorstellungswelt »sehen« wir die Objekte unserer Erkenntnis überwiegend bildlich bzw. ganzheitlich und neigen dazu, die vorgestellten Dinge emotional zu färben bzw. zu werten. Schon der Begriff der Imagination macht den Bildcharakter sprachlich deutlich: *imago* ist hier das innere Bild, das wir uns von etwas machen. Wir duplizieren und wiederholen etwas, was wir – zumindest teilweise – in Welt 1 erlebt haben, sind aber in der Lage, dieses Erlebte zu modifizieren und zu transzendieren. Die Vorstellungswelt ist allerdings keineswegs nur ein Abbild der Welt 1, denn als bloße Wiederholung hätte sie keinen Funktionswert, der über das Original hinausginge. Erst dadurch, dass man sich in Gedanken von der Welt 1 befreien und gewissermaßen mit ihr »spielen« kann, entfaltet sie ihre Leistungsfähigkeit. Man kann in die Vergangenheit zurückdenken, man kann aber auch die Zukunft antizipieren, man kann Erwartungen bilden oder an andere herantragen, so dass das in Welt 1 Existierende in Form einer »gesollten Welt« transzendiert werden kann. Sie ist einerseits weniger, andererseits mehr als Welt 1. Weniger, weil sie nur eine oft verblasste, immer aber selektive Reproduktion von in der Welt 1 erfahrener Eindrücke darstellt. Mehr, weil sie in der Lage ist, die Beschränkungen der Welt 1 zu überwinden. Weil wir uns diese Welt denken, brauchen wir nicht unbedingt Rücksicht auf Welt 1 zu nehmen und können uns z.B. durchaus einen fünf Meter großen Menschen vorstellen, den es in Wirklichkeit (also in Welt 1) nicht gibt und nie geben wird. Hier sind auch »Rotkäppchen«, »Dornröschen« und vermutlich auch alle Götter zu Hause, sofern wir sie als personale Beobachter unserer selbst (analog zu den uns beobachtenden Personen in Welt 1) bestimmen.[45]

Im Zeitalter der Computerspiele drängt sich die Frage auf, ob medial erzeugte fiktive »Welten« nicht den Anspruch auf eine eigenständige Ontologie erheben können. Das Grundprinzip solcher virtuellen »Welten« ist jedoch mit dem Gebrauch von Sprache, Schrift und Buchdruck gegeben und es heißt: nach außen Verlagerung von Vorstellungswelten und ihre selektive Nutzung über Auslösereize für Vorstellungen. Schon dann, wenn die Mutter dem Kind eine Einschlafgeschichte erzählt, benützt das Kind eine medial erzeugte Differenzerfahrung, um eigene Vorstellungswelten zu aktivieren. Wenn sie dann aus einem Buch ein Märchen vorliest, gebraucht das Kind die Worte der Mutter als akustische Auslösereize für die Aktivierung eigener Vorstellungen, die bildlich und emotional gefärbt sind und deshalb oft noch lange im Gedächtnis bleiben. Wenn der Jugendliche dann später selbst ein Buch liest, geschieht Ähnliches: Nach außen verlagerte Vorstellungen werden in Form von Schrift (Buch) gespeichert und bei Bedarf subjektiv »angezapft«. Die eigene Vorstellungswelt kann damit aktiviert und angeregt werden, sich neu zu konfigurieren. Immer schon ist dieser Vorgang wissenschaftlich als ein aktiver Prozess der Vorstellungsbildung verstanden worden und nicht nur als eine bloß reaktive, passive Widerspiegelung. Nicht im aktiven Prozess der Selbstherstellung von Vorstellungen unterscheiden sich deshalb die Computerspiele von den zuvor schon vorhandenen Medien, sondern in der Möglichkeit interaktiver unmittelbarer Beteiligung. Indem der Jugendliche über eigene Bewegungsabläufe – und seien

---

45 Schon die Stoiker waren sich über die ontologisch eigenständige Bedeutung der Vorstellungswelt bewusst und rückten ihren Stellenwert sogar vor das Denken und die Sprache. So heißt es etwa in einem Fragment: »Die Stoiker sind sich darin einig, die Lehre von der »Vorstellung« (der bewussten Wahrnehmung) (*phantasia*) und der »sinnlichen Wahrnehmung« (*aisthesis*) für besonders wichtig zu erklären ... Denn zuerst kommt die »Vorstellung«, dann der »Gedanke« (*diánoia*), der sich selbst (sprachlich) ausdrücken kann, und das, was er mit der »Vorstellung« aufnimmt, in die Form einer Aussage bringt« (Stoa und Stoiker, 2008, S. 185).

sie als Mausklicks auch noch so klein – aktiv in das virtuelle Geschehen selbst eingreifen und den Verlauf mitsteuern kann, werden Handeln und Erleben kurzgeschlossen. Welt 2 kommt damit in Welt 1 und Welt 1 in Welt 2 vor. Imaginationen in Welt 2 überfluten dann die Realitätskonstruktionen in Welt 1, und die Grenzen zwischen Fiktion und der so genannten Realität verschwinden, weil dabei hirnphysiologisch die gleichen Hirnareale aktiviert werden. Der Reiz von Computerspielen gründet vermutlich genau in diesem – hirnphysiologisch bedingten – Kurzschluss von Handeln und Erleben, von Erfahrungen in Welt 1 und Erfahrungen in Welt 2 und kann unter Umständen zu gefährlichen Kontrollverlusten führen[46].

- »*Welt 3*« wird unterschiedlich bezeichnet. Platon spricht von der »*Ideenwelt*«, Ernst Cassirer von den »*logischen Formen*«, Karl Popper von der »*Welt der objektiven Ideen*« (und nimmt dabei die Anregungen von Platon auf), von der »*dritten Welt*« bzw. der »Welt der möglichen Gegenstände«, Frege von einem »dritten Reich«. Man kann die Tatsache dieser uneinheitlichen Semantik als Ausdruck eines noch unsicheren und unklaren Theoriestatus' interpretieren. Gleichwohl sind sich alle diese Denker darin einig, dass es sich hier um eine weitere, ontologisch eigenständige »Welt« handeln muss, die nicht verwechselt werden darf mit Welt 2. Obwohl sie von denkenden Menschen geschaffen worden sind, haben die Ideen der Welt 3 ein ontologisch eigenes »Leben«. Die »Idee des Guten« (Schleiermacher) ist unabhängig davon, ob sie von einem menschlichen Geist gedacht wird (Welt 2), und »Erkenntnis« in diesem »objektiven« Sinne ist Erkenntnis ohne einen Erkennenden; es ist Erkenntnis ohne erkennendes Subjekt« (Popper 1973, S. 126). Mathematik gilt überall – ja sogar in »allen möglichen Welten« und zu »allen möglichen Zeiten«, denn

---

46 Imaginationen überfluten die Realität (qua Welt 1), wenn Benutzer von Rezipienten (z. B. als Leser) zum aktiv Handelnden (z. B. als Computerspieler) werden; Grenzen zwischen Fiktion und Realität können so verschwimmen. Diese Verwischung der Grenzen von Phantasie und Wirklichkeit wird durch hirnphysiologische Aktivierung der gleichen Hirnareale gebahnt (vgl. Uhl 2008).

2 + 2 = 4, und das völlig unabhängig davon, ob ein Mensch in Welt 1 dies tatsächlich behauptet oder sich vorstellen kann (viele Operationen der Mathematik sind bekanntlich völlig unanschaulich). Es geht hier also um eine raum-, zeit- und subjektlose Wahrheit: Der Gedanke, »den wir im pythagoreischen Lehrsatz aussprechen, (ist) zeitlos wahr, unabhängig davon wahr, ob irgendjemand ihn für wahr hält. Er bedarf keines Trägers. Er ist wahr nicht erst, seitdem er entdeckt worden ist...« (Frege 1966, S. 43).

Eine gewisse Dominanz – auch und gerade für die Pädagogik – hat sicherlich Platon mit seiner Ideenlehre gewonnen. Für Platon sind Universalien der Art wie »das Schöne«, »das Gerechte«, »das Gute«, »das Große«, aber auch die »Idee des Menschen an sich selbst« Teil der Ideenwelt, die weder identisch ist mit der objektiven Handlungswelt noch mit der subjektiven Vorstellungswelt[47]. Die realen Dinge der Welt 1 partizipieren allerdings indirekt von den Ideen, weil sie nur in ihrem Lichte als »schön«, »gerecht«, »gut« oder »groß« bezeichnet werden können[48]. Deshalb kann man in seinem Höhlengleichnis auch nicht direkt in die Sonne (als Idee des Guten) sehen, sondern nur indirekt die Wahrheit im Lichte dieser Idee erkennen, insofern sie »gutförmig« ist. Die paradox anmutende Erkenntnis lautet, »dass die Ideen selbst unerkennbar sind« (Platon 1978, S. 57), jedoch alle Erkenntnis nur im Lichte der Ideen (z. B. der Idee der »Erkenntnis«) möglich ist.

Diese platonische Ideenlehre, ihre dahinter stehende Ontologie wie auch ihre benützte Sprache erscheint uns – trotz ihrer

---

47 Den Einwand von Parmenides, dass möglicherweise Ideen bloße Gedanken (und damit Teil der Vorstellungswelt) seien, kontert Sokrates mit der Frage »Also Gedanke von etwas?« und die Antwort lautet »Von etwas, das ist« (Platon 1978, S. 55). Im Dialog »Phaidon« weist Sokrates explizit daraufhin, »daß das Sein der Zahlen einer ganz anderen Seinsordnung angehören muß als das der Dinge« (Platon 1978, S. 75).

48 »...ich setze also voraus, daß es ein Schönes an ihm selbst gibt und ein Gutes und ein Großes und all das« (Platon 1978, S. 23). Wenn man z. B. Menschen als »schön« bezeichnet, dann spiegelt sich das Schöne als Idee »an ihm selbst« wider. Erst durch die allgemeine Idee des Schönen (Welt 3) werden »alle schönen Dinge schön« (dito).

ideengeschichtlichen Dominanz – heute wahrscheinlich fremd. Ich neige deshalb dazu, hier nicht von »Ideenwelt«, sondern von »Abstraktionsraum« zu sprechen und damit eher auf Aristoteles (den Schüler Platons) zurückzugehen, der die Entstehung der Ideen als zunehmenden Abstraktionsprozess begriffen hat und damit die Welt 3 nicht (wie Platon) deduktiv, sondern induktiv begründet. Die »Dinge«, die hier einen ontologischen Status beanspruchen, werden in einem sukzessiven Prozess der Abstraktion von allen sinnlichen und/oder bildlichen Eigenschaften gereinigt. Mit anderen Worten: Der Abstraktionsraum abstrahiert von sinnlichen und/oder bildlichen Erfahrungen und konstruiert sich stattdessen regelförmig. Hier befinden sich die abstrakten Entitäten, die wir uns überhaupt nicht mehr vorstellen können, weil sie keinen bildlichen Bezug mehr besitzen. Hier sind die vielen abstrakten Allgemeinbegriffe zu Hause und vor allem die Mathematik und die (formale) Logik. Wer kann sich auch unter dem Satz »Das Sein west, und das Nichts nichtet« (frei nach Heidegger) etwas Konkretes oder etwas Bildliches vorstellen?

Scheinprobleme

Diese ontologische Einteilung in »drei Welten« ist nicht unbestritten geblieben[49]. Es ist nicht schwer, sie entweder als eine rationalistische Unterscheidung aus empiristischer Sicht oder ihre empirische Interpretation aus rationalistischer Sicht zu kritisieren, wenn man dabei übersieht, dass man damit nur seine eigene erkenntnistheoretische Entscheidung operativ vollzieht. Dabei kann man die Drei-Welten-Theorie sowohl rationalistisch als auch empiristisch interpretieren. Aus rationalistischer Sicht ist diese Einteilung eine Konstruktion unseres Denkens. Was Realität ist, wird erst durch einen Beobachter konstruiert. Wir bewegen uns also hier ontologisch gesehen in Welt 2 und Welt 3. Es handelt sich um einen Vorschlag, wie man ontologische Aussagen präzisieren, ordnen und auf ihre Angemessenheit überprüfen kann. Der potentielle Vorteil liegt darin, dass damit Scheinprobleme verhindert werden können, die durch die Verwechslung der Ebenen

---

49 Vgl. die detaillierte Kritik aus konstruktivistischer Sicht bei Bätz 2008.

auch und gerade in der pädagogischen Semantik nicht gerade selten sind. Wer z. B. das Kinderspiel empirisch erforschen will und eine Befragung der Eltern durchführt, sollte sich bewusst sein, dass er nichts unmittelbar über das Kinderspiel erfährt, wie es sich in Welt 1 ereignet, sondern durch die benützte Methode nur die Meinungen und Vorstellungen der Eltern (in Welt 2) in Erfahrung bringt[50]. Und wenn z. B. in der pädagogischen Fachliteratur der späten sechziger Jahre heftig über die Frage gestritten wurde, ob Sozialisation eine Form von Erziehung oder Erziehung eine Form von Sozialisation »ist«[51], dann wurde dabei übersehen, dass es hier nicht um eine ontologische Frage (auf der Ebene von Welt 1) geht, sondern um eine theoretische Definitionsentscheidung (auf der Ebene von Welt 3). Die einen argumentierten nämlich auf der Ebene der Welt 1 (also über Erziehung und Sozialisation), die anderen jedoch auf der Ebene der Welt 3 (sprachen also über »Erziehung« und »Sozialisation«). Wieder andere mögen vielleicht bestimmte Vorstellungen damit verbinden und argumentierten auf der Ebene der Welt 2. Der Streit um Worte und Definitionen wurde (und wird) unnötigerweise belastet durch eine Verwechslung von »Wort« und »Sache«. Nicht nur in studentischen Arbeiten wird dieser Fehler häufig praktiziert, und wir lesen dann Aussagen der Art »Erziehung ist...« oder »Sozialisation ist...«, während es korrekt wäre zu schreiben: »Autor p definiert ›Erziehung‹ wie folgt...«. Aus rationalistischer Sicht ist die Drei-Welten-Theorie also nur ein Vorschlag, wie man ontologische Annahmen ordnen und so differenzieren kann, damit überflüssige Scheinprobleme gar nicht erst entstehen können.

Aus empirischer Sicht beschreibt die Drei-Welten-Theorie dagegen reale, in der Welt 1 vorkommende Unterschiede, und

---

50 Dass die Vorstellungen der Eltern mit denjenigen der Welt 1 ihrer Kinder korrelieren, ist eine weitere Theorieannahme, die der Untersuchung a priori (und nicht a posteriori) zugrunde gelegt wird. Im Übrigen steht das Beispiel für ein weit verbreitetes Vorgehen in der Empirischen Bildungsforschung. Selten wird in den Untersuchungen, die mit Fragebögen arbeiten, die ontologische Differenz der zwei (oder gar drei) »Welten« berücksichtigt.
51 Zu den Hintergründen dieser – weit verbreiteten – Verwechslung vgl. Treml 1982, S. 27 f.

sie ist deshalb auch empirisch zugänglich und überprüfbar[52]. Alles Beobachten findet real in der Realität von Welt 1 statt, also auch das Beobachten dieses Beobachtens (Beobachtung 2. Ordnung). Sowohl ontogenetisch als auch phylogenetisch bewegen wir Menschen uns zunächst auf der Ebene von Welt 1, um uns dann im nächsten Schritt auf die Ebene von Welt 2 zu begeben und erst daran anschließend – und das auch nur temporär – Welt 3 zu erreichen. Ein neugeborenes Kind erlebt die Welt als Welt 1 im ganz wörtlichen Sinne als »objektiv«: Es stößt sich an ihren Objekten und nimmt durch diesen Widerstand ihre Existenz (oft schmerzhaft) wahr. Vor allem mit dem Erlernen der Sprache entwickelt sich dann das Vorstellungsvermögen, und das Kind lernt, sich in Welt 2 zu bewegen. Es hört z. B. Märchen und träumt bildhaft vom vergangenen Tag. Schließlich gelingt es irgendwann, beide Welten in Richtung der Abstraktionswelt zu überschreiten und spätestens beim Lesen von philosophischen oder pädagogischen Büchern ist man dort mühsam angekommen.

Phylogenetisch gesehen teilt die Gattung *homo sapiens sapiens* die Erfahrung der Welt 1, also die objektive Welt, an der man sich »stoßen« kann, mit den anderen Lebewesen. Allerdings erlebt jede Gattung diese unterschiedlich. Die vergleichende Verhaltensforschung kennt viele Unterschiede in der Wirklichkeitskonstruktion der verschiedenen Arten; sie sind vor allem durch die unterschiedlichen Sinneskanäle und deren unterschiedliche Bandbreiten bedingt. Im Laufe der Menschwerdung entwickelt sich parallel zur zerebralen Akzeleration (also der Gehirnvergrößerung) ein interner Speicher für die Welt 2, und das individuelle Vorstellungsvermögen entwickelt sich. Nur wenige Tierarten – vielleicht nur die uns verwandten Affenarten – sind in der Lage, sich in einer Welt 2 zu bewegen[53]. Schließlich bleibt der Zugang zur Abstraktionswelt dem Menschen vorbehalten. Die Fähigkeit, abstrakt zu denken, das Gedachte im Gehirn zwischenzuspeichern und bei Bedarf sich wieder daran zu erinnern und damit zu arbeiten,

---

52 Vgl. meinen Überblick über den bisherigen Stand der Forschung in Treml 2008, Teil 2, S. 197 ff.
53 Ich erinnere an die bekannten Affenexperimente von Köhler und an die Primatenforschung zu der Frage, ob Affen zeigen können (vgl. Tomasello 2007).

scheint stammesgeschichtlich die jüngste Errungenschaft des Menschen zu sein. Das ist vermutlich auch der Grund, warum wir Menschen uns am liebsten in der Welt 1 aufhalten, gerne uns auch gelegentlich zurückziehen in die Welt 2, aber große Mühe haben, über längere Zeit hinweg uns in Welt 3 zu bewegen[54].

Aus dieser Sicht wird verständlich bzw. erklärbar, warum die überwiegende Mehrheit der Pädagogikstudenten und der Pädagogikprofessoren die instrumentelle Variante des Theorie-Praxis-Bezugs der griechischen vorziehen, »Praxis« (und nicht »Theorie«) als wärmend empfinden und »Anschaulichkeit« ein positiv besetzter pädagogischer Grundbegriff ist (und nicht »Abstraktion«). Die Präferenz bedient die angeborene Neigung, Welt 1 sinnlich »ganzheitlich« zu erfahren und in ihr zu handeln. Erklärbar wird auch, warum es so schwer ist, sich längere Zeit in der Abstraktionswelt zu bewegen (und abstrakten Vorlesungen oder Büchern) zu folgen: Diese Leistung ist die jüngste und riskanteste, sie ist die am wenigsten erprobte und verschlingt die meisten Ressourcen (denn sie benötigt erhebliche Investitionen in Zeit und Lernen, Vorkenntnisse und Konzentrationsvermögen).

Vor allem aber wird jetzt auch verständlich, warum wir pädagogisch so viel investieren, um die Welt 3 zu erreichen: Es ist die einzige Welt, die *nicht artspezifisch* und *nicht individuell* begrenzt ist und deshalb räumlich und zeitlich unbegrenzt eingesetzt und technisch verwertet werden kann. Wer sich in Welt 3 bewegen kann, ist in der Lage, ohne Raum- und Zeitbezug zu denken und damit auf Distanz zu jener Welterfahrung zu gehen, für die Raum und Zeit transzendentale Bedingungen ihrer Möglichkeit sind. Deshalb ist wissenschaftliche Erkenntnis allgemeine Erkenntnis – in einem ontologisch eigenständigen und durchaus objektiven Sinne – »ohne einen Erkennenden« und »ohne erkennendes Subjekt« (Popper). Erst durch die Loslösung von einem direkten Wirklichkeitsbezug vermag der Mensch neue Wirklichkeiten zu konstruieren und – wenn die technischen und/oder

---

54 Mit anderen Worten: Unser Verhältnis zum Indirekten und Abstrakten ist problematisch, weil wir phylogenetisch gesehen ein evolutionäres Horden- oder Gruppenwesen sind, das sich primär an Direktes und sinnlich Konkretes angepasst hat (das ist die zentrale These bei Claessens 1993).

pädagogischen Möglichkeiten gegeben sind – zu verwirklichen: »Erst dadurch, daß die Wissenschaft darauf verzichtet, ein direktes sinnliches Abbild der Wirklichkeit zu geben, vermag sie eben diese Wirklichkeit selbst als eine notwendige Verknüpfung von Gründen und Folgen darzustellen. Nur indem sie aus dem Kreise des Gegebenen heraustritt, schafft sie sich die gedanklichen Mittel, die Gesetzlichkeit des Gegebenen darzustellen« (Cassirer 1994, S. 218).

4 Wissenschaftstheorie

... oder Wissenschaft als das, was Wissen schafft

Die Erkenntnis mit ihrem Bezug auf drei mögliche Welten hat dort, wo sie sich reflexiv ihrer selbst versichert, ihren traditionellen Ort in der Wissenschaft. Dass es hier einen Ort gibt, an dem bestimmte Menschen zu bestimmten Zeiten sich dieser Suche und der Vermittlung von Erkenntnis – »wissenschaftlicher Erkenntnis« – widmen, hat vermutlich seinen Grund in der reflexiven Denkbewegung begründender Theorie selbst, denn diese bedarf eines gewissen Aufwandes, den man nicht nebenbei – neben den alltäglichen Praxishandlungen – leisten kann. Die Distanz zur Praxis, die im Theoriebegriff mitschwingt, verlangt eine Eigenbewegung, so dass es früher oder später von Vorteil ist, wenn sich Theoriearbeit aus der Praxis ausdifferenziert und so zu einer eigenen Praxis wird: der Wissenschaft.

Pädagogik oder Erziehungswissenschaft?

Es ist durchaus nicht ausgemacht, ob Pädagogik eine Wissenschaft ist oder auch nur sein soll. Schon das Vorhandensein von zwei Begriffen – »Pädagogik« und »Erziehungswissenschaft« – kann man als eine gewisse Unsicherheit über den Status des Gemeinten interpretieren. Der ältere Begriff »Pädagogik« lässt noch offen, ob man darunter eine Wissenschaft oder eine spezielle Form von praktischem Können meint. Herbart hat in seiner Vorlesung über Pädagogik von 1802 noch die Pädagogik als Wissenschaft von der Kunst der Erziehung unterschieden und damit an eine alte, auf die Antike zurückgehende, Einteilung von »*ars*« (Kunst) und »*sophia*« (Weisheit) angeknüpft. Als Wissenschaft wäre Pädagogik ein Zusammenhang von »Lehrsätzen, die ein Gedankenganzes ausmachen, die womöglich auseinander als Folgen aus Grundsätzen und als Grundsätze aus Prinzipien hervorgehen« (Herbart 1982,

S. 124). Hier knüpft Herbart an Kant an, der eine Theorie als einen aus Prinzipien geordneten Zusammenhang von Sätzen definiert hat. Unter Kunst dagegen versteht er eine »Summe von Fertigkeiten, die sich vereinigen müssen, um einen gewissen Zweck hervorzubringen« (dito). Kunst, hier nicht im Sinne der schönen Künste gemeint, umfasst also alle Fertigkeiten, die man benötigt, um einen gewissen Zweck zu erreichen. Wer also den Zweck der Erziehung – ein Erziehungsziel – durch ein geschicktes Handeln nichtzufällig erreicht, der beherrscht die Kunst der Erziehung. Dagegen erfordert Wissenschaft »die Ableitung von Lehrsätzen aus ihren Gründen« (dito), also ein philosophisches Geschäft des Nachdenkens. Handeln und Nachdenken sind hier Zweierlei, und die Verbindung zwischen dem theoretischen Nachdenken und dem praktischen Handeln erfordert eine eigene Kompetenz, die Herbart »Takt« nannte.

Diese Theorievorgabe soll hier nicht auf ihre Tragfähigkeit überprüft werden, sondern als Ausgangspunkt für eine Problembeschreibung genommen werden. Warum, so könnte man ja fragen, ist Pädagogik dort, wo sie auf Erziehungspraxis einwirkt, um die gesetzten Zwecke zu erreichen, nicht Wissenschaft? Warum bedarf es da einer eigenen Dimension, die der Kunst? Man kann hier zunächst nur einmal vermuten, dass es der Wissenschaft schon bei Kant primär um Denken, um Nachdenken (Ableiten aus Gründen!) geht (und nicht um Handeln), und die Überführung in eine erfolgreiche Praxis als eine eigenständige Leistung betrachtet werden muss, die der »Kunst« bedarf. Offenbar ist Wissenschaft mit ihren Lehrsätzen und Ableitungsregeln – wie der Name schon sagt – eine Art »Wissen«, und Wissen ist lehrbar und lernbar. Kunst dagegen impliziert den Vorbehalt des Nichtlehrbaren, denn sie erfüllt sich im Erfahrungsschatz des Praktikers, der in der Lage ist, taktvoll und sensibel mit den Zufällen des nichtplanbaren Augenblicks umzugehen.

Seit einigen Jahrzehnten konstituiert sich die Pädagogik an den Hochschulen und Universitäten als Wissenschaft, als Erziehungswissenschaft. Damit bedarf es, wenn man den Begriff nicht gedankenlos verwenden will, gelegentlich des Nachdenkens darüber, was man darunter eigentlich versteht, oder mit anderen Worten: welche Erwartungen mit diesem Begriff transportiert werden.

Wir wollen die ontologische Einteilung in drei Welten (Wirklichkeiten, Realitäten) benützen, um den weiteren Gedankengang zu strukturieren und zu ordnen. Beginnen wir also mit Welt 1. Hier muss man Wissenschaft als einen realen Gegenstand suchen, den man sinnlich wahrnehmen kann. Aber geht das? Damit die Aufzählung wahrnehmbarer Objekte nicht völlig willkürlich erscheint, könnte man entlang der Sinndimensionen menschlicher Sprache daran erinnern, dass die Wissenschaft in der *Raumdimension* (von Welt 1) etwa als Hochschule oder als Forschungsinstitut die Form von Gebäuden, Räumen und Plätzen annehmen kann, also analog zur Schule offenbar einer räumlichen Isolation bedarf. Die Universität als Ort der organisatorischen Verdinglichung von Wissenschaft lässt sich räumlich verorten und mit realen Erfahrungen verbinden. Das »Herz« der Wissenschaft aber ist so gesehen die Bibliothek mit ihren Millionen von Büchern – gespeichertes kulturelles und wissenschaftliches Wissen. In der *Zeitdimension* hat sich Wissenschaft als eine eigenständige Organisation von Wissenserwerb und Wissenstradierung aus dem alltäglichen Wissen ausdifferenziert und auf Dauer gestellt und trotz ihrer Fortschritte und Fehltritte eine Geschichte geschrieben, die in relativ stabilen Strukturen der Zeit getrotzt hat. Die Geschichte der Wissenschaft von ihren Anfängen im Hochmittelalter bis zur Gegenwart ist inzwischen zu einer eigenen wissenschaftlichen Disziplin geronnen. Verbindet man die Raum- und die Zeitdimension mit Blick auf die Wissenschaft, entdeckt man: Das, was wir heute unter »Wissenschaft« verstehen, wurde in Europa erfunden, genauer gesagt: im Mitteleuropa des 13. bis 15. Jahrhunderts[55]. Dabei wurden ältere geistige Entwicklungen (vor allem aus dem Mittelmeerraum, insbesondere dem antiken Griechenland) bis zu einer kritischen Masse angereichert, so dass ein die Welt veränderndes neues emergentes System entstand, das in seiner historischen Bedeutung höchstens mit der neolithischen Revolution (also der »Erfindung« der Landwirtschaft vor ca. 12000 Jahren) ver-

---

55 Bertrand Russell soll einmal gesagt/geschrieben haben: »Religion gibt es überall, nicht nur in Europa, Kunst und Kultur gibt es überall, nicht nur in Europa. Es ist die Idee der Wissenschaft, die Europa der Welt gebracht hat« (ein Zitat, das ich allerdings quellenmäßig nicht mehr belegen kann).

glichen werden kann. In der *Sozialdimension* lassen sich Menschen in ihrer sekundären Rolle (z. B. als Wissenschaftler und Studierende) relativ einfach zuordnen und beobachten[56]. Wissenschaft ist ohne Wissenschaftler nicht denkbar; sie bilden mit ihren Gehirnen die anfängliche Engstelle, durch die alles hindurch muss, was wissenschaftliches Wissen »schafft«. Wissenschaft ist das, was Wissen schafft. Aber ist Wissen in der Welt 1 beobachtbar? Manche Wissenschaftler dürften ein geradezu erotisches Verhältnis zu (wissenschaftlichen) Büchern haben, aber ist das Wissenschaft?

Wissenschaftstheorie im weiteren und im engeren Sinne

Sicher ist, dass Wissenschaft, wenn sie ein Teil der Welt 1 ist, objektiv wahrnehmbar sein muss – »objektiv« insofern, als sie als Objekt der Erfahrung sinnlich wahrnehmbar ist und deshalb von der Wissenschaft wie jeder andere beobachtbare Gegenstand in der Welt 1 auch wissenschaftlich beobachtet und erforscht werden kann. In den Beobachtungsbereich von Wissenschaft fällt also die Wissenschaft selbst; sie beobachtet sich also selbst. Das ist kein Widerspruch, sondern nur eine Art von Selbstbezug, der die Subjekt-Objekt-Struktur wissenschaftlicher Erkenntnis nicht außer Kraft setzt (sondern nur anwendet). Dieser Teil einer Wissenschaftstheorie im weiteren Sinne, die sich mit der empirischen Erforschung von Wissenschaft – historisch und systematisch – widmet, wird als *»Wissenschaftsforschung«* oder *»Wissenssoziologie«* bezeichnet. Wie jede empirische Wissenschaft geht sie auf Methoden kontrollierter Erfahrung einer Umwelt zurück, die als (hypothetisch) real unterstellt wird. Insofern liegt hier eine empiristische Erkenntnistheorie zugrunde. Die Erwartungshaltung empirisch arbeitender Wissenschaftler ist so, dass sie sich von der Erfahrung belehren lässt und eigenes Lernen durch die Korrektur mitgebrachter Hypothesen möglich wird.

---

56 Man kann deshalb gelegentlich lesen, dass Wissenschaft dasjenige sei, was Wissenschaftler machen. Aber was machen sie so den ganzen Tag? Lesen (die Tageszeitung?), schreiben (E-Mails?), reden (»guten Morgen!«), essen (zu Hause?), schlafen usw. Aber ist das Wissenschaft?

An dieser Stelle muss man jedoch einen Einwand aus rationalistischer Sicht machen: Um in der Welt 1 Wissenschaft erkennen zu können, muss man schon einen allgemeinen Begriff von Wissenschaft haben. Mit anderen Worten: Damit ich Wissenschaft erkennen kann, muss ich – und zwar a priori – schon wissen, was Wissenschaft ist. Um sich der Tragweite dieses Einwandes bewusst zu werden, könnte man sich vor Augen führen, dass ein Marsmensch, der zum ersten Mal auf die Welt kommt und kein Vorverständnis von Wissenschaft besitzt, nicht in der Lage sein wird, sie in Welt 1 zu finden. Denn nichts, was es an partikularen Dingen – in welcher Sinndimension auch immer – in der Welt 1 gibt, ist nur und ausschließlich Wissenschaft. Dieses Schicksal teilt der Wissenschaftsbegriff nicht nur mit dem Erziehungsbegriff, sondern mit vielen Allgemeinbegriffen. Es bedarf also einer Vorstellung von Wissenschaft und diese kann und darf nicht nur eine subjektive Vorstellung in Welt 2 sein, sondern muss eine objektive Konstruktion in Welt 3 sein, weil nur diese als Universalie das allgemeine »geistige Band« ist, das das Partikulare dem allgemeinen Begriff zuzuordnen erlaubt. Deshalb müssen wir uns hier, wenn es um die objektive Idee von Wissenschaft geht, vor allem den abstrakten Begriffen zuwenden, die in Welt 3 zu Hause sind. Weil man in dieser Welt von Welt 1 und Welt 2 abstrahiert (absieht) und keine Rücksicht auf »Faktizität« nehmen muss, wird sie normativer und damit häufig auch kontrafaktischer Art sein. Jener Bereich, der diese normativen Implikationen von Wissenschaft zum Gegenstand seines wissenschaftlichen Nachdenkens macht, ist die *Wissenschaftstheorie i. e. S.* Wir erinnern uns: *Wissenschaftstheorie i. w. S.* ist die reflexive Selbstanwendung wissenschaftlicher Neugier auf sich selbst – gleichgültig, ob in Welt 1 oder Welt 2 oder Welt 3. *Wissenschaftsforschung* thematisiert die Wissenschaft in Welt 1 als realen Sachverhalt, der empirisch – historisch und systematisch – erforscht werden kann. *Wissenschaftstheorie i. e. S.* aber versteht sich insofern primär als eine normative Wissenschaft, als sie die Normen und Werte rekonstruiert und postuliert, die der »Idee« von Wissenschaft (in Welt 3) zugrunde liegen.[57]

---

57 Wir müssen diese pauschale Aussage später relativieren, wenn es um die Begründungsfrage geht. Die normativen (objektiven) Kriterien von

Der Wissenschaftsbegriff situiert sich ontologisch sowohl in Welt 1 als auch in Welt 3 (von den vielen assoziativen subjektiven Vorstellungen in Welt 2 ganz abgesehen) in einer ontologisch je eigenständigen Art und Weise, so dass es unter Umständen keinen Überschneidungsbereich gibt. Normative Idealvorstellungen von Wissenschaft müssen deshalb in Welt 1 nicht unbedingt empirische Korrelate in der »faktischen Wissenschaft« haben. Diese Differenz zwischen realer und idealer Wissenschaft kann bei der Frage, was Wissenschaft »ist«, zu erheblichen Irritationen führen. Noch am einfachsten zu bewältigen sind Probleme, die daraus entstehen, dass man die beiden ontologischen Ebenen nicht auseinander hält. Schwieriger wird sein, dass Erwartungen, die man aufgrund eines normativen Verständnisses von Wissenschaft besitzt, durch konkrete Erfahrungen mit Wissenschaft systematisch enttäuscht werden können. Zugespitzt gefragt: Ist dann Wissenschaft das, was Wissenschaft *ist,* oder ist Wissenschaft das, was sie sein *soll?*

Kognitives und normatives Erwarten

Es ist an dieser Stelle notwendig, einen kleinen Umweg zu gehen und über die Frage nachzudenken, auf welche Erwartungen wir das Wissenschaftsverständnis beziehen dürfen und wie Wissenschaftler damit umgehen, wenn ihre Erwartungen enttäuscht werden, weil zwischen Norm und Realität ein Abgrund klafft? Der normative Anspruch der Wissenschaftstheorie ereignet sich in einer spezifischen Form des Umgangs mit Erwartungen. Dass

---

Wissenschaftlichkeit fallen natürlich nicht vom Himmel, sondern werden in der Regel durch Rekonstruktion der Wissenschaft begründet, wie sie sich historisch entwickelt und systematisch entfaltet hat. In diesem Bereich bleibt also auch Wissenschaftstheorie auf Wissenschaftsforschung angewiesen. Erst im letzten Teil, wo man die bloße Beschreibung von Welt 1 in Richtung der impliziten Idee von Wissenschaft überschreitet, wird Wissenschaftstheorie zu einer normativen Disziplin, die sich ausschließlich in Welt 3 ansiedelt und gerade dadurch, dass sie auf der ontologischen Differenz (zu Welt 1) beharrt, ihren kritischen Impetus gewinnt.

Menschen erwarten, ist in einer sinnhaft konstituierten Welt unvermeidlich, denn die Fülle der sinnhaften Verweisungsmöglichkeiten verlangt in jeder Kommunikation deren selektive Behandlung. Zum Problem wird das spätestens dann, wenn – wie in jeder Kommunikation üblich – verschiedene Menschen ihre je eigene Selektivität synchronisieren müssen[58]. Übernimmt der andere meine (selektive) Perspektive? Verfehlt er sie oder setzt er seine eigene einfach dagegen? Wer mit enttäuschungsfest stabilisierten Erwartungen an eine Kommunikation herangeht, erwartet normativ, und Wissenschaftstheoretiker, die Wissenschaftstheorie i. e. S. treiben, erwarten (in der Regel) normativ; d. h., sie gehen von expliziten Normen aus, wie Wissenschaft sein soll, wenn man zu Recht von »Wissenschaft« reden darf. Normatives Erwarten geht von expliziten Normen aus, und wenn die Welterfahrung dann anders ist, wird trotz der Erwartungsenttäuschung an der Norm festgehalten und stattdessen versucht, die Welt zu ändern. Kognitives Erwarten dagegen verändert die Systemeigenschaften, wenn die Umwelt anders ist, als erwartet – also sich selbst. Weil diese Unterscheidung nützlich ist, um zwischen Erziehungswissenschaft und Pädagogik zu unterscheiden – denn jene erwartet qua Wissenschaft primär kognitiv und diese als Praxis primär normativ –, und auch künftig noch häufig gebraucht wird, will ich sie schematisch präzisieren:

Kognitives Erwarten: Die Dinge sind nicht so, wie ich erwartet habe? Ich ändere meine Vorstellungen und lerne daraus!

Normatives Erwarten: Die Welt ist nicht so, wie ich erwartet habe? Umso schlimmer für sie! Ich versuche sie zu ändern und meinen Vorstellungen anzupassen.

Wir müssen also deutlich zwischen zwei verschiedenen Erwartungsstilen unterscheiden. Wenn Erwartungen auch im Enttäuschungsfalle durchgehalten werden – und nur das ist gemeint, wenn wir künftig von »kontrafaktisch« reden –, sprechen wir von einem *normativen Erwartungsstil*. Wenn Erwartungen im Ent-

---

58 Am detailliertesten hat nach wie vor wohl Niklas Luhmann diese Struktur normativer und kognitiver Erwartungen im Horizont sinnhaften Erlebens und Handelns herausgearbeitet (vgl. z. B. Luhmann 1972, S. 31 ff.).

täuschungsfalle korrigiert und verändert werden, sprechen wir von einem *kognitiven Erwartungsstil*. Das eine Mal arbeitet man also an einer Selbstveränderung (ein anderes Wort für Lernen!), und das andere Mal arbeitet man an der Veränderung der Umwelt. Mit den Worten von Niklas Luhmann: »Als kognitiv werden Erwartungen erlebt und behandelt, die im Falle der Enttäuschung an die Wirklichkeit angepaßt werden. Für normative Erwartungen gilt das Gegenteil: daß man sie nicht fallenläßt, wenn jemand ihnen zuwiderhandelt« (Luhmann 1972, S. 42).

Diese Unterscheidung ist für die Pädagogik und für die Wissenschaftstheorie gleichermaßen bedeutsam. Zum einen lassen sich jetzt Normen – die ja in der theoretischen und der praktischen Pädagogik eine bedeutende Rolle spielen – präzise definieren als »kontrafaktisch stabilisierte Verhaltenserwartungen« (Luhmann), und ihre Funktion (der Synchronisierung selektiver Sinnanschlüsse und des schnellen Erkennens von Abweichungen) wird transparent. Zum anderen erlaubt es diese Unterscheidung, eine Besonderheit des pädagogischen Verhältnisses zu präzisieren: Schüler müssen einen primär kognitiven Erwartungsstil, Lehrer einen primär normativen Erwartungsstil pflegen. Wenn ein Schüler auf die Lehrerfrage: »Was ist drei und drei?« die Antwort gibt: »Sieben!«, dann muss der Lehrer weiterhin normativ erwarten und sagen: »Nein, das ist falsch! Denke noch einmal darüber nach!« Dagegen muss der Schüler seine ursprüngliche Erwartung (sieben!) korrigieren – so lange, bis er die (normativ) richtige Antwort weiß (sechs!). Wenn man Wissenschaft in Forschung und Lehre unterteilt, dann dominiert in der Forschung der kognitive und in der Lehre der normative Erwartungsstil. Aber ist das eine beschreibende (deskriptive) oder eine bewertende (normative) Aussage? Die Antwort dürfte unterschiedlich ausfallen, je nachdem, ob sie eine Aussage der Wissenschaftsforschung oder der Wissenschaftstheorie i. e. S. ist. Wissenschaftsforschung erwartet primär kognitiv, Wissenschaftstheorie i. e. S. primär normativ. Das heißt also: Der Wissenschaftsforscher muss Rücksicht nehmen auf die empirischen Erkenntnisse und gegebenenfalls seine mitgebrachten Hypothesen korrigieren, d. h., er muss kognitiv erwarten; der Wissenschaftstheoretiker aber darf unabhängig von der wissenschaftlichen Forschung einen kognitiven Erwartungsstil normativ (!) begründen.

Damit ist das weitere Vorgehen wie folgt vorstrukturiert:

Wissenschaft / Erziehungswissenschaft

in Welt 1	*in Welt 3*
als empirisches Objekt	*als objektive Idee*
kognitiv erwartend	*normativ erwartend*
Wissenschaftsforschung	**Wissenschaftstheorie**

Um der Idee von Wissenschaft, wie sie sich vor allem seit der Zeit des Humanismus und der Renaissance in Europa herausgebildet hat, näher zu kommen, will ich (wieder einmal) mit der Kontrastmethode arbeiten, denn in der kontrastverschärfenden Gegenüberstellung lassen sich Unterschiede und Gemeinsamkeiten besser erkennen. Ich will deshalb versuchen, das Charakteristische der modernen Wissenschaft durch die Gegenüberstellung von *Religion und Wissenschaft* (bzw. von religiösem Glauben und wissenschaftlichem Denken) herauszuarbeiten. Diese Unterscheidung ist nicht nur aus systematischen Gründen interessant, sondern auch historisch von großer Bedeutung, denn Wissenschaft im Allgemeinen und die Erziehungswissenschaft im Besonderen haben sich in einem langen historischen Prozess erst mühsam aus ihrem religiösen Kontext entfalten und emanzipieren müssen.

Glauben und/oder Wissen?
Religion und/oder Wissenschaft?

Das Verhältnis von Glauben (insbesondere eines religiösen Glaubens) und Wissen (im Sinne wissenschaftlicher Erkenntnis) ist prekär und emotional belastet. Gerade die Polemik, mit der sich die Akteure oft emotional aufrüsten, verbietet ein direktes »Daraufzugehen« und legt einen distanzierten Umweg nahe, der die Wiederannäherung kontrollierbar macht. Dieser kann systematisch oder historisch erfolgen. Systematisch erinnere ich zunächst an die verschiedenen Möglichkeiten einer Korrelation von Glauben (Religion) und Wissen (Wissenschaft):
- Glauben und Wissen sind inkommensurable Gegensätze.
- Glauben und Wissen sind Stufen der Erkenntnis (in einem Kontinuum).

- Glauben und Wissen sind zwei alternative Formen des Erkenntnisprozesses (die sich gegenseitig nicht behindern, weil sie unterschiedliche Bereiche betreffen).

Die Meinung, dass Glaube und Wissen, Religion und Wissenschaft, wie Wasser und Feuer sich gegenseitig ausschließende Dinge seien, wurde sowohl von religiöser als auch von wissenschaftlicher Seite immer wieder vertreten. Luther war z. B. der Meinung, dass Vernunft »das größte Hindernis« auf dem Weg zum Glauben sei, und er brachte damit nur eine allgemeine Meinung zum Ausdruck, die sich auch biblisch vielfach belegen lässt. Zum Beispiel wird vom Gläubigen gefordert, wie ein unwissendes Kind (und nicht wie ein Weiser) zu sein: »Wahrlich, ich sage euch: Wer nicht das Reich Gottes annimmt wie ein Kind, der wird nicht hineinkommen« (Luk. 18,17). Nicht im kritischen Nachdenken, sondern in der »Einfalt des Herzens« (Weisheit 1,1) wird der Grund der religiösen Erbauung gesucht, und es sind »die Armen im Geiste« und nicht die Klugen, denen »das Himmelreich« versprochen wird (Matth. 5,3). Nicht nur ein pekuniär Reicher, sondern auch ein geistig Reicher komme deshalb schwerer ins Paradies als ein »Kamel durch ein Nadelöhr« (Matth. 19, 24). Kein Wunder, dass schon die in der griechischen Paideia-Tradition geschulten griechischen Philosophen des 2. Jahrhunderts – wie etwa Kelsos in seinem Werk »*Alethes Logos*« – zu der Überzeugung kamen, eine solche Religion wäre nur etwas für »Dumme, Kinder, Sklaven, Weiber und niedere Stände« (vgl. Treml 2005, S. 117 f.). Aber auch viele Wissenschaftler – vor allem seit der Zeit des Humanismus – teilten und teilen diese Ansicht von der Nichtkompatibilität von religiösem Glauben und Wissen. Noch Heidegger betrachtete den Glauben als »Todfeind« einer (wissenschaftlichen) Philosophie – von den modernen Religionskritikern (wie z. B. Dawkins) ganz zu schweigen (vgl. Dawkins 2007).

Dort, wo religiöser Glaube und wissenschaftliches Wissen als ein sich gegenseitig ausschließender Gegensatz verstanden wird, werden die Gegensätze so stark betont und die Kontraste so stark hervorgehoben, dass es keine Überschneidungen zu geben scheint. In der Tat werden immer wieder erhebliche Unterschiede zwischen Glauben und Wissen (im wissenschaftlichen Sinne) angeführt:

- *Grund bzw. Quelle der Erkenntnis*: Religion begründe ihre Glaubensaxiome mit dem Hinweis auf eine nicht überprüfbare »göttliche Offenbarung« und beruhe deshalb auf bloßem Glauben; Wissenschaft dagegen begründe ihr Wissen durch Rekurs auf rationalistische und/oder empirische Methoden.
- *Geltungsgrad der Erkenntnis*: Religion behaupte ihre wichtigsten Axiome als absolut sicher und behandele sie dementsprechend als nicht reversibel; wissenschaftliche Erkenntnis sei, weil sie begrifflich und methodisch erzeugtes Wissen ist, nie absolut sicher und deshalb jederzeit korrigierbar.
- *Umfang der Erkenntnis*: Glaube überschreite das Wissbare. Glauben als ein »Fürwahrhalten desjenigen, was für die theoretische Erkenntnis unzugänglich ist«, (Kant KdU [461]) sei also mehr als bloßes Wissen, das wissenschaftlich immer durch seine methodischen Erzeugung eng begrenzt ist.

Religion und Wissenschaft sind so gesehen Gegensätze, die sich ausschließen, denn das eine Mal geht es um eine schon vorgefundene Wahrheit mit Absolutheitscharakter, die nur verstanden, verkündigt und geglaubt werden muss, und das andere Mal um die mühsame Erzeugung von Wissen, das immer relativiert werden kann hinsichtlich seiner Entstehungsbedingungen und deshalb veränderbar bleibt[59].

Nun sind das idealtypische Vereinfachungen, die historisch und systematisch erheblich differenziert worden sind. So hat noch die Philosophie des 18. Jahrhunderts den Anspruch auf sichere Erkenntnis auch und gerade für Wissenschaft erhoben – auch um den Preis, dass man sich dabei auf die Kritik der Bedingung seiner Möglichkeit zurückziehen musste und nichts mehr über Inhalte sagen konnte. Man kann diesen – etwa von Kant – unternommenen Versuch als säkularisiertes Erbe eines Sicherheitsbedürfnisses interpretieren, das religiöser Glaube über viele Jahrtausende befriedigt hat. Er ist gescheitert. Kein ernst zu nehmender Wissenschaftler erhebt heute noch den Anspruch,

---

59 In Anlehnung an ein Aperçu von Vince Ebert könnte man auch sagen, dass Wissenschaft im Gegensatz zu Ideologien, Religionen oder Weltanschauungen den Menschen nicht beibringen will, *was* sie denken sollen, sondern *wie* sie denken sollen.

absolut sichere Erkenntnis zu produzieren. Täte er es, er würde sich lächerlich machen. Die Idee der Wissenschaft, die hier durchschimmert, ist, dass es einerseits wohl nicht möglich ist, absolut sicheres Wissen zu produzieren (alle diesbezüglichen Versuche müssen als gescheitert ansehen werden), aber trotzdem durchaus möglich ist, relativ sicheres Wissen zu »schaffen«. Das bedeutet: Wissenschaft ist das, was Wissen auf eine ganz bestimmte Art und Weise schafft – nämlich durch (bei Bedarf) explizit eingeführte Begriffe und Methoden, so dass die Herkunft des Wissens nachvollziehbar oder (im Idealfalle) seine Herstellung gar wiederholbar wird. Seine Objektivität gewinnt wissenschaftliche Erkenntnis nicht durch den Bezug auf ein ominöses Absolutes im Jenseits, sondern durch die (methodische) Wiederholbarkeit seiner Entstehung im Diesseits. Jeder muss, wenn er die gleichen Begriffe und die gleichen Methoden anwendet, zum gleichen Ergebnis kommen.

Wissenschaft ist so gesehen immer öffentlich, also *inklusiv*: Sie ermöglicht jedem, der sich die notwendigen Kompetenzen angeeignet hat, die Nachprüfung. Religiöser Glaube bezieht sich dagegen auf eine *exklusive* Beziehung zu einem außerweltlichen Gott, der als absoluter Ankerpunkt von Glauben fungiert. Obwohl der Anspruch auf Universalität (in Welt 3) erhoben wird, ist es – wie die Geschichte der Zersplitterung in Religionen und religiöse Sekten beweist – außergewöhnlich schwer, den Geltungsanspruch auf absolute Wahrheit (in Welt 1) zu universalisieren. Weil religiöse Menschen aber normativ erwarten, muss es sie nicht stören, wenn die Welt sie widerlegt. Allerdings lässt sich eine nachdenkliche Form von Theologie nachweisen, die sich mit dem Absolutheitsanspruchs »göttlicher« Offenbarung differenziert auseinander gesetzt hat und seine außergewöhnliche Gefährlichkeit zu entschärfen bemüht ist – wenngleich auch um den Preis, dabei die Schlichtheit der Glaubenssicherheit (der Volksfrömmigkeit) zu unterlaufen. Die Argumentation geht etwa so: Wenn Gläubige absolut sicher sind, Gottes Willen zu kennen (»Deus volt!«, riefen die christlichen Kreuzritter, »Allah will es so!«, die muslimischen Terroristen), versetzen sie sich in die Rolle Gottes – und machen sich damit selbst zu Gott. Das aber ist blasphemisch, theologisch gesehen Sünde, weil damit die absolute Differenz von Transzendenz und Immanenz, von Gott und Mensch, unterlaufen wird[60]. Nur Gott selbst kann wissen, ob eine menschliche Überzeugung (des Glaubens) wirklich seinem Willen entspricht. Es könnten ja stattdessen die Einflüsterungen des Teufels sein. Deshalb kann es in dieser Welt der Immanenz überhaupt kein absolut sicheres Wissen über die göttliche Transzendenz geben. Auch Theologie, die das weiß, was sie nicht wissen kann, muss sich deshalb konsequenterweise vor positiven Äußerungen über Gott (und die Transzendenz) hüten; sie wird zu einer ausschließlich negativen Theologie. Auch religiöse Gläubige müssen geduldig warten bis zum jüngsten Gericht, wenn Gott selbst diese Unsicherheit beseitigt. Bis dahin gilt aber der so genannte »*eschatologische Vorbehalt*« auch gegenüber jeder Glaubenssicherheit. Wer das als Gläubiger übersieht, »sündigt« und läuft Gefahr, zu einem gefährlichen Fanatiker zu mutieren, dem auf dieser Welt nichts mehr heilig ist.

Damit ist auch der sich gegenseitig ausschließende Gegensatz von Glauben und Wissen, von Religion und Wissenschaft entschärft und man erhält Raum für eine andere Interpretation. Glaube ist möglicherweise eine *Vorstufe* auf dem Weg zum Wissen und zur wissenschaftlichen Erkenntnis, vielleicht sogar eine notwendige, die man gar nicht vermeiden kann, auch wenn man wollte oder sollte. Aber es ist eine Stufe, die man überschreiten kann und muss, um zu einer wissenschaftlichen Erkenntnis – und damit zur Wissenschaft – zu gelangen. Vorbereitet wird eine solche Interpretation des Verhältnisses von Glauben und Wissen durch einen Wortgebrauch, der anstelle einer adjunktiven Beziehung von einen Kontinuum ausgeht, wie z.B. bei Kant, der vorschlägt, die benachbarten Begriffe »meinen«, »glauben« und »wissen« wie folgt zu unterscheiden: »Das Fürwahrhalten, oder die subjective Gültigkeit des Urtheils, in Beziehung auf die Ueberzeugung, (welche zugleich objectiv gilt), hat folgende drei Stufen: Meinen, Glauben und Wissen. Meinen ist ein mit Bewußtsein sowol subjectiv, als objectiv unzureichendes Fürwahrhalten. Ist das letztere nur subjectiv zureichend und wird zugleich für objectiv

---

60 In den Worten des katholischen Bischofs Franz Kamphaus: »Eine Religion, die sich mit Gott gleichsetzt, betreibt Götzendienst, anstatt Gott zu dienen. Nur Gott ist absolut, keine Religion. Religion besteht nicht darin, Gott zu spielen, sondern Gott zu ehren« (Kamphaus 2007).

unzureichend gehalten, so heißt es glauben. Endlich heißt das, sowohl subjectiv als objectiv zureichend Fürwahrhalten das Wissen« (Kant KrV B 850). Die schwächste Form von Fürwahrhaltens, bei der wir uns selbst unsicher sind, wird hier mit dem Begriff des Meinens eingefangen. Vermutlich ist das der Grund, warum er in wissenschaftlichen Texten (so gut wie) nicht erscheint, in der mündlichen Rede aber durchaus noch zu hören ist. Glauben ist sich wohl subjektiv sicher – und der religiöse Glaube gibt hier Beispiele genug –; er ist aber nicht in der Lage, seinen Geltungsanspruch objektiv zu machen, also auch Beobachter zu überzeugen. Das gelingt, so unterstellt Kant, nur dem (wissenschaftlichen) Wissen. Und warum? Weil Wissenschaft ihren Geltungsanspruch auf Wahrheit nicht dogmatisch behauptet, sondern methodisch kontrolliert und bei Bedarf zu objektivieren in der Lage ist.

Man hat in der Wissenschaftsgeschichte mehrfach Vorschläge gemacht, das Kontinuum zwischen Glauben und Wissen zu ordnen, und das nicht nur (aus rationalistischer Sicht) definitorisch, sondern (aus empiristischer Sicht) deskriptiv, also als Beschreibung einer realen Entwicklung (in Welt 1). *August Comte* glaubte, einen Stufengang der Entwicklung menschlicher Formen des Fürwahrhaltens entdeckt zu haben, und formulierte diesen in seiner berühmt gewordene Stufentheorie der menschlichen Kulturgeschichte (vgl. Comte 1979): Zunächst dachten unsere Vorfahren magisch an personale Götter und analogisierten damit bloß das Nichterklärbare mit dem erklärbaren eigenen subjektiven und sinnhaften Erleben im Nahbereich. Dieses Zeitalter nannte er das »theologische« und setzte es der Kindheit gleich. Dem *theologischen Zeitalter* folgte das *metaphysische Zeitalter*, in dem die Menschen an abstrakte Ideen glaubten, die sie unzulässigerweise verdinglichten. Aber auch das gilt es zu überwinden, denn schließlich mündet alles im so genannten *positiven Zeitalter*, in dem die Menschen magische und religiöse Erklärungen als Illusionen durchschauen und die Naturbeherrschung rational der Wissenschaft und Technik überlassen. Comte unterstellte hier einen realen und unaufhaltsamen Entwicklungsprozess, der gleichzeitig als Fortschritt (zu einem immer Besseren) bewertet wurde. Man spricht deshalb vom Comte'schen »Dreistadiengesetz«. Es impliziert die Prognose vom Absterben magischer und religiöser Bezüge zumindest auf lange Sicht. Diese Prognose ist jedoch, wie es scheint, bis heute nicht wahr geworden. Die Religionen haben ihren Einfluss keineswegs zu Gunsten einer Ausbreitung der wissenschaftlichen Denkweise vermindert oder gar verloren. Ganz im Gegenteil. Deshalb muss man eine weitere Möglichkeit der Korrelation von Glaube und Wissen ins Auge fassen.

Diese weitere (dritte) Korrelation interpretiert Glauben und Wissen, Religion und Wissenschaft, als zwei voneinander unabhängige Lebensformen, die unter Umständen sogar das gleiche Ziel, wenngleich auf unterschiedlichen Wegen, zu erreichen versuchen[61]. Dort, wo dies nicht – wie z. B. bei der Auseinandersetzung zwischen Anhängern der Schöpfungstheorie und der Evolutionstheorie – bloß behauptet wird, sondern eine theorietechnische Begründung erfährt, wird dabei auf die der Religion zugrunde liegende basale Unterscheidung von Transzendenz und Immanenz (in ihrer radikalen, disjunktiven Bedeutung) Bezug genommen und argumentiert. Die Unterscheidung von Immanenz und Transzendenz spiegelt die phylogenetisch und ontogenetisch basale Erfahrung wider, dass es ein »Hier« und »Jetzt« gibt, das sich deutlich (z. B. durch den Horizont) von einem »Jenseits« und »Nicht-Jetzt« unterscheidet und durch den Horizont, hinter den man nicht blicken kann (weil er immer mit dem Beobachter mitwandert) getrennt ist (vgl. Treml 2008). Die Generalsierung dieser basalen Erfahrung abstrahiert von räumlichen und zeitlichen Bezügen und gewinnt damit die Option der Realitätsverdoppelung. Religion (aus dieser Sicht) ermöglicht dann, die Immanenz (und damit auch die Wissenschaft) aus der fiktiven Sicht der Transzendenz zu beobachten, während Wissenschaft alles, also auch das Reden von der Transzendenz, aus der Sicht der Immanenz beobachtet. Diese doppelte gegenseitige Beobachtung ist vor allem dort nützlich, wo die jeweilige Sicht Allansprüche (in Form von Allsätzen) verwendet, weil diese intern nicht mehr kontrolliert werden können. Durch die Überschreitung der internen Begren-

---

61 So etwa der Theologe Theodor Haering, der in seiner »Dogmatik« schreibt: »Mit der Wissenschaft ... hat die Religion gemein das brennende Interesse für die Wahrheit im unverwirrten Wortsinn ... Aber wie verschiedenartig ist dieser Wahrheitshunger!« (Haering 1912, S. 53). Nicht nur der »Wahrheitshunger«, sondern auch der Wahrheitsbegriff selbst scheint mir hier verschieden zu sein (s. o.).

zungen können gefährliche Erstarrungen vielleicht nicht ganz verhindert, aber zumindest beobachtet werden, und das Denken bleibt in Bewegung. Keine der beiden Beobachtungspositionen kann sich dadurch der Fremdbeobachtung entziehen. So wird Wissenschaft in der Rede von der Transzendenz eines Gottes den *epistemologischen Vorbehalt* reklamieren, und Religion kann gegenüber der Wissenschaft (dort, wo sie es nicht von selbst tut) alle Aussagen über die Immanenz unter den *eschatologischen Vorbehalt* stellen, unter dem alles menschliche Wissen aus Sicht eines fiktiven transzendentalen Beobachters steht.

Wenn Wissenschaft dasjenige ist, was Wissen schafft, und dabei den Prozess der Entstehung und Verwandlung von Wissen in (wissenschaftliche) Erkenntnisse transparent und kontrollierbar macht, dann geht es – so die vorläufige Umschreibung – immer auch um einen mitgemeinten Geltungsanspruch, nämlich auf Wahrheit. Erkenntnis, wenn sie das Prädikat wissenschaftlich mitbringt, impliziert den Anspruch, wahre (und nicht falsche) Erkenntnis zu sein. Was aber ist Wahrheit?

»Was aber ist Wahrheit?«

Wie auch immer man nun das Verhältnis von Glaube und Wissen, Religion und Wissenschaft, korreliert, es ist immer eine Differenz (und keine Einheit), die interpretiert wird, und immer geht es dabei – um es mit Kant zu sagen – um eine spezifische Form des »Fürwahrhaltens« einer (im Erkenntnisbegriff angelegten) Subjekt-Objekt-Beziehung. Dass ein erkennendes Subjekt ein Objekt »erkennt«, wird mit einer Art Gütesiegel versehen und mit dem Wahrheitsbegriff zum Ausdruck gebracht. Der damit ins Spiel gebrachte Wahrheitsbegriff wurde bisher wohl gelegentlich gebraucht (oder in der Rede von Geltungsansprüchen, die man erhebt, mitgeschleppt), aber noch nicht ausdrücklich erwähnt. Dabei spielt er für das Wissenschaftsverständnis eine bedeutende, ja konstitutive Rolle. Das wird nur deshalb übersehen, weil der Wahrheitsbegriff in der wissenschaftlichen Prosa normalerweise unmarkiert mitkommuniziert wird, also nicht ausdrücklich erscheint. Es ist auch in der Erziehungswissenschaft nicht üblich, Aussagen explizit als wahr zu behaupten – und das nicht deshalb, weil für die eigenen Aussagen kein Wahrheitsanspruch erhoben würde, ganz im Gegenteil, sondern weil dieser Anspruch so selbstverständlich ist, dass er nicht explizit zum Ausdruck gebracht wird. Würde er explizit erhoben, würde er Zweifel wecken und die Aufmerksamkeit der Beobachter von der inhaltlichen Aussage auf den mitgemeinten Geltungsanspruch (auf Wahrheit) gelenkt. Das geschieht nur in Ausnahmefällen, wenn Zweifel angesagt sind und das auch sprachlich zum Ausdruck gebracht werden soll[62].

Was aber bedeutet »wahr«, was ist »Wahrheit«? Der Frage kann man nicht ausweichen, wenn und weil Erziehungswissenschaft in ihren Aussagen den Geltungsanspruch auf Wahrheit mitschleppt und Wahrheit für Wissenschaft in vielen wissenschaftstheoretischen Büchern geradezu als konstitutives Abgrenzungskriterium erscheint. Wahrheit wird hier als eine objektive Idee der Welt 3 thematisiert und damit unabhängig von ihrer Realisierbarkeit in Welt 1 und den subjektiven Vorstellungen, die man damit verbindet, behandelt[63]. Man spricht von »Wahrheit«, wenn man sie als objektive Idee der Welt 3 zuordnet, und von »Bewahrheiten« und »Bewahrheitung«, wenn man die Methode ihrer Begründung in Welt 1 meint. Die sprachliche Differenzierung spiegelt den ontologischen Unterschied zwischen Welt 1 und Welt 3 wider. Wir werden uns zunächst auf die objektive Idee der Welt 3 beschränken und dann im nächsten Kapitel (»Methodologie«) die theoretischen Implikationen der Methoden behandeln, mit denen Wissenschaftler versuchen, den Wahrheitsanspruch in Welt 1 einzulösen.

Um den weiteren Gedankengang anzudeuten, will ich zunächst die Namen der wichtigsten Wahrheitsbegriffe in der Reihenfolge ihrer Erwähnung nennen:
1. Ontischer Wahrheitsbegriff
2. Korrespondenztheoretischer Wahrheitsbegriff

---

62 Gelegentlich wird aus Angst vor dem Tod Selbstmord verübt und von Wissenschaftlern gleich auf Wahrheit verzichtet: »Um die Realität geht es ihr und nicht um Wahrheit«, schreibt z.B. J.H. Reichholf, ein Evolutionsbiologe (Zeit 18.9.2008, Nr. 39), und entledigt sich dabei der Frage, was Wahrheit ist, aber um den Preis, nicht mehr sagen zu können, was »Realität« ist.
63 Wahrheit gehört »kategorial der Welt der Gedanken (im Sinne Freges) und nicht der Wahrnehmungen« an (Habermas 1973, S. 232).

3. Konsenstheoretischer Wahrheitsbegriff
4. Evolutionstheoretischer Wahrheitsbegriff
5. Kohärenztheoretischer Wahrheitsbegriff

Die numerische Kennzeichnung bringt keine Wertung zum Ausdruck, spiegelt allerdings eine heimliche Ordnung wider, die es noch zu entfalten gilt. Der zuletzt aufgeführte kohärenztheoretische (oder: logische) Wahrheitsbegriff wird erst im siebten Kapitel behandelt werden, weil dann die logischen Voraussetzungen zur Verfügung stehen.

Der ontische Wahrheitsbegriff

Der ontische Wahrheitsbegriff ist, streng genommen, kein wissenschaftlicher Begriff. Trotzdem ist es sinnvoll, mit ihm zu beginnen, denn er wird nicht nur bis heute in unserer Alltagssprache viel verwendet, sondern hat auch alte Wurzeln in einem Religionsverständnis, von dem sich die Pädagogik erst in einem langen Prozess der Säkularisierung (weitgehend) befreit hat, so dass er als Negativfolie für die wissenschaftlichen Wahrheitsbegriffe dienen kann. Im Kontrast zum ontischen Wahrheitsbegriff treten die charakteristischen Merkmale der wissenschaftlichen Wahrheitsbegriffe umso deutlicher hervor. Der ontische Wahrheitsbegriff ist uns aus der Umgangssprache vertraut. Wir sprechen z. B. vom »wahren Helden«, vom »wahren Reichtum«, »wahren Dichter«, »wahren Freund«, »wahren Kunstwerk«, »wahren Demokraten« und »wahren Pädagogen«; in einem pädagogischen Text finden wir als höchstes Ziel der Erziehung »das wahre Selbst« aufgeführt (was immer das auch sei), und selbst, wenn von »Falschgeld« oder von »falschen Freunden« die Rede ist, benützt man den ontischen Wahrheitsbegriff, wenngleich auch die andere Seite des Wahrheitscodes benützend.

An allen diesen Beispielen fällt zunächst auf, dass der Wahrheitsanspruch mit der Sache, um die es geht, eine enge, ja unverbrüchliche Verbindung eingeht (so dass man gelegentlich auch von »Sachwahrheit« spricht). »Wahr« scheint eine Eigenschaft der Sache selbst zu sein, so dass ein Zweifeln an der Wahrheit auch ein Zweifeln an der Sache selbst bedeutete. Umgekehrt wird auch die Sache selbst durch den Wahrheitsbegriff aufgewertet und nobilitiert. Wahrheit ist hier also eine Form, wie man eine Sache wichtigmachen und gegen Kritik immunisieren kann. Das ist vermutlich auch der Grund, warum der ontische Wahrheitsbegriff vor allem in religiösen Texten häufig zu finden ist. In der Bibel, der »heiligen Schrift« des Christentums, wird der ontische Wahrheitsbegriff an prominenter Stelle verwendet, z. B. wenn es da heißt: »Seine Gnade und Wahrheit waltet über uns in Ewigkeit« (Ps. 117,2) oder: »Ich bin der Weg und die Wahrheit und das Leben ...« (Joh. 14,6). Im Zentrum des christlichen Glaubens steht offenbar – streng genommen – nicht die Bibel (also eine Schrift), sondern eine Person, die den Anspruch erhebt, »Wahrheit« zu *sein*. Gott (der »wahre Gott«) hat sich also nicht in (und durch) eine Schrift, sondern in (und durch) eine Person geoffenbart[64], Jesus Christus: »wahrer Gott und wahrer Mensch!«

Was geschieht da eigentlich, wenn man Personen oder Sachen bzw. Gegenstände als »wahr« bezeichnet? Hegel gibt die Antwort: »Gegenstände sind wahr, wenn sie das sind, was sie seyn sollen, d. h. wenn ihre Realität ihrem Begriff entspricht« (Hegel 1929, S. 423 f.). Offenbar ist die Wahrheit doch nicht identisch mit der Sache selbst, sondern bringt die Einheit einer Differenz zum Ausdruck: Die Sache (bzw. die Person), die es in Welt 1 gibt, ist wahr dann und nur dann, wenn sie der normativen Idee entspricht, die wir uns von ihr in Welt 3 machen. Bezogen auf die Wissenschaft bringt das Husserl mit folgenden Worten auf den Begriff: »Ob eine Wissenschaft in Wahrheit Wissenschaft, eine Methode in Wahrheit Methode ist, das hängt davon ab, ob sie dem Ziele gemäß ist, dem sie zustrebt. Was den wahrhaften, den gültigen Wissenschaften als solchen zukommt, mit anderen Worten, was die Idee der Wissenschaft konstituiert, will die Logik erforschen, damit wir daran messen können, ob die empirisch vorliegenden Wissenschaften ihrer Idee entsprechen ...« (Husserl 2009, S. 40 f.). Das bloß Seiende kann nicht wahr oder falsch sein; »wahres Gold« ist also ein Plejonasmus, denn »falsches Gold« ist

---

64 Das unterscheidet das Christentum vom Islam. Muslime gehen gewöhnlich davon aus, dass sich Allah im Koran (also einer Schrift) offenbarte.

überhaupt kein Gold, dagegen bleibt ein Satz auch dann noch ein Satz, wenn er falsch ist.

Offenbar ist also der ontische Wahrheitsbegriff nur einem abkürzenden, aber unsauberem Sprachgebrauch geschuldet. Das Wort verschluckt gewissermaßen den Wahrheitsanspruch und verschmilzt mit der Sache. Dass damit fälschlicherweise Einheit suggeriert wird, wo es doch in Wirklichkeit um eine Differenz geht, dürfte aber nicht zufällig sein, sondern vermutlich mit der Lösung eines Grundproblems mündlicher Rede zu tun haben, nämlich das der problematischen Wahrhaftigkeit. In der Interaktion unter körperlich anwesenden Menschen sind mündliche Aussagen leicht zu fälschende Signale, weil sie »billig« herzustellen und deshalb nicht fälschungssicher sind. Auf die Frage der Mutter »Hast du deine Hausaufgaben gemacht?« kann das Kind »ja« oder »nein« antworten, und beide Aussagen »kosten« energetisch gleich viel. Es bedarf deshalb in Situationen, die durch eine direkte und mündliche Interaktion gekennzeichnet sind, zusätzlicher Aufwendungen, um die Glaubwürdigkeit mündlicher Behauptungen zu untermauern und Wahrhaftigkeit zu garantieren. Evolutionsforscher und Hirnforscher vermuten, dass u. a. die ausgeprägte Fähigkeit von uns Menschen zur Gesichts(wieder)erkennung und zur Interpretation von nonverbalen Signalen, die von der Mimik ausgehen, eine Lösung dieses Problems ist. Der heimliche Imperativ lautet: Beobachte den anderen genau und dann kannst du wahrscheinlich an seiner Mimik und Gestik erkennen, ob er es ehrlich meint und glaubwürdig ist. Allerdings ist diese Methode keineswegs sicher. Deshalb muss man das Signal »teuer« machen, z. B. durch den Aufwand, den man etwa in *Methoden* investiert – oder langanhaltende gegenseitige Beobachtung, die in *Vertrauen* mündet. Über Vertrauen wird dem anderen durch Wiederholung und Bestätigung Kredit für die Zukunft gegeben. Aber nicht immer kann Vertrauen durch eine dauerhafte Beobachtung abgesichert und erworben werden. Deshalb gibt es kulturelle Imperative, die religiös abgestützt werden: das Wahrheitsgebot! Der objektive Geltungsanspruch auf Wahrheit entstand vermutlich aus dem Problem der subjektiven Wahrhaftigkeit mündlicher Rede unter Anwesenden und verschärfte sich in dem Augenblick, als mit der Erfindung der Schrift größere soziale Systeme möglich wurden, deren Mitglieder nicht mehr beobachtet werden konnten. Jetzt mussten kompensatorische Effekte in die Kommunikation eingebaut werden – zunächst über den ontischen Wahrheitsbegriff, der das Problem durch semantische Einheitsbeschwörung zu verbergen sucht, dann aber durch die Entfaltung von Wahrheitsbegriffen, die sich der Unterscheidung von sprachlich (schriftlich) erhobenen Geltungsansprüchen in Welt 3 einerseits und ihrer Verwirklichung in Welt 1 stellten.

Man könnte hier drei Entwicklungsstufen unterscheiden: In einer ersten Phase kann man von der Einheit des Wissens als einem übergreifend geteilten Rationalitätskontinuum ausgehen, das nur räumlich begrenzt ist (z. B. »Ma'at« im Alten Ägypten). In einer zweiten Entwicklungsphase löste sich diese Einheit in der Sozialdimension in eine dialogische Dialektik auf, die gleichwohl – von den Sokratischen Dialogen über die scholastische Dialektik bis hin zu den kunstvollen Dialogen der Leibnizschen Erkenntnistheorie – von einer, nun allerdings transzendierten, gemeinsamen Vernunft ausgingen, die es diskursiv wieder herzustellen galt. In der dritten und letzten Phase schließlich externalisiert sich das »wahre Wissen« vollständig in Welt 3 und kann in Welt 1 nicht mehr vollständig wiedergefunden werden – es sei denn als »Sache« im ontischen Wahrheitsdenken oder als vorläufige Wahrheit durch methodische Herstellung in der Wissenschaft.

Besonders virulent wird bzw. wurde dieses hier durch alle Phasen der Geschichte der menschlichen Vernunft hindurchgehende Problem dort, wo es entstand: beim Versuch, etwas Unbeobachtbares zu beobachten, nämlich alle Menschen, die (damit) in ein gemeinsames sozialen System integriert werden sollten. In den (monotheistischen) Religionen sollte Gott diese Funktion als externalisierter letzter Beobachter erfüllen, und deshalb stellt sich das Wahrheitsproblem vor allem in der religiösen Semantik. Allerdings entsteht dieses Problem nicht nur bei religiösen Aussagen (hier fällt es vielleicht nur am deutlichsten auf), sondern bei allen mündlichen Aussagen, die man in konkreten Situationen macht und bei denen ein deklarative Bedeutung erhoben wird. Deshalb schimmert hier vermutlich ein sehr altes Problem durch, das stammesgeschichtlich[65] gesehen unsere Vor-

---

65 Wir nehmen jetzt die empiristische (naturalistische) Erkenntnistheorie in Anspruch.

fahren in dem Augenblick bekamen, als sie in der Lage waren, sprachliche Aussagen zu machen, die verneint werden können (weil sie möglicherweise falsch sind). Es besteht deshalb ein objektives (nicht unbedingt auch: subjektives) Interesse daran, Behauptungen gegen Zweifel zu sichern. Ontische Wahrheit kann als Versuch gewertet werden, Zweifel an Aussagen dadurch zu vermeiden, dass man eine Art »ontologischen Kurzschluss« versucht: Das Subjekt, das eine Behauptung aufstellt, »verschmilzt« mit dem Objekt, über das etwas ausgesagt wird, so dass an Stelle der Differenz Einheit suggeriert wird. Man könnte hier auch von »Fundamentalismus« sprechen, weil versucht wird, die Wahrheit auf dem Fundament der Sache selbst zu gründen, so dass sie als Anspruch gegen Kritik immunisiert wird. In Wirklichkeit bleibt die Differenz zwischen dem Geltungsanspruch auf Wahrheit und dem »Fundament« der Sache selbst jedoch erhalten und wird semantisch nur getarnt. Wenn man das durchschaut hat, wird verständlich, warum eine selbstkritische Wissenschaft damit beginnt, dass sie sich dem darin aufgehobenen Problem der Einlösung des Geltungsanspruch auf Wahrheit stellt.

Mit der wissenschaftlichen Methode und den darin aufgehobenen Wahrheitsbegriffen kompensiert Wissenschaft den Verlust der direkten, durch mündliche Kommunikation gekennzeichneten Interaktion unter körperlich Anwesenden. Weil wissenschaftliche Kommunikation überwiegend *schriftliche* Kommunikation ist, kann man nicht mehr auf die Beobachtung der Mimik und auch nicht mehr auf langjährig erworbenes personales Vertrauen setzen. Es bedarf anderer Verfahren, die funktional äquivalent sind, z. B. wissenschaftlicher Reputation und der Konstruktion anderer Wahrheitsbegriffe – Wahrheitsbegriffe, die den personalen und verbalen Ursprungszusammenhang verlassen. Das beginnt spätestens mit Pilatus, der auf das Jesus-Wort »Wer aus der Wahrheit ist, der höret meine Stimme« (Joh. 18,37) die kritische Rückfrage stellte: »Was ist Wahrheit?« (Joh. 18, 38) – und damit den Übergang von einem religiösen (ontischen) zu einem säkularen (wissenschaftlichen) Wahrheitsbegriff markierte.

Der korrespondenztheoretische Wahrheitsbegriff

Wenn man den Wahrheitsbegriff verwendet, dominiert überwiegend ein Verständnis, das man als »korrespondenztheoretischen Wahrheitsbegriff« bezeichnet. Er liegt auch dem religiösen und dem alltäglichen Verständnis von »wahr« zugrunde. In diesem Sinne ist der Wahrheitsbegriff ein viel gebrauchter Teil auch unserer Alltagssprache. Wahr ist in diesem Verständnis eine (mündliche und/oder schriftliche) Aussage, wenn das der Fall ist, was sie aussagt. »Die Welt ist das, was der Fall ist«, heißt es bei Wittgenstein (Wittgenstein 1973) und man könnte fortsetzen: ... und wahr ist eine Aussage, wenn sie das sprachlich zum Ausdruck bringt, was der Fall ist. Ein Beispiel: Die Aussage »Abiturienten, die nach dem Jahre 2000 n. Chr. zu studieren begonnen haben, können schlechter rechtschreiben als Schüler mit Realschulabschluss in den fünfziger Jahren« ist dann (und nur dann) wahr, wenn Schüler mit Realschulabschluss in den fünfziger Jahren besser rechtschreiben können als die Abiturienten nach 2000. Dieser trivial anmutende Wahrheitsbegriff scheint nicht nur fern personaler und verbaler Beschränkungen zu sein; er ist auch philosophisch (etwa bei Aristoteles) nobilitiert und zu einer philosophischen Formulierung geronnen: »*adaequatio in intellectus* (oder: *mentis*) *et rei*« – also die Übereinstimmung zwischen der Sache und der sie erkennenden menschlichen Vernunft. Als objektive Idee von Wahrheit dürfte dieser Wahrheitsbegriff auch in erziehungswissenschaftlichen Texten – wenn der Begriff hier erscheint – zugrunde gelegt sein. Er ist so lange unproblematisch, wie die Pilatusfrage nicht an ihn gestellt wird. In dem Augenblick jedoch, wo wir uns reflexiv seiner Bedeutung versichern wollen, kommen wir schnell in ein unsicheres, ja vermintes Gelände. Als Idee der Welt 3 erhebt dieser Wahrheitsanspruch gewissermaßen per definitionem Anspruch darauf, Welt 1 zu erreichen. Er transportiert ja geradezu die Übereinstimmung (*adaequatio*) von Welt 3 und Welt 1. Allerdings ist dasjenige, »was der Fall ist«, immer nur sprachlich gegeben und nicht als reale Welt selbst. Die Idee eines Vergleiches einer sprachlichen Behauptung mit der davon unabhängigen Realität ist eine Fiktion, denn wer von *verba* zu *res* flüchtet, übersieht, dass in der Wissenschaft auch *res* immer nur in Form von *verba* erscheinen kann. Es ist völlig unmöglich, das zu tun, was der Begriff suggeriert: eine Aussage mit der Welt unmittelbar zu vergleichen – und das setzt die Behauptung einer »Übereinstimmung« ja voraus. Was möglich ist: einen Satz mit einem anderen Satz zu vergleichen, z. B. den Satz »x« mit dem Satz x. Aber die Welt als Summe dessen, was der Fall ist, direkt auf ihre Angemessenheit mit einem Satz – nämlich »das … ist der Fall!« zu vergleichen, ist uns nicht gegeben. Es bedürfte einer Art Gottesperspektive, um Sätze, die sich auf etwas außerhalb von ihnen beziehen, mit dem Gemeinten als außersprachlich erfasster Entität (Fall) zu vergleichen. Deshalb ist – streng genommen – der korrespondenztheoretische Wahrheitsbegriff »sinnlos«, weil die »Realität« wissenschaftlich weder (sprachfrei) bewiesen, noch negiert werden kann (vgl. Carnap 1971, S. 60 ff.).

Wahrheit als Prädikat einer Aussage bezieht sich auf die Vermittlung von Subjekt und Objekt und nobilitiert eine bestimmte Korrespondenz, die wir normalerweise in einem vorwissenschaftlichen, naiven Vorverständnis als internes Abbild einer äußeren Wirklichkeit bestimmen (»x ist wahr«, wenn x der Fall ist). Die Korrespondenz, die hier unterstellt wird, kann man wohl metaphorisch als Bild oder Abbild oder Spiegel umschreiben und theoretisch in einer Art »Widerspiegelungstheorie« reformulieren, aber weit trägt diese Metaphorik nicht, denn sie verbirgt die Unmöglichkeit der dritten Position – der Gottesperspektive. Wer soll denn darüber entscheiden, ob der Anspruch einer Übereinstimmung zu Recht erhoben wird, ohne in einen unendlichen Regress zu fallen? Würde sie schlicht gegeben sein (wie die Welt, die so ist, wie sie ist), gäbe es nur eine Wahrheit und Wahrheitssuche oder gar Streit über die Wahrheit wäre überflüssig.

Jeder Wahrheitsanspruch, der eine bestimmte Qualität einer Subjekt-Objekt-Beziehung im Erkenntnisprozess als »wahr« nobilitiert, beschreibt nur den Anspruch, dass darin die Gleichzeitigkeit einer Differenz und einer Einheit aufgehoben ist: Bild und Abbild, Satz und Tatsache, sind unterschiedlich in ihrem *Medium*, aber gleich oder ähnlich in der *Form*. Wenn man einen Satz (der Erziehungswissenschaft) als »wahr« auszeichnet, bedeutet das also im Sinne eines korrespondenztheoretischen Wahrheitsbegriffes, dass zwischen Bezeichnung (eines Subjekts) und Bezeichnetem (eines Objekts) eine korrespondierende Beziehung der Gleichzeitigkeit von Ähnlichkeit (in der Form) und Unterschiedlichkeit (im Medium) unterstellt wird und dabei die Sachdimension von sinnhafter Kommunikation in Anspruch genommen wird. Eine ganz andere Frage ist dann allerdings, wie man diesen Wahrheitsanspruch (der eine Idee der Welt 3 zum Ausdruck bringt) in der Welt 1 einlöst.

Der konsenstheoretische Wahrheitsbegriff

Diese Schwierigkeiten eines korrespondenztheoretischen Wahrheitsbegriffes, der in der Sachdimension von Sinn angesiedelt ist, haben dazu geführt, alternative Sinndimensionen in Anspruch zu nehmen und andere Wahrheitsbegriffe auszuformulieren. Ein zweiter, wichtiger Wahrheitsbegriff, der insbesondere in der Pädagogik zeitweise stark rezipiert wurde, sucht nun nicht mehr die Übereinstimmung in der Sachdimension (als *adaequatio* von Sinn und Sache), sondern in der Sozialdimension: Wahr ist dasjenige, worüber vernünftige Menschen übereinstimmen. Dieser *konsenstheoretische Wahrheitsbegriff*, der insbesondere durch Jürgen Habermas in der deutschen Erziehungswissenschaft prominent wurde (vgl. Habermas 1973), geht davon aus, dass jeder, der eine Sprache spricht, damit automatisch Teil einer potentiell unbegrenzten Kommunikationsgemeinschaft ist, die implizit damit auch die in der Bedeutung der in der Sprache aufgehobenen Normen teilt – also: im Prinzip anerkennt! Im Geltungsanspruch auf Wahrheit wird semantisch die virtuelle Einlösbarkeit der normativen Ansprüche akzeptiert: »Die Bedingung für die Wahrheit von Aussagen ist die potentielle Zustimmung aller anderen. Jeder andere müßte sich überzeugen können, daß ich dem Gegenstand das Prädikat p berechtigterweise zuspreche, und müßte mir dann zustimmen können« (Habermas 1971, S. 124). Wenn es also Streit um die Wahrheit gibt, dann bedarf es eigentlich nur der rekursiven Rekonstruktion der in der Sprache aufgehobenen Normen und der willentlichen Zustimmung zu ihnen. Bei Dissens müsste es genügen, wenn die Streithähne sich reflexiv der im gemeinsamen Sprachspiel enthaltenen Grundnormen gegenseitig versichern. Diese fungieren gewissermaßen als transzendentalpragmatische Regeln einer idealen Kommunikationsgemeinschaft, die in der realen Kommunikation wohl nicht aufgeht, aber in ihr »subkutan« wirkt. Hier sehen wir wieder die Differenz des Wahrheitsbegriffs als Teil einer Idee von Wahrheit in der Welt 3 und einer Kommunikation, in der Welt 1 den Geltungsanspruch erhebt.

Was sind das nun für implizite Normen, die als quasitranszendentale Bedeutung jeder Kommunikation dort vorausliegen, wo der Wahrheitsanspruch erhoben wird? Letztlich sind sie im gelungenen Konsens, also die Übereinstimmung der Beteiligten zu suchen und zu finden, denn »Wahrheit meint das Versprechen, einen vernünftigen Konsensus zu erzielen« (Habermas 1973, S. 219). Wenn jemand sagt: »Das ist wahr!«, dann meint er implizit: Alle könnten mir zustimmen. Wenn alle zustimmen und die Wahrheit bestätigen, ist der Satz wahr. Allerdings gilt das nur, wenn alle die gleiche Chance haben, am Diskurs teilzunehmen, die Beteiligten gutwillig, wahrhaftig, also ohne Täuschungsabsicht, kompetent und vernünftig sind und bei Bedarf ihre Entscheidung begründen können. Dazu kommt, dass alle Beteiligten ein Interesse an einem rational hergestellten Konsens haben, bei dem alleine das bessere Argument (und nicht z. B. Herrschaftsansprüche oder die stärkere Körperkraft) zählt. Rational ist ein Diskurs nur, wenn er unvoreingenommen, zwanglos und nicht persuasiv (überredend) ist, denn nur dann kann man von einer »unverzerrten oder idealen Kommunikationssituation« sprechen. Wenn z. B. in einer Horde Betrunkener Konsens darüber besteht, dass man Kinder, die nicht folgsam sind, verprügeln muss, dann ist das sicher kein Kriterium für Wahrheit. Wie aber kann man feststellen, ob die Beteiligten gutwillig, kompetent, vernünftig und begründungsfähig sind? Auch das kann man nur in einem Diskurs feststellen, der weder zeitlich noch räumlich oder sozial begrenzt sein darf, denn jeder potentiell Betroffene und jedes potentielle Argument muss zugelassen werden und keine Meinung darf auf Dauer der Kritik entzogen werden.

Das ist natürlich eine kontrafaktische ideale Vorstellung, eine Idealisierung der Welt 3, die in Welt 1 als »Unterstellungen« erscheinen: »Im Diskurs unterstellen wir nämlich kontrafaktisch, daß die Bedingungen uneingeschränkter und zwangloser Kommunikation erfüllt sind. Alle vernünftigen Subjekte, die je gelebt haben oder leben werden, haben als virtuelle Zeitgenossen Zugang zur Kommunikation; und alle, die Zugang haben, gelten als vernünftige Subjekte, die keinem externen Zwang unterworfen sind« (Habermas 1971, S. 214). In der faktischen Welt 1 ist das die Bedeutung eines Begriffs der Wahrheit, die in der Welt 3 aufgehoben ist. Wie kommt aber beides zusammen – die Welt, wie sie ist, und die Wahrheit, wie sie sein sollte? Selbst Habermas kommt zu dem Schluss: Der Versuch, mit dem Begriff der »idealen Sprechsituation« Welt 1 und Welt 3 zu verbinden und einen zufriedenstellenden Wahrheitsbegriff zu etablieren, muss als gescheitert betrachtet werden. Es bleibt bestenfalls nur übrig, so zu tun, »als ob« (vgl. Habermas 1973, S. 258) – und unendlich viel Zeit zu fordern (vgl. Luhmann in Habermas/Luhmann 1971, S. 291 ff.).

Es ist klar, dass der *reale* Konsens nicht per se schon der *ideale* Konsens ist, der alleine die Wahrheit verbürgt (sonst hätte »die Partei« immer Recht) und selbst der Konsens der Vernünftigen ist nicht eo ipso ein vernünftiger Konsens[66] (sonst hätte »die Wissenschaft« immer Recht). Selbst wenn es gelänge, einen Diskurs als »umgangssprachliche Kommunikation in einer von Zwängen der Interaktion freigesetzten Form« (dito, S. 199) in Welt 1 zu installieren, der in einem Konsens mündete, könnte niemand mit Sicherheit behaupten, dass damit auch schon Wahrheit in einem uneingeschränkten, idealen Sinne erreicht sei. Hier gilt der skeptische Einwand des Augustinus gegen göttliche Ansprüche in menschlichen Formen auch in einer säkularen Variante: Was als göttliches Wort daherkommt, könnte sich im Jüngsten Gericht als Einflüsterung des Teufels entlarven! Ein unabhängiges Kriterium für die Unterscheidung des wahren vom falschen Konsens (in Welt 1) zu bestimmen, ist auch Habermas nicht gelungen (vgl. Habermas 1971, S. 134). Es bleibt nur der permanente Versuch, den Diskurs auf Dauer zu stellen, weil nur so die Differenz von realem Konsens (in Welt 1) und idealem Konsens (in Welt 3) erhalten bleibt.

Spötter haben deshalb diese diskurstheoretische Begründung des Wahrheitsanspruches als »Diktatur des Sitzfleisches« bezeichnet und vermutet, dass sich hier bloß das studentische Spektakel

---

66 Das ist der Einwand Luhmanns gegen den Versuch von Habermas, einen idealisierten Konsens mit der gesellschaftlichen Wirklichkeit zu verbinden (vgl. Luhmann in Habermas/Luhmann 1971, S. 327).

nächtelanger rauchgeschwängerter Hinterzimmerdiskussionen zu einer studentenbewegten Zeit widerspiegele. Theoretisch anspruchsvoller ist der Einwand, dass die Inanspruchnahme idealer Normen (wie etwa einer unbegrenzten idealen Kommunikationsgemeinschaft, die alleine für die Wahrheit bürgen könne) in einer Welt, die voll Begrenzungen und Einschränkungen ist, nicht verwirklicht werden kann und eine bloße – wenngleich schöne – Idee ist. Der Versuch, einen Wahrheitsbegriff zu bestimmen, der ontologisch sowohl in Welt 1 als auch in Welt 3 angesiedelt ist, scheint also gescheitert zu sein. Es lässt sich nämlich zeigen, dass nicht nur die kontrafaktischen Bedingungen der idealen Sprechsituation Voraussetzung der idealen Lebensform sind, sondern auch umgekehrt die ideale Lebensform Bedingung der Möglichkeit einer idealen Sprechsituation ist. Diese zirkuläre gegenseitige Bestimmung kann nur durch Temporalisierung entparadoxiert werden, also durch Inanspruchnahme von unendlich viel Zeit. Das könnte ein hilfloses Verschieben auf den Sankt Nimmerleinstag bedeuten, wenn nicht gar das heftige (revolutionäre!) Einklagen idealer gesellschaftlicher Zustände in der Welt 1 legitimieren (um die Geburtswehen der neuen und idealen Zeit zu verkürzen). Das könnte allerdings auch heißen, die Möglichkeit der Bestimmung des Wahren (und Guten!) im Hier und Jetzt offen zu lassen[67].

Die Frage, wie diese Entparadoxierung durch Temporalisierung in einer realen gesellschaftlichen Situation gedacht und theorietechnisch reformuliert werden kann, führt nahtlos in einen Wahrheitsbegriff, der sich vor allem der *zeitlichen* Sinndimension bedient und den ich als »evolutionstheoretischen Wahrheitsbegriff« bezeichnen will – wohl wissend, dass dies eine Nominaldefinition ist, die sich bislang keineswegs (qua Realdefinition) eingebürgert hat. Damit werden die seit Kant immer wieder formulierten

---

[67] Darauf hat vor allem Karl Popper mit seiner »offenen Gesellschaft« immer wieder nachdrücklich hingewiesen (vgl. Popper 1992). Analoge Gedanken finden sich auch in der Kritischen Theorie, etwa in der (kontrafaktischen) Idee einer herrschaftsfreien Gesellschaft; in dieser sollen Entscheidungen zwanglos und vernünftig fallen. Erst dann wäre eine »Demokratisierung aller für die Gesamtgesellschaft folgenreichen Entscheidungsprozesse« (dito, S. 265) erreicht.

Vorbehalte gegen jegliche substantielle Rationalität (vor allem in Form überlieferter religiöser und metaphysischer Systeme) ernst genommen und in einen temporalisierten und skeptischen Vernunftbegriff überführt.

Der evolutionstheoretische Wahrheitsbegriff

Der Begriff soll deshalb auch nur die dabei in Anspruch genommene zeitliche Sinndimension auch sprachlich in den Vordergrund rücken, denn »Evolution« heißt zunächst einmal nur Entwicklung. Wahrheit wird damit einem praktisch zeitlich nicht begrenzten Bewahrheitungsprozess unterworfen. Anders gesagt: Wahrheit wird einerseits in ihrem absoluten Anspruch als kontrafaktische Idee erhalten und gleichzeitig die faktische Einlösung der damit erhobenen Geltungsansprüche temporalisiert, also verzeitlicht. Die Spannung der beiden Pole, die Differenz von Anspruch und Wirklichkeit, wird damit erhalten und deren Verbindung der Zeit überlassen.

Die Zeit ist (aus rationalistischer Sicht) ein zweiwertiges Denkschema, das menschliches Erleben und Handeln entlang der Unterscheidung von *vorher und nachher* bzw. von *Vergangenheit und Zukunft* zu ordnen erlaubt. Folglich kann man eine rückwärts, in die Vergangenheit zurückdenkende Variante dieses Wahrheitsverständnisses von einer vorwärts, in die Zukunft denkenden Variante unterscheiden. Beginnen wir mit dem Blick zurück in die Vergangenheit, dann wird Wahrheit als etwas aus der Vergangenheit Kommendes bestimmt. Es schimmert hier noch schwach eine religiöse Geschichtsmetaphysik durch, in der das Gute als Schöpfung eines Gottes an den Anfang der Zeit versetzt wird. Geschichte wird damit zur Abfallsgeschichte, weil die ursprüngliche Wahrheit im Laufe der Zeit verloren gehen kann. Sie wird also nicht neu erzeugt[68]. Allerdings kann sie erhalten und ihr Verlust verzögert werden: durch sinnhafte Einrückung in einen

---

68 »Alle Hermeneutik kann immer nur klären, aber aus ihrer Arbeit kann nie etwas grundsätzlich Neues hervorgehen. Sie kann nicht von sich aus produktiv werden« (Bollnow in Bollnow 1969, S. 37).

Überlieferungszusammenhang, der hermeneutisch verstanden, ausgelegt und durch Weitersagen erhalten und tradiert werden kann.

In der hermeneutischen Tradition einer geisteswissenschaftlichen Philosophie und Pädagogik wird dieser Zusammenhang vor allem im Modus des *Verstehens* diskutiert. Traditionsaneignung als Weitersagen ist ein Verstehen von Texten der Vergangenheit – verstanden als Einrücken in einen gemeinsamen Sinnhorizont, der als produktive Verschränkung zweier Sinnzusammenhänge gedacht wird. Im Grunde geht es aber um eine Applikation des darin aufgehobenen Wahrheitsanspruchs[69]: »Das Ziel aller Verständigung und alles Verstehens ist das Einverständnis in der Sache« (Gadamer 1965, S. 276). Ein solches Verstehen als ein inhaltliches Einverständnis ist jedoch nichts anderes als die Applikation des darin enthaltenden und im Akt des Verstehens tradierten Wahrheitsanspruches! Allerdings muss zugegeben werden, dass der Vollzug der Überlieferung alleine nicht die Wahrheit garantieren kann. Die letzte Instanz der Wahrheitsentscheidung ist nicht die Überlieferung, sondern die Vernunft. Es gilt also, dass »... die mögliche Wahrheit der Überlieferung von der Glaubwürdigkeit ab (hängt), die ihr von der Vernunft zugebilligt wird. Nicht Überlieferung, sondern die Vernunft stellt die letzte Quelle aller Autorität dar« (ebd., S. 257). Was sich zunächst anhört wie eine Variante des Märchens von »Tausend und eine Nacht«, weil hier eine Wahrheit am Werke scheint, die so lange lebt, wie man sie weitererzählt, und nur dann stirbt, wenn die Erzählung endet, wird hier verändert. Nicht das Weitersagen selbst, auch nicht das Verstehen des Vergangenen, ja nicht einmal das »Einverständnis in der Sache« garantiert die Wahrheit, sondern nur das auf Vernunft gegründete Einverständnis in der Sache im Modus des affirmativen Verstehens.

Damit sind wir aber wieder zurückgeworfen auf ein Wahrheitsverständnis, das sich alleine der Vernunft verdankt. Nach den Problemen mit den schon vorgestellten Wahrheitsbegriffen, die ja

---

[69] Hans-Georg Gadamers Standardwerk zur Hermeneutik hat nicht umsonst den Titel »Wahrheit und Methode« (Gadamer 1965), und der zweite Teil des Buches ist überschrieben mit »Ausweitung der Wahrheitsfrage auf das Verstehen in den Geisteswissenschaften« (S. 162 ff.).

alle den Anspruch auf Vernünftigkeit erheben, scheint diese Wendung in eine Sackgasse zu führen. Wo können wir denn Vernunft finden? Auf diese Frage geben Hermeneutiker eine klare, aber scheinbar paradoxe Antwort: Vernunft ist immer historisch. Sie ist selbst Teil eines historischen Überlieferungszusammenhanges und entfaltet sich – wenn er sich entfaltet – im Modus des Verstehens: »Vernunft ist für uns nur als reale geschichtliche, d. h. schlechthin: sie ist nicht ihrer selbst Herr, sondern bleibt stets auf die Gegebenheiten angewiesen, an denen sie sich betätigt« (Gadamer 1960, S. 260). Damit scheinen wir jedoch wieder beim Ausgangspunkt angelangt zu sein. Die Denkbewegung ging von der verstehenden Aneignung des historischen Wahrheitsanspruchs zur Vernunft und von der Vernunft zu dessen Explikation als real historisches Ereignis der Entfaltung eines überkommen Sinnhorizontes. Die paradoxe Figur scheint zirkulär zu sein, wird allerdings metaphorisch als Spirale beschrieben und das heißt letztlich: durch Temporalisierung entparadoxiert.

Warum aber sollte auch die Vergangenheit alleine die Wahrheit garantieren? Haben sich nicht viele Wahrheiten von früher als falsch herausgestellt, als schwere Irrtümer? Dass wir der überkommenen Wahrheit einen Bonus zugestehen, mögen wir evolutionstheoretisch noch plausibilisieren können: Das, was sich in der Vergangenheit bewährt und bis heute stabilisiert hat, kann nicht ganz falsch sein! Es muss wahr sein! Denn sonst wäre es als unnütz und unbrauchbar schon lange der natürlichen Selektion zum Opfer gefallen. Die Wahrheit, die aus der Vergangenheit dauerhaft bis heute kolportiert wurde, ist offenbar eine bewährte Wahrheit[70], und in der Tradition gründet Wahrheit. Allerdings gilt das nicht unbedingt auch für die Zukunft. Evolution würde aufhören, wenn sie nicht auch Veränderungen zuließe. Deshalb liegt einer Wahrheit, die an der Vergangenheit bewährt und

---

70 Auf diesen Effekt spielt z. B. Hans Breuer im Vorwort seines, in vielen Auflagen erschienenen, »Zupfgeigenhansel« an – das Liederbruch der deutschen Jugendbewegung –, wenn er schreibt: »Die Güte eines Liedes erprobt sich an seiner Dauerhaftigkeit; was hier gebracht wird, hat seit Wandervogels Anbeginn eine unverwüstliche Lebenskraft bewiesen, nein vielmehr, das hat Jahrhundert um Jahrhundert im Volke fortgelebt. Was der Zeit getrotzt, das muß einfach gut sein« (1909).

bestätigt wurde, wohl eine Art Konstanzfiktion zugrunde, die jedoch unter Umständen von der Realität korrigiert werden muss. Deshalb sollte eine prinzipielle Korrigierbarkeit in diesen Wahrheitsbegriff eingebaut werden, und das geschieht – vor allem in seiner systemtheoretischen Variante – durch den Begriff der *Anschlussfähigkeit*. Wahr in diesem Sinne ist dasjenige, was *anschlussfähig* an zukünftige Kommunikation ist – in den Worten von Niklas Luhmann: Wahrheit ist »nicht anderes […] als symbolisierte, also aktuell verfügbare Anschlußfähigkeit« (Luhmann 1990, S. 201). Wahrheit wird damit zum Medium der Fortsetzung von Kommunikation. Sie ist der leuchtende Stern, der der erfolgreichen Expedition in das fremde und unbekannte Land der Zukunft vorausleuchtet. Jetzt gilt nicht mehr nur, dass das Glück (»*utilitas*«) ein Kind der Zukunft ist, sondern auch die Wahrheit: »*veritas filia temporis*!« – mit anderen Worten: Wahrheit ist ein Kind der Zeit! (vgl. Luhmann 1984, S. 512 ff., insbesondere 519).

Wir sehen, auch hier bleibt die Spannung zwischen Wahrheit und Bewahrheitung erhalten. Während Wahrheit eine zeit- und ortlose Idee (in Welt 3) zum Ausdruck bringt, ist Bewahrheitung (in Welt 1) ein zeitlicher Prozess, der sich einbettet weiß in einem historischen Überlieferungszusammenhang einerseits und einer offenen Zukunft andererseits. Die ontologische Unterscheidung von Welt 1 und Welt 3 schimmert im Hintergrund durch. Sie bleibt erhalten und erlaubt es auch, den Zusammenhang paradoxiefrei und eng an einer Forschungspraxis angelehnt zu beschreiben, die sich ihrer erkenntnistheoretischen Gründe versichert, in dem sie diese Differenz implementiert: Man beginne mit der Idee der Wahrheit, etwa mit einer Hypothese, deren Wahrheitswert man unterstellt. Dann setze man sie einer experimentellen (empirischen) und/oder theoretischen Kritik einer sich selbst bewussten Vernunft aus und bestätige, korrigiere oder verwerfe sie.

Rupert Riedl spricht hier von einer »Hypothese vom anscheinend Wahren« (vgl. Riedl 1998, S. 28) und meint damit, dass im wissenschaftlichen Forschungsprozess wir a priori von einem als wahr unterstellten Vorverständnis ausgehen, das im naturwissenschaftlichen Denken auch als explizite Hypothese eingeführt werden kann, aber nicht muss. Sie kann als eine Art operative Fiktion dem wissenschaftlichen Denken zugrunde bzw. vorausliegen. Die hermeneutische Tradition würde hier vielleicht vom

Überlieferungszusammenhang sprechen, Rationalisten von A-priori-Annahmen oder Hypothesen, Biologen sogar von angeborenen Programmen. Ohne solche Vorurteile, Vorannahmen, ohne solche Bestände eines (angeborenen oder erworbenen) Vorwissens, die wir hypothetisch als wahr unterstellen, können Lebewesen keinen Tag überleben, weil sie nicht ohne die Hilfe von bewährten Voraussagen auskommen könnten. Sie kommen bei Tieren als angeborene Erwartungsstrukturen (Appetenzen, Angeborene Auslösende Mechanismen und in der phänotypischen Form[71]) zum Ausdruck. Ein solcher »Hang zur Erwartung« (Riedl) ist angeboren – und er ist umso starrer, je öfter die Erwartungen (durch Wiederholungen) bestätigt worden sind. In diesen Erwartungen a priori kommt eine Art »Als-ob-Wissen« über die Welt zum Ausdruck: Das Lebewesen tut so, »als ob« es schon vorher wüsste, wie seine Umwelt aussieht, in der es leben wird. Das ist gewissermaßen eine Wahrheit der Vergangenheit, die sich bewährt hat und deshalb als Vermutungs- und Prognosewissen auch dann herangezogen wird, wenn es um die Bewältigung der Zukunft geht. Deshalb geht es in der Wissenschaft nicht um die Begründung einer korrespondenztheoretischen Wahrheit, sondern um die kontrollierte Erarbeitung bewährter und sich bewährender Voraussagen[72]. Weil die Zukunft aber opak und änderbar ist, kann sich die bisherige Wahrheit – genauer gesagt: die unterstellte Uniformitätsannahme – als falsch herausstellen und muss deshalb

---

71 In der phänotypischen Form eines Lebewesen kommt, wie das Konrad Lorenz mehrfach betont hat, eine Art »Erkenntnis a priori« über dessen Umwelt zum Ausdruck: der Huf der Gazelle spiegelt den Steppenboden, die Flossen des Fisches das Wasser und die Flügel des Vogels die Luft wider. Damit realisiert sich ein Wissen über die Umwelt, an die das Lebewesen a posteriori adaptiert wurde.

72 »Nicht die »Entsprechung mit der Wirklichkeit«, sondern die Brauchbarkeit zur Fällung sich bewährender Voraussagen muß das Kriterium der Akzeptierbarkeit eines wissenschaftlichen Systems bilden« (Stegmüller 1972, S. 311f.). Oder in den Worten von Ernst Cassirer (der dabei selbst wiederum einen Gedanken von J. Dewey aufgreift): »Wahr ist ein Satz, nicht weil er mit einer festen Realität jenseits allen Denkens... übereinstimmt, sondern weil er sich im Prozeß des Denkens selbst bewährt und zu neuen fruchtbaren Folgerungen hinleitet« (Cassirer 1994, S. 423).

korrigierbar bleiben. Zur angeborenen *Erwartung* kommt damit die hinzugewonnene *Erfahrung* hinzu. Die »Hypothese vom anscheinend Wahren« verbindet so nicht nur eine aus der Vergangenheit kommende A-priori-Wahrheit mit einer in die Zukunft reichenden A-posteriori-Wahrheit[73], sondern versöhnt auch eine rationalistische mit einer empiristischen Erkenntnistheorie.

Der skeptische Vorbehalt

Ein solches evolutionstheoretisches Wahrheitsverständnis beschreibt nicht nur recht gut den tatsächlich ablaufenden Forschungsprozess (insbesondere von Naturwissenschaftlern), sondern verbindet auch widerspruchsfrei den Gebrauch des Wahrheitsbegriffs in Welt 1 und in Welt 3. In Welt 3 bleibt dem Begriff der Wahrheit modaltheoretisch Notwendigkeit immanent; in Welt 1 jedoch wird er auf Wahrscheinlichkeit umgestellt – und in der Zeitdimension wird versucht, beides miteinander zu verbinden. Wissenschaft stellt damit ihre Produktion von Erkenntnis um von Notwendigkeit auf Wahrscheinlichkeit (denn das, was fallibel und korrigierbar ist, kann nicht notwendig sein, es ist bloß möglich). Die Erfahrungen der Gegenwart und der Zukunft können also unter Umständen zu einer Korrektur der mitgebrachten (angeborenen oder historisch erworbenen bzw. tradierten) »Wahrheiten« führen. »Wahrheit« bleibt als kontrafaktisch absolute Idee der Welt 3 im Erwartungshorizont erhalten, wird jedoch historisch bzw. zeitlich verflüssigt und in einen Prozess überführt, der die Bewahrheitung der Erfahrung aussetzt und bei Bedarf Korrekturen zumutet. Absolute Gewissheit, die ein absoluter Wahrheitsprozess scheinbar verspricht, wird damit nicht garantiert, denn die Konstanzerwartung, die wahre Aussagen versprechen, wird als Konstanzfiktion durchschaubar. Aber absolute Wahrheit braucht es auch gar nicht in Welt 1 zu geben; es genügt Wahrscheinlichkeit.

---

[73] Die korrigierenden Erfahrungen können sowohl genetischer, soziogenetischer oder ontogenetischer Art sein: »Der Hang zur Erwartung ist angeboren, die Erfahrung wird hinzugewonnen und nach Bewährung genetisch und kulturell vererbt« (Riedl 1998, S. 66).

Absolute Wahrheiten wären in einer Welt, die sich unvorhersehbar verändern kann, auch geradezu kontraproduktiv, weil sie wie ein starres Korsett wirkten und kein Lernen zuließen. Es genügt die Einbettung in eine historisch überkommene Wahrheit, die anschlussfähig ist an eine Zukunft, in der durch Erfahrung auch andere Wahrheiten ihren Platz finden können.

Wissenschaft kann Wahrheit als Idee begreifen und verehren. Sie kann allerdings diese kontrafaktische Idee aus der Welt 3 nicht eins zu eins in die Welt 1 holen und als perfekten Endzustand eines Bewahrheitungsprozesses realisieren – auch nicht als eine Art Annäherung an die Wahrheit (denn wie wollte man auch ohne »Gottesperspektive« den Abstand messen?)[74]. Es bleibt eine zirkuläre Beziehung, bei der die mitgeschleifte Differenz (von Idee und Wirklichkeit, von A-priori-Annahmen und A-posteriori-Korrekturen) Wissenschaft einerseits vor einem unfruchtbaren logischen Zirkel schützt, andererseits auch vor einem Erstarren ihrer Wahrheiten dadurch bewahrt, dass sie einerseits die überkommenen Wahrheiten als Arbeits- bzw. Forschungsgrundlage zulässt, diese aber einem zeitlich offenen Bewahrheitungsprozess aussetzt, der Korrekturen (und damit auch Irrtümer) zulässt. Deshalb ist wissenschaftlich – anders als in der Alltagspsychologie – die Bestätigung einer Wahrheit nicht weniger nützlich als ihre Widerlegung. Dort wo der Wahrheitsbegriff überhaupt noch in der Wissenschaft verwendet wird, muss er als eine ambivalente Zuschreibung interpretiert werden: Einerseits motivieren Wahrheitsansprüche zu Annahmebereitschaft der Geltungsansprüche, weil sie durch wissenschaftliche Methoden und soziale Kontrolle entsubjektiviert bzw. objektiviert und damit anschlussfähig an Voraussagen sind[75], andererseits aber müssen sie als prinzipiell fallibel – also fehlbar – interpretiert und korrigierbar bleiben.

---

74 Die Folgen sind damit eindeutig: »Das zwingt zur Aufgabe von Wahrheitstheorien, die einen willkommenen (wenn nicht: perfekten) Endzustand bezeichneten und daraus eine Teleologie des Systems ableiten – sei es immer bessere *adaequatio*, sei es immer mehr Konsens« (Luhmann 1990, S. 285).

75 Niklas Luhmann hat diese Objektivierung auf dem Hintergrund der Unterscheidung von »Erleben und Handeln« präzisiert (vgl. Luhmann 1978), und Wahrheit auf die Zurechnung von Selektionsentscheidun-

Im Rückblick fällt noch eine weitere Erkenntnis ins Auge: Alle wissenschaftlich relevanten Wahrheitsbegriffe lösen sich von der personalen Fixierung, wie sie etwa im religiösen Wahrheitsbegriff noch impliziert ist. Der Anspruch auf Wahrheit wird wohl in einer sprachlichen Äußerung (Rede oder Schrift) von einer Person erhoben, seine Einlösung abstrahiert jedoch völlig davon. Ob ein Satz wahr oder falsch ist, hängt nicht mehr davon ab, wer ihn gesagt hat. Vielmehr wird der Wahrheitsanspruch, der mit einem als Erkenntnis geadelten Satz erhoben wird, an seine methodische Erzeugung gekoppelt und durch sie begründet – und, weil damit entsubjektiviert, objektiv. So kommt es, dass die Tatsache, dass Rousseau seine Kinder ins Findelhaus gab (wo sie wahrscheinlich einen frühen Tod der Vernachlässigung erfuhren), nichts mit der Frage zu tun haben darf (!), ob seine Erziehungstheorie (die er in seinem »Emile« publizierte) »wahr« oder »falsch« ist. Dass Pestalozzi beim Versuch, seinen (einzigen) Sohn zu erziehen, völlig versagte[76], spricht nicht gegen (aber auch nicht für) seine Erziehungstheorie und muss unabhängig davon geprüft und entschieden werden; dass Maria Montessori ihren Sohn verleugnete, macht ihre pädagogische Konzeption, die sie theoretisch begründete, nicht *deshalb* falsch; und selbst die Tatsache, dass Ernst Krieck sich als Nationalsozialist kompromittierte, schließt nicht aus, dass er in

---

gen auf Erleben bestimmt: »Die Wahrheit liegt immer dann vor, wenn und soweit Kommunikationspartner sich einig sind, daß eine berichtete Selektion auf beiden Seiten als Erleben zu behandeln ist, das heißt der Welt zuzurechnen und nicht a conto Entscheidungen zu buchen ist. Die bloße Faktizität der Ereignisse ist noch keine Wahrheit« (Luhmann 1973, S. 244). Damit wird klar, dass sich Wahrheit wohl nicht direkt auf (Um-)Weltzustände beziehen kann, sondern immer nur indirekt auf Informationen, auf Sprache über die Welt, diese allerdings besonders dann als glaubwürdig erlebt (!) wird und die Annahmewahrscheinlichkeit der erhobenen Geltungsansprüche vergrößert, wenn sie möglichst weit weg von subjektiven Entscheidungen gedacht werden muss. Eine pädagogisch bedeutsame Implikation besitzt dieses Vertrauen im gemeinsamen Erleben dort, wo aufgrund fremden Erlebens selbst gelernt werden kann. Lernen bedeutet, fremdes Erleben als eigenes Erleben zu erleben.

76 Vgl. dazu die Erklärungsversuche dieses tragischen Versagens bei Keil/Treml 2006.

seinem 1922 geschriebenen Hauptwerk (»Philosophie der Erziehung«) möglicherweise auch manches Kluge und Richtige geschrieben hat. Obwohl jedes Werk seinen Autor hat, trennen sich Werk und Autor dort, wo es um die Bewahrheitung der darin erhobenen Wahrheitsansprüche geht, denn ihr implizites Versprechen wird nicht personal, sondern methodisch eingelöst. Das ist die Vertreibung des Nepotismus aus dem modernen Wissenschaftsverständnisses (Welt 3). Wir werden noch sehen, dass dieses Ideal in der Welt 1 – der lebenden (Erziehungs-)Wissenschaftler keineswegs schon überall angekommen und verwirklicht worden ist – und im berühmten »argumentum ad hominem« (z. B. durch Zitierens der Klassiker) fröhlich weiterlebt.

5 Methodologie
... oder die Brillen der Beobachtung

Bisher wurden die verschiedenen Bedeutungen von »Wahrheit« erörtert, die in erziehungswissenschaftlichen Texten eine Rolle spielen. Als (Zwischen-)Ergebnis können wir festhalten, dass es in der Wissenschaft keinen überzeugenden Wahrheitsbegriff gibt. Jeder der bisher vorgestellten Wahrheitsbegriffe schleppt eine Reihe ungelöster theorietechnischer Probleme mit und keiner kann der skeptischen und reflexiven Rückfrage nach seiner eigenen Wahrheit entgehen[77]. Die Naivität eines ontischen Wahrheitsdenkens, das im Alltag dominiert, aber dort diese Reflexion nicht kennt, ist ebenso verloren gegangen wie die Ehrfurcht vor einem absoluten Wahrheitsdenken, wie es z. B. noch für so genanntes »religiöses Offenbarungswissen« von Seiten religiöser Menschen in Anspruch genommen wird. Aber auch der korrespondenztheoretische und der konsenstheoretische Wahrheitsbegriff konnten nicht widerspruchsfrei entfaltet werden, weil der Anspruch auf Übereinstimmung von *verba* und *res* nur als *verba* (oder *res*) daherkommen kann. Keiner der vorgestellten wissenschaftlichen Wahrheitsbegriffe vermochte restlos zu überzeugen. Jeder von ihnen hatte einen eingebauten »blinden Fleck«, der darin besteht, dass man im Augenblick der Beobachtung nicht sehen kann, was man nicht sehen kann, nämlich den Kurzschluss zwischen zwei ontologisch getrennten Ebenen (nämlich Welt 3 und Welt 1).

Nun sind es paradoxerweise gerade die ungelösten Probleme der Wahrheit, die die wissenschaftliche Suche nach ihr auf Dauer stellen. Dass die Feststellung des Misslingens aller Suche nach Wahrheit einen Maßstab des Gelingens voraussetzt, muss dann

---

[77] Zum bisher noch nicht behandelten kohärenztheoretischen Wahrheitsbegriff, der sich mit der logischen Widerspruchsfreiheit begnügt, vgl. Kap. 7.

nicht beunruhigen, wenn man die ontologische Differenz einer absoluten Idee der Wahrheit in Welt 3 und aller Realisierungsversuche einer »Bewahrheitung« in Welt 1 berücksichtigt. Wahrheit gibt es als objektive Idee der Welt 3 durchaus in einem absoluten Sinne. »Absolut« bedeutet hier einfach: unabhängig von demjenigen, was in Welt 1 und Welt 2 passiert. Dieser absolute Anspruch spiegelt sich auch in einem seit der Antike gängigen Anspruch einer zweiwertigen Logik wider, die wir bei Wahrheitsansprüchen anlegen: Entweder ist etwas wahr oder falsch, ein Drittes gibt es nicht, *tertium non datur!* Der Geltungsanspruch auf Wahrheit ist in der Bedeutung des Wortes also durchaus absolut (in diesem Sinne) gemeint, denn »ein bisschen wahr« kann es semantisch ebenso wenig geben wie »ein bisschen schwanger«. Wahrheit als Idee kann sich diese kontrafaktische Bedeutung als Ideal erlauben, denn sie ist in Welt 3 zu Hause. Man spricht deshalb gelegentlich von Wahrheit als einer »regulativen Idee«, die wir in Welt 1 anstreben, aber nie erreichen. Denn sobald wir von der semantischen Ebene der impliziten Bedeutung des Wahrheitsbegriffes in die Welt 1 gehen und dort schauen, was Wissenschaftler an (impliziten oder expliziten) Wahrheitsansprüchen erheben, werden wir bemerken, dass der absolute Anspruch relativiert wird. Das kommt schon sprachlich zum Ausdruck, wenn wir z. B. von »gut gesicherten Erkenntnissen«, »gut bestätigten Hypothesen«, »allgemein anerkannten Forschungsergebnissen« u. Ä. lesen. Dagegen sind Sätze der Art: »Die von unserer Forschergruppe gewonnenen Erkenntnisse sind wahr!« extrem selten[78]. Man kann das – aus rationalistischer Sicht – interpretieren als ein »Ausdruck dessen«, »daß wir auf dem Gebiete der empirischen Wissenschaften kein definitives Kriterium der Wahrheit besitzen« (Stegmüller 1972, S. 258).

Es ist deshalb zweckmäßig, den »semantischen Wahrheitsbegriff« von seinen »Wahrheitsbedingungen« (Stegmüller) bzw.

---

78 In populärwissenschaftlichen Texten und/oder in mündlicher Rede können wir allerdings manchmal folgende Wendung finden: »In Wahrheit ist es so, dass …«. Aber das ist entweder eine bloße Redewendung, bei der man sich nichts dabei denkt, oder ein hybrider Anspruch, der auf die naive Bedeutung des Wahrheitsbegriffes rekurriert und die Differenz zur Bewahrheitung unterschlägt.

zwischen »*Wahrheit*« und »*Bewahrheitung*« (Popper) zu unterscheiden. Dieser Unterscheidungsvorschlag erinnert nämlich an die Differenz von absoluter Bedeutung (Welt 3) und immer relativer Verwirklichung (Welt 1) und vermag Missverständnisse zu vermeiden, die aus der Verwechslung der Ebenen (»Welten«) nicht gerade selten sind. Durch den Begriff des Bewahrheitens wird das Streben der Wissenschaftler nach Wahrheit *temporalisiert*, also verzeitlicht, und – weil es transparent und auf Wiederholbarkeit angelegt ist – *methodisiert*. Methoden limitieren den Prozess der Bewahrheitung und münden in Operationsanweisungen, die nicht mehr alles, sondern nur noch Bestimmtes möglich machen. Entlang von Unterscheidungen, die die Theorie bereitstellt, kann man mit ihrer Hilfe Beliebiges nichtbeliebig behandeln. Es ist also – fern jeglichem Defätismus – durchaus eine indirekte Bestätigung von (empirisch gehaltvollen) Hypothesen möglich, weil wir intersubjektive Methoden dafür besitzen – allerdings ohne endgültige Garantie, dass sie »wahr« sind.

Wissenschaftliche Beobachtungsbrillen

Diese Temporalisierung ist am ehesten im evolutionstheoretischen Wahrheitsbegriff aufgehoben und wird in Form der *wissenschaftlichen Methode* (hier zunächst im Kollektivsingular[79]) in Welt 1 übersetzt. Die Kluft zwischen absoluter Wahrheitsidee in Welt 3 und den immer nur relativen Bewahrheitungsversuchen in Welt 1 wird durch ein Prozessieren entlang der Unterscheidung »wahr – falsch« überbrückt – und methodisiert[80]. So gesehen gilt: »Methoden haben kein andres Ziel als: eine Entscheidung zwischen wahr und unwahr herbeizuführen« (Luhmann 1990, S. 414). Dabei dürfen die Methoden das Ergebnis dieser Entscheidung nicht präjudizieren. Alles andere wäre eine Form des normativen Erwartens. Wissenschaft erwartet primär kognitiv, kultiviert also

---

79 Im Sinne von Brecht 1959, der in Teil 1 seines Werkes eine »Theorie der wissenschaftlichen Methode« entwirft (Brecht 1959, S. 29 ff.).
80 Deshalb spricht Luhmann ins seiner »Medientheorie« von Wahrheit als einem Kommunikationsmedium (das Wissenschaft als eigenständiges System ausdifferenziert) (vgl. Luhmann 1976, passim).

eine lernende Erwartungshaltung. Deshalb kann man auch sagen: Wissenschaft ist »Methodisierung der Lernfähigkeit und [...] Organisation der Wissenskumulation« (Liedtke 1980, S. 178). Es sind die wissenschaftlichen Methoden, die diesen Prozess durch Transparenz beobachtbar und kontrollierbar machen. Das erklärt die Pflicht zur Öffentlichkeit (bzw. zur Veröffentlichung) wissenschaftlicher Ergebnisse (Beobachtung!) und die Aufmerksamkeit, mit der in den Wissenschaften Fragen der Methodik behandelt werden.

Weil Wissenschaft damit die Produktion von wahrer Erkenntnis an die Methoden bindet, die sie hervorbringt, ist wissenschaftliche Erkenntnis per se immer relativ (und nicht absolut). Man kann dieser Relativität wissenschaftlicher Erkenntnisse dadurch auf die Spur kommen, dass dem man den Verfasser fragt: Wie bist du zu dieser Erkenntnis gekommen? Welche Begriffe, welche Methoden und welche Voraussetzungen liegen deinen Untersuchungen zugrunde? Durch Inanspruchnahme einer (wissenschaftlichen) Methode wird wissenschaftliche Erkenntnis objektiv, denn sie entlastet die Begründung von den subjektiven Bedingungen ihrer Entstehung. Gleichzeitig wird der Weg der Erkenntnisgewinnung wiederholbar – wiederholbar in Welt 1 (z. B. in Form eines Experimentes) oder wiederholbar in Welt 2 (z. B. durch geistigen Nachvollzug der Bedingungen, unter denen die Erkenntnis entstanden ist).

Betrachten wir deshalb im nächsten Schritt die der wissenschaftlichen Methode zugrunde liegenden theoretischen Unterscheidungen. Es geht jedoch nicht um die Methoden selbst, also etwa um die Methoden der Beobachtung, Beschreibung, Messung, der verschiedenen Testarten, des Interviews, der Befragung, der statistischen Validierung, der Archivarbeit und Dokumentation, der logischen Analyse und Ähnlichem mehr. Vielmehr gehen wir gedanklich noch einen Schritt hinter diese verschiedenen Methoden zurück und suchen das ihnen zugrunde liegende Allgemeine. Wir reduzieren und erhöhen damit Komplexität: »reduzieren«, weil wir uns auf drei Formen des Denkens in den drei ontologischen Dimensionen beschränken, und »erhöhen«, weil wir die theoretischen Implikationen genauer betrachten wollen, die bisher durch Latenz vor den Anstrengungen des Denkens geschützt waren.

Im Mittelpunkt werden drei Grundbegriffe (oder Erklärungsprinzipien) stehen, auf die sich das wissenschaftliche Denken zurückführen lässt. Man kann sie, was ihren erkenntnistheoretischen Stellenwert betrifft, als (der Wissenschaft zugrunde liegende) Beobachtungsbrillen bezeichnen. Traditionellerweise sind es allerdings – analog zu den beiden erkenntnistheoretischen Grundpositionen – zwei (und nicht drei) wissenschaftstheoretische Grundbegriffe, entlang derer sich dann mühelos die Einsortierung in Naturwissenschaften und Geisteswissenschaften betreiben lässt, nämlich »Ursache« und »Zweck«. Rupert Riedl spricht hier sogar von zwei »Weltanschauungen«: »Wir haben zweierlei Weltanschauungen. Die eine, die meint, alle Dinge, alle Ereignisse auf dieser Welt, auf letzte Ursachen zurückführen zu können. Die andere Sicht, die versucht, alle Dinge in dieser Welt aus letzten Zwecken zu begründen« (Riedl 1987, S. 63)[81]. Wir werden neben »Ursache« und »Zweck« im Folgenden noch ein weiteres Erklärungsprinzip berücksichtigen und mit dem Begriff der »Funktion« bezeichnen – und damit neben dem naturwissenschaftlichen und dem geisteswissenschaftlichen auch einen sozialwissenschaftlichen Zugang begründen.

Ontologische Ebene:	Welt 1	Welt 2	Welt 3
Kategorie:	KAUSALITÄT	INTENTIONALITÄT	FUNKTIONALITÄT
Denkform:	kausal	teleologisch	teleonom
Grundbegriff:	Ursache	Zweck	Funktion

Kausalität

Aus Sicht eines naiven Realismus (Empirismus) beginnt alle Erkenntnis mit Erfahrung[82]. Durch die Erfahrung werden die sinnlichen Empfindungen bearbeitet und dadurch das erkennende Subjekt über die äußere Welt belehrt. Kant hat in seiner »Kritik der reinen Vernunft« diesen Vorgang mehrfach mit pädagogischen

---

81 Entlang dieser Unterscheidung werden gelegentlich Naturwissenschaften und Geisteswissenschaften kontrastiert.
82 Bei Carnap lesen wir den lapidaren (aber in seiner ungeschützten Verallgemeinerung falschen) Satz: »Die Wissenschaft beginnt mit direkten Beobachtungen einzelner Tatsachen« (Carnap 1969, S. 14).

Begriffen erklärt und damit die schon von Platon (in seiner Politeia) gebrauchte enge Verknüpfung von Erkenntnis und Pädagogik aufgegriffen und weitergeführt[83]. Durch Erfahrung kann der Wissenschaftler zunächst seine Erkenntnisse sammeln und sie als »Daten« präsentieren. Hier an dieser Stelle sind die verschiedenen (empirischen) Methoden zu orten, um die es in diesem Zusammenhang nicht gehen soll. Bei dieser Arbeit sind Wissenschaftler »Sammler«, die Informationen über die Welt 1 sammeln und horten. Bei vielen Wissenschaftlern ist es allerdings damit auch schon getan. In fleißiger, aber oft ermüdender Aufzählung in Form von »Es-gibt-Sätzen« wird der Pool an Informationen über die Welt 1 angefüllt. Neben diesen »Sammlern« gibt es allerdings auch »Jäger«, die es mit dem Aufzählen von Daten nicht bewenden lassen, sondern nach Erklärungen jagen. Während »Sammler« die »Was-Frage« stellen (Was gibt es? Was ist der Fall?) stellen die »Jäger« vor allem die »Warum-Frage« (Warum ist das – oder jenes – der Fall?). Mit der »Warum-Frage« werden die Daten in einen theoretischen Zusammenhang gebracht und interpretiert. Wir wollen dieser Frage im Folgenden nachdenken.

Beide Formen der wissenschaftlichen Arbeit, das Sammeln und das Jagen, sind legitime Formen wissenschaftlichen Arbeitens[84]. Es scheint so zu sein (und hier endet der metaphorische Ausflug), als ob das Sammeln die Grundlage für das Jagen ist. Um nach Erklärungen zu »jagen«, bedarf es zunächst der »gesammelten« Erfahrungsdaten, die es zu erklären gilt. Hier werden allerdings Rationalisten einwenden, dass das Sammeln von Daten schon eine theoretische Fragestellung voraussetzt, denn man muss zunächst wissen, was man überhaupt suchen und sammeln will. Die Erfahrung der äußeren Welt 1 ereignet sich in der Wissenschaft

---

[83] Kant beginnt seine Einleitung mit den Sätzen: »Erfahrung ist ohne Zweifel das erste Product, welches unser Verstand hervorbringt, indem er den rohen Stoff sinnlicher Empfindungen bearbeitet. Sie ist eben dadurch die erste *Belehrung* und im Fortgange so unerschöpflich an neuem *Unterricht*, daß ....« (KrV A 1) (Hervorhebungen durch mich, A. K. T.). Im Übrigen arbeitet Kant an vielen Stellen seines Werkes mit pädagogischen Metaphern. Es wäre eine eigene, reizvolle Untersuchung, diese pädagogische Semantik genauer zu untersuchen.

[84] Zu dieser Metaphorik des »Sammelns und Jagens« in der Wissenschaft vgl. Treml 1992.

durch Beobachtung und Dokumentation von Unterschieden. Zum Beispiel kann man lesen, dass Schüler mehr Vokabeln richtig können, wenn sie geübt haben, also die Vokabeln vorher wiederholt gelernt haben. Der Zusammenhang von Wiederholung und Lernerfolg ist relativ eng und vielfach bestätigt. In der empirischen Unterrichtsforschung wird durch Vergleichsuntersuchungen von Gruppen, die nicht wiederholt haben, mit Gruppen, die wiederholen, ein Unterschied dokumentiert, der als Teil einer Datensammlung erscheint. Aber wie kann man ihn erklären? Wie kann man den Zusammenhang interpretieren? Man unterstellt dabei, dass das eine – nämlich die Wiederholung (Übung) – kausale Ursache der Wirkung – hier: bessere Lernleistung – ist. Was aber ist damit gemeint?

Der Begriff der Ursache, der hier im Sinne der Kausalität verwendet wird, ist alles andere als klar. Ursprünglich verstand man darunter schlicht eine Abhängigkeit eines Späteren von einem Früheren, und schon in der Antike war deshalb (etwa bei Platon) von »Wirkursache« (»*causa efficiens*«) die Rede. Aber was wirkt da? Man unterstellt häufig dabei, dass getrennte Substanzen (oder Sachverhalte) aufeinander so wirken, dass ein Früheres notwendig das Spätere durch eine Kraft bewirkt. Aber was ist das für Kraft? Der Rationalist macht es sich hier einfach und sagt: Kausalität ist ein Schema des Denkens. Wir tun so, als ob es einen in der Sache liegenden Zusammenhang gäbe, der durch eine geheime Kraft konstituiert würde, während allerdings in Wirklichkeit ein erkennendes Subjekt diese Verbindung alleine durch das Denken hervorbringt. Kant z. B. war deshalb der Meinung, dass Kausalität eine notwendige apriorische Voraussetzung der Erkenntnis ist, weil wir den damit intendierten Zusammenhang von Ursache und Wirkung geistig schon voraussetzen müssen, um eine empirische Erfahrung überhaupt erst machen zu können. Andererseits macht der Begriff der Ursache eine Aussage über einen Sachverhalt im Objekt, den das Subjekt vorher (also vor seiner Erkenntnis) noch gar nicht haben kann. Folglich ist der Satz: »Alles, was geschieht, hat eine Ursache«, ein synthetisch-apriorischer Satz (nach Kant), weil er sowohl *vor* der Erfahrung als auch *in* der Erfahrung erscheint. Empiristen dagegen werden seit Hume mit dem Problem konfrontiert, dass man wohl eine regelmäßige Abfolge von Ereignissen empirisch messen und dokumentieren kann, nicht aber die verbindende Kausalität[85]. Die unterstellte Kraft der Kausalität, die aus einer Ursache eine Wirkung notwendig folgen lässt, muss so geheim sein, dass sie bisher empirisch nicht gefunden werden konnte. Gleichwohl muss der Empirist, wenn er nicht Zuflucht zu rationalistischen Apriori s nehmen will, die Kausalität im Objektbereich selbst suchen, und deshalb schlägt z. B. Vollmer vor, diese Kraft als eine Form der Energieübertragung zu interpretieren (vgl. Vollmer 1986, S. 39 ff.). Aber was ist damit gemeint? Alleine schon der Begriff der Übertragung – so der rationalistische Einwand – ist ein Theoriebegriff, den man im Objektbereich nicht beobachten kann. Man kann nur beobachten, dass zu einem Zeitpunkt t1 der Sachverhalt p1 und zu einem späteren Zeitpunkt t2 der Sachverhalt p2 gegeben ist. Man kann z. B. dokumentieren, dass die Gruppe 1 zu einem bestimmten Zeitpunkt Rechenoperationen wiederholt und die Kontrollgruppe 2 nicht. Dann kann man beobachten, dass zu einem späteren Zeitpunkt die Schüler der Gruppe 1 mehr Rechenaufgaben richtig lösen als die Schüler aus der Gruppe 2. Aber die Kraft, die Energieübertragung, kann auch durch eine elaborierte Unterrichtsforschung direkt nicht nachgewiesen werden. Der Lehrer lehrt überwiegend durch visuelle und akustische Selektionsofferten (wörtliche Rede, Tafelanschriebe, Schulbücher usw.); der Schüler jedoch lernt durch zerebrale Prozesse, die operativ geschlossen ablaufen. Wie soll man sich da eine Energieübertragung vorstellen? Durch bloße Wahrnehmung kann ein kausaler Zusammenhang nicht beobachtet werden (auch nicht, wenn man ihn als Energieübertragung bezeichnet), und deshalb kann man im Grunde nur von Korrelationen sprechen. Selbst naturwissenschaftliche Gesetze, die so genannten deterministischen Gesetze, die ein ausnahmslos regelmäßig nacheinander erscheinendes Auftreten von zwei Sachverhalten (z. B. »Eisen dehnt sich bei Wärme aus«) voraussetzen, beschreiben damit nur die bisher beobachtete Korrelation von zwei Sachverhalten[86]. Nicht durch

---

85 Es sei denn, man definiert den Begriff »Kausalität« als »Regelmäßigkeit«: »Wenn V regelmäßig W folgt, dann ist W die Ursache von V« (Schlick 1970, S. 136) (vgl. aber FN 86).
86 Zumal nicht alle Korrelationen kausal interpretiert werden können. Obwohl der Tag (bisher immer) der Nacht folgte, wird niemand den Tag als kausale »Ursache« der Nacht interpretieren wollen.

Beobachtung begründet werden kann allerdings der Charakter des Notwendigen und des Allgemeinen, der im Begriff des »Naturgesetzes« enthalten ist und schon in den benützen Allsätzen (»Alle x ...«, »Immer dann, wenn ...«) zum Ausdruck kommen kann.

Wenn schon die Naturwissenschaften nicht in der Lage sind, den ihrem Forschen zugrunde liegenden Kausalitätsbegriff (nichtzirkulär und widerspruchsfrei) empiristisch zu begründen, wird die Erziehungswissenschaft noch mehr Probleme damit haben, weil hier regelmäßig auftretende Korrelationen selten sind. Hier sind Ausnahmen von der Regel die ausnahmslose Regel. Ein Beispiel: Bei der Untersuchung von übergewichtigen Kindern hat man festgestellt, dass sie nicht nur in den motorischen und sozialen, sondern auch in den verbalen Fähigkeiten der Vergleichsgruppe von Kindern mit durchschnittlichem Altersgewicht hinterherhinken. Mit anderen Worten: Dicke Kinder, insbesondere dicke Jungen, haben deutliche Entwicklungsrückstände. An diesem Beispiel kann man lernen:

1. Man hat bei der Beobachtung gut bestätigte Korrelationen zwischen Übergewicht (erster Unterschied) und Entwicklungsdefiziten (zweiter Unterschied) festgestellt. Das ist eine Korrelation. Aber ist es auch eine Kausalität?
2. Nein! Denn es gibt Ausnahmen. Manche dicke Kinder haben nämlich keine erkennbaren Entwicklungsdefizite. Die Korrelation ist nur eine statistische Wahrscheinlichkeitsaussage, die keine deterministische Gesetzmäßigkeit zum Ausdruck bringt, sondern nur eine probabilistische (oder statistische) Erwartung zu formulieren erlaubt.

Dass man wissenschaftlich nicht in der Lage ist, Kausalitäten (im Sinne ausnahmsloser deterministischer Gesetzmäßigkeiten) empirisch zu beweisen, muss aber kein Grund zur Verzweiflung sein. Korrelationen genügen, um Handlungsentscheidungen rational und Erkenntnisse brauchbar zu machen. Wenn der Schlagersänger singt: »Und immer wieder geht die Sonne auf«, lässt sich streng genommen die damit in Anspruch genommene Korrelation von »Jeden Morgen« und »Sonne geht auf« wohl nicht kausal begründen, denn weder lässt sich das »immer wieder« in der Vergangenheit noch in der Zukunft empirisch vollständig beobachten[87]. Trotzdem reicht es aus, unser normatives Erwarten an dieser Korrelation zu orientieren und unser Verhalten danach auszurichten (und z. B. in Stundenplänen organisieren). Schwieriger wird es allerdings bei probabilistischen Wahrscheinlichkeiten. Wenn Erziehungswissenschaftler z. B. herausfinden, dass mit der Wahrscheinlichkeit von $w = 0,7$ der Lärmpegel einer Schulklasse bei einem vom Lehrer verursachten unerwarteten akustischen Signal (z. B. Schreien, Händeklatschen) kurzfristig sinkt, dann ist es durchaus fraglich, ob der Lehrer in der konkreten Situation damit etwas anfangen kann, denn Wahrscheinlichkeitsaussagen erlauben keine sicheren Prognosen für den Einzelfall.

Naturalisten würden hier einwenden, dass in der Evolution auch die menschliche Erkenntnisfähigkeit im Dienste der Überlebensoptimierung steht und nicht die korrekte Widerspiegelung der Umwelt (quasi 1:1) zum Ziele hat. Und für das Überleben genügt eine bisher bewährte Korrelationsbeziehung, die eine hohe Wahrscheinlichkeit zum Ausdruck bringt. Wir Menschen können uns an den normativen Erwartungen vor Eintritt des Sachverhaltes orientieren und diese im Falle der Enttäuschung korrigieren, also normatives in kognitives Erwarten überführen. Es genügt normalerweise, wenn der Lehrer bei Disziplinproblemen ein für die Schüler unerwartetes akustisches (oder visuelles) Signal gibt – und normativ erwartet, dass es in der Klasse dann leiser wird. Wird es daraufhin tatsächlich leiser in der Klasse oder gar still, hat sich die Erwartung erfüllt, und sie wird als bestätigte Erfahrung auch das künftige Verhalten beeinflussen. Wird es nicht leiser in der Klasse (weil vielleicht im Bereich der Randbedingungen Störungen auftreten oder weil Gewöhnungseffekte vorausgehen), muss der Lehrer seine Erwartung korrigieren und gegebenenfalls eine andere Methode probieren. Auch diese korrigierte Erwartung wird gespeichert und bei Bedarf die Erwartungshaltung und das Verhalten modifizieren. Es ist deshalb für die Erziehungswissenschaft durchaus nützlich, Erkenntnisse über Regelförmigkeiten in Form von Korrelationen zu gewinnen, die »*Ceteris paribus*-Bedin-

---

87 Es sei denn, man definiert die Aussage als eine analytische Wahrheit, die aus Definitionen folgt. Dann ist das Aufgehen der Sonne per definitionem nur eine andere Bezeichnung für »morgens«.

gungen« implizieren[88] – und das unabhängig davon, ob diese mit dem Prädikat »kausal« oder »ursächlich« oder »notwendig« oder »immer« oder »meistens« geschmückt werden. Den Preis, den man hier bezahlen muss, wenn man Aussagen über viele oder gar alle singulären Erfahrungen machen will, wird kompensiert durch den Gewinn an Erkenntnis über *allgemeine* Zusammenhänge und damit die Fähigkeit, zeitsparend normativ zu erwarten. Mit anderen Worten: Weil Erfahrung immer nur *partikular* ist, Erkenntnis aber einen *allgemeinen* Anspruch erhebt, kann selbst aus empiristischer Sicht Erfahrung immer nur eine notwendige, aber keine hinreichende Bedingung für wissenschaftliche Erkenntnis sein.

Intentionalität

Viel verbreiteter als eine empiristische Sichtweise ist in der Pädagogik (noch?) die rationalistische Perspektive. Auch wenn schon Kant in seiner Pädagogikvorlesung der Hoffnung auf eine quasi experimentelle Pädagogik auf empirischer Grundlage appellativen Ausdruck gab, spielte bis vor wenigen Jahrzehnten eine solche in der Pädagogik als Wissenschaft wenn überhaupt, dann nur eine sehr randständige Rolle. Im Mittelpunkt theoretischer Reflexionen stand (und steht) der Mensch, das als einzigartige Person nobilitierte Subjekt seines Erlebens und Handelns, so dass – und das nicht nur in der geisteswissenschaftlichen Pädagogik – im Fokus des pädagogischen Interesses eine Mensch-zu-Mensch-Beziehung steht. Hier geht es nicht, zumindest nicht primär, um Kausalität, sondern um das *Verstehen* des anderen in seiner *Intentionalität*. Wenn ein Schüler etwas lernt, weil ein Lehrer es gelehrt hat, dann spricht man auch umgangssprachlich nicht davon, dass das Lehren die (kausale) *Ursache* für das Lernen sei, sondern wir sagen vielleicht: Der Schüler hat das *verstanden*, was der Lehrer zuvor gelehrt hat. Er hat es »kapiert«, und zwar nicht deshalb, weil zwischen dem Lehrer und dem Schüler eine Energieübertragung stattgefunden hat; hier wird nichts übertragen (in dem Sinne, dass etwas von einem Ort zum andern transportiert wird), sondern eher – ganz im Gegenteil – etwas verdoppelt,

---

88 »*Ceteris paribus*«: bei gleichen bzw. gleichbleibenden Randbedingungen.

nämlich das Wissen, das gewusst werden soll. Der Schüler hat selbst gelernt, was der Lehrer zuvor intendiert und in Form von unterrichtlichen Maßnahmen organisiert hat. Mit dem Begriff der Intention oder des Intentionalen rückt ein Begriff mit vielen Synonyma in den Vordergrund. Er ist mitten in einem Bedeutungsfeld beheimatet, das durch eine Reihe anderer Begriffe eingekreist wird: *Wille, Wollen, Absicht, Erwartung, Vermutung, Sinn*. Seine zentrale Bedeutung für die Pädagogik wird an der Dominanz eines Erziehungsbegriffes deutlich, der sich als »intentionale Erziehung« situiert hat und der nicht selten als der einzig richtige begriffen wird (vgl. Treml 1982, S. 42 ff.; 2000, S. 62 ff.)[89].

Beginnen wir mit dem Sinnbegriff, denn er ist der weiteste und der für eine intentionale Erklärung wichtigste Begriff. Jeder Akt des Verstehens kann als ein Einrücken in einen sinnhaltigen Zusammenhang bestimmt werden, denn wir verstehen etwas dann als sinnvoll, wenn wir es in einen größeren gedanklichen Zusammenhang einordnen können[90]. Jedes als sinnvoll verstandene Wort schleppt damit einen praktisch unendlichen Verweisungshorizont weiterer Sinnbezüge als latenten Kontext mit. Dieser kann bei Bedarf jederzeit aktualisiert werden, so dass

---

89 Hier scheinen sich sogar solche unterschiedlichen Denker wie Brezinka und Luhmann einig zu sein. Bei Brezinka wird Erziehung als Handlung definiert, »durch die der Handelnde versucht, die Persönlichkeit des Educanden zu ändern« (Brezinka 1974, S. 87). Die Absicht, andere erziehen zu wollen, ist damit das entscheidende Abgrenzungskriterium. Bei Luhmann heißt es: »Als Erziehung haben alle Kommunikationen zu gelten, die in der Absicht des Erziehens in Interaktionen aktualisiert werden« (Luhmann 2003, S. 54). Ist es das eine Mal die Handlung, so ist es das andere Mal die Kommunikation, die hier als *teritium comperationis* dient; gleichbleibend wird die »Absicht zu erziehen« (also die Erzieherintention) als *differentia specifica* benützt.

90 Aus diesem Grund kann weder ein allererster Anfang noch ein allerletztes Ende, geschweige denn das Ganze, als sinnvoll gedacht werden. Die große und alles umfassende so genannte »Sinnfrage« ist folglich sinnlos, denn Sinn bedarf eines größeren Zusammenhangs, in dem »etwas« als Selektion identifiziert werden kann. Das »Ganze« bzw. »alles« kann aber keinen größeren Zusammenhang haben, in den es eingeordnet werden kann. »Kein Bewußtsein kann sich als anfangend erleben« heißt es deshalb bei Blumenberg (1989, S. 11), und man könnte deshalb fortsetzen: Kein Bewusstsein kann sich als endend erleben.

man auch sagen kann, dass Sinn zwei Seiten hat: eine markierte Seite – etwa das Wort oder der Satz, den man als sinnvoll erfährt – und den unmarkierten Teil, der aus einem laufenden Horizont von Verweisungen besteht und der Bedingung der Möglichkeit von Sinn ist. Sinn wird von einem denkenden Menschen erfahren als eine Selektion in der Welt 2, und damit als geistiges Bewusstsein; einen Überschuss von Verweisungen auf weitere Möglichkeiten des Erlebens und Handelns in der Welt 3 notwendig voraussetzt (vgl. Luhmann 1984, S. 92 ff.)[91]. Sinn operiert damit unweigerlich rekursiv, weil man das Ergebnis von Operationen als Ausgangspunkt für den Anschluss an weitere Operationen nimmt. Damit wird Komplexität reduziert (durch die markierte Seite) und gleichzeitig erhalten (durch die unmarkierte Seite), so dass sich Sinn fortlaufend regenerieren kann. Sinn ist also geistige Selektion aus einem Möglichkeitsraum weiterer Anschlussoperationen des Erlebens und Handelns. Intentionalität ist eine der wichtigsten Formen, diese Selektionsleistung zu erbringen und die hohe Komplexität von Sinn so weit zu reduzieren, dass sie Anschlussoperationen ermöglicht.

In der Umwelt kommt »Fremdpsychisches« vor, das wir analog zur Erfahrung des »Eigenpsychischen« verstehen (vgl. Carnap 1971, S. 31 ff.) – obwohl es hierbei um zwei völlig verschiedene Entitäten (nämlich von *ego* und von *alter*) geht. Man versteht einen anderen, wenn man sich Zugang zu seiner »Innenseite« des Erlebens verschaffen und dadurch seine Perspektive übernehmen kann. Man versetzt sich in die geistige Operation eines anderen als *alter ego;* die Identifikation mit dem anderen setzt eine fiktive Als-ob-Annahme in Form eines Analogieschlusses voraus: Ich tu so, *als ob* ich Du wäre. In der hermeneutischen Tradition stellt man sich dies als einen Akt des Verstehens vor, und man kann dabei das Wort

---

[91] Luhmann definiert »Sinn« als »eine bestimmte Selektionsweise …, nämlich (als) eine Selektion, die das »Woraus« der Wahl präsent hält und dadurch die Möglichkeit hat, ihre eigene Selektivität zu kontrollieren« (Luhmann 1976, S. 7) und macht mit dieser Formulierung gleichzeitig auf den evolutionären Selektionsvorteil sinnhafter Systeme aufmerksam, denn die negativen Selektionen, die Sinn gleichzeitig erzeugt und bedingt, können »kontrolliert«, also reversibel gemacht werden. Das ist in der biologischen Evolution nicht möglich.

»ver-stehen« wörtlich nehmen: Man tut gewissermaßen so, *als ob* man im anderen »stehen« könnte; man »ver«-ändert seinen Standpunkt im Denken in der Weise, dass man sich in den anderen hineinbewegt und an seiner Stelle »steht«, so dass man seine Perspektive einnimmt. Das kann man auch etwas anspruchsvoller formulieren und sagen: »Durch Verstehen stellt man einen Bezug her auf die Selbstreferenz des beobachteten Systems« (Luhmann 1990, S. 25).

Diese »Selbstreferenz des beobachteten Systems« muss sinnförmig, also selektiv, erschlossen werden; deshalb kann man auch sagen: Es findet ein geistiges Hineinversetzen in den selektiven Zugang zum Sinnzusammenhang des anderen (oder seiner Texte!) statt. Fremde Selektion wird damit durch ein Nach-Denken wiederholt oder nachgebildet, nacherzeugt (vgl. Betti 1962, S. 13). Es geht dabei gerade nicht um eine Auslöschung des Subjektiven, sondern gewissermaßen um dessen Duplizierung, denn der andere wird als *alter ego*, als anderes Ich, und damit gerade in seiner Subjektivität, dadurch zu verstehen versucht, dass man sich in ihn hineinfühlt. Und der fremde Text, den man liest, wird verstanden, wenn man sich in den Autor und seine Absichten hineindenken kann[92]. Dabei werden die beiden Pole des Verstehens, Selektivität und Verweisungshorizont, gleichermaßen benötigt, und das ist es, was wir im Begriff der »Bedeutung« noch mit meinen: Man deutet, also zeigt, auf etwas, nämlich auf die Selektion aus einem Möglichkeitshorizont. Voraussetzung eines gelingenden Verstehens ist allerdings, dass man einen ähnlichen Sinnhorizont besetzt, so dass es, wenn man den anderen versteht, zu einer Art »Horizontverschmelzung« (Gadamer) kommt (vgl. Gadamer 1965, S. 289 f., 356 f.): Verstehen ist »immer der Vorgang der Verschmelzung solcher vermeintlich für sich seiender Horizonte« (ebd., S. 389). Dabei sind die Horizonte nicht identisch, sondern müssen nur in Teilbereichen eine Schnittmenge bilden, um Verstehen zu ermöglichen (ansonsten könnte man nicht mehr erklären, wie man Neues verstehen kann!). Vor Missverstehen ist man dabei nicht geschützt, denn an zwei Stellen

---

92 Weil die Absicht als Handlungsziel gedacht wird, ist dem Sinnbegriff eine teleologische Logik eigen: »Hinter dem Wort ›Sinn‹ birgt sich ... ein teleologisches Verständnis« (Hartmann 1966, S. 33).

des Verstehensprozesses sind Irritationen eingebaut: bei der Markierung eines Sinns inmitten seines Sinnhorizontes und bei der »Verschmelzung« der Horizonte im gegenseitigen Verstehen. Keineswegs ist im Akt des Verstehens »die *Richtigkeit* des Verstehens verbürgt« (Betti 1962, S. 43). Gerade im pädagogischen Bezug, der per se ein asymmetrisches Verhältnis (z. B. von Lehrer und Schüler, von Eltern und Kind) zum Ausdruck bringt, ist das Verstehen so gesehen eine unwahrscheinliche Leistung, weil die mitgebrachten Sinnhorizonte oft sehr unterschiedlich sind. Wie kann sie wahrscheinlich gemacht werden? Warum verstehen Eltern ihre Kinder und Lehrer ihre Schüler (und vice versa) wohl nicht immer, aber doch hin und wieder?

Eine Hilfe kann dabei das geistige Hineinversetzen in die *Absichten* des anderen sein. Man spricht hier von »Divination« und meint damit die Fähigkeit, sich in andere analog zum eigenen Erleben und Handeln hineinzuversetzen. Das gemeinsame Band, der gemeinsame Horizont ist hierbei die gemeinsame teleologische Struktur unsere »Seelenlebens« (Dilthey[93]). Und damit sind wir beim Begriff der »*Intention*«, der vom Duden-Lexikon mit »Absicht, Vorhaben, Anspannung geistiger Kräfte, die Richtung des denkenden und erkennenden Bewußtseins auf einen Gegenstand hin« übersetzt wird. Deutlich wird hier die Selektionsleistung von Sinnerfahrung angesprochen, denn die Einschließung des Bewusstseins auf einen Gegenstand schließt alle anderen Gegenstände gleichzeitig aus und ein: aus, weil sie nicht markiert werden; ein, weil bei Bedarf diese unmarkierten Gegenstände ebenfalls markiert werden können (wenn auch nicht gleichzeitig, so doch hintereinander); »intentional« wird dementsprechend mit »absichtlich, zielgerichtet, zweckbestimmt« übersetzt und damit ein weiterer wichtiger Aspekt hervorgehoben: die Zielgerichtetheit (»*telos*«, gr.: das Ziel). Damit wird deutlich, dass der Begriff der Intentionalität im Gegensatz zum Kausalitätsbegriff nicht das Spätere auf das Vorhergehende, sondern umgekehrt das Frühere

---

[93] Wilhelm Dilthey kontrastierte – sehr einflussreich – das naturwissenschaftliche mit dem geisteswissenschaftlichen Denken entlang des kausalen und des intentionalen Denkens (vgl. Dilthey 1982) und behauptet in diesem Zusammenhang sogar die »Unvergleichbarkeit materieller und geistiger Vorgänge« (ebd., S. 11).

auf ein Späteres zurückführt. Das Ziel, das angestrebt wird, ist ja noch nicht realisiert, sondern soll die Realisierung erst bedingen. Das Ziel als Voraussetzung? Wie muss man sich das vorstellen? Wie kann ein Späteres auf ein Früheres einwirken?

Das Problem lässt sich entschärfen, wenn man sich vor Augen führt, dass das Spätere durchaus schon früher vorhanden ist, wenngleich auch in einer anderen Welt, in Welt 2. Erst durch einen Willensakt, durch Handeln und Organisieren der Mittel, um es zu erreichen, wird es dann (unter Umständen) in Welt 1 realisiert. Aus empiristischer Sicht wird damit letztlich auch die Handlungsstruktur als kausal bedingt entlarvt – allerdings um den Preis, jetzt nicht mehr sagen zu können, wie eine geistige Leistung (Wille, Absicht) in Welt 2 zu einer Handlung in Welt 1 werden kann. Wie »fährt« ein Gedanke in die Hand – und wird zu einer Handlung?

Angenommen, man könnte diese Frage zufriedenstellend beantworten, bleibt trotzdem eine Reihe weiterer Fragen unbeantwortet. Zum Beispiel: Wie können wir Handlungen oder Äußerungen von kleinen Kindern verstehen, die noch nicht der Sprache mächtig sind? Haben diese überhaupt Intentionen? Und wenn ja, wie kann man sie verstehen? Wie kann man etwa Formen der Selbstverletzungen kleiner Kinder verstehen, die Eltern sehr beunruhigen (z. B. das Aufkratzen der Stirn an immer der gleichen Stelle)? Man kann die Kinder nicht fragen, weil sie zu einer Antwort noch nicht in der Lage sind, und selbst wenn sie sprechen und eine Antwort geben können, ist damit noch lange nicht ausgemacht, dass die Antwort richtig ist. Eine »richtige Antwort« würde ja voraussetzen, dass sich das Kind seiner Handlungsmotive bewusst ist. Das aber ist selbst bei Erwachsenen keinesfalls immer der Fall. Auch sie machen häufig Sachen, die sie selbst nicht oder nur mit vorgeschobenen Gründen verstehen, z. B. »Bergsteigen« und andere Extremsportarten (vgl. Treml 2006).

Aus *rationalistischer* Sicht – und unsere bisherigen Ausführungen haben unreflektiert diese erkenntnistheoretische Positionierung eingenommen – ist Sinn eine Ordnungsform menschlichen Erlebens und damit die Form, mit der wir uns in Welt 2 bewegen[94]. Mit seiner Doppelstruktur (als Selektion und Ver-

---

94 Vgl. zur Philosophie des Geistes unter der Perspektive der Intentionalität Searle 1987.

weisung) leistet Sinn einen Beitrag zur Lösung des Problems der Selbstüberforderung des Erlebens durch Komplexität und Kontingenz: Jede sinnhafte Selektion reduziert Komplexität, ohne sie endgültig zu vernichten, denn im nächsten Augenblick kann auf den ausgeschlossenen Sinn zurückgegriffen werden. Deshalb ist auch Negation sinnvoll – auch sie »ist« Sinn im Vollzug. Nur die Zeit, nicht die Negation, eliminiert Möglichkeiten endgültig. Um andere Menschen zu verstehen, bedarf es der Fähigkeit, sich in ihren subjektiven Sinnhorizont hineinzuversetzen und dessen Komplexität (unendlicher Verweisungen) selektiv zu behandeln. Dies geschieht über eine Analogieleistung der intentionalen Ordnung von Sinn. Sinn erweitert, Intentionalität schränkt ein, reduziert deren Komplexität so, dass »Verstehen« möglich wird.

Die Gefahren eines solchen rationalistischen Verstehenskonzeptes liegen auf der Hand: Wenn *alter ego* nur nach Maßgabe des Selbstverstehens verstehen kann, besteht die Gefahr, im anderen nur sich selbst zu verstehen. Das wäre ein Zirkel, der auch nicht besser wird, wenn man ihn als »hermeneutischen Zirkel« bezeichnet. Bei dem Versuch, Fremdpsychisches analog zum Eigenpsychischen zu verstehen, gibt es kein objektives Kriterium, um falsches vom richtigen und halbes vom ganzen Verstehen zu unterscheiden und Missverständnisse zu vermeiden. An Stelle einer hermeneutischen »Horizontverschmelzung« wäre eine Situation gegeben, die man vielleicht mit einer Metapher von Goethe so umschreiben kann: »Menschen sind schwimmende Töpfe, die sich aneinander stoßen« (Eckermann o. J., S. 122). Mit anderen Worten: Wir können in den Anderen nicht »hineingucken« und sehen, was »drin« ist. Wie ist dann Verstehen trotzdem möglich?

Um einer Antwort näher zu kommen, ist es jetzt an der Zeit, die erkenntnistheoretische Perspektive zu wechseln und einen empiristischen Standpunkt einzunehmen. Ein Blick in die naturalistische Anthropologie mag hierbei weiterhelfen, denn sie hat – als interdisziplinäre Forschung – in den letzten Jahrzehnten eine Reihe interessanter Details zur Fähigkeit des Menschen, intentional zu denken, herausgefunden. Zunächst einmal ist es überhaupt erstaunlich, dass Intentionalität natürlich fundiert und empirisch messbar und neurophysiologisch lokalisierbar sein soll. Überraschenderweise ist aber genau das der Fall: Intentionalität ist

Teil einer Erwartungsstruktur menschlichen (und vielleicht sogar tierlichen) Erlebens und Handelns, die auf biologisch-physiologischen Prozessen aufbaut, weil sie evolutionär gesehen adaptiv ist. Wer nicht nur intentional handeln, sondern auch intentional die Absichten des anderen antizipieren (sprich: verstehen) kann, ist in der Lage, sein Verhalten auf das wahrscheinliche Verhalten des anderen einzustellen und dabei Anpassungszeit zu sparen. Diese Voranpassung an ein Verhalten des anderen, das dieser erst beabsichtigt, besitzt einen erheblichen evolutionären Selektionsvorteil, weil es zeitsparende Anpassungen an eine soziale Umwelt erlaubt, die für das eigene Überleben wichtig sind.

Neben diesem Effekt kommt noch ein weiterer Vorteil hinzu: Die Fähigkeit, die Intentionen von anderen zu verstehen, eröffnet die Möglichkeit, »den anderen stellvertretend für sich selbst Erfahrungen machen zu lassen und ggf. aus diesen zu lernen« (Bischof-Köhler 1989, S. 69). Aus den Erfahrungen der anderen zu lernen, ist natürlich ein erheblicher Selektionsvorteil, weil es erlaubt, nicht alle Fehler der anderen noch einmal zu machen und nicht alle Umwege des Lernens, die andere schon gemacht haben, noch einmal zu gehen. Die für Pädagogen so wichtige Lernfähigkeit des Menschen gründet so gesehen stammesgeschichtlich in der Fähigkeit, den intentionalen Sinn anderer Menschen zu antizipieren.

Wenn man sich diese beiden wichtigen Selektionsvorteile vor Augen führt, wird verständlich, warum bei uns Menschen die Fähigkeit, intentional zu erwarten, Teil eines angeborenen Programms ist. Zwei Formen dieser angeborenen Kompetenz (bez. Appetenz) kann man dabei unterscheiden; sie werden gewöhnlich mit zwei unterschiedlichen Begriffen bezeichnet: Empathie und »*theory of mind*«. Unter *Empathie* versteht man die Fähigkeit, sich in den anderen hineinzufühlen, also aufgrund von Ausdrucksverstehen (im Rahmen der Signalselektion) sich in die *Gefühle* des anderen hineinzuversetzen. Empathie »ist die Erfahrung, unmittelbar der Gefühlslage eines Andern teilhaftig zu werden und sie dadurch zu verstehen« (Bischof-Köhler 1989, S. 89). Mit »*theory of mind*« wird das Hineinversetzen-Können in die *Absicht* anderer verstanden, sie dadurch zu verstehen und ihr Verhalten erklären zu können (vgl. Rizzolatti/Sinigaglia 2008). Im weiteren Sinne bezeichnet »*theory of mind*« die Fähigkeit, nicht nur sich selbst, sondern auch anderen Bewusstseinszustände und intentionale Akte zuzuschreiben. Empathie ist schon früh bei Kindern nachweisbar, eine »*theory of mind*« findet sich erst beim heranwachsenden Erwachsenen[95].

Es ist durchaus etwas anderes, ob man sich in die *Gefühle* oder in die *Absichten* eines anderen hineinversetzt. Beides ist allerdings nützlich, wenn man sich adaptiv in sozialen Systemen verhalten will, und deshalb auch hirnphysiologisch verankert. Ein wichtiger empirischer Nachweis angeborener Formen intentionaler Erwartungen ist Hirnforschern durch die Entdeckung der so genannten »Spiegelneuronen« gelungen. Das sind Neuronen, die vor allem auf dem Rindenareal F5 nachweisbar sind und »die sowohl feuern, wenn eine bestimmte Handlung ausgeführt, als auch nur beobachtet wird« (Rizzolatti/Sinigaglia 2008, S. 91). Der Mechanismus der Antizipation ist hirnphysiologisch mit dem visuellen und dem motorischen Teil verbunden und verankert. Das »Verstehen der Handlungen anderer (setzt) beim Beobachter dasselbe motorische Wissen voraus, das die Ausführung der eigenen Handlung reguliert« (ebd., S. 109). Schon ansatzweise bei Affen, jedoch vor allem bei Menschen ist diese Fähigkeit in der Weise ausgeprägt, dass ein sehr viel breiteres Spektrum von Funktionen von den Spiegelneuronen erfüllt wird. Man kann so die Bedeutung der beobachteten motorischen Handlung bei anderen verstehen. Das was wir in der Pädagogik bisher als eine rein geistige Fähigkeit

---

[95] Die Fähigkeit zu Empathie und einer »*theory of mind*« ist wohl angeboren, die Entwicklung bzw. Entfaltung und Ausdifferenzierung hängt jedoch in hohem Maße von der affektiv-interaktiven Eltern-Kind-Beziehung ab und bedarf der expressiv-mimetischen Interaktion, weil nur in der Affektspiegelung die Fähigkeit fremden Ausdrucksverstehens (über Versuch und Irrtum/Erfolg) eingeübt werden kann (vgl. Fonagy 2006). Interessant ist ein weiteres Detail: Nach neueren Untersuchungen benötigt eine ausgebildete Fähigkeit zur Empathie mindestens sechs bis sieben Sekunden der Beobachtung, während die Fähigkeit, sich in die strategischen Absichten anderer hineinzuversetzen, nur den Bruchteil einer Sekunde braucht. Die Folgen für Computerspieler können dann bedenklich sein, wenn die auftauchenden Gesichter nur zwei oder drei Sekunden gezeigt werden. Die Befürchtung, dass so die Fähigkeit zur Empathie – z. B. in Form von Mitleid – abtrainiert wird, ist nicht unbegründet.

interpretiert haben, nämlich »intentional zu verstehen«, ist in naturalistischer Sicht empirisch bestimmbar und findet hirnphysiologisch seinen Ausdruck als »stärkere Aktivierung des dorsalen Teils des vorderen Abschnitts der unteren Frontalwindung« (ebd., S. 133).

Nun gibt es jenseits dieser neueren Forschungsergebnisse der modernen Hirnforschung schon lange diesbezügliche Erfahrungen aus der Medizin, aber auch aus der Pädagogik und Psychologie, wenngleich sie auch bislang etwas am Rande des Interesses angesiedelt sind, nämlich die so genannten »Placeboeffekte«. Placebos sind Scheinpräparate und medizinische Hilfsmittel, die – obwohl vollkommen wirkstofffrei – einen nachweislichen Heilerfolg haben. Diese merkwürdigen Heilerfolge von wirkstofffreien Hilfsmitteln ist inzwischen empirisch gut bestätigt und seine Funktionsweise weitgehend verstanden. Es ist offenbar eine diffuse Erwartungshaltung auf Heilung, die bei Kranken über Gefühle dieselben Rezeptoren anregt, auf die auch Medikamente wirken. Es ist die aktive Erwartung der Patienten, die deren Hirnaktivitäten beeinflussen und modulieren können und dort insbesondere das Belohnungszentrum und das limbische System aktivieren, das Gefühle verarbeitet. Erwartungen (in der Welt 2) können also offenbar (in der Welt 1 des menschlichen Körpers) biochemische Veränderungen hervorrufen, die ähnlich wirken wie Endorphine, die der Körper ausschüttet, wenn er bestimmten Reizen ausgesetzt ist. Solche Prozesse können schon durch Aufmerksamkeit und Einfühlung, aber auch alleine durch die sprachliche Mitteilung des Arztes in Gang gesetzt werden und z. B. Schmerzen lindern. Was geschieht da? Offenbar sind es normative Erwartungen, die eine intentionale Form haben, von denen eine empirisch beobachtbare Wirkung ausgeht. Es bedarf dazu nicht einmal des Umwegs über den menschlichen Willen. Es genügt der Aufbau einer unspezifischen psychischen Erwartungsstruktur, die intentional eine Verbesserung erwartet. Auch in der praktischen Pädagogik ist (z. B. dem erfahrenen Lehrer) dieser Effekt schon lange bekannt und in der Psychologie als »Halo-Effekt« gut erforscht. Wenn z. B. der Lehrer dem Schüler den Eindruck vermittelt, dass er »dumm ist und dumm bleibt«, dann kann unter Umständen beim Schüler eine Erwartungshaltung verfestigt werden, die – quasi als eine Form einer sich selbst erfüllenden Prophezeiung – genau das bewirkt, was erwartetet wird. Wenn aber der Lehrer trotz Erwartungsenttäuschung (also kontrafaktisch) den Eindruck vermittelt, dass der Schüler »es früher oder später auf jeden Fall schafft«, dann ist es wahrscheinlich, dass der Schüler es *deshalb* schafft. Die Attributionen des Lehrers hinsichtlich Erfolg oder Misserfolg von Schülern können damit die Schülerleistung (und die Benotung) beeinflussen.

Intentionalität ist also – wenn wir das Bisherige zusammenfassen wollen – sowohl geisteswissenschaftlich als auch naturwissenschaftlich und damit sowohl aus rationalistischer als auch aus empiristischer Sicht, ein wichtiger Grundbegriff für erziehungswissenschaftliche Forschung. Seine Grundstruktur ist *teleologisch*, also zielbezogen *(telos:* das Ziel). Weil in diesem Ziel die Bewegung auch zu einem Ende kommt, wird gelegentlich auch von einer finalen Erklärung gesprochen. Ein solches teleologisches oder finales Denken ist weit verbreitet. Allerdings hat die Nähe zu unserer eigenen Selbsterfahrung und die daraus resultierende Vertrautheit zur Folge, dass wir dazu neigen, ihren Einfluss zu überschätzen. Eine solche Überdehnung ihres Einflusses ist etwa in einem naturteleologischen Denken[96] zu entdecken, das auch natürliche Vorgänge nicht kausal, sondern teleologisch interpretiert – also so tut, als ob auch der Natur eine Intention zugrunde läge[97]. Überall dort, wo wir etwas nicht durchschauen, bevorzugen wir die Finalität und neigen dazu, eine intentionale Kraft zu unterstellen, die zielführend ist[98]. Das kausalanalytische Denken hat deshalb historisch gesehen einen durchaus emanzipatorischen Effekt, weil es vom »magischen Denken« befreite, das ursprünglich

---

96 Oder im religiösen Denken, etwa im so genannten teleologischen Gottesbeweis.
97 Diese Formulierung im Konjunktiv spielt auf die kantische Einschätzung an, wonach Kunst und Natur über ein teleologisch gedachtes Brückenprinzip erkenntnistheoretisch geordnet werden (vgl. Kant 1963, § 61 ff, vgl. auch S. 354 f.). Objektive Zweckmäßigkeit in der Natur ist deshalb ein Prinzip der erkennenden Vernunft: »Der Begriff einer objektiven Zweckmäßigkeit der Natur ist ein kritisches Prinzip der Vernunft für die reflektierende Urteilskraft« (ebd., S. 376).
98 Nicolai Hartmann kritisiert diese Dominanz des teleologischen Denkens scharf als »nahezu tyrannisch« (vgl. Hartmann 1966). Zumindest für die Pädagogik dürfte sein Werturteil wohl zutreffend sein.

auch natürliche Vorgänge auf intentionale Akteure zurechnete und so erklärte (vgl. Liedtke 1980, S. 189 f.).

Vor allem für Kinder ist in ihrem magischen Denken nach wie vor die teleologische (finale) Erklärung natürlicher Vorgänge die befriedigendste[99]. Aber nicht nur Kinder, sondern auch Philosophen haben das naturteleologische Denken vertreten. Das war zu früheren Zeiten, etwa bei Aristoteles (der einen teleologischen Naturbegriff entfaltete), noch nachvollziehbar, weil der Erforschung der Natur noch keine angemessene Methodologie zugrunde lag. Selbst Kant hat noch auf eine naturteleologische Deutung der Natur zurückgegriffen, wenngleich auch als eine notwendige Als-ob-Fiktion durchschaut. Kunst und Natur wurden (in seiner »Kritik der Urteilskraft«) durch den Begriff der Teleologie analogisiert. Aber es gibt keine Naturteleologie, es sei denn als eine theorietechnische Als-ob-Fiktion (Kant, Vaihinger); Natur ist nicht zweckvoll (weil sie keine Intentionen verfolgen kann)[100]. Aber Natur kann durchaus als »zweckmäßig« eingerichtet interpretiert werden. Damit rückt ein neuer Grundbegriff in den Fokus unserer Betrachtungen, der inzwischen nicht nur in den Naturwissenschaften (bei der Beobachtung von Naturvorgängen), sondern auch in den Sozial- und Geisteswissenschaften (bei der Beobachtung von kulturellen und individuellen Vorgängen) benützt wird: Zweckmäßigkeit, oder anders gesagt, Funktion.

---

99 Auf die Frage, wohin die Schnecke gehe, die gerade vor ihnen auf dem Feldweg unterwegs war, antwortete der Vater dem Vierjährigen kindgemäß: »Sie geht zu ihrer Oma, denn diese hat heute Geburtstag!« Der Sohn war zufrieden.

100 Nicolai Hartmann vertritt hier eine Art Stufentheorie des sich entwickelnden Bewusstseins durch Emanzipation von einem bloß und alles finalisierten Denken: »Das kindlich-naive Bewußtsein finalisiert nahezu alles, was ihm begegnet; das gereifte und gebildete Bewußsein tut es nur noch mit Auswahl. Das philosophische Denken finalisiert im großen und ganzen nur noch spekulativ; und das positiv wissenschaftliche Bewußtsein finalisiert überhaupt kaum mehr ...« (Hartmann 1966, S. 79).

Funktionalität

Es sind die Schwächen der beiden bisher behandelten Grundkategorien wissenschaftlicher Methodologie, die nach Alternativen Ausschau halten lassen. Kausalität scheint eine wohl objektive, aber geheime Kraft zu unterstellen, die empirisch bisher nicht nachgewiesen werden konnte (sondern stattdessen jedem empirischen Beweis vorausgeht). Sie setzt Notwendigkeit in Form einer dauerhaften Regelförmigkeit voraus, wo doch in der Pädagogik Kontingenz, ja sogar doppelte Kontingenz die Regel ist. Dort wo sie, etwa in der Didaktik, als Planung erscheint, muss man sie deshalb als nützliche Fiktion bzw. als eine Als-ob-Annahme durchschauen und der Kontingenz durch eine professionelle Sensibilität für Zufälle wieder Raum geben. Intentionalität (bzw. Finalität) scheint eine subjektive und uns deshalb wohl allen vertraute Eigenleistung unseres Bewusstseins zu sein, die ebenfalls mit einer fiktiven Annahme arbeitet, nämlich dass *alter* analog zu *ego* fühlt und/oder erwartet – wissend, dass *alter* nicht *ego* ist. Verstehen (mit Hilfe der Kategorie der Intentionalität) besitzt deshalb kein objektives Kriterium des Gelingens. So muss man Luhmann zustimmen, wenn er einmal beide methodologischen Grundkategorien, nämlich Kausalität und Finalität, als »schematisiertes Nichtwissen« bezeichnete[101]. Mit anderen Worten: Sowohl Kausalität als auch Finalität sind nützliche, ja vielleicht sogar unverzichtbare, aber bloß fiktive Kategorien, die in erheblichem Maße auf Nichtwissen aufbauen (und insofern a priori sind), aber Wissen (a posteriori) erst möglich machen.

Erschwerend kommt hinzu, dass wir Intentionalität als einen rationalen Akt selektiven Prozessierens verstehen, der im Bewusstsein vernünftiger Subjekte abläuft. Man kann einen anderen nur dann verstehen, wenn er intentional handelt – und das heißt: seinem Sagen und Handeln eine bewusste Absicht vorausliegt. Der Begriff bezieht sich deshalb ausdrücklich auf handelnde Subjekte, und Pädagogik wird deshalb überwiegend handlungstheoretisch situiert. Nun ist jedoch der Mensch selbst dort, wo er als das *animal*

---

101 Luhmanns Kritik – oder sollen wir besser sagen: Relativierung – des Kausalitätsbegriffs mündet schon früh in ein Plädoyer für den Gebrauch des Funktionsbegriffs (vgl. dazu insb. Luhmann 1973).

rationale, als das zur Vernunft fähige Tier, bestimmt wird, ein Wesen, das sich nicht selten auch völlig irrational verhält. Neben dem (für die Pädagogik so zentralen) Handlungsbegriff muss deshalb auch Raum gegeben werden für den Begriff des *Verhaltens*. Der Mensch ist nämlich nicht nur ein handelndes Subjekt, sondern auch ein sich verhaltendes Wesen, das sich der eigentlichen Triebkräfte seines Verhaltens nicht bewusst ist. Vermutlich handeln wir Menschen sogar überwiegend nach Motiven, die uns selbst unbekannt bzw. vor- oder unbewusst sind[102]. Gerade in pädagogischen Zusammenhängen spielen Gewohnheiten bekanntlich eine erhebliche und, falls eine Forschungstradition Recht hat, die spätestens mit Aristoteles beginnt und bis zur modernen Verhaltensforschung geht, sogar entscheidende Rolle[103]. Mit dem Funktionalismus erhält die Wissenschaft Zugang zur Erforschung von Lebewesen, die nicht intentional (oder gar rational) verstanden und/oder deren Verhalten nichtkausal erklärt werden kann, und die Sozialwissenschaften (einschließlich der Erziehungswissenschaft) gewinnen damit eine Methode, mit der sie hinter die Intentionen bewusstseinsfähiger Subjekte zurückblicken können. Der zentrale Begriff des Funktionalismus ist der der »*Funktion*«.

Bevor wir uns dem Begriff nähern, gilt es zunächst, sich den Vorbehalten zuzuwenden, denen der Begriff gerade in der Pädagogik ausgesetzt ist – oder anders gesagt: vor den Warnungen vor der Funktion zu warnen! Funktion wird gerne mit »Funktionieren« kurzgeschlossen und als affirmativ und systemerhaltend denunziert. Man spielt bei diesem Vorbehalt mit der Maschinen-

---

102 In den lapidaren Worten des Hirnforschers Gerhard Roth: »Das meiste tun wir, ohne dass wir es vorher gewollt haben« (Roth 2000, S. 20). Nur bei Störungen bzw. Irritationen kommt das Bewusstsein ins Spiel; meistens reicht die Aktivität des limbischen Systems aus, und das arbeitet vorbewusst. Und natürlich (!) ist selbst das Bewusstsein aus Sicht des Naturalisten eine Funktion der biologischen Hirnaktivität: »Unser bewußtes Ich ist nicht der große Boss, sondern ein Instrument, ein Programm unseres Gehirns« (ebd., S. 22).
103 Aristoteles unterscheidet »Naturanlage«, »Gewöhnung« und »Belehrung« und macht deutlich, dass die Gewöhnung den größten Einfluss auf die Charakterbildung eines Menschen hat und Erziehung deshalb vor allem in Kindheit und Jugend ansetzen muss (vgl. Aristoteles 1969, S. 296, bzw. Buch X: 1179 b 24 ff.).

metaphorik, die vor allem im 17. Jahrhundert auch in die anthropologischen Wissenschaften Eingang gefunden hat. Funktion (in diesem alten Sinne) bezeichnet dabei die Leistung, die ein Teil eines geordneten Ganzen (eines Systems, einer Maschine) für dieses erfüllt. Funktion ist hier eine zweckdienliche Leistung, die den Bestand eines bestehenden Systems erhält. Auch als mathematischer Begriff überwiegt noch eine Bedeutung, die sich auf die Abhängigkeit einer Größe von anderen Größen bezieht, denn in der Mathematik versteht man unter »Funktion« eine veränderliche Größe, deren Wert vom Wert einer anderen *abhängig* ist.

All das hört sich für manche Pädagogen schrecklich an, geht es doch in ihrem Verständnis gerade nicht um Abhängigkeit, sondern um Unabhängigkeit, nicht um eine Zweckdienlichkeit, sondern um einen Selbstzweck und deshalb auch nicht um »Funktionieren«, sondern um »Emanzipieren«. Mit der Aversion gegen funktionalistisches Denken wird gleichzeitig ein Bekenntnis abgegeben für ein bestimmtes Menschenbild: Der Mensch ist keine Maschine, sondern ein geistiges, selbstbestimmtes Wesen! Im Rahmen eines solchen positiven Menschenbildes, das auch in der Pädagogik gerne in Anspruch genommen wird, werden damit auch alle wissenschaftlichen Denkweisen abgelehnt, die Zusammenhänge als unbewusste Funktionen verdächtigen, denn das geistig selbstbewusste Wesen Mensch soll ja gerade durch Selbstbestimmung charakterisierbar sein. Weil sich Funktionen für die unmittelbar Beteiligten keineswegs immer dem (Selbst-)Bewusstsein erschließen, werden latente Funktionen unter Umständen als kränkend empfunden und abgelehnt. Der aufklärerische Impetus der modernen Pädagogik hatte zur Folge, dass auch die Pädagogik als Wissenschaft dazu neigt, sich als Emanzipation von latenten, unbewussten Abhängigkeiten zu verstehen. Das Aufdecken von latenten Funktionen, nach denen wir unser soziales Zusammenleben (und Unterricht und Erziehung ist ein Teil davon) organisieren, ist deshalb mit starken Vorbehalten begleitet.

Aber wird hier nicht die Botschaft mit dem Überbringer der Botschaft verwechselt? Wenn man mit einer funktionalistischen Methode dem latenten »Funktionieren« sozialer Systeme auf die Spur kommt, sind die damit gewonnenen Erkenntnisse möglicherweise Voraussetzung dafür, dass man darauf korrigierend Einfluss nehmen kann. Selbst wenn man herausbekäme, dass pädagogische

Handlungen überwiegend von bislang intransparenten, weil latent wirkenden Funktionen gesteuert werden und die Annahme eines selbstbestimmten, autarken Subjekts als falscher Euphemismus enttarnt würde, wäre diese Erkenntnis Voraussetzung jedes Änderungsversuches (in Richtung Emanzipation von überflüssiger Herrschaft). Selbst wenn man Funktion im althergebrachten Sinne begreift als die Leistung, die etwas als Teil innerhalb eines Ganzen erbringt, dann kann es wissenschaftlich nützlich sein, genau dies zu erforschen – und gegebenenfalls nach Substitutionen oder Alternativen zu suchen.

Der Funktionalismus hat verschiedene disziplinäre Quellen. Für ein erziehungswissenschaftliches Denken sind (historisch gesehen) wohl die Ethnologie und die Soziologie (insbesondere mit ihren Klassikern Emile Durkheim und Herbert Spencer als wichtigen Impulsgebern) die wichtigsten Bezugsdisziplinen. Mit den Hauptvertretern (Malinowski, Mauss, Radcliffe-Brown und Thurnwald) dominierte der Funktionalismus in der Ethnologie die zeitgenössischen Forschungen zwischen den beiden Weltkriegen. Von der Ethnologie – genauer gesagt: von der Ethnografie – kann man lernen, warum eine funktionalistische Methodologie selbst bei der Untersuchung sozialer, also sinnhafter Zusammenhänge unter Umständen erfolgreicher sein kann als Versuche, intentional zu verstehen oder gar kausal zu erklären. Als Lévi-Strauss, ein französischer Ethnologe, eines Tages mitten im Urwald Südamerikas auf ein fremdes Indianerdorf stieß, zu dem noch nie ein Fremder vorgedrungen war, konnte er weder die Laute, noch das Verhalten der Indios verstehen, geschweige denn erklären (vgl. Lévi-Strauss 1989). Verstehen war nicht möglich, weil er die Sprache der Indianer nicht verstand, eine Sprache, die mit keiner der ihm vertrauten Sprachen verwandt schien. Damit gab es keinen sprachlich vermittelten gemeinsamen Sinnhorizont, auf den seine interpretativen Selektionen zurückgreifen hätten können. Eine »Horizontverschmelzung« war ausgeschlossen, weil es keinen gemeinsam geteilten Sinn gab[104]. Erst als es ihm gelang, die beobachteten Teile auf gemeinsame Grundfunktionen der

---

104 Ähnlich mag es gehen, wenn man Kinder oder Jugendliche verstehen will, die ontogenetisch oder subkulturell zu weit »entfernt« sind (vgl. Treml in Treml/Müller 1996, S. 127 ff., insbesondere 131 ff.).

menschlichen Subsistenzsicherung, also auf eine auf Dauer gestellte Problemlösung, zu beziehen (also etwa bezüglich der Sicherung von anthropogenen Grundbedürfnissen), tat sich für ihn als Beobachter ein gemeinsamer Sinnhorizont auf, ein Sinn, der allerdings keineswegs von den Beobachteten selbst intendiert werden musste. Vor allem Rituale, wie z. B. ekstatische Tänze oder Formen der Magie, waren überhaupt nur so interpretierbar, dass man sie auf latente Funktionen bezog, die den unmittelbar Beteiligten nicht bewusst sind. Selbst ein sprachlich vermittelter Zugang würde nur zu den bewusst unterstellten Zielen, nicht aber zu den Leistungen kommen, die die Handlung stabilisiert haben. Würden die Indianer z. B. sagen, dass sie bis zur Erschöpfung tanzten, um ihren Baumgott Hutzliputzli zu ehren, dann würde das den Ethnologen nicht befriedigen. Er würde vielleicht eher vermuten, dass diese Tänze vor allem der Funktion von Spannungsabbau in bedrohlichen Situationen dienen (der Indianerstamm war von einer lang anhaltenden Dürre bedroht, die ihn an den Rand des Zerfalls führte). Wenn alles sich bedrohlich verändert, so dass alles unsicher wird, dann muss man sich eben Sicherheit durch selbst gemachte künstliche Ordnung (von Ritualen) schaffen.

Die ältere funktionalistische Theorie bezog sich dabei auf die Befriedigung von Bedürfnissen, die es zu erfüllen galt, um den Bestand eines Systems zu sichern. Man hat diesen Ansatz deshalb auch »Bestandsfunktionalismus« genannt. Diese Theorie war also eine Beobachtertheorie, die gerade konträr zu einem hermeneutischen Akt des Verstehens nicht eine Verschmelzung von sinnhaften Horizonten intendierte, sondern von einer Differenz zwischen bewusster Absicht und unbewusster Funktion ausging. Der Erkenntnisgewinn entsteht dadurch, dass man sich vom Gegenstand distanziert – und nicht sich vorschnell verbrüdert (weil *alter* nur das *ego* von außen betrachtet). Als funktional gilt hier eine Leistung, insofern sie der Erhaltung eines als ursprünglich angenommenen Zustandes (eines Ganzen, eines Systems) dient. Dieser Bestandsfunktionalismus hat, wie schon gesagt, in einer Pädagogik erhebliche Aversionen hervorgerufen, die sich als Befreiung aus latenten Bestandssicherungsbindungen verstand.

Neuere Ansätze des funktionalistischen Denkens sind von dieser Beschränkung auf die Systemerhaltung abgekommen und machen stattdessen in der funktionalistischen Analyse den beobachteten Tatbestand dadurch vergleichsfähig, dass sie ihn als Problemlösung interpretieren. An die Stelle der Bestandsformel rückt hier das Bezugsproblem, und die Frage nach der Funktion macht die Untersuchung abhängig von einem Bezugsproblem. Nicht der Bestand eines Systems, sondern das Problem, das damit (dauerhaft) gelöst wird, dient als Fokus der Beobachtung. Dieser so genannte »Äquivalenzfunktionalismus« eröffnet damit einen (begrenzten) Vergleichsbereich funktionaler Äquivalente, und insofern kann man ihm alles vorwerfen, nicht aber eine affirmative Bestandserhaltung. »Eine Funktion ...«, definiert Luhmann, »ist keine zu bewirkende Wirkung, sondern ein regulatives Sinnschema, das einen Vergleichsbereich äquivalenter Leistungen organisiert« (Luhmann 1972, S. 14). Funktionen sind jedoch auch keine Ursachen, sondern »nur Gesichtspunkte für die Beurteilung der Äquivalenz verschiedener Problemlösungen« (Luhmann 1973, S. 120). Dies ist eine rationalistische Deutung – denn die »reine Funktion ist mithin eine Abstraktion« (dito), die allerdings offen ist für eine empirische Forschung, denn schließlich sollen die Leistungen gerade in ihrer Äquivalenz beobachtbar und unter Umständen sogar konstruierbar sein. Ohne diesen empirischen Bezug bleibt der Äquivalenzfunktionalismus ein geistreiches Spiel von Assoziationen und Einfällen in einer Welt 2. Erst durch Beobachtung und Erprobung der Beziehungen in Welt 1 kann es zu nützlichen Effekten kommen – auch für die Pädagogik. Sie erhält dadurch unter Umständen »Zugang zu Problemen der Anpassung und des Lernens, wie jedes umweltoffene System sie lösen muß« (Luhmann 1973, S. 123), denn der Mensch als *homo discens* lernt, um seine Anpassungsmuster an nie vollständig bekannte und/oder kontrollierbare Umweltbedingungen zu optimieren und so Anschlussfähigkeit an weiteres Überleben (und »gutes Leben«) zu ermöglichen.

Der funktionale Bezugsgesichtspunkt wird rationalistisch eingebracht – gewissermaßen a priori mitgebracht; die empirische Bestätigung erfolgt durch (empirische) Methoden der Beobachtung, die auch experimentell erzeugt werden können. Wer z. B. die Funktion der Kreide im Klassenzimmer durchschaut hat, vermag spontan eine Reihe von funktionalen Äquivalenten organisieren, wenn gerade einmal keine Kreide mehr zur Hand ist (notfalls reicht auch ein nasser Schwamm!). Wer die Funktion von (Hochschul-)Lehre verstanden hat, kann unter Umständen auf alle sechzig bis siebzig verschiedenen Unterrichtsmethoden zurückgreifen (und nicht nur auf Powerpoint-Präsentation!).

Damit wird auch klar, dass Funktionen nicht einen korrespondenztheoretischen Wahrheitsbegriff voraussetzen. Es geht nicht um »wahre Abbildung von Realitäten«, sondern um die Organisation von Anschlusshandlungen. Es geht auch nicht unbedingt um »Verwirklichung von Zielvorstellungen« – denn viele Funktionen sind latent –, sondern um die Lösung von Problemen (denn Funktionen sind generalisierte Problemlöseschemata). Deshalb können sich auch selbst bei »bewährten« Handlungsmustern »Innensicht« und »Außensicht« (von Beobachtern) unterscheiden: »Erfolge treten keineswegs in der Form ›richtiger‹ Abbildungen der Welt, wie sie ist, auf. Regentänze mögen sich bewähren, nicht weil sie Regen bringen, sondern weil sie Gruppen integrieren. Die Friedensforschung, die Frauenforschung usw. mögen über ihre Gegenstände keinen Erkenntniszuwachs erbringen, sondern sich dadurch bewähren und dann halten, daß sie zur Bereitstellung von Planstellen führen« (Luhmann 2008, S. 35).

Eine äquivalenzfunktionalistische Interpretation von pädagogischen Sachverhalten verbindet damit Aufklärung (über manifeste oder latente Funktionen) mit dem prospektiven Blick auf Alternativen (die es vielleicht noch gar nicht gibt). Selbst solche pädagogischen Grundbegriffe wie »Identität« bekommen dadurch eine neue Bedeutung: Identität erscheint nicht mehr als gleichbleibender Ausschluss anderer Seinsmöglichkeiten, sondern als »koordinierende Synthese, die Verweisungen auf andere Erlebnismöglichkeiten ordnet« (Luhmann 1972, S. 26). Die Funktion von Identität ist dann durchschaubar nicht mehr die Stabilisierung eines gleich bleibenden Persönlichkeitskerns, sondern die Ordnung von permanenten und kontingenten Veränderungen.

So gesehen erscheint für den Funktionalisten alles als ein »gelöstes Problem«[105], und die erkenntnisleitende heuristische

---

[105] Ein solches funktionalistisches Denken ist schon alt. Es lässt sich schon für die Stoa nachweisen. Dass alles in der Welt um eines anderen Willen geschaffen sei und deshalb nützlich ist, war damals ein gängiger Topos. Er lebt noch fort in der im ökologischen Garten- und Landbau

Frage lautet dementsprechend: Wie ist das möglich? Alles, was es gibt, wird im Horizont der vielen Möglichkeiten erklärungsbedürftig. Dadurch wird Komplexität in mehrfacher Weise vergrößert: Einmal dadurch, dass auch triviale und alltägliche Sachverhalte ein prinzipielles Erstaunen hervorrufen und die Frage nach ihrer Funktion provozieren. Zum anderen wird die funktionale Analyse sowohl manifeste als auch latente Funktionen untersuchen und damit etwas sehen, was die unmittelbar Beteiligen nicht sehen können (weil es ihren intentionalen Erlebnishorizont transzendiert[106]). Der Beobachter kann etwas sehen, was der Beobachtete nicht sehen kann. Ferner können so funktionale und dysfunktionale Folgen des (pädagogischen) Handelns in den Blick kommen und damit Entscheidungsoptionen erweitert werden. Schließlich wird durch den abstrakten Vergleich in einem Möglichkeitsraum funktionaler Äquivalente der theoretische Beobachtungsradius erheblich erweitert.

Der Preis, den man für diese potentiellen Vorteile bezahlen muss, darf allerdings auch nicht verschwiegen werden: Funktionale Analysen unterliegen einem starken Abstraktionszwang, denn nur aus einer großen Distanz können die Funktionen als Leistungen funktional äquivalenter Problemlösungen in den Blick kommen[107]. Das zwingt zu einer ungewöhnlich abstrakten Semantik, und der Funktionsbegriff ist damit natürlich ein Begriff der Welt 3. Dadurch wird es allerdings oft schwer, den Bezug zu den Phänomenen der Welt 1 eindeutig herzustellen (denn kein theoretischer Begriff erreicht die Praxis). Andererseits gewinnen funktionale Analysen ihre Plausibilität durch die empirische Ausfüllung. Diese kann, muss aber nicht durch (eigene oder fremde) empirische Forschungen geleistet werden. Es genügt auch, wenn möglichst

---

heute noch gängigen Weisheit: »Die Mäuse und die Wanzen gehören auch zum Ganzen«.

106 »Keiner denkt, wenn er hungrig ist, an den Energiebedarf des menschlichen Körpers, oder wenn er trinkt, an den Wasserhaushalt, geschweige denn an die Erhaltung der Art, wenn er sich verliebt« (Braitenberg 2004, S. 10).

107 Das erklärt übrigens die Affinität des Funktionalismus zur Systemtheorie, denn diese stellt ein hochabstraktes semantisches Instrumentarium zur Verfügung, das nicht kontaminiert ist durch »alteuropäische«, also historisch mitgeschleifte Konnotationen.

viele Erfahrungswerte einer alltagspraktisch gesättigten Erfahrung (vieler Jahrhunderte) mit dem Ergebnis kompatibel sind. Dieses Extremalprinzip lässt sich wohl einklagen, ob es aber »wirkt«, muss die Resonanz zeigen, die funktionale Analysen in der Erziehungswissenschaft hervorrufen (oder nicht hervorrufen).

Allerdings können Funktionen auch naturalistisch interpretiert werden und werden damit als Ausdruck einer »*selection by consequences*« (Skinner) zu Formen einer bewährten (und das heißt: stabilisierten) evolutionären Problemlösung, die sich in Welt 1 beobachten lassen. Eine funktionale Analyse wird damit äquivalent mit einer teleonomen Erklärungsweise, die phänotypische Eigenschaften oder Verhaltensweisen durch die evolutionäre Selektion bewährter Konsequenzen definiert. Was sich evolutionär stabilisiert hat, muss einen dauerhaften Selektionsvorteil besitzen, der von einem Beobachter beobachtet und entschlüsselt werden kann. Hier ist die empirische Forschung gefragt, die solche Funktionen auf der Folie einer evolutionären Logik nicht nur beschreiben, sondern auch erklären sollte. So kann (im Rahmen einer Allgemeinen Evolutionstheorie) beispielsweise die Funktion der Schule teleonom – und damit funktionalistisch – beschrieben und erklärt werden[108]. Weil man dazu gar nicht unbedingt den Umweg über die Absichten beteiligter Akteure gehen muss, kämen dabei auch latente Strukturen in den Blick, z.B. die Funktion des »heimlichen Lehrplans«. Damit wird deutlich, wo die besondere Leistungsfähigkeit funktionaler Analysen vermutet werden darf: in der Aufklärung latenter Funktionen, die der Selbstbeobachtung normalerweise verborgen sind.

In der Erziehungswissenschaft hat der Funktionalismus allerdings noch einen schweren Stand. Das sich selbst bewusste Subjekt, das im pädagogischen Bezug quasi verdoppelt auftritt, wirft seine Schatten auch auf alle funktionalistischen Versuche, die latenten

---

108 Z.B. als Stabilisierung selektierter Varianzen, die adaptiv sind. Eine funktionalistische Sichtweise auf die Schule ist durchaus schon vorhanden (z.B. bei Fend 1980). Eine evolutionstheoretische Sicht auf Schule ist allerdings noch ein Desiderat (vgl. die Vorarbeiten bei Liedtke 1972 und Treml 2000, S. 111 ff.). Immerhin liegen Versuche vor, den Unterricht mit Hilfe evolutionstheoretischer Unterscheidungen zu beschreiben und zu erklären (vgl. Scheunpflug 2000).

Wirkungen von Abhängigkeiten zu entschlüsseln, denen wir unbewusst ausgeliefert sind. Sich als Teil von meist latenten Funktionen zu entlarven, bedeutet offensichtlich für viele eine Kränkung, der man sich nicht aussetzen will. Die Vorbehalte gegen ein naturwissenschaftliches, insbesondere biologisches Denken in der Erziehungswissenschaft dürfte hier seine Wurzeln haben.

6 Sprachphilosophie
... oder Erziehungswissenschaft als Kommunikation

Erziehungswissenschaft ereignet sich – wie jede Wissenschaft – im Medium der Sprache, und zwar: nur in der Sprache! Man muss diesen Satz in seiner Radikalität wörtlich nehmen: Wissenschaft kommt unvermeidbar in Form der Sprache daher, und das heißt im Umkehrschluss auch, dass dort, wo (mündliche oder schriftliche) Sprachlosigkeit herrscht, keine Wissenschaft sein kann. Aber was ist mit den wissenschaftlichen Experimenten? Mit den klugen Ideen der Wissenschaftler? Und wo bleiben die Wissenschaftler selbst (ohne die es keine Wissenschaft geben kann)? All das gibt es (in Welt 1), und selbstverständlich haben Wissenschaftler auch Gedanken (Welt 2) und Ideen (Welt 3). Aber zur Wissenschaft zählen wir all dies erst dann, wenn es sprachlich formuliert und präsentiert wird, wenn also z. B. in einem wissenschaftlichen Buch über ein Experiment oder einen Einfall berichtet oder eine Idee weiterentwickelt und verfolgt wird, oder wenn in einer wissenschaftlichen Zeitschrift im Rezensionsteil von einer Neuerscheinung die Rede ist, oder wenn ein Wissenschaftler einen Vortrag oder eine Vorlesung hält usw.

Man muss diesen Hinweis auf die sprachlichen Voraussetzungen von Wissenschaft noch präzisieren, denn schließlich kann man auch einsame Selbstgespräche führen oder ein wichtiges Manuskript in der Schublade haben, das nie veröffentlicht wird. All das ist keine Wissenschaft. Zur Wissenschaft wird es erst, wenn es die Form von *Kommunikation* annimmt, und das ist nur eine andere Formulierung für die Tatsache, dass Wissenschaft eine soziale Tatsache ist – systemtheoretisch gesprochen: ein »soziales System«. Soziale Systeme können nur durch Kommunikation aufgebaut und erhalten werden, und sie operieren damit rekursiv und geschlossen. Das schließt sicher nicht aus, dass die Beteiligten auch Gedanken haben oder gelegentlich Selbstgespräche führen oder Manuskripte schreiben, die nie veröffentlicht werden. Erst wenn all dies Teil von Kommunikation zwischen Menschen wird, kann es als Wissenschaft identifiziert werden. Wenngleich auch der individuelle Mensch durch seine Sinne – etwa in der Wahrnehmung von Schmerz – eine unmittelbare Erfahrung von Welt zu besitzen scheint, so kann man genau dies von einer wissenschaftlichen Welterfahrung gerade nicht sagen, denn Wissenschaft hat keinen »unmittelbaren Zugang zur Wirklichkeit, sondern immer nur vermittelt durch die Sprache« (Bollnow 1966, S. 18). Hier gilt der alte juristische Satz »*Quod non est in actis, non est in mundis*!« – was man hier so übersetzen müsste: Was nicht kommuniziert wird, gibt es in der Wissenschaft nicht! Wenn man also Wissenschaftler werden will – so der Umkehrschluss –, muss man kommunizieren, sprich: publizieren. Nur wer kommuniziert, nur wer publiziert, kann von anderen Wissenschaftlern beobachtet werden.

Mündliche Kommunikation

Das Medium von Kommunikation ist auch in der Wissenschaft *Sprache*. Sprache kann bekanntlich als *mündliche Rede* oder als *Schrift* erscheinen, und beides ist – wenngleich auch in durchaus unterschiedlicher Weise – im Wissenschaftssystem im Gebrauch. Erstaunlich ist es, dass trotz allen technischen Fortschritts und der Erfindung vieler technischer Medien offenbar Wissenschaft (insbesondere als Lehre, also dort, wo sie pädagogisch wird) auf die mündliche Rede, und damit auch auf die körperliche Anwesenheit von Personen, nicht – und wenn, dann nur temporär – verzichten kann. Das ist zum einen deshalb erstaunlich, weil die mündliche Sprache sehr alt ist, viel älter als die Schrift; sie geht stammesgeschichtlich zurück bis in die Zeit, in der sich der *homo sapiens* aus der Linie der anderen Primaten verabschiedet und seinen eigenen Weg geht – also lange vor der Zeit, als mit Beginn der Hochkulturen sich so etwas wie wissenschaftliches Denken zu regen beginnt. Zum anderen ist es deshalb erstaunlich, weil mündliche Rede strukturell – also ganz unabhängig von ihrer situativen Inanspruchnahme – eine ganze Reihe erheblicher Restriktionen impliziert, die einen hohen Investitionsaufwand bedeuten. Das erste und wohl wichtigste Nadelöhr jeder mündlichen Rede ist die körperliche Anwesenheit einer geringen, überschaubaren Anzahl von Menschen zum gleichen Zeitpunkt an einem gleichen Ort. Interaktion unter Anwesenden ist angesagt, und das zwingt, damit sie möglich wird, zu aufwändigen Synchronisierungsleistungen. Gelingen kann das, wenn überhaupt, nur durch eine starke Engführung und Beschränkung (gleiche Menschen, gleicher Raum, gleiche Zeit). Allein schon die Tatsache, dass immer der Körper bzw. der Leib (vom »Geist« ganz zu schweigen) dabei sein muss, macht dort, wo man sich nicht gerade zufällig trifft, eine aufwändige und kosten- und energieintensive Organisation notwendig. Man kann hier geradezu von einem »Leibapriori« mündlicher Rede sprechen[109]. Eine solche horizontale Weitergabe von Informationen durch die mündliche Rede hat einen stark limitierenden Effekt und braucht viel Zeit – zumindest so lange, bis mit der Erfindung von technischen Medien (wie Telefon, Fernsehen, Internet) diese Grenzen überwunden wurden und auch die mündliche Rede eine horizontale Weitergabe von Informationen ermöglichte. Ein weiteres Nadelöhr kommt hinzu, durch das jede mündliche Kommunikation muss, nämlich das der Asymmetrie von Sprechen und Hören. Wenn einer redet, müssen die anderen schweigen, so dass immer nur einer reden und alle anderen zuhören müssen. Schon allein diese strukturelle Engführung erzwingt Aufmerksamkeit, und das ist vermutlich eine unverzichtbare Voraussetzung für das Verstehen der mündlichen Rede eines anderen. Diese Asymmetrie kann in der Zeitdimension umgekehrt werden, wird damit allerdings nicht prinzipiell außer Kraft gesetzt. Jetzt redet eben der andere und alle anderen schweigen und hören zu.

All das sind erhebliche Nachteile, und es stellt sich deshalb die berechtigte Frage: Wo sind die Vorteile? Die Vermutung liegt ja nahe: Es muss offenbar auch Vorteile – genauer gesagt: Selektionsvorteile – geben, die die offensichtlichen Nachteile (unterm Strich) überwiegen. Um ihnen auf die Spur zu kommen, muss man sich noch einmal die Eigenart mündlicher Rede genauer vor Augen führen – um dann zu fragen: Welche Probleme sollen damit gelöst werden? Mündliche Rede erlaubt es zunächst einmal, den

---

109 Wie das K. O. Apel in seiner philosophischen Anthropologie vorschlägt (vgl. Apel 1975).

anderen Menschen aufmerksam zu beobachten. Evolutionsbiologen würden hier wahrscheinlich von *Signalkommunikation* sprechen: Wer sich mündlich mit anderen unterhält, kommuniziert Differenzen, die als Signale wahrgenommen und verstanden werden sollen. Dabei gehört es zur Eigentümlichkeit einer Interaktion unter Anwesenden, dass sie alle Sinneskanäle umfassen kann, also nicht nur den akustischen Kanal, sondern – vor allem auch – den visuellen Kanal. Man kann den anderen nicht nur hören, sondern auch sehen. Deshalb spielt nicht nur die *Rhetorik*, also die alte Kunst, andere durch mündliche Rede zu überzeugen, eine wichtige Rolle. Vielmehr wird die verbale Kommunikation zusätzlich durch Signale der nonverbalen Kommunikation unterstützt, z. B. durch Körpersprache, Prosodie (Tonfall, Modulation, Rhythmus des Sprechens), Mimik, Gestik und Deiktik (also Zeigehandlungen). Die Fähigkeit zum Ausdrucksverstehen wird über die Wahrnehmung der leiblichen Expressivität erleichtert und verbessert (vgl. Meuter 2006). Handbewegungen, Steh- oder Sitzhaltung, Sprechgeschwindigkeit und Sprechpausen, Augenkontakt und vor allem die genaue und bei Menschen hoch entwickelte Fähigkeit der Gesichtsbeobachtung (das Gesicht als »Spiegel der Seele«!) können hier eine erhebliche Bedeutung gewinnen.

Dazu kommt, dass mündliche Rede normalerweise Teil einer Handlungsstruktur ist, die als Kontext die Bedeutung schon vorbereitet. Der alte hermeneutische Grundsatz, wonach der Zusammenhang die Bedeutung »macht«, spielt hier eine wichtige Rolle. Es genügt in der pädagogischen Praxis oft nur ein Wort, um dem Angesprochenen unmissverständlich zu vermitteln, was man will. Wenn z. B. der Lehrer sieht, wie ein Schüler während der Klassenarbeit beim Nachbar abzuschreiben versucht, genügt es, wenn er ruft: »Vincent!« – und allen Beteiligten ist klar, was das bedeuten soll. Es gehört zu einer pädagogischen Handlungsstruktur, dass sie trotz ihrer strukturellen Asymmetrie neben der Ansprache auch die Rückfrage ermöglicht (»Warum immer ich? Es war doch mein Nachbar!«). Selbst in Vorlesungen, die in der Hochschullehre wegen ihrer starken strukturellen Asymmetrien oft kritisiert werden – ein Professor spricht, über hundert Studierende hören zu –, ist es nicht ausgeschlossen und in vielen Fällen sogar üblich, dass die Hörer auch Zwischenfragen stellen oder

Zwischenbemerkungen machen und den Monolog in einen Dialog überführen können. Unterricht und Lehre ermöglichen so gesehen durch ihre Form (der Interaktion unter Anwesenden) selbst dort, wo sie im Normalfall überwiegend monologisch ablaufen, eine dialogische Sprechsituation.

Aus Sicht eines fernen Beobachters scheinen die restriktiven Bedingungen einer mündlichen Lehre einschränkend zu wirken[110], denn den Adressaten werden ihre Erlebens- und Handlungsmöglichkeiten stark beschränkt. Erziehung wird allerdings erst dadurch möglich, dass soziale Möglichkeiten eingeschränkt zur Verfügung gestellt – und dadurch Erwartungen enttäuscht – werden. Schließlich können »soziale(n) Bedingungen [...] äußerst restriktiv auf das (wirken), was eine Person in der Beziehung zu sich selbst an sich ermöglichen könnte. Insofern beginnt alle Erziehung mit Enttäuschungen« (Luhmann/Schorr 1981, S. 46). Erziehung versucht, ihre Erweiterungsabsichten durch Ein- und Beschränkungen von Erlebens- und Handlungsmöglichkeiten zu erreichen. Nicht jedem – vor allem nicht jedem Schüler – leuchtet sofort ein, dass man »nicht immer verliert, wenn man entbehrt« (Goethe VII Wilhelm Meister, S. 430). Im Gegenteil, die Beschränkung (durch die man nach Goethe erst »Meister« wird) wird als Einschränkung der subjektiven Freiheitsspielräume empfunden. Andererseits kann die asymmetrische Sprechsituation, die im Unterricht und in der Lehre dominiert, von Schülern und Studierenden auch entlastend empfunden werden. In großen Klassen oder in vollen Hörsälen kann sich der Einzelne besser (hinter den anderen) verstecken und sich von den Zumutungen permanenter Belehrung partiell befreien.

Wissenschaft als Lehre teilt dieses Schicksal, auf mündliche Rede nicht verzichten zu können (und wenn, dann nur temporär oder partiell), mit Erziehung und Bildung allgemein. Jeder Unterricht ereignet sich überwiegend in Form einer Interaktion unter körperlich Anwesenden, die sich durch mündliche Sprache verständigen und dabei gegenseitig beobachten können. Nur durch rigide Vorselektionen in Form sozialer Beschränkung, räumlicher Isolation und zeitlicher Koordination kann das gelingen. Voraus-

---

110 Flucht- und Kompensationsversuche sind nicht gerade selten. Wenn alles schläft und einer spricht, so nennt man dieses Unterricht.

setzung dafür ist die Synchronisierung normativer Erwartungsstrukturen auf der Basis eines gemeinsam geteilten Sinnhorizontes. All das kann natürlich auch zufällig geschehen (man trifft zufällig auf dem Weg in die Mensa einen alten Schulfreund und tauscht ein paar Worte aus). Aber Wissenschaft kann, wie übrigens schulischer Unterricht auch, nicht warten, bis alles zufällig von alleine geschieht. Der Zufall, »durch den das Schicksal wirkt«, ist wohl ein sehr einflussreicher Faktor in der Bildungsgeschichte eines Menschen, aber es ist ein »sehr ungelenkes Organ« (Goethe Bd. 7 Wilhelm Meister, S. 121), denn er braucht viel Zeit und führt selten das aus, was die menschliche Vernunft beabsichtigt. Der Zufall hat in der wissenschaftlichen Forschung – als »Entdeckung« – einen erheblichen Einfluss. Es sind viele Zufälle dokumentiert, die zu wichtigen wissenschaftlichen Erkenntnissen geführt haben. Dort jedoch, wo es um wissenschaftliche Lehre geht, wird der Zufall häufig geradezu als *horror vacui* gefürchtet. Er stört dort, wo die Belehrung als intentionaler Akt Zeit sparender Erfahrungen durch mündliche Kommunikation geplant wird, den Plan – wenngleich auch nicht unbedingt die dahinter stehende Absicht[111]. Dabei kann der Zufall durchaus auch didaktisch fruchtbar sein und sich zu einem »fruchtbaren Moment im Bildungsprozess« (Copei 1969) verdichten. Allerdings hat eine Didaktik des Zufalls einen großen Zeitbedarf – nicht unbedingt, was seine Entfaltung betrifft, aber bezüglich der Wartezeit bis zu seinem Eintreten.

Aus der Tatsache, dass man bis heute in didaktischen Situationen (auch im Rahmen wissenschaftlicher Lehre) auf Interaktion unter körperlich Anwesenden nicht verzichtet (die Ausnahmen, die es natürlich gibt, bestätigen die Regel), lässt sich schließen, dass unterm Strich die Vorteile die Nachteile überwiegen müssen. Offenbar lohnt sich der erhebliche Aufwand, den man treiben muss, um Menschen zur gleichen Zeit an den gleichen Ort zu

---

111 Nicht nur Lehrer, sondern selbst Könige müssen im Zufall die Grenzen ihrer Macht akzeptieren: »Was ist 's das den Befehl des König hindert?/Der Zufall dessen wir nicht Meister sind« (Goethe: Iphigenie auf Tauris, zweiter Auftritt). Der Zufall wird in der Erziehungswissenschaft sehr stiefmütterlich behandelt. Zum Versuch seiner Rehabilitierung vgl. Treml 1993.

bringen und über ein Thema zu sprechen, weil man durch Beobachtung des Sprechenden und die Möglichkeit, monologisches in dialogisches Sprechen zu überführen, die Unwahrscheinlichkeit gelingender Kommunikation überlisten kann. Die Annahme seiner Selektionsofferten wird dadurch erleichtert.

Schriftliche Kommunikation

Auf die Vorteile, die mündliche Rede als Teil einer Interaktion unter körperlich Anwesenden besitzt, muss *schriftliche Kommunikation* verzichten. Wissenschaft kommuniziert überwiegend schriftlich, und das vermutlich alleine schon deshalb, weil die Schrift die externe Speicherung für ihre Erkenntnisse erleichtert bzw. optimiert und damit die Begrenzungen einer internen Speicherung (im Gehirn) überwindet. Informationen werden dadurch nicht nur akkumulierbar, sondern auch der Möglichkeit ihrer Dauerbeobachtung ausgesetzt. Bücher können auch noch nach Jahrzehnten, Jahrhunderten, ja Jahrtausenden ihre Leser finden. Wer ein wissenschaftliches Buch liest, muss allerdings auf alle Vorteile einer direkten Beobachtung des Autors (in Welt 1) ebenso verzichten wie auf die Möglichkeit der direkten Rückfrage, wenn er glaubt, den Inhalt nicht (richtig) verstanden zu haben. Das eh schon schwierige, ja unwahrscheinliche Geschäft des Verstehens fremder Sinnäußerungen wird damit noch schwieriger. Um die Signale wissenschaftlicher Texte »teuer« zu machen, um so ihren Wahrheitsanspruch zu gewichten und die Annahme als Selektionsofferte wahrscheinlicher zu machen, muss Wissenschaft noch weitaus stärker, als das in ihrer mündlichen Präsentation (etwa in Form von Vorträgen) der Fall ist, kompensatorische Hilfsmittel verwenden, die durch Einschränkungen die schriftliche Kommunikation disziplinieren. Die wichtigsten Disziplinierungsmittel sind wohl:
- explizite Einführung der wichtigsten Begriffe durch Definitionen,
- Trennung der Sprachtypen und Sprachebenen,
- Zurückhalten bei Werturteilen und Meinungen und
- methodische Einbettung in einen Sinnzusammenhang durch explizite Verweisungen (die den Erkenntnisprozess für den Leser wiederholbar oder nachvollziehbar macht).

Das Gemeinsame dieser Bemühungen ist das sorgfältige Umgehen mit der benützten Sprache. Zumindest ist dies Teil eines Wissenschaftsverständnisses in der Welt 3. In der Welt 1 sind Wissenschaftler auch nur Menschen, und die überwiegend latenten Funktionen können die normativen Intentionen eines wissenschaftstheoretisch nobilitierten Wissenschaftsverständnisses durchaus konterkarieren. Aber dazu später. Zunächst wollen wir über die idealtypischen Normen eines sich der Sprachbedingtheit wissenschaftlicher Kommunikation bewussten Vorgehens nachdenken, und erst im Anschluss daran auf eine Funktion der tatsächlich benützten Sprache in (erziehungs-)wissenschaftlichen Texten eingehen.

Wenn der Sinn eines Wortes sein Gebrauch in der Sprache ist[112] (und die Bedeutung auf die Entität »deutet«, auf die es als Zeichen zeigt[113]), dann wollen Definitionen diesen Gebrauch entweder rekonstruieren oder (normierend) festlegen. Wenn man den tatsächlichen Gebrauch, den Menschen in Welt 1 von einem Wort machen, zu rekonstruieren versucht, dann spricht man von einer Begriffsexplikation, die meistens in einer *Realdefinition* mündet. Realdefinitionen können, weil sie – im Sinne des korrespondenztheoretischen Wahrheitsbegriffes – eine Korrespondenz von Bezeichnung und Bezeichnetem zum Ausdruck bringen, wahr oder falsch sein. Wenn der Begriff in Welt 1 tatsächlich so gebraucht wird, wie es in der Definition beschrieben wird, dann ist sie wahr, wenn dies nicht der Fall ist, falsch. Im Großen und Ganzen sind z.B. Lexika eine Sammlung von Realdefinitionen, weil sie den vertrauten, üblichen Wortgebrauch

---

112 Also nicht die »Bedeutung« (= Extension) im Sinne Wittgensteins: »Die Bedeutung eines Wortes ist die Art seiner Verwendung« (Wittgenstein 1970, S. 61).

113 Manchmal ist es hilfreich, zwischen Sinn und Bedeutung zu unterscheiden. Sinn wäre dann der Platz, in dem im Zusammenhang anderer Aussagemöglichkeiten das Wort erscheint, und Bedeutung wäre das Bezeichnete, auf das das Wort (hin-)«deutet« – analog (und gleichzeitig präzisierend) zu Frege: »Es liegt nun nahe, mit einem Zeichen [...] außer dem Bezeichneten, was die Bedeutung des Zeichens heißen möge, noch das verbunden zu denken, was ich den Sinn des Zeichens nennen möchte, worin die Art des Gegebenseins enthalten ist« (Frege 1962, S. 41).

beschreiben. Die Einschränkung »im Großen und Ganzen« soll zum Ausdruck bringen, dass auch lexikalische Definitionen ohne eine normierende nominale Beschränkung kaum auskommen, weil selten alle Verwendungsweisen des Begriffes aufgeführt werden (können). Damit nähert sich die Definition einer *Nominaldefinition* an, die in ihrer Reinform keine Rücksicht auf irgendwelchen tatsächlichen Wortgebrauch nehmen muss, sondern stattdessen nur eine Vorschrift für den Gebrauch im eigenen Text macht. Als normative Vorschrift ist eine Nominaldefinition nicht wahrheitsfähig, sondern mehr oder weniger brauchbar und unbrauchbar.

Die beiden – hier en passant – eingeführten Kriterien der Definition, nämlich *Vertrautheit* und *Fruchtbarkeit,* werden damit von den Definitionsarten unterschiedlich stark in Anspruch genommen. Realdefinitionen neigen sich dem vertrauten Sprachgebrauch zu, Nominaldefinitionen orientieren sich ausschließlich an der vermuteten Fruchtbarkeit einer Abkürzung, denn bei ihnen dient das *Definiendum* (also der definierte Begriff) im Grunde nur als Abkürzung für das viel längere Definiens (also die sprachliche Umschreibung der Bedeutung). Deshalb gelten hier die Kriterien der Eliminierbarkeit und Nichtkreativität (vgl. Essler 1982, S. 76 ff.): Der Wahrheitswert ändert sich nicht, wenn das Definiens durch das Definiendum ersetzt und damit »eliminiert« wird; gleichzeitig sagt er aber auch nichts über dasjenige aus, was im Definiens auch schon gesagt worden ist. Durch Nominaldefinitionen erfährt man also nichts Neues; es sind bloß Abkürzungen. Handlungsnahe (sprich: an Welt 1 orientierte) Wissenschaften, wie die Pädagogik, werden sich – wenn überhaupt – eher der Realdefinitionen bedienen[114], während handlungsferne (sprich: an Welt 3 orientierte) Wissenschaften, wie z. B. die Mathematik, überwiegend mit Nominaldefinitionen arbeiten.

Definitionen sind immer *metasprachliche* Aussagen. Man spricht über ein Wort, über einen Begriff, über die Sprache (deshalb »Meta-Sprache«). Das Objekt, über das gesprochen wird, erscheint dann – in Bezug auf die Metasprache – *objektsprachlich*. Diese

---

114 Ein Beispiel aus der Pädagogik ist die differenzierte Begriffsexplikation des Erziehungsbegriffes, die dann in einer Realdefinition von »Erziehung« mündet, von Wolfgang Brezinka (Brezinka 1974, S. 34 ff.).

Unterscheidung von *Objektsprache* und *Metasprache* ist deshalb wichtig, weil ihre Verwechslung unter Umständen zu überflüssigen Missverständnissen führen kann. Wenn man sie vermeiden will, sollte man metasprachliche Ausdrücke (und Sätze) immer in Anführungszeichen setzen. Das Anführungszeichen ist ein typisches kompensatorisches Merkmal der geschriebenen Sprache. Es kommt in der mündlichen Rede nicht vor (es sei denn, als Zitat einer schriftlichen oder ironischen Bedeutung), denn diese bedarf der ausdrücklichen Differenzierung der Sprachebenen deshalb nicht, weil der konkrete Handlungskontext die Aussage klärt. Weil dieser Handlungskontext in wissenschaftlichen Texten fehlt, müssen kompensatorische Hilfsmittel, wie eben die Definitionen, benützt werden.

Auch die Erziehungswissenschaft benützt überwiegend die *Normalsprache* (Alltagssprache, Umgangssprache) als Metasprache, ohne dabei den im konkreten Vollzug des Sprechens vorhandenen Kontext mitnehmen zu können. Begriffe der Normalsprache, die im Alltag problemlos verstanden werden, können so unter Umständen in der wissenschaftlichen Literatur unklar und diffus werden. Um dieses Defizit zu kompensieren, gibt es in den Wissenschaften eine ganze Reihe weiterer kompensatorischer Sprachformen. Einfach scheint es dort zu sein, wo *Eigennamen* eine direkte singulare Existenzbedeutung haben (»Platon«, »Kant«, »Pestalozzi« usw.); sobald man jedoch Aussagen allgemeiner Art macht, muss man *Allgemeinbegriffe* benützen (»Philosoph«, »Wissenschaft«, »pädagogische Methode« usw.). Man kann durch genaue Zeit- und Ortsangaben hier noch ein ganzes Stück weit präzise bleiben, weil man dabei nahe an beobachtbaren und eindeutig beschreibbaren Daten bleibt (»Im Jahr 2000 gab es an der Universität x in y acht erziehungswissenschaftliche Professuren«). Weil hier Objekte (in Welt 1) benannt werden, die prinzipiell beobachtbar sind, spricht man hier von *Beobachtungssprache* und unterscheidet diese von einer *Theoriesprache*[115]. In der Theoriesprache ist der Zusammenhang mit beobachtbaren

---

115 Oder »theoretischen Sprache« (vgl. Carnap 1960): »Die Beobachtungssprache verwendet Terme, die beobachtbare Eigenschaften und Beziehungen bezeichnen, zur Beschreibung beobachtbarer Dinge oder Ereignisse. Die theoretische Sprache andererseits enthält Terme, die

Objekten entweder schwer zu rekonstruieren oder überhaupt nicht mehr zu erkennen. Allgemeinbegriffe der Art »Bildung«, »Identität«, »Kognition« u. Ä., die nun genau in diese Kategorie gehören, sind nicht nur in der Philosophie und Theorieliteratur allgemein omnipräsent, sondern auch und gerade in einer (geisteswissenschaftlich akzentuierten) Pädagogik beliebt. Und hier beginnen die Probleme, denn die vielfältigen Versuche, in der Theoriesprache wissenschaftstheoretisch eindeutige Grenzlinien »zwischen dem wissenschaftlich Sinnvollen und dem Sinnlosen zu ziehen« (Carnap 1960, S. 211), sind meines Erachtens nicht gelungen. Der wohl wichtigste Grund hierfür ist, dass man sich beim Versuch, letzte Klarheit zu erreichen, immer und unvermeidbar dabei auch der immer schon verstandenen Normalsprache (als letzte Metasprache) bedienen muss, die allerdings alles andere als klar und sicher ist (vgl. Bollnow 1966, insbesondere S. 9 ff.). Manche haben deshalb – auch in der Pädagogik – den Schluss daraus gezogen, gar nicht mehr zu wollen, was man eh nicht erreichen kann, nämlich eine eindeutige, präzise und klare (Theorie-)Sprache.

Aber Defätismus ist hier nicht angebracht! Ein Kompromiss würde vielleicht so aussehen, dass man darauf verzichtet, eine eindeutige, präzise und klare Sprache (auch in der Erziehungswissenschaft) zu erhoffen, es aber schon wünschenswert wäre, wenn es gelänge, wenigstens ein bisschen eindeutiger, präziser und klarer zu sprechen, als das gemeinhin der Fall ist. Wenn es schon nicht möglich ist, den Traum vieler Denker (etwa Comenius und Leibniz) nach einer präzisen und nichtredundanten *lingua universalis* zu verwirklichen, einer wissenschaftlichen Sprache, die so präzise ist, dass sie keinerlei Missverständnisse mehr ermöglicht, dann kann man sich doch bemühen, wenigstens so klar wie möglich zu sprechen. Um es in einer gängigen Metapher zu sagen: Man kann einen schmutzigen Teller auch mit schmutzigem Wasser und einem schmutzigen Tuch sauber bekommen, wenngleich auch nicht völlig (steril) rein.

---

sich auf unbeobachtbare Ereignisse, unbeobachtbare Aspekte oder Züge von Ereignissen beziehen können« (ebd., S. 209).

Aussagetypen

Ein großer Schritt in diese Richtung wäre, wenn es gelänge, die verschiedenen Sprachebenen in der wissenschaftlichen Prosa in einer für den Leser transparenten und deutlichen Form auseinander zu halten. Die Unterscheidung von *deskriptiven Aussagen, explikativen Aussagen* und *normativen Aussagen* wäre hier von entscheidender Bedeutung, weil diese Aussagearten sich bezüglich ihrer wissenschaftlichen Begründbarkeit erheblich unterscheiden. Deskriptive Aussagen präsentieren eine Erkenntnis, indem sie einen Sachverhalt beschreiben und dabei einen Wahrheitsanspruch erheben, der durch die Methoden seiner Erzeugung »bewahrheitet« werden kann. Die verschiedenen empirischen Methoden produzieren so gesehen objektive Erkenntnisse, weil sie ihre Daten an die Methoden rückkoppeln und (im Idealfalle) sogar wiederholbar machen. Historische oder geisteswissenschaftliche Disziplinen produzieren deskriptive Aussagen, in denen sie gleichzeitig angeben, mit welchen Methoden sie diese Aussagen erzeugt haben (z. B. Befragung, Tests, Archivarbeit usw.). Hier sind die »Sammler« zu Hause, die Daten in Form deskriptiver Aussagen sammeln. Vor allem neue oder abweichende Daten verlangen nach einer Erklärung, und diese wird durch explikative Aussagen produziert. Von einer Erklärung kann man dann sprechen, wenn ein Sachverhalt durch ein Argument begründet werden kann, das eine Antwort auf eine Warum-Frage gibt: Warum ist das so? Die Antwort kann in einem Satz formuliert werden, der mit »weil« beginnt: »Das ist so, weil...«, und es gibt eine kausale, intentionale oder funktionalistische Begründung, die in die Form einer Deduktion gebracht werden kann[116]. Im Idealfalle könnte eine solche Deduktion in die Form einer Idealsprache überführt werden, die eine möglichst große Anzahl definierter Terme benützt.

Unter normativen Aussagen werden gewöhnlich sowohl solche Aussagen verstanden, die eine Präferenz zum Ausdruck bringen (Werturteile), als auch Urteile, in denen die Herstellung einer Handlung oder deren Unterlassung gefordert wird (Normen).

---

116 Vgl. zur Form wissenschaftlicher Erklärungen – etwa im Sinne von Hempel und Oppenheimer – und ihren Varianten den großen Überblick bei Stegmüller 1969.

Beiden Aussagetypen ist gemeinsam, dass sie keine Erkenntnisse zum Ausdruck bringen, und sie sind deshalb auch nicht wahrheitsfähig, denn es wird nicht behauptet, dass ein Sachverhalt in einem erkannten Objektbereich der Fall ist. Ein Werturteil sagt nicht unbedingt etwas über das Objekt aus, aber immer etwas über das (urteilende) Subjekt. Der Wertende sagt implizit immer: »Ich finde dieses oder jenes gut oder schlecht!« Die damit zum Ausdruck gebrachte Auf- oder Abwertung kann allerdings in einem technischen oder in einem moralischen Sinne gemeint sein, und zumindest ein technisches Werturteil mag *auch* etwas über das beurteilte Objekt zum Ausdruck bringen – »auch«, weil es ganz ohne einen im beurteilenden Subjekt schlummernden Wertmaßstab nicht geht. Ein technisches Werturteil ist deshalb eine dreistellige Relation: »Die xy-Schule ist eine gute Schule!«, bedeutet dann: »Ich bewerte die xy-Schule hinsichtlich x (dieser und jener Kriterien) als vorziehungswürdig«. Weil der Beurteilungsmaßstab häufig verschwiegen oder »verschluckt« wird, können auch solche mehr oder weniger technische Werturteile in wissenschaftlichen Texten manches Unheil anrichten. Viel häufiger und problematischer sind jedoch moralische Werturteile, die eine Handlung oder eine Gesinnung mit Achtungs- oder Verachtungsverweisen belegen, weil man damit seine Achtung oder Verachtung auf die ganze Person bezieht. Wenn man z.B. sagt: »Lehrer X ist ein Faschist!«, dann meint man nicht bloß, dass dieser gestern eine politisch nicht korrekte Äußerung getan hat, aber ansonsten ein prima Kerl ist, sondern dass er eine ganz und gar verwerfliche Person ist, mit der man sich lieber nicht einlassen sollte.

Moralische Werturteile oder Normen können als letzte, nicht verhandelbare Werturteile ihre Funktion der Kontingenzstopps dort erfüllen, wo sie eine gelebte Sittlichkeit in Worte fassen. Wenn z.B. der erste Satz im Grundgesetz lautet: »Die Würde des Menschen ist unantastbar«, dann bringt er eine solche positive Moral zum Ausdruck, die in Europa alte, antike, christliche und aufklärerische Wurzeln besitzt. Der Satz ist, streng genommen, als deskriptiver Satz falsch, denn die Würde des Menschen ist natürlich antastbar und wird tagtäglich irgendwo auf dieser Welt angetastet. Trotzdem wird dies in Kauf genommen, weil es in seiner ontologisch verstärkten Formulierung deutlich signalisiert, dass er eine bestehende Norm der Welt 3 ist, die in der Welt 1 nicht verhandelbar ist. Hier zeigt sich ein allgemeines Phänomen, nämlich die Tendenz, normative Aussagen im Indikativ zu formulieren, um sie als Kontingenzstopp zu verstärken. Was ist stärker als die Welt, die man im Indikativ formulieren kann. Also sagt man, wenn man eine Norm oder ein Werturteil verstärken will: »Es kann nicht sein, dass...«– obwohl bei Lichte besehen ja gerade das Gegenteil der Fall ist. Der Gebrauch des Indikativs überlagert deshalb zunehmend semantische Formen, die deutlich einen normativen oder wertenden Vorbehalt implizieren, wie etwa der Konjunktiv oder (im Lateinischen) der Ablativ.

Erschwerend kommt hinzu, dass die Unterscheidung von deskriptiven und normativen Aussagen nicht nur dadurch verwischt werden kann, dass normative Aussagen in Form von deskriptiven Aussagen (also Sätze im Indikativ) daherkommen können, sondern dass auch das Gegenteil der Fall sein kann. Wenn wir z. B. die Aussage nehmen: »Es ist verboten, Ball zu spielen«, dann kann dies eine normative Aussage sein, die das Ballspielen verbietet, oder es kann eine deskriptive Aussage über ein Verbot sein, bei der ein unbeteiligter Dritter berichtet, dass es an diesem oder jenem Ort verboten sei, Ball zu spielen. Der Unterschied liegt darin, dass das eine Mal der Satz »gebraucht« und das andere Mal »erwähnt« wird. Im *Gebrauch* ist der Satz normativ, in seiner *Erwähnung* deskriptiv. Es ist deshalb sinnvoll, wenn man einen Satz, der über eine Norm oder über ein Werturteil berichtet, ohne normativ oder wertend zu sein, nicht als Norm oder normative Aussage, sondern als »Normaussage« bezeichnet und nicht von Werten oder Werturteilen, sondern von »Wertaussagen« spricht, um auch sprachlich schon den Unterschied deutlich zu machen.

Normen sind nicht wahrheitsfähig, denn sie erheben keinen Geltungsanspruch auf wahrheitsfähige Erkenntnisse. Sie können – wenn sie objektsprachlich formuliert werden – nicht wahr oder falsch sein, sondern bestenfalls vernünftig oder unvernünftig. Während wir wissenschaftlich eine große Anzahl von Methoden der Bewahrheitung von deskriptiven und explikativen Aussagen haben, ist die Begründung von Normen und Werten – trotz vieler Versuche – wissenschaftlich bisher nicht in vergleichbarer Weise gelungen[117]. Der Grund dafür ist wohl, dass wir keinen im Objekt

---

117 Auch nicht für Erziehungsziele resp. Lernziele (vgl. Treml 1978).

verankerbaren Widerstand oder keine Bestätigung vorfinden, was alleine Korrekturen möglich machen würde. Normen beschreiben ja nicht das faktische Vorhandensein eines Sachverhaltes, sondern fordern stattdessen kontrafaktisch dessen Herstellung oder Unterlassung. Normen können von der Wirklichkeit, wie sie ist, deshalb nicht gekränkt werden, was manchem wohl eher als Vorteil denn als Nachteil dünkt, denn hat man sich erst einmal in den Himmel der Werte und Normen aufgeschwungen, verhindert dort kein Hindernis das freie geistige Herumflattern in allem, was gut, schön und edel ist[118]. En passant gibt man dadurch auch seine eigene moralische Vortrefflichkeit zum Besten, wenn man die Unmoral (bei anderen) kritisiert und geißelt[119]. Die gerade in pädagogischen Diskursen beliebte Einforderung und Anmahnung von Werten und Wertbewusstsein (bzw. einer Werterziehung bzw. Moralerziehung) ist deshalb nicht unproblematisch, denn der geistige Kampf um Werte pflegt gelegentlich sehr real in brutale Auseinandersetzungen in Welt 1 auszuarten. Da mag es sogar als ein glücklicher Umstand erscheinen, dass es den Pädagogen gewöhnlich an Macht und an Möglichkeiten ermangelt, zu Werten und Moral zu erziehen (vgl. Treml 1997a).

Solange normative Aussagen als solche offen daherkommen, sind sie ungefährlich, denn im schlechtesten Falle »merkt man die Absicht und ist verstimmt«, im Idealfalle aber bringen sie nur die eigene, schon mitgebrachte Meinung zum Ausdruck. Gegen offene Manipulationsversuche kann man sich besser wehren als gegen latente Überwältigungsversuche. Problematisch wird es dann, wenn Werte und Normen sich sprachlich verbergen und heimlich, gewissermaßen auf Samtpfoten, daherschleichen. Das ist nun allerdings keinesfalls der seltene Sonderfall, sondern in einer handlungs- und alltagsnahen Wissenschaft (wie der Pädagogik) eher die Regel. Schon auf begrifflicher Ebene wird die Unvermeidbarkeit von mitgeschleppten Wertungen deutlich. Viele, wenn nicht gar die meisten Begriffe der Normalsprache besitzen nämlich nicht nur einen *denotativen,* sondern auch einen *konnotativen* Bedeutungs-

---

118 Vgl. genauer das Kapitel über Ethik (Kap. 8).
119 Eine beliebte Form der »inneren moralischen Eitelkeit«, die in »dem Genusse des Bewusstseins der eignen Vortrefflichkeit« besteht (Hegel 1970, S. 370).

anteil. Die denotative Bedeutung eines Wortes transportiert seinen Sinn im Verwendungszusammenhang der Sprache oder zeigt (»bedeutet«) auf das sinnhaft Bezeichnete; der konnotative Bedeutungsanteil schleppt eine implizite Bewertung mit (gut/schlecht), die im Schlagschatten seiner denotativen Bedeutung mitsegelt. Am besten kann man sich dieses Phänomen an den *binären Codes* deutlich machen, weil es hier klar vor Augen geführt wird.

Binäre Codes

Binäre Codes sind Begriffspaare (wie z. B. »gut – böse«, »schön – hässlich«, »gesund – krank«, »weiß – schwarz«, »alt – jung« usw.), bei denen der eine Begriff auf den anderen verweist und erst dadurch seine Bedeutung bekommt. Man kann sie durch drei Kriterien näher bestimmen: Unterscheidung, Bezeichnung und Bewertung. *Unterscheidung*: Die Bedeutung eines Begriffes unterscheidet sich von seinem Gegenbegriff, z. B. »gesund« und nicht »krank«. *Bezeichnung*: Nur einer der beiden Begriffe ist gemeint, also »gesund« wird bezeichnet und alles andere wohl als latenter Sinnhorizont mitgebraucht, aber ausgeblendet (also »gesund« und nicht »schön« oder »laut« usw.). Diese Kennzeichnung von Unterscheidung und Bezeichnung ist allen Begriffen einer Sprache gemeinsam und bringt damit ihre erkenntnistheoretische Bedeutung logisch auf den Begriff. Bemerkenswert ist jedoch vor allem das dritte Kriterium, die asymmetrische *Bewertung*, die wir so gut wie immer bei solchen binären Begrifflichkeiten mitschleppen: gut ist besser als böse, schön besser als hässlich, gesund besser als krank, klug besser als dumm usw.). Selten wird nach dem Bösen im Guten, dem Schönen im Hässlichen und dem Klugen des Dummen gefragt. Diese Eigentümlichkeit einer asymmetrischen Bewertung zeigt an, dass es in der Sprache vor allem um Handlungsorientierung – und damit um Überlebensoptimierung geht. Erkenntnis steht (wenn sie stammesgeschichtlich begründet wird) im Dienste des Überlebens und hat für sich genommen keinen Selbstzweck. Es ist deshalb nützlich, wenn man mit dem Begriff gleichzeitig die Vorziehungswürdigkeit der einen Seite des sprachlichen Codes mittransportiert[120].

---

120 Thales von Milet wird folgendes Zitat zugeschrieben (das beispielhaft nicht nur binär codiert, sondern auch asymmetrisch bewertet): »Drei

Vermutlich ist das der Grund, warum auch viele Begriffe der Umgangs- und Bildungssprache, die nicht im strengen Sinne binär codieren, ebenfalls eine Bewertung mitschleppen. Diese konnotative Wertung ist meist weich in dem Sinne, dass sie zeitlich, räumlich und sozial kontingent, aber gleichwohl so deutlich ist, dass sie Zustimmung oder Ablehnung hervorrufen kann. In der pädagogischen Sprache lassen sich viele solcher Wörter nachweisen, und manchmal scheint es so zu sein, dass ihr konnotativer Bedeutungsanteil größer ist als ihr denotativer Informationsgehalt. »Frieden« (und »Friedenserziehung«) ist dafür ein schönes Beispiel. Das Wort klingt so schön, dass es spontan Zustimmung provoziert, und das, obwohl schon die alten Kirchenväter im 4. Jahrhundert sich bewusst waren, dass ein schlechter Friede unter Umständen schlimmer sein kann als ein guter Konflikt[121]. Ein anderes Beispiel ist der in der Pädagogik so beliebte Bildungsbegriff. »Bildung« ist ein deutlicher Sympathiebegriff – übrigens ganz im Gegensatz zum Erziehungsbegriff, denn – in Anlehnung an eine Formulierung von Niklas Luhmann formulier: Bildung suggeriert ein Angebot, Erziehung aber eine Zumutung. Deshalb sprechen wir immer dann, wenn es um Erwachsene geht, von Bildung (»Erwachsenenbildung«, »Fortbildung«, »Bildungsministerium« usw.) und verwenden den Erziehungsbegriff nur im Zusammenhang mit (wehrlosen?) Kindern (»elterliche Erziehung«, »Familienerziehung«, »Erziehungsberatung« usw.). Dabei ist der denotative Bedeutungsanteil des Bildungsbegriffes so gering und heterogen, unklar und vage, dass niemand so genau sagen kann, was er eigentlich bedeutet[122]. Und genau deshalb ist er so beliebt. Ganz im Gegensatz zu Begriffen, die in sozialen Zusammenhängen

---

  Dinge sind es, die mich dem Schicksal danken lassen: dass ich als Mensch zur Welt kam und nicht als Tier, als Mann und nicht als Frau und als Grieche und nicht als Barbar.«
121 Bei Gregor von Nazianz (4. Jahrhundert) lesen wir in seiner Rede über den Frieden: »Man möge nicht glauben, daß ich jeden Frieden empfehle! Ich weiß, es gibt eine Auflehnung, die sehr gut ist, und eine Versöhnung, die sehr schädlich ist... Wo Bosheit offenkundig ist, ist es besser, mit Feuer und Schwert, mit Geschick und Macht und auf alle mögliche Weise vorzugehen, als am Sauerteil der Bosheit teilzunehmen...« (Gregor von Nazians 1983, S. 30).
122 Vgl. zur historischen Begriffsexplikation vor allem Dohmen 1964/65.

einen technologischen Bezug signalisieren und damit an die pädagogische Technologieaversion andocken. »Sozialtechnologie« ist ein solches Wort, und seine negativen konnotativen Bedeutungsanteile haben es zu einem berühmten Buchtitel gebracht, der in der Auseinandersetzung von Jürgen Habermas mit Niklas Luhmann eine binäre, ja disjunktive, Semantik und Logik in Anspruch nimmt: »Theorie der Gesellschaft oder Sozialtechnologie«[123]. Auch die sich dahinter verbergende Auseinandersetzung zwischen einer sich als »Kritische Theorie« präsentierenden theoretischen Positionierung und der »Systemtheorie« (*sensu* Niklas Luhmann) lässt sich kaum ohne eine binär codierte Bewertungssemantik formulieren, denn in vielen Ohren hört sich »Kritische Theorie« einfach besser an als »Systemtheorie« – wenngleich, ich gebe es zu, eine Verallgemeinerung sicher nicht möglich ist, weil der Bewertungsmaßstab unterschiedlich sein kann. Immerhin klingt das Adjektiv »kritisch« offenbar so gut, dass es von so unterschiedlichen Theorien wie der (marxistisch angeregten) Kritischen Theorie und der (antimarxistisch angeregten) Theorie des Kritischen Rationalismus gleichermaßen an prominenter Stelle benützt wird.

Bei manchen Begriffen – und das dürfte z. B. beim Kritikbegriff und beim Bildungsbegriff der Fall sein – scheint der konnotative Bedeutungsanteil zu überwiegen. Man könnte bei dieser Art von Wörtern dann von *evokativen Begriffen* sprechen. Deren denotativen Bedeutungsanteile sind so gering, verwaschen, unklar oder vage, dass es schwer fällt, sie definitorisch zu präzisieren. Manchmal muss man geradezu von *Leerformeln* sprechen, weil die Begriffe »leer« von denotativem Gehalt sind. In erfahrungswissenschaftlichen Zusammenhängen ist das sicher ein Nachteil, weil der Bereich jener Sätze, die empirisch gehaltvoll ihnen widersprechen können, sehr klein ist oder gar auf null geht. Es gilt hier: Der (denotative) *Gehalt* einer Aussage (verstanden als jene Menge an Aussagen, die mit einem Satz inkompatibel sind und ihn falsifizieren können) ist umso größer, je kleiner der *Spielraum* ist, also der Bereich der Aussagen, die mit ihm kompatibel sind. Zwischen Gehalt und

---

[123] Der gesamte Titel lautet: »Theorie der Gesellschaft oder Sozialtechnologie – Was leistet die Systemforschung?« (Habermas/Luhmann 1971) und transportiert eine unfaire, weil versteckte Präferenz.

Spielraum besteht also ein asymmetrisches Verhältnis: Je größer der Spielraum, desto kleiner der Gehalt – und umgekehrt (vgl. Schmid 1972). Ein erziehungswissenschaftlicher Text, der viele Erkenntnisse über die Erziehungswirklichkeit zum Ausdruck bringen will, sollte also idealiter einen großen Gehalt an denotativer Bedeutung transportieren und einen kleinen semantischen Spielraum haben.

Es ist nicht immer einfach, im konkreten Fall den denotativen und den konnotativen Bedeutungsanteil zu bestimmen. Aber manchmal gibt es eine Semantik, von der wir moralisch geradezu überwältigt werden und bei der eine Gegenwehr zwecklos scheint. Wenn von »Emanzipation« oder »Befreiung von überflüssiger Herrschaft« gesprochen wird, ist Widerstand zwecklos, und wer will schon etwas gegen die »Herstellung eines richtigen Bewusstseins« (Adorno) haben[124]? Die Tarnung der moralisierenden Überwältigungsversuche durch eine vage, leerformelhafte und mehrdeutige Begrifflichkeit ist vielleicht kein planvolles Programm, aber gleichwohl unter Umständen nützlich, weil es die (denotative) Gedankenlosigkeit verbirgt und Zustimmung dadurch erzwingt, dass die Absicht verborgen bleibt, die möglicherweise Ablehnung provozierte.

Pragmatische Zusammenhänge

Als ein Zwischenergebnis können wir festhalten, dass es im Einzelfalle schwer, wenn nicht gar unmöglich ist, an der äußeren sprachlichen Form beschreibende Sätze von Wertungen und Normen zu unterscheiden. Wenn man auf der semantischen Ebene – also der Bedeutungsebene – von Sprache bleibt, kommt man nicht unbedingt auf eine eindeutige Klärung. Man muss noch zusätzlich die pragmatische Ebene von Sprache – und damit den Kontext, in dem ein Satz geäußert wird – berücksichtigen. Erst der Kontext macht die Bedeutung eines Satzes klar. Beispielsweise ist der Satz »Es ist 9.40 Uhr« ohne Kontext ein schlichter deskriptiver

---

124 Vielleicht ausgenommen diejenigen, die schon in der Absicht einer »Herstellung« (*poiesis*) einen Ausdruck für das falsche Bewusstsein entdecken.

Satz; je nach pragmatischem Kontext kann er aber eine dezidiert normative Bedeutung gewinnen (»Ihr habt nur noch zehn Minuten Zeit bis zur Abgabe der Klassenarbeit! Also sputet Euch!«). Es ist deshalb nützlich, zwischen dem Kern der semantischen Prädikation, also der Sache, über die man spricht (hier der Uhrzeit), und dem pragmatischen Modus, der seine Funktion in einem bestimmten Kontext bestimmt (hier die Aufforderung, sich zu sputen), zu unterscheiden. Diese Unterscheidung ist in der Sprachphilosophie wohl üblich, aber die Bezeichnungen unterscheiden sich erheblich: »Satzradikal – Satzmodus« (Wittgenstein), »Phrastikon – Neuistikon« (Hare), »Sachgehalt – Geltungsmodus« (Radnitzky).

Wir haben inzwischen eine ganze Reihe von sprachlichen Unterscheidungen kennen gelernt, die uns die analytische Sprachphilosophie zur Verfügung stellt, um die wissenschaftliche Kommunikation vor (überflüssigen) Fehlern zu bewahren. Damit wird deutlich, dass diese Unterscheidungen, über die man beschreibend informieren kann, selbst in ihrem Geltungsmodus einen normativen Anspruch enthalten, den man etwa so formulieren kann: Es ist nützlich, wenn man diese Unterscheidungen gebraucht, weil sie Scheinprobleme zu verhindern erlauben; also benütze sie! Damit kann man sie so umformulieren, dass sie Teil eines Wissenschaftsverständnisses sind, das ein kontrafaktisches, normatives Ideal von Wissenschaft zum Ausdruck bringt und deshalb seine Begriffe in der Welt 3 verortet. Hier ist die Wissenschaftstheorie zu Hause, die sich der Rekonstruktion und Präzisierung jener normativen Ideen zuwendet, die sich seit vielen Jahrhunderten, ja Jahrtausenden in der einschlägigen (insbesondere philosophischen) Literatur angesammelt haben.

Wenden wir uns jetzt aber der Welt 1 zu und versuchen einmal, wissenschaftliche Texte, die man der Pädagogik zurechnet, zu beobachten – und zwar wie sie sind, und nicht wie sie idealiter sein sollten –, dann ist das Ergebnis ernüchternd:
- Statt einer einfachen Sprache finden wir oft Unklarheit und komplizierte Satzungetüme vor; statt verständlicher Texte lesen wir Unverständliches.
- Statt sprachlicher Disziplinierung entlang der wissenschaftstheoretisch korrekten Regeln ist ein unreflektiertes Schreiben eher die Regel als die Ausnahme.

- Statt Wahrheitssuche und gediegener Überprüfung der Argumente finden wir nicht selten Rechthaberei und schlampige oder gar fehlende Begründungen der Behauptungen.
- Statt kurzer und klarer Texte müssen wir langatmige und weitschweifende Ausführungen lesen, bei denen kein roter Faden zu erkennen ist und die stattdessen von wilden Assoziationen leben.
- Statt sorgfältiger Prüfung der Argumente, die auch die gegnerischen Argumente berücksichtigt (wie das etwa in den Dialogen Platons, der Scholastiker, Leibniz' oder Kants noch vorbildlich vorgemacht wurde), werden vorgefasste Meinungen vertreten und durch selektive Wahrnehmung der Argumente zu plausibilisieren versucht.
- Statt ergebnisoffen über eine Frage nachzudenken und die Antwort methodenorientiert der weiteren Untersuchung zu überlassen, wird schon zu Beginn das Ergebnis vorweggenommen und bloß noch wortreich paraphrasiert.
- Statt mühsamer Wahrheitssuche finden wir stolzen Wahrheitsbesitz präsentiert, und die Abgrenzung zu anderen Positionen wird als »Kritik« nobilitiert, die diese immer ins Unrecht setzt[125].
- Statt unerschrocken und unbeeindruckt von gerade herrschenden Meinungen und Gedanken zu schreiben, finden wir nicht selten nur die gerade herrschenden theoretischen Methoden und politisch korrekten Meinungen und Gesinnungen nachgeplappert. Statt neue wissenschaftliche Erkenntnisse zu präsentieren, werden weitschweifig alte »Wahrheiten« wiederholt und paraphrasiert.
- Statt eines eigenständigen Gedankengangs finden wir ein ständiges gegenseitig Voneinander-Abschreiben, ein schamloses Anschmiegen an fremde Gedankengänge und eine Ansammlung von Zitaten, die nur locker mit Hilfe der »Tarzanmethode« miteinander verbunden werden: Von Ast (Zitat) zu Ast (Zitat) schwingend.

---

[125] Nach dem lateinischen Motto: »Stercus cuique suum bene olet« – Angenehm duftet einem jeden der eigene Mist.

All dies ist alles andere als originell und schon vielfach beschrieben und von vielen beklagt worden. Schon Leibniz träumte davon: »Die natürliche Methode des Sprechens meine ich, die eigentlich einfach und durchsichtig ist, von aller Verdrehung und Schminke frei, leicht verständlich und volkstümlich, aus dem gemeinen Leben genommen und den Gegenständen angemessen, die durch ihr Licht das Gedächtnis unterstützt, statt durch eitle und naseweise Spitzfindigkeit die Urteilskraft zu verwirren« (Leibniz 1951, S. 3). Warum gelingt es bis heute nicht, breitenwirksam die normativen Vorstellungen einer »richtigen Wissenschaft« in den wissenschaftlichen Texten zu verwirklichen? Warum bleibt eine klare, einfache und verständliche Sprache in den Wissenschaften immer noch ein Traum?

Eine einfache Antwort könnte lauten: Weil Wissenschaft in Welt 3 (und in Welt 2) ontologisch etwas anderes ist als Wissenschaft in Welt 1. Wissenschaft in Welt 3 beschreibt, wie Wissenschaft sein sollte, und Wissenschaft in Welt 1 ist, wie sie ist. Dazwischen vagabundieren die vielen subjektiven Vorstellungen von Wissenschaft in Welt 2 und pendeln einmal mehr in die eine Richtung und das andere Mal in die andere – aber immer unzufrieden, weil man nicht weiß, ob man sich lieber an der Erfahrung von Wissenschaft in Welt 1 oder an der Idee von Wissenschaft in Welt 3 orientieren soll. Ein bloß normatives Erwarten, das bei der ständigen Anklage und Kritik des desolaten Zustandes verharrte, wäre hier wenig ergiebig, weil es weder den beklagten Zustand verändern noch erklären kann. Aber auch eine Überführung in kognitives Erwarten, das die normativen Vorstellungen, die sich die Wissenschaftstheorie von Wissenschaft (in Welt 3) macht, veränderte und sich schlicht der defizitären Realität von Wissenschaft anpasste, wäre wenig hilfreich, weil es gleichfalls nichts verändern und nichts erklären könnte. Eine Erklärung dieser Differenz müsste zunächst von ihr ausgehen und dann nach ihrer Funktion fragen, die sie auf Dauer stellt. Was könnten die unmittelbar beteiligten Wissenschaftler vielleicht übersehen haben?

Beobachtung

Kommunikation bedarf neben der mündlichen oder schriftlichen Äußerung einer leicht zu übersehenden Voraussetzung: *Beobachtung*. Wer kommuniziert, beobachtet und wird beobachtet, und Wissenschaftler kommunizieren vielleicht nicht absichtlich, aber unvermeidbar auch deshalb, um beobachtet zu werden. Wie jede Kommunikation ist auch wissenschaftliche Kommunikation eine Art Signalselektion, die der Beobachtung bedarf. Wer wissenschaftlich publiziert oder wissenschaftliche Vorträge hält, sucht Beobachter und will Beobachtung. Alle Karriereanschlüsse laufen über Beobachtung, und deshalb gilt das rigide Publikationsgebot: *Publish or perish*! Erleichtert wird die Beobachtung von Beobachtern, wenn der Beobachter signalisiert, dass er auch andere beobachtet. Deshalb sind wissenschaftliche Texte häufig überfrachtet mit Zitaten, personenbezogenen Quellenangaben und langen Literaturlisten, die die Namen der beobachteten anderen Wissenschaftler alphabetisch aufführen (vgl. Luhmann 1990, S. 244 f.)[126]. Man kann die Wahrnehmung des Signals dadurch wahrscheinlicher machen, dass man solche Personen beobachtet, die auch von anderen beobachtet werden. Man gibt damit eine Art Metasignal: Ich gehöre dazu! Ich bin Mitbeobachter wie Du! Beobachtung ist Voraussetzung für Anschlussfähigkeit an weitere Kommunikation und für *Reputation*. Reputation ist vermutlich das psychologisch wirkungsvollste Motiv, das mit wissenschaftlicher Kommunikation intendiert wird (und nicht »Wahrheit« oder »Erkenntnis«). Wissenschaftliche Erkenntnis ist ein (gewollter) Nebeneffekt bei dem Bestreben, über Beobachtung und Beobachtung der Beobachtung Reputation zu erlangen[127]. Wissenschaftliche Reputation ist eine Art Kredit, die zwischen Anspruch

---

126 Denn »Reputation wird an Eigennamen verliehen, also an semantische Artefakte mit eindeutiger, rigider Referenz« (Luhmann 1990, S. 246). Der nächste Satz ist nicht weniger wichtig: »Die Namen selbst haben, eben wegen dieser Rigidität, keine eigene wissenschaftliche Bedeutung«.

127 Deshalb dürften pekuniäre Anreize, die von Bildungsreformern immer wieder ins Spiel gebracht werden, fast wirkungslos bleiben. Finanzielle Gratifikationen werden wohl mitgenommen, wenn sie sich als Nebeneffekt von wissenschaftlicher Arbeit ergeben, sie sind aber nicht die

und Wirklichkeit von Wahrheit überbrückt – und damit den personalen (oder ontischen) Wahrheitsbegriff zu rehabilitieren scheint. Aber Namen selbst haben – streng genommen – keine wissenschaftliche Bedeutung; sie bleiben der wissenschaftlich erzeugten Wahrheit äußerlich. Wissenschaftliche Erkenntnis wird nicht deshalb wahr und ist nicht deshalb Erkenntnis, weil sie von einer bestimmten Person kommt. Wahrheit macht sich von Personen und Dingen unabhängig bzw. beharrt auf der Differenz zur Sache (die erkannt wird!).

Beobachtung kann nicht erzwungen werden. Der bescheidene Einfluss besteht in der mündlichen und/oder schriftlichen Präsentation sprachlicher Kommunikation. Es gibt deshalb, spätestens seit der Erfindung des Buchdrucks, einen großen Selektionsdruck in Richtung Veröffentlichung. Schon Comenius, vor allem aber Rousseau[128] und viele andere haben schon vor der Publikationsflut gewarnt – und das Ihre dazu getan, dass sie größer wird. Wer z. B. in einer großen Universitätsbibliothek durch die langen Gänge der Magazine schlendert, wird geradezu erschlagen von den Millionen von Büchern und vielleicht diesen Eindruck geradezu körperlich bedrückend empfinden. Das damit zum Ausdruck kommende exponentielle Wachstum an wissenschaftlicher Literatur vergrößert den Selektionszwang, und für jeden, der sich ins Wissenschaftssystem verirrt, stellt sich die Frage: Was soll ich lesen?

Ein verbreitetes Auswahlkriterium lautet: Man beobachte, was andere (in der *scientific community*) beobachten und lesen (und zitieren). Diese Einbettung in einen kommunikativen Sinnhorizont der *scientific community* ist eine Disziplinierungsform wissenschaftlicher Kommunikation und verhilft dazu, sich nicht in bloß subjektiven Assoziationen zu verlieren. Allerdings besteht hier auch die Gefahr, dass man auf Modeautoren, die gerade alle lesen und zitieren, hereinfällt. Sie entfachen ein Strohfeuer auf-

---

zugrunde liegenden Motive, geschweige denn eine Garantie für neue Erkenntnisse.

128 »Ich hasse Bücher – durch sie lernt man nur, über etwas zu reden, was man nicht weiß« (Rousseau 1963, S. 388), denn »Der Buchstabe tötet, der Geist belebt« (dito, S. 412). Rousseau selbst schreibt (dicke Bücher) – so seine Entschuldigung – nur, »um meine Leser daran zu hindern«, den gleichen Fehler zu machen (dito, S. 415).

geregter Kommunikation, das allerdings häufig wieder schnell zu erlöschen droht. Es ist deshalb ratsam, sich nicht auf jeden vorbeifahrenden Zug zu schwingen.

Eine andere (beliebte) Möglichkeit ist, sich in Zitierkartellen zu bewegen und solche Autoren zu beobachten, die einen auch beobachten. Diese Form des reziproken Altruismus funktioniert allerdings nur, solange der reziproke Austausch gelingt, und ist meist nur eine temporäre Erscheinung. Hilfreicher ist deshalb wohl ein anderes Auswahlkriterium (das leider erst oft am Ende eines Studiums durchschaut wird): Man lese diejenigen Bücher, von denen alle anderen abschreiben! Also die so genannten »Klassiker«. Klassiker haben den Vorzug, dass sie inmitten der vielen Neuerscheinungen nicht veralten können, denn sie sind schon alt. Sie dienen auch in den Neuerscheinungen als Kontingenzunterbrecher (vgl. Treml 1997). Dabei ist es im Grunde eine Zuschreibung, eine Attribution, die hier eine effektive Wirkung zeigt: Nicht Wahrheit, sondern Reputation scheint das entscheidende Kriterium. Dabei gilt das Matthäus-Prinzip (»Wer hat, dem wird gegeben!«) auch in der Wissenschaft. Wer Reputation einmal erworben hat, dem gibt man auch weiterhin Kredit. Der Doktorand, der einen Verleger für seine Doktorarbeit sucht, muss erkennen: Das Manuskript des angesehenen Wissenschaftlers wird ungelesen publiziert – und meines nicht![129]

Eine Folge davon ist, dass wissenschaftliche Kommunikation öffentlich ist, ja öffentlich sein muss. Die Öffentlichkeit wissenschaftlicher Kommunikation wird meistens als normatives Moment einer Idee von Wissenschaft eingeführt, und das mag möglicherweise auch nicht falsch sein. Schließlich impliziert Inanspruchnahme eines konsenstheoretischen Wahrheitsbegriffes den Gedanken eines unabgeschlossenen und freien Diskurses, bei dem niemand per se ausgeschlossen werden darf. Das bedeutet: Öffentlichkeit. Übersehen wird jedoch häufig, dass Öffentlichkeit auch dort zwingend notwendig ist, wo beobachtet werden soll, und so gesehen schon alleine aus dem Bestreben, beobachtet werden zu wollen, erklärbar wird.

---

129 Es sei denn mit einem erheblichen Druckkostenzuschuss in einem Dissertationsverlag.

Alleine aus der strukturellen Gegebenheit, dass Wissenschaftler sich gegenseitig beobachten, können einige der beklagten Differenzen von (normativem) Anspruch und (faktischer) Verwirklichung in wissenschaftlicher Kommunikation und durch wissenschaftliche Kommunikation erklärt werden. Wenn sich Reputation als eine quasi angeborene und kulturell überlagerte Form des Strebens nach Anerkennung vor die idealen Normen von wissenschaftlicher Erkenntnissuche schiebt, werden damit andere, naturgeschichtlich stabilisierte, Funktionen bedient, die unter Umständen mit den Idealnormen einer wissenschaftstheoretisch korrekten Form wissenschaftlicher Kommunikation konfligieren. Allerdings muss diese Funktion keineswegs den Beteiligten bewusst sein. Ganz im Gegenteil, sie wirkt viel effektiver, wenn sie latent bleibt und quasi als »invisible hand« die Dinge ordnet[130].

---

130 In den Worten von Niklas Luhmann: »Bei aller taktischen Rationalität des Strebens nach Reputation und des Förderns bzw. Blockierens: die Plausibilität von Reputation hängt davon ab, dass die ›Hand‹ unsichtbar bleibt, die sie verteilt« (Luhmann 1990, S. 246).

7 Logik

... oder das Collegium Logicum

Die Beobachtung erziehungswissenschaftlicher Kommunikation hat als Zwischenergebnis erbracht, dass sich die reale Wissenschaft, wie sie sich in Welt 1 präsentiert, nicht oder nur selten nach den Idealvorstellungen von Wissenschaft in Welt 3 zu richten pflegt. Zwischen dem, was *Wissenschaftstheorie* einerseits und die empirische Wissenschaftsforschung (*Wissenschaftssoziologie*) andererseits über Wissenschaft herausgefunden haben, klaffen oft tiefe Abgründe. Die Beliebigkeit wissenschaftlicher Semantik, ihre Abstraktheit und Schwerverständlichkeit gerade in geisteswissenschaftlichen Texten ist deshalb häufig Kritik und Spott ausgesetzt (vgl. Seifert 1979, Treml 1987, Treml 2007). So meinte, um ein prominentes Beispiel zu geben, Jürgen Habermas einmal: »Soziologen, Psychologen, Politologen, Anthropologen, auch Philosophen, allen voran die Pädagogen, stehen heute in dem Rufe, sich unnötig abstrakt und überkompliziert auszudrücken« (vgl. Habermas 1978). Gelegentlich wird der Eindruck erweckt, dass Verständlichkeit eine Bringschuld der Autoren sei und nicht eine Holschuld der Leser, und man unterstellt sogar – gut verschwörungstheoretisch – eine »bewusst erzeugte Hermetik«, die »manipulativen Zielen« diene und »kommunikationsdysfunktional« sei (so z. B. Müller 2008). In manchen pädagogischen Kollegs scheint es geradezu zum guten Ton zu gehören, über die Unverständlichkeit der schwierigen Texte und die vielen Fremdwörter zu klagen, die einem da zugemutet werden. In der Erziehungswissenschaft mag es ein paar Dutzend Fachbegriffe geben – die meisten wohl importiert aus den benachbarten Disziplinen –, und trotzdem erscheinen sie manchen Studenten der Erziehungswissenschaft als eine Zumutung[131].

---

131 Zum Vergleich möge man einmal den »Pschyrembel«, das Handbuch der Mediziner, in die Hand nehmen – mit seinen wohl über zwanzigtausend verschiedenen Fachbegriffen.

Aber nicht nur die fremden und abstrakten Begriffe fallen der Kritik anheim, sondern die schwere Verständlichkeit oder gar Unverständlichkeit der Argumentation, also der Gedankenführung. Vor allem geisteswissenschaftliche Texte werden gerne kritisiert. Hängt das unter Umständen damit zusammenhängen, dass im Gegensatz zu einer naturwissenschaftlichen Sprache eine geisteswissenschaftliche keinen Widerstand in der Welt 1 (z. B. durch ein falsifizierendes Experiment) findet und deshalb zum Fabulieren und zum schwer verständlichen Nuscheln neigt?

Die »spanischen Stiefel«

Es liegt nahe, sich nach einem Korrektiv umzuschauen, das dabei hilft, die Beliebigkeit und Grenzenlosigkeit der weiten Gedankenführung wieder einzufangen, zu strukturieren und zu ordnen. Gerade dort, wo alles möglich scheint, müsste man rigide Beschränkungen einbauen, die nicht mehr alles möglich machen (und damit nichtssagend wären). Ein solches Korrektiv könnte die *Logik* sein – ein strenges Disziplinierungsinstrument, das in den natur- und technikwissenschaftlichen Disziplinen seit langem erfolgreich verwendet wird und möglicherweise auch für die irrlichternde Semantik der Geisteswissenschaften nützlich sein kann. Mit »Logik« verbinden wir den Anschein unbedingter Sicherheit des Denkens (vgl. Cassirer 1994, S. 3). Kein Wunder, dass deshalb schon Mephistopheles seinem Gesprächspartner Faust riet:

»Mein teurer Freund, ich rat' Euch drum
Zuerst Collegium Logicum.
Da wird der Geist Euch wohl dressiert
Zu spanische Stiefeln eingeschnürt
Daß er bedächtiger so fortan
Hinschleiche die Gedankenbahn,
Und nicht etwa, die Kreuz und Quer
Irrlichterliere hin und her«[132]

Aber schwingt da nicht schon ein ironischer Zungenschlag mit (wenn von »dressieren« und »einschnüren« gesprochen wird), der

---

132 Goethe, J. W.: Faust, 1. Teil, Studierzimmer.

zur Vorsicht mahnt? Michel de Montaigne fragt deshalb skeptisch: »Wen hat die Ausbildung in Logik schon gescheiter gemacht?« (Montaigne 2008, S. 18). Man möchte antworten: Vielleicht nicht »gescheiter«, aber »besser verständlich«! Könnte nicht die Logik als eine Art Spezialeinrichtung zur Überwachung des undisziplinierten wilden Denkens in der Erziehungswissenschaft begriffen werden? Schon ein oberflächlicher Blick in die erziehungswissenschaftliche Literatur ernüchtert aber in dieser Hinsicht schnell: Von einer *expliziten* Anwendung der Logik, oder gar dem Gebrauch einer logischen Formalsprache keine Spur! Wohl wird gelegentlich in einigen erziehungswissenschaftlichen Publikationen in elementare Formen der Logik (insbesondere Begriffslogik, Aussagenlogik, Syllogistik, Prädikaten- und Quantorenlogik) eingeführt[133] – allerdings ausschließlich metasprachlich (z. B. Seifert 1971, Derbolav 1975, Leonhard 1992). Mir ist jedoch kein erziehungswissenschaftliches Werk untergekommen, das mit der Logik objektsprachlich arbeitet[134]. Die Logik bleibt damit dort, wo sie überhaupt erscheint, der erziehungswissenschaftlichen Kommunikation äußerlich. Über Logik wird wohl (gelegentlich) gesprochen – sie wird *erwähnt* –, aber mit Logik wird nicht gearbeitet, d. h. sie wird nicht *gebraucht.*

In Anbetracht dieser Zustandsbeschreibung wäre es nicht hilfreich, hier zum wiederholten Male in die Grundlagen der Logik metasprachlich einzuführen, denn dazu gibt es eine Reihe guter logischer Propädeutiken (z. B. Kamlah/Lorenzen 1967, Essler 1962, Zoglauer 2008). Viel interessanter dürfte es sein, darüber nachzudenken, warum Logik der Pädagogik bislang so äußerlich

---

133 Erstaunlicherweise jedoch weder in die Modallogik noch in die deontische Logik, also in die Logik der Wert- und Normaussagen. Das ist deshalb erstaunlich, weil es Erziehungswissenschaftler im Gegenstandsbereich ihrer Beobachtungen häufig mit Werten und Normen zu tun haben (z. B. Menschenbilder, Erziehungs- und Lernziele usw.). Auch Adaptionsversuche einer temporalen Logik sind nirgendwo zu erkennen.

134 Diese Formulierung schließt nicht aus, dass es ein solches Werk (oder gar mehrere Werke diesbezüglicher Art) doch gibt. Eine Ausnahme mag meine Dissertation von 1976 sein, in der ich mit der Aussagenlogik und Quantorenlogik objektsprachlich gearbeitet habe (Treml 1978). Aber die Schrift blieb unveröffentlicht.

geblieben ist, obwohl sie doch in anderen wissenschaftlichen Disziplinen zum erfolgreichen alltäglichen Handwerkszeug (besser: Denkwerkzeug) zu gehören scheint. Wie ist die pädagogische Berührungsangst vor der Logik zu erklären? Und vielleicht die noch wichtigere Frage: Wie ist sie zu bewerten?

Der Logikbegriff

Bevor wir den Gründen für diese erziehungswissenschaftliche Zurückhaltung (in Sachen Logik) nachgehen, wollen wir aber erst den Begriff der Logik klären, denn schon hier gibt eine Reihe von semantischen Fallstricken. Verwirrend mag schon sein, dass die historischen Bezeichnungen der Logik seit der frühen Antike variieren: *Dialektik, Organon, Kanonik, Medicina mentis, Wissenschaftslehre, Denklehre, Argumentationskunst*, ja gelegentlich wird zur Logik (neben der Dialektik) auch noch die *Rhetorik* gerechnet[135]. Wenn man versuchen will, das Gemeinsame der verschiedenen Bezeichnungen herauszuarbeiten, dann wird man – wenngleich nur in einem semantischen Kernbereich – auf das korrekte formale Gerüst kommunikativer Strukturen stoßen. Damit besitzt der Logikbegriff einen deskriptiven und einen normativen Teil. Wenn z. B. von den »richtungsweisenden Normen« der Erkenntnis die Rede ist oder von den »formalen Regeln des menschlichen Verstandes«, dann wird immer Zweierlei zum Ausdruck gebracht: Erstens, es geht nicht um die durch Sprache transportierten Inhalte, sondern ausschließlich um die *Form*, in der sie erscheinen können. Häufig wird dieser formale Kern der Logik auch mit dem Prädikat »rein« bezeichnet. Kant definiert z. B.: »Eine allgemeine, aber reine Logik hat es also mit lauter Principien a priori zu thun und ist ein Kanon des Verstandes und der Vernunft, aber nur in Ansehung des Formalen ihres Gebrauchs, der Inhalt mag sein, welcher er wolle...« (KrV B 77). Bei Hegel lesen wir kurz und bündig: »Die Logik ist sonach als das System der reinen Vernunft, als das Reich des reinen Gedankens zu fassen« (Hegel 1971, S. 31).

---

[135] Vgl. das Stichwort »Logik« im Historischen Wörterbuch der Philosophie, Bd. 5: L–Mn, Sp. 357 ff.

Dazu kommt zweitens: Es geht um die »richtigen« bzw. »korrekten« Normen dieser formalen Kommunikationsstrukturen. Logik ist also nicht nur eine Lehre vom Argumentieren, sondern die Lehre vom »*richtigen*« – sprich: wahrheitswerterhaltenden – Argumentieren. Dieser Hinweis auf die normative (genauer gesagt: normierende) Funktion der Logik ist deshalb bedeutsam, weil manche Formulierungen ein Missverständnis geradezu nahe legen, nämlich, dass Logik etwas mit dem *Denken* zu tun habe. Wenn wir allerdings unter »Denken« das Prozessieren der subjektiven Vorstellungen (in Welt 2) verstehen, das sich in unseren Gehirnen (und damit in Welt 1) ereignet, dann kann Logik damit nicht gemeint sein – oder man müsste (mit Kant) präzisieren: »... die Logik beschäftigt sich nur mit der Form des Denkens überhaupt« (Kant KrV B 23). Auch wenn man unter Denken die subjektiven Vorstellungen meint, die ein Mensch (in seiner Welt 2) assoziiert, wenn er an Logik denkt, würde man den neuzeitlichen Logikbegriff verfehlen. Es wäre ein altes, lange kolportiertes Missverständnis zu meinen, dass Logik eine psychologische Basis (z. B. in den Vorstellungen von denkenden Menschen) habe. Die Logik kann vielleicht zerebrale Vorstellungen wecken, oder sie wird möglicherweise von subjektiven Vorstellungen begleitet; Logik ist jedoch nicht identisch mit diesem Denken, sondern ontologisch völlig eigenständig. So ist beispielsweise der Satz vom (ausgeschlossenen) Widerspruch in »allen möglichen Welten« (Leibniz) wahr und das völlig unabhängig, ob er in Welt 1 oder Welt 2 angewendet oder verletzt wird. Logik ist (wie die eng mit ihr verwandte Mathematik) ausschließlich Teil der Welt 3, und deshalb kann und darf sie auch normativ in dem Sinne sein, dass sie auch kontrafaktisch ein Ideal des »Richtigen« oder »Korrekten« normiert, das in der Welt 1 oder in der Welt 2 nicht oder nur ansatzweise erreicht wird. Wenn man also die Logik als »Denkkunst« bezeichnet, dann muss man das so verstehen, dass die Logik die formalen Regeln des richtigen Schließens vorgibt und die Überführung in die Welt 1 oder Welt 2 eine Kunst ist, die sich nicht automatisch ergibt, sondern einer eigenen Anstrengung bedarf.

Was die erkenntnistheoretische Begründung von Logik betrifft, lassen sich – wie üblich – zwei unterschiedliche Ansätze unterscheiden, eine *rationalistische* und eine *empiristische* (naturalistische). Überwiegend wird Logik (analog der Mathematik) rationalistisch begründet und entweder ontologisch (platonistisch) oder konstruktivistisch (intuitionistisch) interpretiert. Die logischen Formen sind keine raumzeitlichen Gegenstände, sondern bestehen für sich als ontologisch eigenständige »Ideen«, die nicht erfunden, sondern nur entdeckt werden können. Spätestens seit der Entdeckung der logischen Antinomien wird diese platonistische Begründung kaum noch vertreten und stattdessen eine konstruktivistische bevorzugt. Sie begreift Logik und Mathematik als selbstorganisiertes, rein algorithmisch aufgebautes Regelspiel. Die logischen Gesetze dienen deshalb ausschließlich der Selbstermächtigung eines fiktiven Agens, das sich Regeln gibt und dann fiktiven Beobachtern die Überprüfung der Regelförmigkeit überlässt. Man versteht die logischen Gesetze deshalb, weil man sie selbst gemacht (konstruiert) hat. Wenn das so ist, kann man die Regeln auch so ändern und z. B. die Antinomien (durch Einführung eines Sprachtypenmodells und des Verbots der Selbstrückbezüglichkeit) entschärfen.

Logische Kalküle sind Beispiele für formale Sprachen, die aus der Einführung von (konstanten und/oder variablen) Termen – also eines Vokabulars, einer Grammatik, die die zugelassenen Relationen der Terme vorschreibt – und der Bestimmung von Ableitungsregeln besteht.[136] Sie bedürfen keiner semantischen Interpretation, d. h. sie können rein formale Sprachspiele sein, die ausschließlich aus inhaltslosen formalen Beziehungen bestehen. Erst bei einer inhaltlichen Auffüllung der logischen Formen bedarf es einer Semantik. Eine solche Logik benötigt, um arbeiten zu können, nicht einmal Menschen; sie kann von Maschinen ausgeführt und benützt werden, und sie wird von Maschinen (z. B. Computern) auch in der Tat so gebraucht.

Meistens wird in dieser Weise in die Logik eingeführt. Man liest dann z. B., dass es Wahrheitswertetafeln »gibt«, mit denen man den Wahrheitswert ausrechnen kann. Die junktorenlogischen Tafeln erlauben es, rein schematisch zu überprüfen, ob eine Aussage, die als Schluss aus zwei Prämissen gezogen wird, die mit Hilfe von logischen Konstanten (»nicht«, »und«, »oder«, »wenn – dann«) miteinander verbunden werden, wahr oder falsch ist. Wohl benützt

---

136 Diese sind die der klassischen Junktorenlogik und dürften m. E. auf den Syllogismus »modus ponens ponendo« reduzierbar sein.

man dabei Worte der Umgangssprache, aber das ist in einem streng logistischen System zufällig und eher verwirrend als erhellend, denn diese logischen Konstanten werden nicht durch ihre Bedeutung in der Umgangssprache, sondern ausschließlich durch die Wahrheitswertetafeln der Aussagenlogik definiert.

Der Kern einer so verstandenen Logik ist das wahrheitswerterhaltende Schließen, und so gesehen ist Logik streng genommen nicht die Wissenschaft vom richtigen Denken, sondern vom korrekten, d. h. folgerichtigen Argumentieren. Ihre Aussagen sind in einem absoluten Sinne wahr (in allen möglichen Welten). Der damit in den Blick kommende logische (bzw. kohärenztheoretische) Wahrheitsbegriff ist eine Vernunftwahrheit der Welt 3 und keine Tatsachenwahrheit (Welt 1) und deshalb notwendig[137]. Logisch wahr bedeutet hier, dass ein Satz wahr ist (und zwar notwendig und apodiktisch), wenn die Prämissen wahr sind und keine Schlussfehler gemacht werden. Damit wird deutlich, dass das Prädikat »wahr« sich hierbei nicht auf Sachen oder Personen (ontische Wahrheit) und nicht auf Aussagen bzw. Sätze (korrespondenztheoretische Wahrheit), sondern auf Aussagenzusammenhänge bezieht[138]. Wie die Mathematik ist auch die Logik eine apriorische Wissenschaft, die ihre uneingeschränkte Sicherheit durch eine rigide Trennung von der Erfahrungswelt (Welt 1) erkauft und dadurch den Zufall strikt ausschließt[139]. Logische Aussagen können durch Empirie weder bestätigt noch widerlegt werden (weil sie ohne Referenz sind), und nur deshalb können sie apodiktische Gewissheit garantieren. Oder anders formuliert: Dort, wo logische Aussagen rein apriorisch begründet werden, sind sie sicher; dort, wo sie aposteriorisch interpretiert werden, sind sie nicht mehr sicher – oder abstrus. Ein Beispiel: Aus

---

137 Die Formulierung lehnt sich an Leibniz an: »Es gibt [...] zwei Arten von Wahrheiten: Vernunftwahrheiten und Tatsachenwahrheiten [...] Die Vernunftwahrheiten sind notwendig und ihr Gegenteil ist unmöglich; die Tatsachenwahrheiten sind zufällig und ihr Gegenteil ist möglich« (Leibniz 1958, S. 138).

138 Bei einfachen Sätzen bedarf es einer »außerlogischen Feststellung« (Friedrich Kümmel), bei komplexen Aussageverbindungen genügt dagegen die Feststellung der widerspruchsfreien Kohärenz.

139 Was nicht ausschließt, dass man den Zufall (auf der Objektebene) zum Objekt logischer Berechnungen macht (»Stochastik«).

den beiden Prämissen: »Immer wenn der Lehrer zur Türe hereinkommt, stehen die Schüler auf« und »Der Lehrer kommt zur Türe herein« kann man mit apodiktischer Sicherheit schließen, dass – unter der Voraussetzung, dass die beiden Prämissen wahr sind – die Schüler aufstehen. Dieses Syllogismus (*modus ponens*) ist in seiner logischen Wahrheit absolut sicher, und das vollkommen unabhängig davon, ob in der Welt 1 die Schüler tatsächlich aufstehen oder vielleicht (aus irgendeinem Grunde, der uns hier nicht interessieren soll) ausnahmsweise einmal sitzen bleiben. An diesem Beispiel wird auch deutlich, dass logische Aussagenzusammenhänge nichts über die Welt aussagen, sondern nur eine sprachliche Umformulierung bedeuten. Logik ist – als *deduktive* Logik – nicht kreativ. Sie ist im Grunde tautologisch[140].

Zur Geschichte logischer Aprioris

Wenn man die Logik und die Mathematik in dieser Weise als rein formale und in sich geschlossene Systeme versteht, mit deren Hilfe man logische Wahrheitswerte eindeutig errechnen kann, ist es allerdings schwierig zu erklären, warum solche beweisenden, von der Erfahrung völlig unabhängigen Kalküle auf die Erfahrung »passen«. Wieso kann ein apriorisches System aposteriorisch überhaupt relevant sein? Warum lassen sich mathematische und/oder logische Operationen, die ausschließlich in Welt 3 zu Hause sind, auf die Handlungswelt in Welt 1 anwenden? Es ist ja kaum zu bestreiten, dass die Logik – z. B. die binäre Logik unserer Computer – unseren Maschinen, ja unserer gesamten Technik zugrunde liegt. Ohne Logik funktioniert kein Rechner der Welt, und ohne Mathematik könnte man kein modernes Schulhaus bauen oder die Gehälter der verbeamteten Erziehungswissenschaftler banktechnisch verwalten. Warum »passt« die binäre Logik der Welt 3, die

---

140 Ein anderes Beispiel veranschaulicht das gegenteilige Problem. Aus der großen Prämisse »Wo viel gestorben wird, ist es gefährlich« und der kleinen Prämisse »Die meisten Menschen sterben im Bett« kann man deduktiv schließen, dass es im Bett gefährlich ist. Das ist natürlich Humbug, aber nicht deshalb, weil ein logischer Fehler gemacht wurde, sondern weil die große Prämisse falsch ist.

operativ völlig geschlossen operiert, auf die Technik der Welt 1? Warum können wir mit den Rechenoperationen, die wir ausschließlich als abstrakte Beziehungen in der Welt 3 verorten, in der Welt 1 ganz gut unseren Alltag bewältigen? Diese Frage hat viele Denker umgetrieben und zu verschiedenen Antwortversuchen geführt. *Platon* meinte, dass das, was wir die raumzeitliche Handlungswelt (Welt 1) genannt haben, ein (unvollkommenes) Abbild der Ideen sei und die Logik und Mathematik eine diese beiden Sphären vermittelnde Funktion gemeinsamer Ordnung bediene. *Leibniz* glaubte, dass ein Gott in weiser Voraussicht in Form einer prästabilisierten Harmonie diesen Gleichklang von mathematischem Kalkül und Struktur der Welt schuf[141]. Gott habe bei seiner Schöpfung »eine göttliche Mathematik oder eine metaphysische Mechanik« vollzogen, und deshalb könne es der Wissenschaft nur darum gehen, diese mathematische Grundstruktur der Natur zu erkennen, zu rekonstruieren und »davon in Proben eigener Systembaukunst nachzuahmen« – also dadurch gleichsam die Schöpfung Gottes zu wiederholen. *Kant* schließlich war dagegen der Meinung, dass die Logik deshalb auf die Welt passe, weil wir sie (in einem Kernbereich) a priori unserer Erkenntnis der Welt 1 zugrunde legen[142].

Erkenntnis der Welt 1 richtet sich also nach den logischen Bedingungen ihrer Möglichkeit, die wir a priori – also vor aller Erfahrung – mitbringen und nur deshalb können wir sie mit ihrer Hilfe erkennen. Welt 3 wäre also gewissermaßen ontologisch und erkenntnistheoretisch primär. Das rationalistische Methodenideal sollte sich deshalb an der mathematischen Beweistechnik orientieren, und deshalb kann eine Naturlehre nur insofern Wissenschaft sein, als sie mathematisch und logisch ist. In diesen und

---

141 »*Cum Deus calculat, fit mundus*« – »Wenn Gott rechnet und denkt, entsteht die Welt«, schrieb der junge Leibniz an den Rand eines kleines Dialogs über die *ars characteristica*.
142 »Wenn die Anschauung sich nach der Beschaffenheit der Gegenstände richten müßte, so sehe ich nicht ein, wie man a priori von ihr etwas wissen könne; richtet sich aber der Gegenstand (als Object der Sinne) nach der Beschaffenheit unseres Anschauungsvermögens, so kann ich mir diese Möglichkeit ganz wohl vorstellen« (KrV B 17). Logik wäre dann in ihrer transzendentalen Funktion ein Teil der Beschaffenheit unseres Anschauungsvermögens.

anderen rationalistischen Versuchen, die Ausgangsfrage zu beantworten, wird die Logizität und Mathematisierbarkeit geradezu zum Kriterium der Wissenschaftlichkeit.

Eine ganze andere, ja geradezu konträre Antwort auf unsere Ausgangsfrage findet man, wenn man eine evolutionäre – und damit naturalistische – Sichtweise einnimmt. Logik (und Mathematik) ist dann nicht ein autonomes, rein zirkuläres – und deshalb letztlich tautologisches[143] – »Rechnen« in Welt 3, sondern das Produkt eines Erfahrungsprozesses in Welt 1. Von Welt 1 über Welt 2 bis hin zu Welt 3 gibt es eine naturgeschichtliche Entwicklung zunehmender Abstraktion. Logik »passt« also deshalb auf die Welt 1, weil sie aus ihr selbst kommt. Das wäre also die genaue Umkehrung des rationalistischen (kantischen) Ansatzes: Nicht die logischen Formen bestimmen die Erfahrung der Welt, sondern die Erfahrung bestimmt die logischen Formen.

Schon Aristoteles hatte – in der Kritik der platonischen Position – vermutet, dass die Logik und die Mathematik als *Abstraktionen* aus der raumzeitlichen Wirklichkeit entstanden seien, und deshalb ihre Anwendung in eben dieser Welt 1 keine größeren Erklärungsprobleme mache. Allerdings beschränken sich die logischen Formen nicht auf diese aposteriorische Abstraktionsleistung, sondern gewinnen – ab einem bestimmten Abstraktionsgrad – einen Eigenwert, der zu apriorischen Erkenntnisgewinnen führt. Lange Zeit blieb diese erfahrungswissenschaftliche Begründung von Logik (und Mathematik) randständig. Erst seit kurzem hat man im Kontext der Evolutionären Psychologie eine detaillierte Rekonstruktion dieses empirischen Entstehungsprozesses versucht und naturgeschichtlich untermauert. Wie muss man sich das vorstellen?

Wenn man Mathematik und Logik als Wissenschaften von den formalen Systemen definiert, dann geht es in der Mathematik um

---

143 »Die Sätze der Logik sind Tautologien. Die Sätze der Logik sagen also Nichts. (Sie sind die analytischen Sätze)« (Wittgenstein 1973, 6.1 f.). Weil alle Sätze der Logik tautologisch sind, sind sie (informationstheoretisch gesehen) auch redundant. Eine Logik, die diese Tautologien oder Redundanz ordnet, ist also eine Art »Spezialeinrichtung zur Überwachung der Redundanz in den Wissenschaften« (Luhmann 1997, S. 438).

die Form von *Größenverhältnissen* und in der Logik um die Form von *Argumentationszusammenhängen*. In dieser sprachlichen Verwurzelung gründet die Entstehung der Logik mit jener der Allgemeinbegriffe, denn hierbei findet zum ersten Mal ein deutlicher Abstraktionsprozess statt. Voraussetzung war eine – in der Menschheitsgeschichte sehr früh mit der mündlichen Sprache einhergehende – zunehmende Lösung des Signalsystems Lautsprache von den unmittelbaren Handlungszusammenhängen, in denen sie benützt wurde (vgl. Klix 1993, S. 130 ff.). Durch das Weglassen von beobachtbaren Einzelheiten und die sprachliche Fixierung in symbolische Zeichen, die speicherbar und wiederverwendbar sind, bekommen Allgemeinbegriffe einen großen Nutzen für die zwischenmenschliche Kommunikation, denn jetzt kann vieles durch Kombination mit wenigem gesagt werden. Noch hatten solche Begriffe neben ihrer Intension immer auch eine Extension, also eine Verweisung auf (in der realen Welt 1 vorkommende) Dinge, die sie bezeichnen. Irgendwann wurde dieser Abstraktionsprozess so weit getrieben, dass man den Begriffen nicht mehr nur Dinge (in Welt 1), sondern auch Beziehungen zwischen Dingen und Beziehungen zwischen Beziehungen (usw.) subsumierte, so dass man eine zunehmend abstraktere Sprache erhielt, die nur noch eine intentionale Bedeutung im Regelsystem Sprache (aber keinen Extensionsbereich) besitzt und sich dementsprechend nach Welt 3 verzog[144]. Der Vorzug, mit wenigen Begriffen einen großen, ja riesigen Bereich abdecken zu können, musste allerdings erkauft werden mit dem Verlust eines unmittelbaren – und unter Umständen: korrigierenden – Kontaktes mit den Erfahrungen in Welt 1. Jetzt entstand, quasi als kompensatorische Gegenbewegung, ein Selektionsdruck in Richtung logischer Kohärenz. Bei Kommunikation zielt der primäre Selektionsdruck auf das Erreichen neuerer und besserer Kohärenzen zwischen intern produzierten Unterscheidungen (vgl. Riedl 1996). Das externalisierte formale System der abstrakten Begriffe musste so strukturiert und geordnet werden, dass über eingebaute Kontingenzunterbrecher verhindert wird, dass alles möglich wird.

---

144 Deshalb wird gelegentlich vermutet, dass die Grammatik die Form einer bestimmten Sprache (i. S. v. *»langue«*) oder Rede (i. S. v. *»parole«*) und die Logik die Form der Sprache schlechthin (i. S.v. *»language«*) sei.

Wenn alles logisch möglich würde, also z. B. auch das gleichzeitige Gegenteil, dann wäre Logik für die Erfahrungswelt völlig unbrauchbar, weil man damit alles und nichts ableiten könnte. Schließlich ist auch in Welt 1 nicht alles möglich. Das war der Grund für die Entstehung der logischen Reflexionen auf die logistischen, rein formalen Strukturen der Sprache und schließlich auch für die Rekonstruktion jener Axiome, die jeder Argumentation – gleichgültig, welche Inhalte damit transportiert werden – zugrunde liegen. Sie waren schon Aristoteles bekannt, aber erst jetzt entdeckte man ihre quasitranszendentale – und damit: unverzichtbare – Bedeutung für die Logik (vgl. Lenk 1970):

- Satz der (erhaltenen) Identität: $p = p$,
- Satz vom (ausgeschlossenen) Widerspruch: $\neg(p \wedge \neg p)$,
- Satz vom ausgeschlossenen Dritten (*tertium non datur*): $p \vee \neg p$ und
- der Syllogismus *modus ponens ponendo*: $((p \rightarrow q) \wedge p) \rightarrow q$[145].

Dieser Kernbestand logischer Regeln ist der rationalen Revision entzogen, weil man ihn selbst dann, wenn man sie kritisiert, schon voraussetzen muss: »Man kann diese Regeln also nicht durch ein rationales Argument ablehnen, denn dieses Argument müßte sie selber benutzen« (Lenk 1970, S. 203). Der Kritische Rationalismus zieht daraus die einfache, ja geradezu elegante Konsequenz, dass man die Logik (in diesem Kernbereich) gar nicht mehr begründen muss, weil sie nicht verwerfbar ist: »Die Nichtbegründbarkeit der logischen Regeln und Konstanten hat der rationale Kritizismus mit Recht zu einem Ausgangspunkt seiner Kritik am traditionellen Rationalismus gemacht. Die Nichtverwerfbarkeit dieser kritikkonstitutiven Regeln und Konstanten ... hat er nicht beachtet« (Lenk 1970, S. 205). Die Logik dient hier – gleichgültig, ob rationalistisch oder naturalistisch begründet – in ihrem konsequen-

---

145 Ein Beispiel: »Wenn es regnet, ist die Straße nass. Es regnet. Daraus folgt (logisch, also ohne, dass wir einen Blick auf die Straße werfen): Die Straße ist nass«. Es gibt inzwischen aus der Hirnforschung deutliche Anzeichen dafür, dass zumindest der *modus ponens* auf angeborenen Strukturen aufbaut. Patienten mit starken Hirnläsionen waren nicht mehr in der Lage, Schlüsse nach *modus ponens* auszuführen. Selbst Affen sind in der Lage, strategisch mit dem *modus ponens* zu arbeiten.

zenlogischen Kernbestand der Wissenschaft »als Knochengerüst für schwache Nerven« (Luhmann 1997, S. 442 f.). In Anbetracht der logischen Enthaltsamkeit der Erziehungswissenschaft stellt sich hier die Frage: Haben Erziehungswissenschaftler einfach stärkere Nerven oder aber gar kein Knochengerüst und wabern nur semantisch herum?

Gerade dort, wo der Gegenstandsbereich – wie in den Geisteswissenschaften üblich – ungenau, diffus und uneindeutig scheint, könnte ein festes Knochengerüst den schwachen Körperbau stabilisieren. Warum ist es aber so, dass in den Geisteswissenschaften, aber auch in vielen Sozialwissenschaften, die Logik als Instrument der Kontrolle von korrekter Argumentation nicht benützt wird? Das kann man nicht (nur) dadurch erklären, dass sich hier offensichtlich überwiegend Mathematikflüchtlinge versammeln. Es muss dafür Gründe geben, die im Gegenstandsbereich und/oder in der Methode ihrer Beobachtung und Erklärung selbst zu finden sind.

Es lassen sich eine Reihe von Vermutungen anführen, die hier eine Rolle spielen könnten:

1. Induktive (statt deduktive) Grundlegung pädagogischer Aussagen.
2. Schwierigkeiten bei der semantischen Interpretation logischer Kalküle aufgrund ihrer ontologischen Zwitterstellung.
3. Schwierigkeiten bei der pragmatischen Interpretation logischer Kalküle und die traditionelle Dominanz der Rhetorik.

Die induktive Logik pädagogischer Argumente

ad 1. Eine erste Vermutung richtet sich auf die Unbrauchbarkeit einer rein deduktiven (und damit tautologischen) Logik für Wissenschaften (wie der Erziehungswissenschaft), die keine deterministischen Gesetzesaussagen kennen, weil sie nicht in der Lage sind, die Randbedingungen, unter denen Regelförmigkeiten in Welt 1 zu beschreiben und zu erklären wären, vollständig zu kontrollieren. Wenn es jedoch keine solchen Wenn-dann-Aussagen gibt, die uneingeschränkt wahrheitsfähig sind, können deduktive Schlüsse auch nicht mehr gezogen werden. Während bei deduktiven Schlüssen der Gehalt der Konklusion vollständig und entscheidbar in dem der Prämisse enthalten ist, geht bei induktiven Argumenten der Inhalt der Konklusion über den der Prämisse hinaus. Das heißt: Induktive Schlüsse sind kreativ. Jedoch müssen sie diesen (möglichen) Vorteil mit dem Nachteil ihrer Unsicherheit erkaufen. In der Pädagogik gibt es, wenn es hoch kommt, Korrelationen und Regelförmigkeiten, die nur mit einer gewissen Wahrscheinlichkeit auftreten und deshalb unsicher sind. Von der Aussage: »Mit einer Wahrscheinlichkeit von $w \leq 0{,}7$ haben Mädchen der 10. Klasse bessere Noten als Jungs«, kann man nicht logisch deduzieren, dass meine Tochter, die gerade die Klasse 10 besucht, bessere Noten hat als ihre männlichen Mitschüler. Streng genommen ist die große Prämisse eines induktiven Argumentes eine »Kann-Aussage«, die beliebige – also auch sich widersprechende – deduktive Schlüsse erlaubt: Es kann so sein oder auch nicht (vgl. Opp 1970, S. 209 f.). Es kann, aber muss nicht sein, dass meine Tochter bessere Noten hat. Leider kann es auch sein, dass sie schlechtere Noten hat. Dort, wo induktive Argumente sicher werden sollen, müssen sie wieder mit (heimlichen oder offenen) Theorieannahmen arbeiten, die nicht empirisch begründbar sind, und die Uniformität der Welt a priori voraussetzen (vgl. Essler 1970).

Das scheint bei natur- und technikwissenschaftlichen Argumenten häufig gegeben zu sein, obwohl auch diese so genannten Gesetzmäßigkeiten letzten Endes nur induktiv gewonnen und plausibilisiert werden können. Streng genommen gibt es damit keinen logischen Unterschied zwischen Naturgesetzen und sozialwissenschaftlichen Regelförmigkeiten, weil beide nicht vollständig aus Erfahrung begründbar sind. Allerdings sind Naturwissenschaften in der Lage, Aussagen der Art »Bisher war es immer so, dass ...« für einen räumlich und zeitlich sehr weiten Bereich zu begründen und daraus deduktiv Schlüsse zu ziehen, die »bisher« (!) oder »fast immer« (!) oder »so gut wie fast immer« (!) – z. B. in Form von Technik – in der Welt 1 funktionieren, während Sozial- und Verhaltenswissenschaften und Geisteswissenschaften (und hierzu wird i. a. die Pädagogik ja gerechnet) dazu kaum oder überhaupt nicht in der Lage sind. Ein Grund dürfte in der schon erwähnten hohen Komplexität und den vielen flüchtigen oder hoch fluktuierenden Randbedingungen zu sehen sein, in der sich z. B. Erziehungsprozesse abspielen, die nicht kontrolliert und fixiert werden können oder (aus ethischen Gründen) nicht dürfen[146]. Solche Wissenschaften können deshalb bestenfalls ihre Versuche, allgemeine Aussagen aus einer Reihe von Einzelbeobachtungen durch induktive Schlüsse zu gewinnen, durch mathematisch-statistische Verfahren kontrollieren. Das so genannte Induktionsproblem besteht eben darin, dass generelle Aussagen, die in syllogistischen Schlüssen als große Prämisse fungieren, aus singulären Beobachtungsaussagen (ohne zusätzliche apriorische Annahmen) vielleicht gewonnen, aber nicht (sicher) begründet werden können. Auch eine noch so große Anzahl von Beobachtungsdaten, die in so genannten Basissätzen formuliert werden, können eine allgemeine Aussage, die quantorenlogisch die Form von Allsätzen annimmt, nicht begründen (vgl. Essler 1970, S. 366 f., 83 ff.). Wie könnte eine Lösung des Induktionsproblems aussehen?

Attraktiv in dieser Situation (von »Lösung« zu sprechen, wäre vielleicht euphemistisch), wären zwei (Aus-)Wege: Man verzichtet überhaupt auf induktive Argumente und arbeitet mit einer hypothetisch-deduktiven Methode, die allgemeine Prämissen nur als Hypothesen einführt, die sich durch den weiteren Forschungsprozess wohl nach *modus ponens* nicht begründen, aber nach *modus tollens* widerlegen – und also: korrigieren – lassen. Dieser Vorschlag geht vor allem auf *Karl Popper* zurück (vgl. Popper 1971) und dürfte ebenso nahe an den tatsächlich ablaufenden Forschungsprojekten (in Welt 1) sein, wie der andere Weg, den *Niklas Luhmann* nahe gelegt hat. Dieser Vorschlag ist insofern radikaler (und origineller), als Luhmann nicht nur auf die induktive, sondern auch gleich auf die deduktive Logik verzichtet[147] und stattdessen Argumente nur noch daraufhin überprüft und bewertet, ob sie anschlussfähig an weitere Argumente sind (vgl. Luh-

---

146 Das ist natürlich kein genuines Problem der Geisteswissenschaften. So ist man z. B. aus den nämlichen Gründen bis heute nicht in der Lage, Lawinen vorauszusagen, obwohl sich die Lawinen- und Schneeforschung (Nivologie) streng naturwissenschaftlich begründet.
147 Wohl mit Ausnahme des harten, quasitranszendentalen Kerns der deduktiven Logik, nämlich des Satzes der Identität, des Widerspruchs, des ausgeschlossenen Dritten und des modus ponens (vgl. Luhmann 1990, S. 415).

mann 1984, S. 488 ff.)[148]. Wenn man so denkt, werden plötzlich vor allem Widersprüche, Antinomien und Paradoxien interessant und auch (durch Temporalisierung) fruchtbar gemacht, weil es gerade diese logischen »Störungen« sind, die in der wissenschaftlichen Kommunikation außergewöhnlich anschlussfähig an weitere Argumentationen sind[149].

Die Schwierigkeiten der Übersetzung in Formalsprachen

ad 2. Eine strenge Überprüfung der logischen Wahrheit von komplexen Argumentationszusammenhängen setzt voraus, dass die Prämissen und die Konklusion eines Schlusses in eine formale Wissenschaftssprache übersetzt werden können. Das ist gerade bei pädagogischen Texten – einmal abgesehen von den empirischen und statistisch begleiteten Untersuchungen – außergewöhnlich schwer. Eine Wissenschaft, die von ihren professionellen Vertretern überwiegend als alltagsnahe und praxisorientierte Handlungswissenschaft verstanden wird, produziert meistens Texte, die semantisch nicht gerade durch eine klare und präzise Sprache brillieren und in hohem Maße redundant sind. Eine solche Sprache in eine logische Formalsprache zu übersetzen, ist sehr aufwändig[150], so dass hier das Urteil Poppers wohl uneingeschränkt gilt: »die Kompliziertheit dieser Modellsprachen steht in keinem

---

148 Das ist die rationalistische Variante des Arguments. Die naturalistische Variante würde wohl von »Anschlussfähigkeit an weiteres Überleben« sprechen – und damit einen empirischen Zugang (zu Welt 1) ermöglichen.
149 Hätte man nach Kants Tod an einem Türpfosten seiner Wohnung einen Zettel gefunden mit der Aufschrift »Morgen Schnupftabak einkaufen nicht vergessen!« wäre dieser selbst von der Kantforschung unbeachtet geblieben. Nun fand man aber einen Zettel auf dem der Satz stand: »Lampe vergessen!«. Bekanntlich litt Kant an der Entlassung seines Dieners Lampe (wegen einer kleinen Verfehlung). Diese sogenannte »Lampe-Paradoxie« »lebt« bis heute – und das nicht nur in der Kant-Forschung – lustig weiter und bleibt (gewissermaßen) »unsterblich«.
150 Vgl. Opp 1970, S. 251 ff., sowie Treml 1976, S. 38 ff.

Verhältnis zu ihrer Brauchbarkeit« (Popper 1971, S. XX). Bloße Appelle, nun endlich klar und einfach zu sprechen und zu schreiben, damit man die Argumentation logisch überprüfen kann, würden vermutlich nur ein gutes und viel schlechtes Gewissen produzieren, ansonsten aber folgenlos bleiben.

Das Unterfangen scheitert in der Regel schon auf der Ebene der semantischen Interpretation von Aussagen, die in Welt 1 vorkommen, und ihrer Zuordnung zu einer formalen Sprache, die in Welt 3 entwickelt worden ist. Schon auf der Ebene des bloßen Verstehens von wissenschaftlichen Texten stellt sich das hermeneutische Problem des »richtigen Verstehens«. Es gibt kein sprachfreies und unabhängiges Kriterium, das es uns erlauben würde, bei Unsicherheiten zu entscheiden. Jedes Verstehen ist eine Interpretation, und jede Kritik ist es auch, so dass es kein Ausbrechen aus dem Sprachspiel gibt. Weil viele der in der Pädagogik gebrauchten Begriffe nur eine Intension, aber keine eindeutige Extension haben, lässt sich ihre Bedeutung nicht durch eine numerische Begrenzung der Objekte in Welt 1 präzisieren, die unter den Begriff fallen. Es bleibt nur eine mehr oder weniger kreative »Horizontverschmelzung« zweier Bedeutungskontexte, nämlich das des Autors und das des Interpreten – aber keine Garantie auf vollständige Kongruenz. Die paradoxen Implikationen liegen auf der Hand: Bei dem Versuch, den Fallstricken der unklaren Hermeneutik zu entgehen und stattdessen eine exakte Formalsprache zu entwickeln, muss man sie – und zwar an entscheidender Stelle – wieder in Anspruch nehmen.

Das nächste Problem stellt sich bei der Frage der Zuordnung zu Termen der Formalsprache. Ist das eine deskriptive oder eine versteckt normative Aussage? Ist das eine Prädikation auf der objektsprachlichen oder eine Definition auf der metasprachlichen Ebene? Ist das eine Adjunktion oder eine Disjunktion? Ist das ein Allgemeinbegriff oder die Universalie, die damit bezeichnet wird? In den einschlägigen wissenschaftstheoretischen Büchern wird dieses Problem einer Übersetzung alltagssprachlicher wissenschaftlicher Texte in eine logische Formalsprache entweder dadurch umgangen, dass man es schon gar nicht versucht, oder aber dass man sich (wie dies häufig und in ermüdenden Wiederholungen) auf einfache und recht alberne Beispiele beschränkt – angefangen von Sokrates, der sterblich ist und deshalb ein Mensch (gewesen) sei, weil alle Menschen sterblich sind, bis hin zu rothaarigen Philosophen, die Pfeife rauchen, weil alle rothaarigen Menschen Pfeife rauchen (oder ähnliche Übungsbeispiele aus den logischen Lehrbüchern).

Angenommen, es gelänge eine Übersetzung in eine Formalsprache und eine strenge Überprüfung ihrer logischen Wahrheit könnte dadurch vorgenommen werden und man käme zu dem Ergebnis, dass logische Fehler gemacht worden sind: Was folgt daraus? Die Antwort lautet: nichts! Schon ein relativ flüchtiger Blick in wichtige Werke der Pädagogik, die bis heute von großem Einfluss sind, zeigt, dass es in ihnen von logischen Fehlern geradezu wimmelt. Ich will mich auf einen Autor beispielhaft beschränken, der schon lange tot ist und sich deshalb nicht mehr wehren kann – bekanntlich hat der Abwesende immer Unrecht – nämlich Rousseau. In Jean-Jacques Rousseaus pädagogischem Hauptwerk »*Emile oder über die Erziehung*« lassen sich nicht nur fehlerhafte Syllogismen nachweisen, sondern sogar die Verletzung grundlegender Regeln der Begriffs- und Aussagenlogik[151]. Sowohl der Satz der Identität als auch der Satz des Widerspruchs und der Satz vom ausgeschlossenen Dritten werden – und das mehrfach – verletzt. Dazu kommt, dass sich in diesem Buch viele wichtige Aussagen finden lassen, denen die potentielle Falsifizierbarkeit – sowohl logisch als auch empirisch – abgeht und denen damit das nach Popper wohl wichtigste Kriterium für Wissenschaftlichkeit fehlt. Das folgt alleine schon aus der Verletzung der wohl wichtigsten logischen Norm, der Widerspruchsfreiheit, denn aus widerspruchsvollen Satzverbindungen lässt sich jede beliebige Folgerung ableiten.

Es ist nicht schwer, eine Reihe weiterer Beispiele – auch von lebenden Autoren – zu finden. Weil es hier jedoch nicht um Denunziation, sondern um Demonstration geht, will ich keine Namen nennen und keine Belege angeben, sondern auf einen sehr häufigen Fehler – nämlich den des *modus volens* – hinweisen. Er findet sich beispielsweise in einem sehr erfolgreichen pädagogischen Buch einer Kinderpsychiaterin. Die Argumentationsstruktur lautet (verdichtet) so:

---

151 Vgl. detaillierter bei Treml 1988.

Große Prämisse: »Wenn Kinder in der frühen Kindheit sexuell missbraucht wurden, werden sie als Jugendliche verhaltensauffällig.«

Kleine Prämisse: »Ich behandle in meiner kinderpsychiatrischen Praxis ein verhaltensauffälliges jugendliches Mädchen.«

Conclusio: »Es ist in seiner frühen Kindheit sexuell missbraucht worden.«

Wenn man diese Argumentation in die aussagenlogische Form bringt, dann sieht sie so aus:

$a \rightarrow b \wedge b \rightarrow a$

Man kann den Fehler mit Hilfe der junktorenlogischen Wahrheitswertetafeln schnell entdecken:

$$\begin{array}{ccccccc}
(a & \rightarrow & b) & \wedge & b & \rightarrow & a \\
w & w & w & w & w & w & w \\
w & f & f & w & f & w & w \\
f & w & w & \mathbf{f} & w & \mathbf{f} & f \\
f & w & f & w & f & w & f
\end{array}$$

Der Rückschluss vom Nachsatz auf den Vordersatz der großen Prämisse ist – selbst wenn die Prämissen wahr sind – falsch, und das lässt sich auch intuitiv plausibilisieren, denn es können eine Reihe anderer Wirkursachen hier relevant sein, um die Verhaltensauffälligkeit der Jugendlichen zu erklären[152].

Wie gesagt, sind diese Beispiele aus sehr erfolgreichen (pädagogischen) Büchern genommen, so dass man wohl behaupten darf: Die logische Fehlerhaftigkeit scheint kein Hindernis für den Erfolg eines Buches zu sein. Im Gegenteil! Ein logisch korrektes und deshalb tautologisches und gleichzeitig nichtredundantes Werk ist langweilig und wird wahrscheinlich wenig gekauft. Vielleicht sollte ein Buch, das in der *scientific community* dauerhaft erfolgreich ist, logische Fehler enthalten und z. B. mit Paradoxien

---

152 Ein anderes Beispiel, an dem der Fehlschluss schon auf der semantischen Ebene auffällt: »Alle Gänse haben zwei Beine. Sokrates hat zwei Beine. Also ist Sokrates eine Gans!« Allerdings gilt auch der *modus tollens*: Wenn alle Gänse zwei Beine haben, und dieses Lebewesen keine zwei Beine hat (sondern vier!), dann ist es keine Gans!

und Antinomien reizen¹⁵³. Deshalb sind wahrscheinlich alle Texte unserer Klassiker logisch defizitär. Logische Fehlerhaftigkeit scheint Kommunikation anzuregen und die Wahrscheinlichkeit größerer Resonanz zu vergrößern!

Probleme einer logischen Pragmatik

Ad 3. Den Grund für diese praktische (nicht theoretische) Paradoxie müssen wir in der dritten und bisher übergangenen Ebene von Sprache sehen: in der *Pragmatik*. Wissenschaftliche Kommunikation besteht ja nicht nur aus der Ebene ihrer *logischen*, wahrheitswerterhaltenden formalen Struktur und ihrer *semantischen* Bedeutungsebene, die spätestens bei einer Interpretation dazukommt, sondern auch vor allem einem praktischen und *pragmatischen* Handlungszusammenhang, in dem das Buch gelesen, zitiert und kritisiert wird. Damit sind wir in einem Bereich angelangt, der mit der *Rhetorik* vor langer Zeit sogar einmal dem Begriff der Logik subsumiert wurde. Während die Logik fragt: »Welche Schlüsse sind richtig bzw. falsch?«, und beim Versuch einer Antwort in erster Linie die Vernunft einsetzt, fragt die Rhetorik: »Wie erreiche ich durch meine Sprache möglichst viel Zustimmung?«, und muss dementsprechend auch die Emotionen der Adressaten berücksichtigen. Rhetorik spielte in der frühen attischen Demokratie eine bedeutende Rolle und wurde dementsprechend, angefangen von den Sophisten über die antiken Philosophen (z. B. Platon) bis zu den frühchristlichen Kirchenvätern (z. B. Augustinus), an prominenter Stelle behandelt¹⁵⁴. Spätestens mit der Vertreibung einer psychologischen Logikbegründung wurde die Rhetorik aus der Logik verbannt. In dem Augenblick, wo eine streng apriorische Begründung von Logik dominant wird, muss eine aposteriorisch begründete Rhetorik eigene Wege gehen. Rhetorik

---

153 Wenngleich die Absicht verborgen bleiben muss und das »Missgeschick« ganz nebenbei passieren muss, denn nur so kann es »entlarvt« und »kritisiert« werden. Ansonsten gilt wohl das Goethe-Wort (aus dem Faust): »Man merkt die Absicht, und ist verstimmt«.
154 Zur Geschichte der Rhetorik vgl. den locker geschriebenen Überblick bei Stroh 2009.

geht es nicht – oder nur am Rande – um wahrheitswerterhaltendes Schließen, sondern um Überzeugungsarbeit in konkreten Handlungszusammenhängen. Wer redet oder schreibt, will überzeugen – er will also, dass seine Sinnofferte vom Hörer oder Leser übernommen wird. Wer redet oder schreibt, handelt, und der Hörende oder Lesende erlebt diese Sprech- oder Sprachhandlung. Dabei wird die teleologische Struktur von Handeln und Erleben auf der Basis eines gemeinsam geteilten Sinnhorizontes vorausgesetzt und durch gegenseitige Beobachtung aktiviert.

Nun kann jede sprachliche Sinnzumutung bejaht oder verneint bzw. akzeptiert oder abgelehnt werden. Die *Negation* ist für Sinnsysteme eigentümlich, denn in der Welt 1 ist alles nur so, wie es ist. Negation besitzt kein Umweltkorrelat in Welt 1. Dagegen kann Sinn negiert werden, ohne sinnlos zu werden, denn »Negation ist keine Vernichtung, sondern ein Modus der Erhaltung von Sinn« (Luhmann 1981, S. 38). Jeder Leser (oder Hörer) kann innerlich zu einer wissenschaftlichen Aussage ja oder nein sagen, und auch das Nein ist dabei eine sinnvolle Operation. Jede sinnhafte Sprache ist also durch zwei Werte codiert und kann jederzeit positiv oder negativ, zustimmend oder ablehnend weiterkommuniziert werden (vgl. Luhmann 1984, S. 488 ff.; 1990, S. 358 f.). Jeder geäußerte Satz hat genau zwei Möglichkeiten, sprachlich weiterbehandelt zu werden. Die Aussage P kann also durch eine Bestätigung (+) oder durch eine Verneinung (¬) weiterkommuniziert werden:

P: + P ∨ ¬P

Nehmen wir aber einmal an, dass ein Autor in seinem Werk gleichzeitig das Gegenteil behauptet, nämlich P und ¬P. Dann gibt es plötzlich vier Möglichkeiten, die Kommunikation fortzusetzen: Man bejaht P oder man verneint P oder man bejaht ¬P oder verneint ¬P. In Logik geschulte Leser, die den logisch vitiösen Widerspruch erkennen und sich daran stören, sind dazuhin noch in der Lage, auch die Satzverbindung P und –P entweder zu bejahen oder zu verneinen, so dass sie insgesamt sechs Möglichkeiten haben, die Kommunikation fortzusetzen. Was lehrt uns das?

Die Verletzung grundlegender logischer Prinzipien wie des Axioms der Widerspruchsfreiheit impliziert mehr (und nicht weniger!) Möglichkeiten einer Fortsetzung der Kommunikation als eine logisch widerspruchsfreie und logisch korrekte Behauptung. Ein logisch vitiöses (also falsches bzw. widerspruchsvolles) Aussagensystem wird also wahrscheinlich eine größere kommunikative Resonanz erzeugen als ein logisch korrektes Argument. Durch Verletzung und nicht durch Anwendung der Logik wird eine vergrößerte Anschlussfähigkeit an weitere Kommunikation gewonnen. Wer eine sprachlich vermittelte Sinnofferte negiert, benützt das gleiche Medium – nämlich Sinn –, als wenn er sie bejaht hätte. Er bricht also die kommunikative Sinnoperation nicht ab, sondern verlängert sie.

Verletzungen des Satzes vom (auszuschließenden) Widerspruch können aus Flüchtigkeit, Schlampigkeit oder Ignoranz unterlaufen. Sie können aber auch absichtlich benützt werden, um Resonanz zu erzeugen. Dafür gibt es eine ganze Reihe von Beispielen aus der Geistesgeschichte. Einer der berühmtesten Fälle ereignete sich 155 v. Chr., als der Grieche Karneades in Rom an zwei aufeinander folgenden Tagen zwei Vorträge zum Thema Gerechtigkeit hielt, die bei der Jugend Roms auf eine große und langanhaltende Resonanz stießen. Sämtliche Thesen, die er am ersten Tag vorgebracht und ausführlich begründet hatte (so dass alle Zuhörer von ihrer Richtigkeit überzeugt waren), wurden von ihm am darauf folgenden Tag sorgfältig widerlegt und das Gegenteil überzeugend begründet (so dass die Zuhörer auch davon vollkommen überzeugt waren). Nicht nur tagelang, sondern – und meine Nacherzählung beweist es – Jahrtausende lang, hat dieser logische Affront für eine große Resonanz gerade bei den geistig Aufgeweckten gesorgt, die sich alle fragten: Welche Ansicht ist nun eigentlich die richtige?

Ein anderes Beispiel ist von einem noch prominenteren Denker, nämlich von Kant, und weil es in einem Teilgebiet auch und gerade für die pädagogische Theoriearbeit besonders bedeutsam geworden ist, will ich es etwas ausführlicher referieren. Kant hat in seiner »*Kritik der reinen Vernunft*« ein Kapitel unter dem Titel »*Die Antinomie der reinen Vernunft*« eingebaut, das bis heute auf ein langanhaltendes und bis heute ungebrochenes Interesse gestoßen ist und heftige Diskussionen ausgelöst hat. Er entfaltet hier ein »*neues Phänomen der menschlichen Vernunft, nämlich: eine ganz natürliche Antithetik, auf die keiner zu grübeln und künstlich Schlingen zu legen braucht, sondern in welche die Vernunft von selbst und zwar unvermeidlich gerät und dadurch zwar für den Schlummer einer einge-*

bildeten Ueberzeugung, den ein bloß einseitiger Schein hervorbringt, verwahrt, aber zugleich in Versuchung gebracht wird, sich entweder einer skeptischen Hoffnungslosigkeit zu überlassen, oder einen dogmatischen Trotz anzunehmen und den Kopf steif auf gewisse Behauptungen zu setzen, ohne den Gründen des Gegenteils Gehör und Gerechtigkeit widerfahren zu lassen. Beides ist der Tod einer gesunden Philosophie« (KrV B 322). Im Folgenden entfaltet er vier »Thesen«, die er auf der linken Seite positioniert und differenziert und überzeugend begründet, während wir auf der rechten Seite die genau gegenteilige »Antithesis« lesen können und in einem subtilen Beweisgang ebenso überzeugend bewiesen bekommen.

Für die pädagogische Theorie ist die dritte Antinomie besonders interessant. Ihre Thesis lautet: »*Die Causalität nach Gesetzen der Natur ist nicht die einzige, aus welcher die Erscheinungen der Welt insgesamt abgeleitet werden können. Es ist noch eine Causalität durch Freiheit zur Erklärung derselben anzunehmen notwendig*«, und die Antithesis lautet: »*Es ist keine Freiheit, sondern alles in der Welt geschieht lediglich nach Gesetzen der Natur*« (KrV B471 ff.). Wenn nach dem alten logischen Grundsatze alles, was es gibt, einen kausalen Grund hat, dann kann es keine Freiheit geben. Wenn es aber Freiheit gibt, kann nicht alles, was es in der Welt gibt (z. B. Erziehung), einen kausalen Grund haben. Wenn Kausalität und Freiheit sich gegenseitig ausschließend gedacht werden müssen, kann es nach dem Satz vom ausgeschlossenen Dritten kein Sowohl-als-Auch geben, sondern nur ein Entweder-Oder. Kant hat – so viel sei verraten – die Antinomie in der Weise aufzulösen versucht, dass er Kausalität und Freiheit auf unterschiedliche Bereiche (nämlich auf empirisch gegebene und durch Erfahrung zugängliche Natur einerseits und auf das intelligible, transzendentale Subjekt des menschlichen Geistes andererseits) bezieht. Diese »Lösung« ist aber nicht weniger problematisch als das antinomische Ausgangsproblem, denn jetzt stellt sich (z. B. für die Pädagogik) die Frage: Wie kann man kausal auf Freiheit Einfluss nehmen? In seinen überlieferten Ausführungen »über die Pädagogik« hat Kant dieses Folgeproblem auf die berühmte Formulierung gebracht: »Wie kultiviere ich die Freiheit bei dem Zwange?«[155]

---

155 Das zusammenhängende Zitat lautet: »Eines der größten Probleme der Erziehung ist, wie man die Unterwerfung unter den gesetzlichen

Es geht hier nicht um eine inhaltliche Auseinandersetzung mit der kantischen Philosophie, sondern um die beispielhafte Veranschaulichung eines systematischen Gedankenganges, der die Fruchtbarkeit einer Verletzung logischer Grundsätze behauptet. Gerade an der Resonanz, die das Antinomienkapitel der »Kritik der reinen Vernunft« – auch in der pädagogischen Theorie – ausgelöst hat, zeigt sich diese kommunikative Fruchtbarkeit von logischen Widersprüchen[156].

In abgeschwächter Weise wird dieses eigentümliche Phänomen auch dort sichtbar, wo ein Autor in seinem Werk eine streng dialogische Form wählt und die These und die Antithese sorgfältig miteinander abwägt. Diese Kunst der konfrontativen Dialoge – nicht nur als didaktisches, sondern auch als heuristisches Prinzip – wurde in den spätmittelalterlichen Universitäten von den Scholastikern kunstvoll entwickelt und gepflegt[157] und war noch im 17. und 18. Jahrhundert in der Philosophie üblich[158].

Nix klar und einfach!

Alle diese Beispiele zeigen, dass die Verletzung logischer Grundsätze – hier des Satzes vom Widerspruchs –, sei sie absichtlich oder unabsichtlich produziert, keineswegs die Kommunikation stoppen muss, sondern – im Gegenteil – anregend wirken kann. Durch

---

Zwang mit der Fähigkeit, sich seiner Freiheit zu bedienen, vereinigen könne. Denn Zwang ist nötig! Wie kultiviere ich die Freiheit bei dem Zwange?« (Kant 1981, S. 711).

156 Vgl. zur Implementation der kantischen Freiheitsantinomie in die Pädagogik insbesondere Vogel 1990 und meine Besprechung dieses Werkes in der Zeitschrift für Pädagogik 1991, Heft 4, S. 694–704.

157 Ein schönes Beispiel ist Thomas von Aquins Werk »De magistro« (Über den Lehrer), bei dem der Autor das gleichnamige Werk von Augustinus kritisch weiterentwickelt (vgl. Aquin 1988).

158 Ein Beispiel dafür sind die »Neuen Abhandlungen über den menschlichen Verstand« von Leibniz, wo dieser sich mit Lockes »Essay on human understanding« in Form eines Dialogs (zwischen »Philal« und »Theoph«) auseinander setzt und dabei gezwungen ist, zunächst die gegnerische Position plausibel darzustellen.

Antinomien und Widersprüche wird Sinn nicht negiert, sondern dupliziert. Die Sinnproduktion wird also nicht abgebrochen, sondern propelliert. Der eigentliche Abbruch bestünde dort, wo die Sinnofferte gewissermaßen ins Leere fällt, also gar nicht – weder positiv noch negativ – aufgegriffen, also kurz: ignoriert würde. Nicht das wissenschaftliche Buch, das von den Rezensenten heftig kritisiert (negiert) wird, ist gefährdet, sondern dasjenige, das überhaupt nicht gelesen und kommunikativ weiterbehandelt wird. Der pragmatische Kontext, in dem Sprache gesprochen oder geschrieben wird, bevorzugt also – und das paradoxerweise aus logischen Gründen – eine logisch inkorrekte Sprache und konterkariert damit alle Versuche der Logiker, (endlich) logisch korrekt zu argumentieren.

Ein ähnliches Phänomen zeigt sich, wenn man die gerade in pädagogischen (und philosophischen) Werken gehäuft auftretenden leerformelhaften und vagen Begriffe unter diesem Effekt betrachtet. Ein klar verständlicher Begriff, der – sowohl was seinen Gebrauch als auch seine Bedeutung betrifft – präzise definiert ist, kann man positiv oder negativ weiterverwenden. Ein unklarer und unverständlicher Begriff bietet dagegen eine Vielzahl mehr Möglichkeiten, die Kommunikation fortzusetzen, weil jeder etwas anderes darunter verstehen und dieses dann akzeptieren oder verwerfen kann. Nehmen wir z. B. den Bildungsbegriff, der so weit und vage ist, dass fast jeder etwas anderes und Gegenteiliges darunter subsumieren kann: Man kann – in Anlehnung an frühe Bedeutungsnuancen der Mystik – dabei eine Art Prägung oder »Bildmalung« verstehen, die von außen (vom Bildner oder vom »Maler«) kommt – oder man kann ganz im Gegensatz dazu die Selbstbildung in den Vordergrund rücken und Bildung als selbstorganisierten, nur von innen bestimmbaren Prozess eines Subjektes verstehen, das sich selbst ein inneres Bild von der Welt macht. Beide Bedeutungen widersprechen sich, weil Bildung das eine Mal auf »*poiesis*« (herstellendes Machen), das andere Mal auf »*autopoiesis*« (Selbstherstellung) gegründet wird, aber beide Bedeutungen lassen sich in der pädagogischen Ideengeschichte nachweisen. Aber wer vermag schon die Bedeutungsverschiebungen pädagogischer Grundbegriffe durch die pädagogische Ideengeschichte hindurch verfolgen wollen, bevor er den Begriff verwendet? Allein schon die Vagheit und semantische Offenheit solcher »Plastikbegriffe«, die gut klingen, aber semantisch schlecht abzugrenzen sind, erhöht die Chance ihres Gebrauchs.

Die vielfach zu lesende Aufforderung, endlich klar und verständlich zu sprechen, um die logische Korrektheit (oder Inkorrektheit) überhaupt erst überprüfen zu können, erscheint aus pragmatischen (nicht aus logischen!) Gründen geradezu kontraproduktiv[159]. Wer, wie etwa Karl Popper, das »Streben nach Einfachheit« zur moralischen Pflicht machen will und den Mangel an Klarheit gar als »Sünde« brandmarkt, übersieht die pragmatische Funktion logischer Unklarheit[160]. Diese vermag nämlich unter Umständen nicht nur den Mangel an eigenen Gedanken und neuen Erkenntnissen zu verbergen, sondern auch die Wahrscheinlichkeit vergrößern, dass die daran anschließende Kommunikation fortgesetzt wird. Wenn Wittgenstein meint: »Was sich überhaupt sagen läßt, läßt sich klar sagen; und wovon man nicht reden kann, darüber muß man schweigen« (Wittgenstein 1973, S. 7, vgl. auch 4115), dann klingt das gut und überzeugend, und folglich wird dieser Satz häufig zustimmend zitiert. Allerdings hält sich schon der Verfasser dieser Aussage nicht an seinen eigenen Ratschlag, und die Wittgenstein-Forschung lebt gerade von der Unklarheit und Vieldeutigkeit seiner Werke. Es ist nicht das Schweigen der Philosophen, sondern das geheimnisvolle Raunen, das sich aus der Unklarheit ihrer Sprache speist, das sie erfolgreich macht. Erfolgreiche (philosophische und pädagogische) Autoren arbeiten viel eher mit dem heimlichen Imperativ: Was sich überhaupt sagen lässt, lässt sich auch unklar sagen; und wovon man nicht reden kann, darüber muss man schreiben. Hätte

---

159 »Appelle an Redner oder Schreiber, sich verständlich auszudrücken, sind leicht zu äußern, aber sie bleiben folgenlos, wenn sie die entgegenstehenden Gründe nicht berücksichtigen« (Luhmann 1981, S. 170).

160 Allerdings schimmert an anderer Stelle bei Popper ein Wissen dieser latenten Funktion durch, wenn er in einem Zeitungsinterview einmal ironisch das Rezept für einen guten Vortrag präzisierte: Am besten wäre es, ein Drittel wäre unverständlich, denn das suggeriert geistige Tiefe (!), ein Drittel sollte dagegen trivial sein, denn das haben die Zuhörer auch schon mal gedacht, und ein weiteres Drittel möge unterhaltsam sein, denn das belohnt den Zuhörer für die Zumutung der Aufmerksamkeit.

Wittgenstein geschwiegen, dann wäre er kein Philosoph geworden, sondern Volksschullehrer in Österreich geblieben.

Wer die pragmatischen Funktionen von Sprache und ihre Wirkung funktionalistisch beobachtet, wird also zu einem anderen Ergebnis kommen und sich vor den beliebten, aber bisher erfolglosen Ratschlägen hüten, klar, präzise und vor allem widerspruchsfrei zu sprechen bzw. zu schreiben. Er wird überhaupt keinen normativen Ratschlag geben, aber dafür eine Erklärung für dieses nicht auszurottende logische Defizit anbieten. Dass wissenschaftliche Autoren, nicht nur Philosophen und Pädagogen, aber vor allem diese, häufig unklar bleiben, viele vage Allgemeinbegriffe verwenden, die wenig denotative Bedeutung, aber viel konnotative Gefühle verbreiten und nicht gerade selten das geheimnisvolle Nuscheln einer klaren Sprache vorziehen, erfüllt offenbar eine Funktion, denn es erhöht die Chancen für eine Fortsetzung von Kommunikation; es vergrößert die Wahrscheinlichkeit von Resonanz, weil es anschlussfähig an weitere Kommunikation ist.

Sind damit die dringlichen Aufforderungen eines Karl Popper, wissenschaftliche Probleme »so klar wie nur irgend möglich (zu) formulieren« (Popper 1971, S. XV) obsolet? Keineswegs, denn es ist ja nicht ausgeschlossen, dass man in der Wissenschaft auch Resonanz finden kann, wenn man eine neue wissenschaftliche Erkenntnis klar und verständlich veröffentlicht und sie der kritischen – auch logischen – Überprüfung zugänglich macht. Man kann Abweichungen nicht nur durch ungefähres Nuscheln andeuten, sondern auch durch klare Differenzierung produzieren und sie den Beobachtern der *scientific community* präsentieren. Weil jedoch jede sprachliche Sinnproduktion nicht nur unvermeidbar einen unendlichen Horizont nichtmarkierter Sinnverweisungen, sondern auch die Negationsmöglichkeit mitschleppt, sind selbst bei klarer Sprachführung keineswegs nur positive Anschlüsse für weitere Kommunikation garantiert. An dieser Stelle könnte eine sprachanalytische Klärung der gebrauchten logischen Formen hilfreich sein, um die eigene Entscheidung über die positive oder negative Weiterbehandlung der Sinnofferte zu rationalisieren. Wenn man nicht den mühsamen Umweg über die Einführung einer Formalsprache gehen will, könnte man eine intuitive Rekonstruktion der impliziten logischen Form in Erwägung ziehen. Es läge nahe, diese dann als »hermeneutische Logik« zu bezeichnen, wenn der Begriff nicht schon besetzt wäre[161]. Im Unterschied zu diesem anspruchsvollen Versuch einer Neuorientierung im philosophischen Wissen durch Wiedergewinnung der im Logos-Denken der antiken griechischen Philosophie aufgehobenen Einheit von Sprache und Vernunft ginge es hierbei allerdings um ein viel bescheideneres Anliegen, nämlich um die Fähigkeit, die Form der Sprache hinter ihrem Inhalt erkennbar zu machen und sie anhand der logischen Stringenz zu bewerten.

Das ist nicht einfach, weil sich die Inhalte gewöhnlich vor die Form schieben und wir inhaltlich denken und damit die Form systematisch zu übersehen pflegen. Es sind die Inhalte, die gewöhnlich die Form verbergen. Weil die formalen Beziehungen als Formen nur an den Inhalten erscheinen, bleiben sie für uns opak. Nicht um »Auslegung des verstehenden Erlebens« ginge es dann, sondern um das Erkennen und Beschreiben der logischen Form von Sprache. Grundkenntnisse einer logischen Propädeutik könnten hier nicht schaden, wenn es darum geht, eigene und fremde Texte hinsichtlich ihrer sprachanalytischen und logischen Formen zu rekonstruieren und zu interpretieren.

---

161 Insbesondere durch G. Misch und H. Lipps, aber auch durch H. G. Gadamer und O. F. Bollnow (vgl. den Überblick im Historischen Wörterbuch der Philosophie Bd. 5, Sp. 413 f.).

8 Ethik
...oder Vorsicht Moral!

Mit dem Begriff der Ethik wird – auch und gerade in der Pädagogik – ein ganzes Bündel von unterschiedlichen und strittigen Fragen bezeichnet. Eine klare und eindeutige Semantik ist nicht auszumachen. Im Gegenteil: Eine babylonische Sprachverwirrung zieht sich durch die lange Geschichte des Begriffs[162], und deshalb ist die Gefahr eines »bloßen Herumtappens unter bloßen Begriffen«[163] gerade in der Ethik erheblich. Das macht es gleichzeitig leicht und schwer, über Ethik zu räsonieren – leicht, weil man bei Beliebigem einsetzen (am einfachsten bei seinen eigenen mitgebrachten normativen Vorurteilen) und bei Beliebigem aufhören kann (nämlich dort, wo einem nichts mehr einfällt), schwer, weil man den Boden erst prüfen muss, auf dem man sich bewegen will, wenn man einen sicheren Gang durch das verminte Gelände sucht. Es erscheint deshalb zweckmäßig, das weitere Vorgehen vorzubereiten, um das Ergebnis der Untersuchung nicht durch unüberlegte Vorentscheidungen zu präjudizieren. Die späte Platzierung dieses Kapitels[164] ist deshalb kein Zufall, sondern Absicht – in der Hoffnung, so die bisher eingeführten Unterscheidungen benutzen und die weitere Argumentation an der gebrauchten Methode kontrollierbar zu machen.

---

162 Vgl. den Artikel »Ethik« im »Historischen Wörterbuch der Philosophie«.
163 Die Formulierung lehnt sich sinngemäß an eine Vorgabe von Kant an (vgl. KrV B 15).
164 Und des nächsten Kapitels über die Anthropologie. Ethik und Anthropologie hängen, wie wir noch sehen werden, eng miteinander zusammen und werden – ob ihres Konfusionscharakters – erst jetzt behandelt, um die bisher eingeführten Unterscheidungen benützen zu können.

Pädagogische Ethik

Wie so häufig im pädagogischen Schrifttum sind auch und gerade im Bereich der ethischen Argumentation Begriff und Sache alles andere als klar und eindeutig. Schon die Fragen, ob es eine pädagogische Ethik gibt, und wenn ja, seit wann[165], und welche Bedeutung sie habe, sind strittig. Dabei zeigt bereits ein flüchtiger Blick in die pädagogische Literatur, dass ethische Argumente in der Pädagogik omnipräsent sind. Manche meinen sogar, dass die Pädagogik aus der Ethik komme oder gar bloß eine Art Unterabteilung der Ethik sei. Wenn das stimmte, würde es verständlich machen, warum sowohl in der pädagogischen Praxis als auch in der pädagogischen Theorieliteratur häufig gewertet, normativ erwartet und moralisiert wird. Ethik und Pädagogik scheinen also sowohl in der Theorie als auch in der Praxis eine enge Verbindung einzugehen. In Anbetracht dessen ist es erstaunlich, dass man bislang vergeblich nach einer Monografie zur Pädagogischen Ethik Ausschau halten muss, in der systematisch und differenziert die ethische Dimension in Erziehung und Erziehungswissenschaft in ihrer ganzen Breite entfaltet würde. Wie üblich gibt es natürlich eine unübersehbare Fülle von Aufsätzen zu Einzelaspekten, thesenhafte Überblicke, Textsammlungen zu Einzelaspekten und Einführungen in das Problemfeld von Ethik und Erziehung (z. B. Brezinka 1986, Beuter/Horster 1996, Derbolav 1985, Günzler 1988, Groothoff 1985, Horster/Oelkers 2005). Jedoch lassen sich erst seit wenigen Jahrzehnten Monografien entdecken, die im Titel den Begriff der »Pädagogischen Ethik« benützen – allerdings sofort wieder relativiert durch Hinweise auf ihre propädeutische Funktion oder ihren Versuchscharakter im Untertitel (z. B. Gamm 1988, Oelkers 1992). Sie beschränken sich also auf eine einführende oder selektive Behandlung von Einzelaspekten, ohne den Anspruch zu erheben, die ethische Dimension von Erziehung und

---

165 »Die Verknüpfung von Erziehung und Moral ist antiken Ursprungs« meinen wichtige Autoren (Horster/Oelkers in dies. 2005, S. 8). Aber ein Blick in die (viel ältere) altägyptische Kultur beweist wieder einmal, dass es in der Historie fast unmöglich ist, einen absoluten Anfang zu finden (vgl. Brunner 1957; Treml 2005, S. 7 ff., 29 ff.).

Erziehungswissenschaft vollständig oder auch nur überblickhaft in den Blick zu nehmen. Wie ist das zu verstehen?

Dass eine ausgearbeitete Pädagogische Ethik, die mehr ist als bloß eine »Einführung in Probleme« (Oelkers) oder »Versuche zur Analyse« (Gamm), immer noch ein Desiderat ist, bedeutet allerdings nicht, dass es sie nicht gibt. Wahrscheinlich neigen wir dazu, die ethische Dimension in der Pädagogik zu übersehen – jedoch nicht deshalb, weil sie fehlt, sondern, ganz im Gegenteil, weil sie omnipräsent ist. Ethik ist der Pädagogik viel zu nah und zu unmittelbar – gewissermaßen ein Teil ihrer selbst –, als dass sie unbefangen und objektiv beobachtbar ist, denn bekanntlich ist unser Verhältnis zum Nahen und Unmittelbaren erkenntnistheoretisch prekär, weil es dazu verführt, die Subjekt-Objekt-Differenz zu unterlaufen. Das ist vor allem auch deshalb problematisch, weil »Ethik« nicht nur im Gegenstandsbereich der wissenschaftlichen Beobachtung vorkommt, sondern auch im und für den Beobachter selbst eine wichtige Rolle spielt, so dass die Gefahr eines Kurzschlusses zwischen beobachtetem Objekt und beobachtendem Subjekt besteht.

Beim Versuch, sich dem Gegenstandsbereich einer Pädagogischen Ethik zu nähern und ihre Probleme zu entfalten, können wir auf die vorläufige Klärung der Begriffe im Kapitel über die sprachphilosophischen Grundlagen zurückgreifen. In diesem sechsten Kapitel wurden unter anderem die Begriffe »Werte« und »Normen« metasprachlich erwähnt und definiert; jetzt geht es darum, sie objektsprachlich zu benützen und zu fragen, was Werte und Normen sind – oder anders gesagt: was sie (in ihrer Referenz) bedeuten. Diese traditionelle Formulierung suggeriert eine ontologische Antwort, und wir wollen deshalb versuchen, die Frage auch auf dem Hintergrund unserer Drei-Welten-Ontologie zu beantworten. Im weiteren Verlauf bedarf dies auch einer methodologischen Klärung und damit eines Nachdenkens über die Frage, was es bedeutet, wenn man sich (pädagogischen) Werten und Normen kausal, intentional oder funktional nähert. Schließlich wird es auch hier wieder um eine eindeutige Zuordnung zu den beiden erkenntnistheoretischen Grundpositionen gehen, um Fehl- oder Kurzschlüsse zwischen dem (beobachtenden) Subjekt und dem (beobachteten) Objekt zu vermeiden. Das heißt, dass wir zunächst über die Fragen nachdenken werden, wie und ob man pädagogische Werte und Normen rationalistisch begründen kann und welche Detailprobleme sich im Anschluss daran ergeben. Erst im nächsten Kapitel werden wir im Kontext der Anthropologie (funktionalistisch) nach einer möglichen naturalistischen Basis von Ethik fragen und damit eine Perspektive erproben, die in der Pädagogischen Ethik bisher randständig ist.

Normen

Werte und Normen kommen in Welt 1 als Tatsachen vor, und das heißt: Man findet sie, wenn man die praktischen Erziehungsfelder beobachtet. Man kann sie dort sehen und/oder hören. Zum Beispiel, wenn die Mutter zu ihrem Kind sagt: »Wasch Dir vor dem Essen die Hände!«, oder wenn der Lehrer einem Schüler zuruft: »Ruhe, da hinten in der letzten Reihe!« Was geschieht hier? In allen diesen oder ähnlichen Beispielen wird sprachlich ein »Sollen« signalisiert, das wiederum eine kontingente Verhaltenssituation voraussetzt. Das Kind kann auch nicht die Hände vor dem Essen waschen, und die Schüler der letzten Bank können weiter miteinander quatschen. Es gibt also mehrere Handlungsmöglichkeiten, die durch eine Sollensäußerung der Art »Du sollst ...!« auf eine erwünschte, gewollte, gesollte beschränkt werden – mit der Absicht, das diese Handlungsmöglichkeit auch verwirklicht wird. Diese Differenz von Sollen und Realisieren (des Gesollten) kann unter Umständen unterlaufen werden, z. B., wenn der Lehrer zum Schüler sagt: »Ich warne Dich, Bürschchen!« Das ist keine Sollensäußerung, kein Wert und keine Norm, sondern eine Handlung. Solche performatorischen Äußerungen (wie z.B. Warnen, Versprechen, Befehlen ...) sind das, was sie zum Ausdruck bringen, selbst und bedürfen nicht eines Zukunftsbezugs, der in Sollensäußerungen enthalten ist. Was gesollt wird, ist noch nicht. Wer die Hände waschen soll, hat sie noch nicht gewaschen, und wer aufhören soll, mit seinem Banknachbarn zu reden, der redet noch mit seinem Banknachbarn. Normen sind also *kontrafaktische* Erwartungen, was allerdings nicht ausschließt, dass es zu einer Deckungsgleichheit zwischen Sollen und Sein kommen kann. Wenn z. B. eine Schulordnung die Norm formuliert: »Alle Schüler sollen pünktlich zur ersten Stunde in ihren Bänken sitzen«, dann wird wahrscheinlich die Norm mit der Realität normalerweise deckungsgleich sein. »Kontrafaktisch« heißt hier nur, dass auch dann normativ erwartet wird, wenn die Welt (das »Faktische«) mit dem Sollen konfligiert – das Sollen also mit dem Sein nicht deckungsgleich ist. Das bedeutet wiederum, dass Normen wohl in Welt 1 vorkommen können, darin aber nicht aufgehen müssen. Ihr Anspruch bedarf der normativen Erwartung (in Welt 2) oder der (Re-)Formulierung als eine allgemeine Idee in Welt 3[166]. Wir werden darauf zurückkommen müssen, wenn wir den ontologischen Stellenwert von Werten zu klären versuchen.

Normen kann man also in der Welt 1 durchaus sehen und hören. Sie bringen sprachlich (mündlich oder schriftlich) ein »Sollen« zum Ausdruck, das ein gegenwärtiges faktisches Verhalten durch Handeln in ein zukünftiges anderes Verhalten überführen will. Sollen setzt also auf allen drei Sinndimensionen eine Differenz voraus:
- Auf *sachlicher* Ebene die Differenz von Sein und Sollen, von dem, was ist, und dem, was sein soll[167]. Während die Erkenntnistheorie nach den Bedingungen dessen, was ist, sucht, bezieht sich die Ethik auf das, was unter Umständen nicht ist, aber sein soll[168]. Weil Wahrheit sich (nach dem korres-

---

166 Zu einer Berufsethik des Lehrers bzw. Lehrens vgl. Brezinka 1986, S. 169 ff.; Günzler 1988, S. 82 ff.
167 Die Frage »Was soll gelehrt werden?« steht im Mittelpunkt der Curriculumtheorie, sobald die quasi naturwüchsige Kraft der Tradition – mit dem Verweis auf den sozialen Wandel – verloren scheint: »Eine wirkliche Berücksichtigung sozialen Wandels muß an inhaltliche Normen rühren, die für das System konstitutiv sind; sie können nicht als vorgegeben hingenommen oder als ›beliebig‹ abgetan werden« (Robinsohn 1967, S. 7), und folglich lautet die zentrale Frage für die Erziehungswissenschaft: »Durch welche Methoden […] können Curriculumentscheidungen so vorbereitet werden, daß sie aus ›Beliebigkeit‹, aus pädagogischem oder politischem Dezisionismus heraus in Formen eines rationalen gesellschaftlichen Konsens gehoben werden?« (dito, S. 31).
168 Wenn man, wie Kant, die traditionelle antike Dreiteilung der Philosophie in Physik, Ethik und Logik zugrunde legt, dann kann man auch sagen: »Die Philosophie der Natur geht auf alles, was da ist, die der Sitten nur auf das, was da sein soll« (Kant KrV B 868).

pondenztheoretischen Wahrheitsverständnis) auf das bezieht, was ist, ergibt sich damit eine fatale Konsequenz (auf die schon Aristoteles hingewiesen hat), nämlich, dass Sätze der Ethik nicht wahrheitsfähig sein können, sofern diese sich auf das beziehen, was nicht ist.
- Auf *zeitlicher* Ebene die Differenz von gegenwärtigem Verhalten und von zukünftigem Verhalten. Weil Normen kontrafaktische Erwartungen steuern, binden sie Zeit (z. B. durch Planung), und es scheint deshalb sogar so zu sein, »daß das Durchhalten der Erwartung wichtiger ist als das Durchsetzen« (Luhmann 1969, S. 39), denn dadurch, und nicht erst durch das Erreichen, erfüllen Normen ihre Funktion der zeitlichen Stabilisierung gegenseitiger Erwartungen (und Erwartungserwartungen) – was wiederum eine Bedingung der Möglichkeit für die Stabilisierung sozialer Systeme ist[169].
- Auf *sozialer* Ebene die Differenz von Normsender und Normempfänger (bzw. Adressat) der Sollensäußerung. Normen setzen damit eine soziale Asymmetrie voraus, die dort, wo die soziale Differenz nicht mehr selbstverständlich Geltung in Anspruch nehmen kann, selbst schon legitimierungsbedürftig ist. Diese soziale Asymmetrie wird in der pädagogischen Literatur meist unter der Begrifflichkeit von »Macht« und »Ohnmacht«, von »Herrschaft« und »Emanzipation« behandelt, asymmetrisch (kritisch) bewertet (vgl. z. B. Beck 1974) und als legitimationsbedürftig betrachtet.

Die ethische Dimension entfaltet sich an der Frage, wie man diese dreifache Differenz legitimieren kann, die in der Kontingenz der Ausgangssituation gründet. Die ethische Frage beginnt also mit einer Warum-Frage: Warum soll ich das (überhaupt oder nicht

---

169 In der pädagogischen Tradition wurde dieser Zusammenhang vor allem durch Schleiermacher prominent – genauer gesagt, durch eine Fragestellung, die Schleiermacher in seiner Pädagogikvorlesung in Anlehnung an die kantische Ethik gestellt hat: Wie kann die »Aufopferung eines gegenwärtigen Momentes für einen künftigen« (Schleiermacher 1965, S. 40) legitimiert werden? Oder: »Darf man überhaupt zugestehen, daß ein Lebensaugenblick als bloßes Mittel für einen anderen als diesen aufgeopfert werde?« (ebd.).

jenes) sollen? Warum soll ich (in Zukunft) das tun (und nicht lassen oder etwas anderes tun)? Warum darfst du Sollensansprüche an mich erheben? Was legitimiert dich dazu? Solche Warum-Fragen intendieren eine Begründung (oder Legitimierung) der in Anspruch genommenen Asymmetrie. Rationalistische Ansätze einer Ethik sind deshalb in der Regel Begründungstheorien. Ethik als praktische Vernunft bezieht sich auf die Ziele des menschlichen Handelns und auf die Frage, wie man sie rechtfertigen kann.

Das Gemeinsame von Normen auf allen drei Sinndimensionen ist der Bezug auf ein gesolltes Handeln auf der Basis einer kontingenten Ausgangssituation. Normen beschränken Handlungsmöglichkeiten, denn nur durch Beschränkung können wir uns zu größeren Gemeinschaften erweitern und deren Kooperationsgewinne einstreichen. Wenn jeder machen könnte, was er gerade will, wird Chaos und nicht Kooperation wahrscheinlich sein, denn Kontingenz mit Kontingenz multipliziert oder addiert ergibt Chaos[170]. Vergemeinschaftung setzt die Koordination von kontingenzregulierenden Beschränkungen voraus. Ohne *Beschränkung* der individuellen Eigensinne und Vorwegkoordination der Erwartungen keine *Ausweitung* in Richtung sozialer Systembildung! Das scheint aus funktionalistischer Sicht die ursprüngliche Funktion von Normen zu sein (vgl. Luhmann 1969). Der Vorteil einer solchen Affiliation durch Normen ist offenkundig, denn die Kooperationsgewinne sozialer Systembildungen sind unübersehbar, und die durch Normen angeregten kontrafaktisch stabilisierten Erwartungen können Unsicherheit absorbieren bzw. Erwartungssicherheit vermitteln und so Raum schaffen für die erträgliche Abarbeitung von Unsicherheit.

Aber der Preis, den man dafür bezahlen muss, ist hoch, denn Normen erscheinen aus Sicht der psychischen Systeme als Einschränkung und produzieren deshalb unter Umständen Motivationsprobleme mit ethischen Implikationen. Sie können sich an der Warum-Frage entzünden: Warum soll das (und nicht jenes)

---

170 »Es liefe auf reinen Zufall hinaus, wollte man die Herstellung sozialer Übereinstimmung der momentanen Aktualität des Bewußtseins überlassen: der Begegnung gleichgesinnter, dem augenblicklichen Einfall, der überzeugenden Improvisation« (Luhmann 1969, S. 30).

gesollt sein? »Unter Umständen« relativiert die Aussage des Satzes, denn die Einschränkung von Handlungsmöglichkeiten kann auch völlig unproblematisch sein, dann nämlich, wenn sie überhaupt nicht die Schwelle des Bewusstsein erreicht, so dass die Warum-Frage überhaupt nicht entstehen kann. Der Begriff der »Ethik« führt etymologisch das Wissen mit, dass die Beschränkung von Handlungsmöglichkeiten nicht erst ausdrücklich (bewusst) eingefordert werden muss, sondern auch schon vor allem Bewusstsein vorgegeben sein kann: »Ethisch« ist der gewohnte Ort des alltäglichen »Wohnens«, also der »Gewohnheiten«, der bewährten Sitten und Gebräuche, die so selbstverständlich sind, dass sie nicht den Status bewusst erlebter Kontingenzen erreichen[171]. Erst die skeptische Umwendung auf die kritische Rückfrage nach der Legitimation des Normalen machen Handlungseinschränkungen zu einem ethischen Problem. Schon beginnend mit der Sophistik, dann aber explizit bei Platon und Aristoteles fragen Philosophen nun danach, ob die Sitte auch »gut« sei. Das Normale und das Gute – bzw. (metasprachlich formuliert) das natürliche Begehrungsvermögen und das ethische Bewertungsvermögen – fallen von nun an auseinander und werden gegenseitig als Umwelt behandelt. Die damit entstehende Differenz sollte den ethischen Diskurs anregen. Es bedarf also der Überführung einer Einheit in eine Differenz, damit ein ethisches Nachdenken entstehen kann.

»nomos« und »physis«

Ein wichtiger ethischer Diskursverlauf hat sich seit der Antike an der antithetischen Unterscheidung von »*nomos*« und »*physis*« entzündet (vgl. Heinimann 1987). Sitten und Bräuche (die sich zu »*nomos*« verdichten) werden durch ein Naturverständnis (»*physis*«) kritisierbar, das seine Normen nicht mehr auf Kultur, sondern auf Natur gründet. Umgekehrt konnten die angeborenen Neigungen

---

171 Vgl. den einschlägigen Eintrag im Historischen Wörterbuch der Philosophie, Bd. 2 D–F. 1972. Auch im Wort »Moral«, das als »moralis« die Sitten betrifft (»Warte, ich werde dir Mores lehren!«), lässt sich noch »morari« finden, was »verweilen, sich aufhalten« bedeutet und insofern auch und insbesondere das Wohnen im Gewohnten meint.

(z. B. Begabungen) im Lichte von Normen kritisiert werden, die alleine aus der Kultur kommen – z. B. aus der Erziehung. Dazu bedurfte es aber einer zweifachen Nobilitierung: *nomos* muss auf Vernunft beruhen, damit sie als Maßstab der Kultur auf die Natur des Menschen Einfluss gewinnen sollen, und *physis* muss als normativ aufgeladener Anspruch ethisch bewertet werden, damit sie überhaupt als Korrektiv von *nomos* in Erscheinung treten darf.

Damit hat die Antike eine ethisch einflussreiche Unterscheidung eingeführt und den darauf gründenden Diskurs dauerhaft angeregt. Er zieht sich in der pädagogischen Ideengeschichte bis zur Gegenwart durch, wenngleich unter unterschiedlichen Begrifflichkeiten. Dass die Pädagogik bis heute die Wende zu einer naturwissenschaftlichen Begründung nicht gegangen ist (oder geschafft hat?), verdankt sie vermutlich der Tatsache, dass mit *physis* ein Naturbegriff in Stellung gebracht wurde, der nicht naturwissenschaftlich (also naturalistisch) begründet wurde, sondern ausschließlich eine theorietechnische (also rationalistische) Funktion erfüllt. Dieser rationalistisch gefüllte und normativ gebrauchte Naturbegriff findet sich schon in der Stoa und entfaltet seitdem – wenngleich in unterschiedlichen Phasen der Ideengeschichte in verschiedener Weise – seine pädagogische Wirkung. Bei Rousseau lässt sich beispielhaft verfolgen, wie man mit dem – bei ihm nicht wörtlich so formulierten, aber sachlich gemeinten – »Zurück zur Natur!« einen die Gesellschaft transzendierenden Standpunkt der Kultur- und Gesellschaftskritik gewinnt, jedoch eine empiristisch oder naturalistisch begründete Pädagogik systematisch verfehlt (vgl. Treml 1988).

Am Beispiel eines rationalistisch verankerten Naturbegriffs lässt sich zeigen, wie die normative Funktion die denotative Funktion eines Begriffes überlagern und an den Rand drängen kann. Mit »Natur« (*physis*) wird in einer rationalistisch begründeten Pädagogik eine Norm zum Ausdruck gebracht, die einen Maßstab für die richtige Erziehung verspricht. Schon das stoische »*secundum naturam vivere*« (nach der Natur leben) impliziert den normativen Anspruch des Maßgeblichen[172].

---

172 »*Quae vero a natura fiunt, recta se habent, et conservantur in optima sua constitutione*" – Was aber von der Natur gemacht wird, verhält sich richtig und bleibt erhalten in seiner besten Verfassung. Noch ist also

Damit wird deutlich, dass Normen dort, wo sie ontologisch die Welt 1 kontrafaktisch transzendieren, in der Welt 3 zu Hause sind: als Ideen einer besseren – also auf jeden Fall: anderen – Welt (und nicht in Welt 1, z. B. in der Natur). Als solche können sie von der Wirklichkeit (einer Welt 1) nicht gekränkt werden, ist diese doch nur das defizitäre Sprungbrett zum eigentlichen Sein, das als gesolltes aktual antizipiert wird. Die jedem pädagogischen Verhältnis eigentümlichen Asymmetrien (in den drei Sinndimensionen) haben damit eine kontrafaktische Schlagseite. Sie verankern ihre Legitimität im Noch-Nicht der normativen Erwartung. Dabei ist das Programm der inhaltlichen Füllung funktional äquivalent hinsichtlich der zeitlichen Differenz von Sein und Sollen: Ist es einmal die Verankerung im ursprünglich stolzen Begriff der geltenden und allgemein verpflichtenden Ordnung (*nomos*), die das bloß Naturwüchsige zu kritisieren und zu transzendieren erlaubt, so sind es das andere Mal die »richtigen« Maßstäbe der Natur (*physis*), die es erlauben, gerade diese kulturelle Ordnung als wohl allgemein verbreitete, aber meist »falsche« Meinung zu entlarven und zu denunzieren. Ist es einmal die Vernunft der Tradition, so ist es das andere Mal die Vernunft der Natur, die als ethischer Maßstab der Kritik und der Legitimierung des Normativen benützt werden kann.

Seit der Zeit der Sophistik lässt sich dieser starke Wertakzent in den pädagogischen Diskursen nachweisen. So sind es etwa bei Pindar alleine die Abstammung und die mit der Geburt gegebenen natürlichen Anlagen, die den weiteren Entwicklungsprozess des Menschen bestimmen. Übertriebene pädagogische Zumutungen können damit ethisch kritisiert und in eine Pädagogik des geduldigen Wartens und Übens überführt werden, die der Natur die Zeit pädagogisch zur Verfügung stellt, die sie benötigt, damit das geschieht, was von selbst geschieht, weil darin die unverbrüchliche Naturgesetzlichkeit zum Ausdruck kommt. Diese sophistische Antithese von *nomos – physis* kann aber auch benützt werden, um solche Vorstellungen mit dem Hinweis zu kritisieren, dass Vernunft nur in einer sprachlich vermittelten Vernunft zum

---

die Natur auf Perfektion eingestellt; die Überführung in ihre Perfektibilität sollte erst das Programm der Neuzeit (und der neuzeitlichen Pädagogik) werden.

Ausdruck kommt und nicht in einer Natur, die nur den Stoff für die pädagogische Formung liefert. Das Normative kann nur als *logos* – als sprachlich vermittelte tradierte Vernunft – entfaltet werden, denn in der Natur ist alles nur Zwang, ist alles nur, wie es ist, und nicht, wie es sein soll. Dagegen sind Normen in der Vernunft begründet und im *logos* des gesprochenen (diskursiven) Wortes zum Ausdruck kommende Handlungsvorgaben, die im modalen Modus des Sollens (und nicht des Müssens) daherkommen. Nicht Notwendigkeit, sondern Kontingenz ist das Material, mit dem sie arbeiten.

Kontingenzregulierung

In der pädagogischen Praxis kommt dieser normative Anspruch unterschiedlich stark zum Ausdruck – je nachdem, wie stark das zugrunde liegende Kontingenzproblem ist. Wenn die Warum-Frage das Normale und Selbstverständliche der Gewohnheiten erschüttert, entsteht das ethische Problem. »Warum soll ich immer vor dem Essen die Hände waschen, obwohl sie sauber sind?« Diese Frage des Kindes kann vielleicht die Mutter noch abbürsten mit dem Hinweis: »Das war immer schon so!« – also mit der Erinnerung an *nomos*, an die Macht des Üblichen und Überkommenen, das deshalb so falsch nicht sein kann. Aber was ist mit der Frage des Schülers an den Lehrer im Ethikunterricht: »Müssen wir immer ehrlich sein? Ist eine kleine Notlüge aus Höflichkeit nicht manchmal geradezu angebracht?« Diese bedarf eines größeren ethischen Diskurses, der auch die schriftliche Tradition dieser Reflexion berücksichtigt. Es ist deshalb zweckmäßig, zwischen der »einfachen Sittlichkeit« und der »reflektierten Sittlichkeit« zu unterscheiden und als wichtiges Unterscheidungskriterium die Literarität zu nehmen. *Einfache Sittlichkeit* bedarf nicht der Schriftlichkeit, sondern wird (primär) nonverbal tradiert und verbal eingefordert, wenn sie verletzt wird. *Reflektierte Sittlichkeit* wird dagegen explizit schriftlich tradiert, diskutiert und legitimiert. Darunter fallen vor allem das Recht, aber auch alle schriftlich verfassten Normen. Wir finden sie z. B. in Schulordnungen, Klassen-Selbstverpflichtungen, insbesondere jedoch in den Lehrplänen, die als schriftliche Sammlungen jener Lerninhalte interpretiert werden können, die gelehrt und gelernt werden sollen. Ihr Sollenscharakter kommt in Form von Lernzielen und/oder Erziehungszielen explizit zum Ausdruck.

Die Curriculumtheorie hat die normative Bestimmung der Ziele primär als methodisches Problem aufgefasst und ihre ethische Dimension weitgehend übersehen bzw. unterschätzt[173]. Vielleicht ist sie deshalb mit ihrem hohen Anspruch (auf Rationalisierung der den Lehrplänen vorausgehenden curricularen Entscheidungen) gescheitert, weil sie das zugrunde liegende Legitimationsproblem der ethischen Entscheidungen nicht gelöst hat (vgl. Treml 1976). Dieses ist in Anbetracht des riesigen Möglichkeitsraumes, der für curriculare Entscheidungen zur Verfügung steht, ein Selektionsproblem und damit ein ethisches Problem der Selektionsentscheidungen. Die Hoffnungen, Normen und Wertungen, die den curricularen Entscheidungen vorausliegen und/oder in sie eingehen, wohl nicht »streng wissenschaftlich« begründen, so doch immerhin »objektivieren« zu können (Robinsohn 1976, S. 53), suggeriert die Möglichkeit einer auf Methoden beruhenden Legitimierung von normativen Entscheidungsprozessen. Eine solche objektive Legitimierung von curricularen Entscheidungen ist nicht gelungen, und wir werden an späterer Stelle – wenn es um das Werturteilsproblem geht – erfahren, warum nicht.

Normen lösen ein Kontingenzproblem, weil sie aus möglichen Handlungsweisen eine Handlung als gesollte auswählen und ihre Verwirklichung fordern. Aber sie erkaufen diesen Vorteil mit dem Nachteil, dass an zwei Stellen Legitimationsprobleme auftauchen. Zum einen entsteht ein Legitimationsbedarf bei der Selektion derjenigen Handlungen, die aus einem Möglichkeitsraum ausgewählt und als vorziehungswürdig gefordert werden. Hier geht es um die Begründung der Wahl und damit einer Selektion aus einem Bereich funktional äquivalenter (Handlungs-)Möglichkeiten. Warum diese Norm und nicht jene? Warum soll das gesollt und jenes vermieden werden? Warum gerade dieses Erziehungsziel

---

[173] Bei Robinsohn, dem Initiator der deutschen Curriculumforschung, heißt es programmatisch: »Unsere primäre Aufgabe ist vielmehr, Methoden zu entwerfen, durch die gesellschaftlicher Konsens über jene Kriterien und die über sie zu konstituierenden Curricula ermittelt und aktiviert werden kann« (Robinsohn 1967, S. 22).

und nicht jenes? Dieses Problem im Zusammenhang der Begründung pädagogischer Normen bezeichne ich als das »*pädagogische Legitimationsproblem*« (vgl. Treml 1978).

Zum anderen entsteht aber auch dort ein Legitimationsbedarf, wo Normen als Zwecke für Mittel fungieren, die man anwendet, um sie zu erreichen. Dieses Zweck-Mittel-Schema kann aus rationalistischer Sicht eine Methode des Denkens sein, mit dem Mittel legitimiert werden (vgl. Luhmann 1973). Der Zweck »heiligt« – sprich: legitimiert – hier die Mittel und ist deshalb aus rationalistischer Sicht nur Legitimationsmodus, denn er verdeckt, dass aus empiristischer Sicht – auch in pädagogischen Zweck-Mittel-Beziehungen – eine kausale Beziehung von Zwecken und Mittel nur unterstellt (attribuiert) wird und die Wirkung dem Versuch überlassen bleibt. Dieser als »*pädagogisches Technologieproblem*« bezeichnete Sachverhalt ist die andere Seite des pädagogischen Legitimationsproblems. Hier geht es nicht um die Legitimation der Zwecke, sondern um die Legitimation der Mittel (im Lichte der Zwecke).

Sowohl das pädagogische Legitimationsproblem als auch das pädagogische Technologieproblem werden gemeinhin als ungelöst bezeichnet (vgl. Luhmann/Schorr 1979, Scheunpflug 2004). Wenn Probleme jedoch dauerhaft unlösbar scheinen, dann kann man vermuten, dass sie entweder falsch gestellt und deshalb Scheinprobleme sind oder aber Intention und Funktion verwechselt werden. Was läuft hier falsch? Vermutlich entsteht das Urteil über die Unlösbarkeit beider Probleme zum einen durch die rationalistischen Ansprüche, die man (in Welt 2 oder Welt 3) an eine Lösung der Probleme stellt, und zum anderen, weil die empirische Verwirklichung in einer Welt 1 (in der die Randbedingungen nie vollständig kontrolliert und konstant gehalten werden können) nicht gelingt. Normen, hier auch pädagogische Normen (Erziehungsziele, Lernziele u. a. m.) sollen sicher und intersubjektiv begründet werden, so dass jeder Einsichtige, der kompetent und wohlwollend ist, zustimmen könnte. Dieses konsenstheoretische Modell funktioniert aber – wie wir gesehen haben – schon bei der Begründung der Wahrheitsansprüche von deskriptiven Behauptungen nicht. Wer einen absolut sicheren Grund sucht, landet schnell im Sumpf des so genannten *Münchhausen-Trilemmas*: entweder unendlicher Regress, dogmatischer

Abbruch des Begründungsverfahrens oder zirkuläre Begründungsform (vgl. Albert 1969). Wie soll es dann bei Normen gehen, die nicht einmal dem harten Widerstand methodischer Überprüfung standhalten können? Natürlich kann man Normen begründen, wenn man unter »Begründung« einfach versteht: einen Grund angeben. Aber wir erwarten ja keinen *beliebigen*, sondern einen *zureichenden* Grund – zureichend für eine allgemeine Zustimmung aller vernünftigen Subjekte. Die Erfahrung zeigt, dass es eine solche gelungene Begründung, die absolut, endgültig, ein für alle Mal, apodiktisch oder universell und für jedermann zustimmungsfähig ist, nicht gibt.[174] Eine Begründung, die im Modus der Notwendigkeit daherkommt, ist nicht in Sicht. Vielmehr sind Begründungen immer Angabe von Gründen für eine kontingente Entscheidung – sei es einer Entscheidung über die Normen als Zwecke oder über die Mittel, die wir in pädagogischen Zusammenhängen organisieren, um sie zu erreichen. Auch diese Mittel – seien es Bildungsinhalte oder Unterrichtsmethoden oder Medien – lassen sich nicht sicher als notwendig begründen. Ein kausaler Zusammenhang zwischen Zwecken und Mittel scheint immer eine Attribution, also die Zuschreibung eines Beobachters zu sein und keine deskriptive Aussage über eine ominöse Kraft, die in den Dingen wohnt. Auch hier gibt es Erfahrungswerte, Wahrscheinlichkeiten, die den Versuchscharakter von Erziehung, von Bildung und Unterricht, wohl nicht prinzipiell überwinden, aber doch soweit legitimieren können, dass Erziehung möglich wird.

Eine Absicht bzw. Intention, die man nicht erreicht und trotzdem beibehält, erfüllt deshalb als normative Erwartung eine andere Funktion, und nur diese stellt sie (als Differenz) auf Dauer. Was aber ist die Funktion dieser Differenz von Sein und Sollen? Es fällt auf, dass hier eine Art *Realitätsverdoppelung* stattfindet. Tatsachen und Normen spielen in zwei verschiedenen

---

174 Vielleicht mit Ausnahme der letztmöglichen Leerformel, die nichts mehr ausschließt: »das Gute« – allerdings nur so lange, wie der Begriff denotativ vollständig leer bleibt und der (binäre) Code nicht mit inhaltlichen Programmen ausgefüllt wird. »In magnis et voluisse sat est« – Bei großen Dingen genügt es, sie gewollt zu haben.

Ligen der Ontologie – nämlich in Welt 1 und in Welt 3 –, beziehen sich aber funktional aufeinander. Solche Realitätsverdoppelungen finden auch in anderen Bereichen statt, z. B. wenn wir zwischen Spiel und Ernst unterscheiden, zwischen Immanenz und Transzendenz oder zwischen Kunst (als Fiktion) und Realität. Wir dürfen deshalb vermuten, dass folglich auch die Ethik damit an einer allgemeinen Funktion partizipiert. Luhmann meint, diese Funktion wäre die »Härtung der Realität«, die über die Verdoppelung in eine fiktive »Realität« geleistet wird (vgl. Luhmann 2008, S. 232). Ich vermute, dass in der Ethik das Gegenteil der Fall – und wie so häufig auch funktional äquivalent – ist: Die Verdoppelung der Realität durch eine Normativität, die aus Sicht der Realität fiktiv ist, stabilisiert nicht die Realität, sondern labilisiert sie. Vor allem in der Zeitdimension versetzen Normen durch Temporalisierung die gegebene Welt 1 in Schwingungen – und stellen sie so in Frage. Die Antwort lautet dementsprechend: Bewegung! Im Lichte geltender Normen setzt sich die Realität durch Handeln in Bewegung. Erst eine völlige Identität von Normen und Realität würde diese Bewegung zum Stillstand bringen. Aber da besteht keine Gefahr.

Kasuistik und praktische Urteilskraft

Je näher man der pädagogischen Praxis kommt, umso konkreter werden die normativen Forderungen. Unter Umständen decken sich sogar Norm und Wirklichkeit. Einem ethischen Nachdenken kann es allerdings unmöglich darum gehen, für jeden Einzelfall das Richtige vorzuschreiben und es zu legitimieren[175]. Ethik hat es deshalb nicht direkt mit singulären Handlungen zu tun, sondern mit Handlungsmustern bzw. mit den ihnen vorausliegenden Maximen. Sie wird sich als *reine Ethik* deshalb überwiegend in Form *allgemeiner* Urteile präsentieren, in denen Allgemeinbegriffe dominieren. Dort allerdings, wo sie sich als *angewandte Ethik* präsentiert, wird sie solche allgemeinen Urteile zu bestimmten – konkreten und singulären – Gegenständen in Beziehung setzen

---

175 Das würde praktisch eine Verdoppelung der Welt bedeuten – und damit dem (ontologischen) Extremalprinzip widersprechen.

und damit auch die Kasuistik einbeziehen (vgl. Moore 1970, S. 31 ff.). Die *Kasuistik,* also die Lehre von den (Einzel-)Fällen, hat hier primär eine propädeutische und pädagogische Funktion, weil es durch sie möglich ist, ethische Themen zu veranschaulichen und exemplarisch zu entfalten. Aber sie ist mehr als bloß eine pädagogische Methode, in ethische Probleme einzuführen, wenn über die singulären Fälle nicht bloß diskutiert, sondern diese im Licht allgemeiner moralischer Normen interpretiert werden sollen. Die Vermittlung von allgemeinen ethischen Maximen und ganz besonderen, singulär konkreten ethischen Fällen kann nicht in Form einer logischen Deduktion geschehen, denn das würde voraussetzen, dass in den Fällen selbst schon die Maximen vollständig enthalten wären. Allgemeine ethische Maximen können, weil sie in Welt 3 angesiedelt sind, nicht alle Einzelfälle in Welt 1 a priori abdecken. Die ontologische Differenz zwischen Ethik und Kasuistik muss deshalb erhalten bleiben, wenn Kasuistik nicht nur Erzählung von Einzelfällen bedeuten soll, sondern die diskursive Behandlung von Einzelfällen im Lichte allgemeiner ethischer Prinzipien ist. Das Allgemeine, das in den ethischen Prinzipien ontologisch eigenständig aufgehoben ist, ist dem Besonderen der Einzelfälle immer transzendent, und nur dadurch vermag es, die Welt 1 offen zu halten für eine freie Gestaltung und vor Verhärtungen zu bewahren. Zwischen Besonderem und Allgemeinem darf es nur eine »lose Koppelung« – keine starre Verbindung, geschweige denn eine Identität – geben. Nur solange das moralisch Allgemeine ein »wirklich Allgemeines« und Zukünftiges bleibt und nicht identisch wird mit dem moralisch Konkreten in der Gegenwart, bleibt eine offene Haltung praktisch möglich. So gesehen hat die ontologische Differenz selbst eine moralische Qualität[176].

---

176 Darauf hat Friedrich Kümmel nachdrücklich hingewiesen: »Das rationale Allgemeine und das ethische Allgemeine meinen so letztlich dasselbe und kommen in der Freigabe des Wirklichen überein. Das Interesse an einer Allgemeinheit im Wirklichen selbst hat somit einen inneren Zusammenhang mit dem Interesse des Menschen an der Freiheit seiner Verhältnisse. Indem nur die wirkliche Allgemeinheit unter dem Aspekt der Zukunft letztlich Freiheit gibt und Zwang verhindert, läßt sie der Vorläufigkeit Raum und beweist zugleich deren

Es bedarf hier einer eigenständigen Leistung, einer praktischen Klugheit, die in der griechischen Antike als »*phronesis*« und von Kant als »praktische Urteilskraft« bezeichnet wurde. Sie ist das auf praktische Aussagen bezogene »Vermögen, das Besondere als enthalten unter das Allgemeine zu denken« (Kant KdU XXVI). Weil man dabei vom Besonderen ausgeht und nach der allgemeinen Norm sucht, unter die sie fällt, kann dies nicht deduktiv geschehen. Sie kann deshalb auch nicht gelehrt, aber gelernt werden – durch kasuistische Einübung und Sensibilisierung. An den Fällen kann man ethische Sensibilität einüben und ethisch denken lernen, aber die Fälle alleine vermögen nicht die ethischen Maximen zu begründen[177].

Das Problem der Vermittlung allgemeiner ethischer Maximen mit konkreten ethischen Problemen der pädagogischen Praxis verschärft sich in dem Maße, wie die Maximen allgemeiner werden. Je allgemeiner eine Norm, desto schwieriger wird es, sie auf konkrete Fälle anzuwenden. Eine Deduktion von obersten Lernzielen über solche mittleren Abstraktionsniveaus bis hin zu so genannten operationalisierten Lernzielen ist nicht gelungen und kann nicht gelingen[178]. Das spricht eigentlich dafür, ethische Normen möglichst handlungsnah zu formulieren. Allerdings würde man sich hier in dem Maße, wie man ein Problem löst, ein anderes einhandeln, nämlich dass die Zustimmungsbereitschaft der Beteiligten sinkt. Je konkreter die Norm, desto größer die

---

mögliche Vollkommenheit an sich. Ein wirkliches Allgemeines ist anzunehmen um der Freiheit und des Fortschritts willen, denn ohne dies wären Zwang und Dogmatismus als Kehrseite der herrschenden Konvention das letzte Wort« (Kümmel 1970, S. 249).

177 Insofern stimme ich nicht der Meinung Moores zu, wonach die Kasuistik »zwar mehr spezifisch und die Ethik mehr allgemein« sei, und das bedeute, »daß sie nur graduell, nicht der Art nach verschieden sind« (Moore 1970, S. 32 f.). Kasuistik bezieht sich auf Welt 1 und Ethik auf Welt 3; folglich sind sie ontologisch auf verschiedenen Ebenen angesiedelt und nicht nur graduell, sondern kategorial verschieden. Wäre dem nicht so, bräuchte es keine eigenständige Form der Vermittlung in Form der Urteilskraft geben.

178 Vgl. die Kritik an solchen normativen Didaktikmodellen, die eine fiktive Deduktion unterstellen, bei Blankertz 1969, S. 18 ff. sowie Treml 1978, S. 386 ff.

Legitimationsprobleme. Umgekehrt gilt: Je allgemeiner die Norm, desto kleiner die Legitimationsprobleme, aber desto größer werden die Probleme für die praktische Urteilskraft. An einem Beispiel wird dieser paradox anmutende Sachverhalt deutlich. Die Norm, dass im Unterricht keine religiös motivierten Kopftücher von Muslima getragen werden sollen, ist sehr konkret – aber auch sehr umstritten. Die Norm, Gutes zu tun und Schlechtes zu unterlassen, ist sehr allgemein – aber wohl unbestritten. Die hohe Zustimmungsbereitschaft allgemeiner Normen – das wird hier deutlich – liegt in ihrer Funktion einer hohen Elastizität für relativ beliebige Umweltbedingungen begründet. Sie wird erkauft durch den riesigen *Spielraum* und den vollständig fehlenden *Informationsgehalt* der Aussagen.

Man könnte dies auch als Kategorienfehler bezeichnen, weil hier nicht zwischen *Code* und *Programm* unterschieden wird. »Gut« oder »das Gute« ist die markierte Seite eines (binären) Codes, der die Vorziehungswürdigkeit von Verhalten oder Sachverhalten zum Ausdruck bringt. »Programm« meint die inhaltlichen Ausfüllungen dieses Codes. Erst über eine solche programmatische Ausfüllung des Codes können ganz bestimmte Handlungen, Verhaltensweisen oder Sachverhalte identifiziert und bewertet werden. Solche Programme bieten z. B. Religionen, Weltanschauungen, politische Parteien, pädagogische Theorien, aber auch Menschenbilder an (vgl. dazu nächstes Kapitel). Sich auf der Ebene des ethischen Codes alleine zu bewegen, vermag wohl Zustimmung zu erheischen, verfehlt aber die Funktionserfüllung von Normen. Das *summum bonum*, das allgemeine Gute, ist so gesehen nicht einmal eine abstrakte Idee, sondern nur die markierte Seite des ethischen Codes. Wenn Platon (in seiner »politeia«) daran erinnert, dass »die Idee des Guten der höchste Lehrgegenstand« (Platon 2001, S. 316) sei[179], dann sollte man das (im Kontext seines Höhlengleichnisses) deshalb so interpretieren, dass ethische Fragen im Lichte des »Guten« (hier als binärer Code verstanden) auftauchen und nicht substantiell gedacht werden sollten. Nicht in der Sonne selbst (in deren Licht man gar nicht direkt schauen kann),

---

179 Analog zitiert Aristoteles in seiner Nikomachischen Ethik zustimmend eine Nominaldefinition von »Gut«, die in der Sache platonisch ist: »das Ziel, zu dem alles strebt« (Aristoteles 1971, S. 5).

sondern im Lichte der Sonne erscheinen die Schatten, und das heißt: die Differenzen von Gut und Böse.

Wir haben bisher ethische Normen, wie sie in Welt 1 vorkommen können, im Lichte normativer Ideen, die in Welt 3 beheimatet sind, untersucht und ihre kausalen und funktionalen Implikationen herausgearbeitet. Noch fehlt ein Blick auf die Welt 2 und ihre intentionale Logik. Normen erscheinen hier aufgrund ihrer sachlichen und temporalen Differenz von Sein und Sollen als emotionale Spannung. Das eigene Verhalten ist unter Umständen nicht so, wie es sein sollte, und das wird häufig subjektiv als belastend erlebt, denn schließlich wird ein Defizit konstatiert. Im Lichte dessen, was sein soll, ist das Sein, wie es ist, oft mangelhaft[180]. Wie kann Sein und Sollen in Übereinstimmung gebracht werden? Die eigenständige, selbstorganisierte Vereinigung setzt eine Motivierung des menschlichen Verhaltens voraus. Wie kann diese erfolgen? Die Antwort lautet: von außen durch *Macht und Recht,* von innen durch *Gewohnheit und Moral.*

Macht und Recht

Wenn man von körperlicher Gewalt absieht, kommt Macht in pädagogischen Verhältnissen als personale Macht vor allem in zwei Formen daher: als *Amtsautorität* (*potestas*) und/oder als *persönliche Autorität* (*auctoritas*) (vgl. Treml 2000, S. 185 ff.[181]). *Potestas* ist die verliehene, professionelle Macht z. B. eines Lehrers, der qua Amt normative Erwartungen durchsetzen darf. Vor allem für Lehrer ist es funktional, dass sie primär normativ erwarten (also »lehren«) dürfen und Schülern damit das Signal vermitteln, dass ihnen eine primär kognitive Erwartung (also »lernen«) zugemutet wird. Das damit implizierte ethische Problem wird dadurch entlastet, dass es hier um Wissensdifferenzen geht, die selbst wiederum kognitiv erwartbar sind. Der Lehrer erwartet also normativ, dass kognitiv erwartetet wird – und deshalb und nur deshalb ist seine in

---

180 Von dieser Erfahrung zehrt eine unüberschaubar gewordene Literatur: »O nein! Die Kraft ist schwach, allein die Lust ist groß« (Mephisto in Goethes Faust, Auerbachs Keller).
181 Vgl. auch aus geisteswissenschaftlicher Sicht Kümmel 1957.

Anspruch genommene *potestas* ethisch legitim[182]. Dort wo dies übersehen wird und der Lehrer beispielsweise seine privaten, normativ getränkten politischen Meinungen durchsetzen will und dabei kognitive Erwartungen ausschließt, verletzt er die ethische Legitimationsgrundlage von *potestas*. Einfacher, aber auch gefährlicher, wird es dort, wo die soziale Asymmetrie in pädagogischen Verhältnissen auf *auctoritas* aufbauen kann – also auf der freiwilligen Unterordnung unter eine normative Erwartung eines anderen (hier z. B. des Lehrers). Einfacher ist das deshalb, weil keine ethischen Legitimationsprobleme auftauchen; gefährlicher allerdings wird es dann, wenn die freiwillige Unterordnung in Unterwerfung mündet.

Aus Schülersicht stellt sich die Situation anders dar. Einerseits wird von ihnen erwartet, dass sie kognitiv erwarten. Andererseits werden ihnen häufig Erwartungsenttäuschungen zugemutet, was zur Folge haben kann, dass Lernen blockiert wird. Damit Lernen (also kognitives Erwarten) trotzdem wahrscheinlich wird, bedarf es zusätzlicher Absicherungen, z. B. in Form von institutionellen und organisatorischen Vorselektionen, die einen gegenseitigen Beobachtungsraum stabilisieren. Klassenunterricht garantiert eine solche dauerhafte gegenseitige Beobachtung auf der Basis eines gemeinsam geteilten normativen Erwartungshorizontes.

Ein zweiter wichtiger äußerer Faktor, der menschliches Verhalten motivieren kann, ist das *Recht*. Weil Recht und Moral sich inzwischen (aus einem normativen Naturbegriff) ausdifferenziert haben und gegenseitig füreinander Umwelt geworden sind, wird die pädagogische Relevanz von Recht gerne übersehen. Das war nicht immer so. Platons *pädagogisches* Hauptwerk heißt bekanntlich »politeia« (der Staat). Es geht in diesem Buch im Grunde um die Frage, wie der Staat durch eine gerechte Ordnung seine Bürger so erziehen kann, dass Vergemeinschaftung – wir würden heute sagen: soziale Kooperation – trotz aller angeborenen Tendenzen,

---

[182] Im Gegensatz dazu meinte Aristoteles, dass »für den Besitz sittlicher Vorzüge...das Wissen wenig oder nichts (bedeute)« (Aristoteles 1970, S. 40). Ich gehe stattdessen davon aus, dass die ethische Legitimation des Lehrers auch in seinem überlegenen Wissen und professionellen Können gründet.

den Eigennutz zu mehren, möglich wird (vgl. Platon 1982)[183]. Das angeborene menschliche »Begehrungsvermögen« kennt aus sich heraus weder Grenze noch Maß, wenn seine Befriedigung in Form von Geld und Macht akkumulierbar wird. Das rechte Maß im sozialen Miteinander muss deshalb der Mensch selbst finden, und dazu bedarf es der Idee des Guten und Gerechten, denn nur im Licht dieser allgemeinen Idee kann ein Staat dieses Problem lösen. Gerechtigkeit ist keine Eigenschaft von Individuen, sondern bezieht sich »auf Gemeinschaftsverhältnisse« (Platon 1958, S. 10) und wird durch Gesetze, also durch das Recht, angestrebt. Recht – noch bei Kant verstanden als Instinktersatz – war also das wichtigste ethische Erziehungsmittel, denn in den Gesetzen des Staates kommt nicht nur das Recht zum Ausdruck, sondern auch der Anspruch auf Gerechtigkeit. Das Recht in Form von staatlichen Gesetzen muss allerdings als gerecht nobilitiert und ständig kontrolliert werden, dann kann es seine pädagogische Funktion erfüllen.

Das Recht kann sich durch seine *politische* Durchsetzung verwirklichen. Als *pädagogisches* Medium wird es auch als Belehrung, etwa in Form einer Rechtserziehung, daherkommen. Seine besondere Wirksamkeit wird es allerdings – vor allem durch Sozialisation, also durch frühkindliche *Gewöhnung* entfalten können. Schon Aristoteles meinte, dass es nur so – wie ein Samen, der in das noch feuchte Land gelegt wird – in die »charakterliche Grundstruktur« des Kindes gepflanzt (sprich: internalisiert) werden könne. In der Jugend kann es vielleicht schon zu spät sein, weil pädagogische Zumutungen hier mit dem Problem der doppelten Negationsmöglichkeit konfrontiert sind: Man kann den Inhalt und/oder die pädagogische Absicht ablehnen: »Indes, von Jugend auf eine richtige Führung zu ethischer Höhe zu bekommen, ist schwer, wenn man nicht unter einer entsprechenden Gesetzgebung aufwächst […] Daher muß schon in frühester Jugend […] die Beschäftigungen festgelegt werden durch das Gesetz; denn

---

183 Deshalb kommt der Übersetzer Otto Apelt in seinem Vorwort zu dem Schluss: »Nicht Rechtslehre, sondern Pädagogik ist das Hauptthema von Platons idealer Staatslehre. Erziehung zur Tugend, Beherrschung und Regelung des ganzen Lebens ist die eigentliche Aufgabe des Staates« (Apelt in Platon 1978, Bd. V, S. VII).

wenn sie einem ganz vertraut werden, empfindet man sie nicht mehr als drückend...« (Aristoteles 1970, S. 296 f.).

Der Lehrer des Aristoteles, nämlich Platon, hatte zuvor schon in seinem Dialog »Protagoras« die Bedeutung des Rechts für eine sittliche Vergemeinschaftung hervorgehoben, als er Protagoras den Mythos von »Prometheus und Epimetheus« erzählen lässt: Nach der Erschaffung der Lebewesen entdeckte Epimetheus das Fehlen der staatsbürgerlichen Tugenden, ohne die es kein gedeihliches Zusammenleben in einer Gemeinschaft geben kann. Folglich konnten die Menschen nicht in Frieden miteinander leben. Sie zerfleischten sich in Kriegen und endlosen Streitereien. Schließlich wurde es Zeus zu »bange, um das Menschengeschlecht, dessen völliger Untergang sich vorzubereiten schien«, und er entsandte Hermes als Überbringer vom *aidos* und *dike* den Menschen, »auf daß durch diese den Staaten Ordnung und freundschaftlicher Zusammenhalt zuteil werde« (Platon 1988, S. 57) – »*aidos*«, das ist die Scham, das Gewissen oder die Ehrfurcht, und »*dike*« das Recht. Sie können nicht erfunden und auch nicht (pädagogisch!) hergestellt werden, sondern sind Göttergeschenke – also etwas, was uns zufällt und gebraucht oder missbraucht werden kann. Recht ist hier wohl nicht identisch mit der Gerechtigkeit, aber zusammen mit der Fähigkeit zur Scham Bedingung ihrer Möglichkeit unter den Bedingungen einer *polis*.

Die polemogenen Implikationen von Moral

In dieser alten Erzählung ist jedoch von einem interessanten (pädagogischen) Hilfsmittel die Rede, von der »Scham«, und damit von einer inneren Betroffenheit, die Selektionsentscheidungen durch Gefühle steuert. Beschreibt das »Recht« die *objektiven* Bedingungen der Synchronisierung unterschiedlicher normativer Erwartungen in einer Gemeinschaft, so die »Scham« die *subjektive* Seite eines allgemeinen Wertehorizontes[184]. Man kann

---

184 Die objektive Seite dieser Kraft nennt Kant »Pflicht«, weil sie alleine auf »Achtung für das Sittengesetz« beruht, die subjektive »Neigung«. Die »Scham« im Sinne Platons kann allerdings auch Ausdruck einer Pflichtverletzung (im kantischen Sinne) sein.

deshalb den Begriff der Scham als psychologische Umschreibung einer objektiven ethischen Kategorie sui generis interpretieren, nämlich als subjektiven Ausdruck der »Moral« (sofern sie in Welt 2 erscheint). Nur wer Moral besitzt, kann sich schämen. Moral ist hier die innere Fähigkeit, eine richtige, d. h. sittlich zutreffende Selektionsentscheidung mit Hilfe starker Gefühle zu treffen. Je ausgeprägter das moralische Gefühl ist, desto einfacher, schneller und zuverlässiger kann man mit ihm Kontingenzprobleme, die im menschlichen (pädagogischen) Zusammenleben auftauchen, bewältigen, denn es bedarf jetzt keiner weiteren Motivationskünste mehr. Die internalisierten moralischen Gefühle, die etwa als Scham, schlechtes Gewissen oder moralischer Charakter zum Ausdruck kommen können, wirken gewissermaßen ohne Umweg über das Bewusstsein – analog zu den angeborenen Neigungen und Appetenzen. Damit Moral so wirken kann, muss sie dem Subjekt (in Welt 2) nicht mehr als Fremdkörper erscheinen, sondern als ein existentieller Kern seiner selbst. Das moralische Selbstbewusstsein ist dem Ich nicht äußerlich, sondern wesentlich. Es definiert sich in und durch Moral. Die wirkmächtigste Moral holt ihre Selbstsicherheit aus der Latenz ihrer Vermittlung, die verbirgt, dass das, was hier als notwendig erscheint, in Wirklichkeit kontingent ist. Die Enttarnung des Kontingenten muss um (fast) jeden Preis vermieden werden, weil sonst die Kontingenz unterbrechende Funktion von moralischen Normen und Werten verloren geht. Dementsprechend hochgradig nervös werden deshalb moralische Abwertungen der eigenen Position beobachtet, die in Form von Kritik daherkommen[185], denn Kritik setzt den Kritisierten immer in den Modus des Defizienten – und den Kritisierenden in die Position des (scheinbar) überlegenen Beobachters. Deshalb impliziert Kritik immer beides: Fremdbeobachtung und Selbstbeobachtung, Fremdachtung und Selbstachtung, Fremd-

---

185 Das wird gegenwärtig vor allem beim Phänomen des religiös motivierten Fanatismus und Terrorismus deutlich. Hier verweigert sich der Glaube (an die transzendente Verankerung so genannter »göttlicher Offenbarung«) hartnäckig der – nicht erst seit Edmund Husserl geläufigen – Einsicht, dass auch Transzendenz nur bewusstseinsimmanent gedacht werden kann – und damit eine Unterscheidung der Immanenz ist.

bewertung und Selbstbewertung. Der Beobachtungscode ist dort, wo Kritik moralisiert, »Achtung – Verachtung«[186] und das bezogen auf die ganze Person in ihrer Funktion der sozialen Inklusion. Wird einmal eine (ganze) Person mit dem Moralcode bewertet, dann tendiert dies dazu, alle anderen Bewertungen zu überlagern. Andere Leistungen, die diese Person in einem anderen Zusammenhang erbracht hat, werden ziemlich wertlos[187].

Moralische Kritik neigt also dazu, unmoralisch zu werden, weil sie nicht in der Lage scheint, ihren Geltungsbereich zu limitieren. Kritik ist immer eine Operation, die am anderen ausgeführt wird; bei moralisierender Kritik kommt noch hinzu, dass sie den anderen als ganze Person mit Verachtung belegt – und deshalb mit heftiger Gegenwehr rechnen muss. Dazu kommt, dass der Moralisierende beim Moralisieren seine Selbstachtung in die Waagschale wirft und auch deshalb empfindsam auf Abweichungen reagiert. Moralisierende Diskussionen sind deshalb – auch und gerade, wenn sie im Modus wissenschaftlicher Kritik daherkommen – ein gefährliches, weil polemogenes Gemisch von rationalen und emotionalen Empfindungen, das sich jederzeit selbst erhitzen und zu explosiven Entladungen führen kann.

Bei moralischen Wertungen geht es nicht bloß um den *Verstand* eines Menschen, sondern um seinen *Charakter*, also den Kern seiner Persönlichkeit. Es geht um Achtung und Selbstachtung von

---

186 Ich halte um der Klarheit willen diese Formulierung für präziser als jene von Niklas Luhmann, der von »Achtung – Mißachtung« spricht, denn im Begriff der »Mißachtung« schwingt noch die Bedeutung des (unabsichtlichen) Übersehens mit, die hier nicht gemeint ist. Dagegen steht im Begriff der »Verachtung« die moralische Verurteilung explizit im Mittelpunkt der Bedeutung. Bei Luhmann heißt es: »Eine Kommunikation nimmt moralische Qualität dann und nur dann an, wenn sie menschliche Achtung und Mißachtung zum Ausdruck bringt« (Luhmann 1990, S. 4).
187 Wer etwa (wie Ernst Krieck oder Konrad Lorenz auf je unterschiedliche Weise) vom Nationalsozialismus oder (wie Robert Alt) vom Kommunismus (in seiner DDR-Ausführung) kontaminiert wurde oder (wie Friedhart Klix) auch nur in dessen Bannkreis wirkte, läuft Gefahr, als unmoralisch diskreditiert zu werden – mit der Folge, dass auch seine wissenschaftlichen Meriten ignoriert oder tabuisiert werden.

Ego und Alter. Aristoteles hat hier deutlich unterschieden und ein pädagogisches Unterscheidungskriterium benützt: Der Verstand eines Menschen könne durch Lehre durchaus geschult werden, der Charakter eines Menschen aber nicht; vielmehr bilde sich dieser am nachhaltigsten durch Gewöhnung: »Die Tüchtigkeit ist also zweifach: es gibt Vorzüge des Verstandes (dianoetische) und Vorzüge des Charakters (ethische). Die ersteren nun gewinnen Ursprung und Wachstum vorwiegend durch Lehre, weshalb sie Erfahrung und Zeit brauchen, die letzteren sind das Ergebnis von Gewöhnung. Daher auch der Name (ethisch, von *ethos*), der sich mit einer leichten Variante von dem Begriff für Gewöhnung (*ethos*) herleitet« (Aristoteles 1971, S. 34).

Gewohnheiten konstituieren durch Wiederholungen eine von ständigen Kontingenzproblemen entlastete Normalität und beschützen diese durch starke *Gefühle*. Wo moralisiert wird, sind Eifer, Aufdringlichkeit, Zorn, Wut, Emphase, Fanatismus und die Neigung zum Beleidigtsein nicht weit. Moralische Diskurse neigen deshalb zur emotionalen Selbstbestätigung oder dort, wo unterschiedliche Moralvorstellungen aufeinander treffen, zu Überhitzung und Streit. Weil die Moral in Welt 3 wohnt, neigt man dort, wo die Zustände in Welt 1 und Welt 2 anders sind, zur semantischen Beschwörung der Moral in evokativen Begriffen. Energisch wird für das Gute und gegen das Böse Partei ergriffen und damit gleichzeitig signalisiert, dass man selbst gut ist. Der Sieg dieses Kampfes zwischen Gut und Böse scheint sicher, weil man in Welt 3 siegt, während die Welt 1 verkommen und die Welt 2 intransparent bleibt. Hegel hat dies in bissigen Worten so kommentiert:

»*Der Weltlauf siegt als über das, was die Tugend im Gegensatze gegen ihn ausmacht; er siegt über sie, der die wesenlose Abstraktion des Wesens ist. Er siegt aber nicht über etwas Reales, sondern über das Erschaffen von Unterschieden, welche keine sind, über diese pomphaften Reden vom Besten der Menschheit, und der Unterdrückung derselben, von der Aufopferung fürs Gute, und dem Mißbrauche der Gaben; – solcherlei ideale Wesen und Zwecke sinken als leere Worte zusammen, welche das Herz erheben und die Vernunft leer lassen; erbauen, aber nichts aufbauen; Deklamationen, welche nur diesen Inhalt bestimmt aussprechen, daß das Individuum, welches für solche edlen Zwecke zu handeln vorgibt, und solche vortreffliche Redensarten führt, sich für ein vortreffliches Wesen gilt!; – eine Aufschwellung, welche sich und andern den Kopf groß macht, aber groß von einer leeren Aufgeblasenheit*« (Hegel 1970, S. 222).

Zum gefährlichen Tugendterror droht diese Aufgeblasenheit dann zu entarten, wenn sie sich daran macht, die Reinheit der Moral von Welt 3 in die Welt 1 zu transportieren – und gar Zugang zu den Guillotinen (oder Atomwaffen) findet: »*So können Steppenbrände entstehen – und die Erfahrungen, die Europa seit dem Hochmittelalter mit religiös motivierten Aufständen und Unterdrückungen, mit Kriegen um moralisch verbindliche Wahrheiten und aus Empörung erwachsenen Revolutionen gemacht hat, sollten eigentlich beim Stichwort Moral immer gleich dieses Problem vor Augen führen*« (Luhmann 1990, S. 5).

Parteiliche Pädagogik?

Spätestens hier stellt sich die Frage, ob der Beobachter – hier der (generalisierte) Erziehungswissenschaftler – Moral nicht nur beobachten, sondern auch selbst moralisch sein soll. Soll die Pädagogische Ethik selbst gut sein oder genügt es, wenn sie die Unterscheidung von Gut und Böse in pädagogischen Zusammenhängen beobachtet, beschreibt und erklärt? Oder soll sie gar noch einen Schritt weitergehen und sich fragen, ob diese Unterscheidung von Gut und Böse selbst gut ist? Nun ist man sich sicher schnell einig, wenn es darum geht, das Gute gut und das Böse böse zu finden und sich energisch auf die Seite des Guten zu schlagen und dieses pädagogisch einzufordern. Das scheint auf den ersten Blick, weil tautologisch, unproblematisch zu sein. Auf der Codeebene (von Gut und Böse) vollzieht man damit aber nur die Asymmetrierung des Codes. Problematisch wird es erst, wenn es auf die Ebene der Programme geht und man z. B. entscheiden soll, ob man aus religiösen Gründen Schulkindern erlauben darf, sich vom Sportunterricht (Sexualkundeunterricht, Klassenfahrten usw.) zu dispensieren (oder nicht). Darf oder soll die allgemeine Schulpflicht, die eine allgemein verbindliche Norm zum Ausdruck bringt, durch eine religiös motivierte Sondernorm in diesem konkreten Falle außer Kraft gesetzt werden? Die Frage ist, ob und was es bringt, wenn der pädagogische Ethiker oder der ethische Pädagoge sich hier auf die eine Seite schlägt (also parteilich wird) und sich damit als Beobachter selbst in das Beobachtungsfeld hineinbegibt. Man darf vermuten, dass er dabei Gefahr läuft, die Einheit der

Unterscheidung von Gut und Böse aus dem Blick zu verlieren und Lernen (kognitives Erwarten) durch normatives Erwarten zu verweigern. Wie der Feldherr, der den Feldherrnhügel freiwillig verlässt und sich ins Schlachtengetümmel stürzt, läuft er Gefahr, die Übersicht zu verlieren und den kühlen Kopf mit dem heißen Herzen des Streites einzutauschen.

Die platonische Unterscheidung von einer »eristischen«, also streitsüchtigen, und einer »dialektischen«, also wissenschaftlich distanzierten und methodisch kontrollierten, Behandlung moralischer Fragen kann hier weiterhelfen. Wer sich in die Moral selbst hineinbegibt und moralisiert, läuft Gefahr, sein Thema eristisch zu behandeln und Parteilichkeit mit Vernunft, Wissenschaft mit Politik zu verwechseln (vgl. von Cube 1977). Eine dialektische Behandlung von moralischen Themen würde sich dagegen mit eigenen Wertungen zurückhalten und in erster Linie einer methodisch kontrollierten Vernunft das Wort erteilen. Sie würde dann möglicherweise aus der Distanz einer methodisch kontrollierten Beobachtung sehen, dass Moral schon im Beobachtungsbereich (als Tatsache) vorkommt und was sie dort anrichtet. Man würde auf dieser Ebene, wenn man sich in der ethischen Ideengeschichte umschaut, auch entdecken können, dass man gegen die gefährlichen polemogenen Nebenfolgen von Moralisierungen schon lange probate Gegenmittel gefunden hat[188]: taktvolles Verhalten (*verecundia*), »gepflegter Lebensstil« (*ornatus vitae*), Zurückhaltung (*temperantia*), Mäßigung (*modestia*), »Beruhigung der seelischen Leidenschaften«[189](*sedatio perturbationum*) und der ständige Versuch, »das rechte Maß« (*rerum modus*) oder die »rechte Mitte« (Aristoteles) zu finden – also alles Formen des sozialen Umgangs, die ihre ethische Qualität der »einfachen Sittlichkeit« im Sinne von Otto Friedrich Bollnow gewinnen und die Cicero unter den Begriff des »Angemessenen« (*decorum*) subsumiert. All das sind bewährte Formen des sittlichen Handelns, um einen moralisie-

---

188 Ich zitiere im folgenden Cicero de off. I 93 (Stoa Band II, 2008, S. 193).
189 Zum Beispiel durch den Umweg über »moralische Erzählungen«, wie dies beispielhaft Goethe in seiner Novelle »Erzählungen deutscher Auswanderer« schildert.

renden religiösen oder säkularen Fanatismus zu vermeiden oder dessen Folgen zu entschärfen[190].

An dieser stoischen Ethik des rechten Maßes fällt auf, dass sie überwiegend aus dem Ausschluss inkompatibler Verhaltensweisen besteht. Es geht primär um Verbote und nicht um Gebote. Es geht um Ausschließungen des Unangemessenen[191], z. B. der Ausschließung von exaltierter Individualität, von strittigen moralischen, politischen oder religiösen Themen. Die Moral (von der Geschichte) lautet also, Moral kommunikativ zu vermeiden[192]. In der Manierenpädagogik des 18. Jahrhunderts war es (konsequenterweise) das Ziel der Erziehung, den anderen zu gefallen[193]. Einübung in gesellige Konversation ist so gesehen Teil einer Moralerziehung, die die in der Moral angelegten polemogenen Gefahren zu entschärfen versucht. Und dabei gilt: Gesellige Konversation, die gefällt, muss oberflächlich bleiben, um die Tendenz von Moral, Streit zu erzeugen, zu vermeiden.

Das Wertfreiheitspostulat

In der Wissenschaftssoziologie hat man diese Frage nach der eigenen Moralität von wissenschaftlicher Arbeit seit Max Weber

---

190 In diesem Zusammenhang könnte man an Martin Heideggers »Ethos der Gelassenheit« erinnern. Heidegger greift hier die alte Tradition des stoischen Ataraxie- bzw. Apatheia-Denkens wieder auf (vgl. Nießeler 1995). In diese Traditionslinie darf man wohl auch Robert Spaemanns »Ethik des Seinlassens« einordnen – nobilitiert als höchste Form sittlicher Freiheit (vgl. Spaemann 1982, 1983).
191 Zwischen positiven und negativen Normen scheint es eine durchgängige Asymmetrie zu Gunsten der Ausschließungen zu geben; man lese nur einmal die zehn Gebote des Dekalogs oder das Strafgesetzbuch daraufhin durch.
192 Oder gar »vor Moral zu warnen« – wie Niklas Luhmann meint: Ethik verstanden als Reflexionstheorie der Moral »sollte die Folgen einer Moralisierung des Handelns und auch die Folgen ihrer eigenen Unterstützung der Moral mit in ihre Verantwortung einbeziehen. Sie sollte es übernehmen, vor Moral zu warnen, oder zumindest abkühlend wirken« (Luhmann 1987, S. 34).
193 Zur historischen Entwicklung dieser »Gefallen-Wollen-Kommunikation« im 17. und 18. Jahrhundert vgl. Luhmann 2008, S. 138 ff.

unter dem Begriff der »*Wertfreiheit*« diskutiert. Es lohnt sich, an den Kern des so genannten Wertfreiheitspostulats von Max Weber zu erinnern, weil es häufig missverstanden oder missverständlich kolportiert wird. Die Objektivität der Wissenschaft gründet (nach Max Weber) nicht in der Objektivität des Wissenschaftlers (denn dieser ist auch nur ein Mensch mit allen seinen mitgebrachten Wert- und Vorurteilen), sie gründet auch nicht in der Wert- oder Normfreiheit seines beobachteten Gegenstandsbereichs (denn dort wimmelt es in der Pädagogik geradezu von Normen und Werten), sondern ausschließlich in der objektsprachlichen Zurückhaltung bei eigenen Wertungen und normativen Forderungen. Das erinnert an die ethischen Maßstäbe des taktvollen und angemessenen Umgangs mit Werten und Normen, wie sie die Stoiker schon formuliert haben und wie sie in der hermeneutischen Tradition der Pädagogik unter dem Begriff der einfachen Sittlichkeit reformuliert wurden. Die Stoa hat das »Angemessene« als deeskalierende Norm des Umgangs mit konfligierenden Normansprüchen verstanden und damit eine praktische Funktion erfüllt. Das mag im Wertfreiheitspostulat (sensu Max Weber) durchaus auch eine Rolle spielen. Auch zwischen Wissenschaftlern können sich erhebliche Aversionen aufbauen und entladen, wenn sie unterschiedliche normative Positionen vertreten und die üblichen professionellen Formen der Deeskalation nicht beherrschen[194]. Allerdings hat das so genannte Wertfreiheitspostulat auch und vor allem theoretischen Gründe: Im deutlichen Kontrast zu den Wahrheitsansprüchen von deskriptiven und explikativen Aussagen besitzt die Wissenschaft keine vergleichbaren Methoden der Begründung bei normativen Aussagen oder Werturteilen.

Wir haben gesehen, dass es auch bei Wahrheitsansprüchen nicht um endgültige und absolute Bewahrheitung gehen kann. Allerdings sind Wissenschaftler in der Lage, durch methodisch kontrollierte Erzeugung ihrer Forschungsergebnisse zu objektivieren. Bei normativen Aussagen ist dies in vergleichbarer Weise nicht

---

[194] Diese Formen sind meist informeller Art. Ein Beispiel ist die Zurückhaltung mit kritischen Rezensionen bei Werken unmittelbarer Kollegen. Das überlässt man Doktoranden oder Wissenschaftlern, die nicht unmittelbar um die gleichen Ressourcen (der professionellen Reputation) konkurrieren.

möglich. Wie schon gesagt, behauptet ein normativer Satz ja nicht, dass das, was er behauptet, (in Welt 1) der Fall »ist«, sondern, dass er es sein »soll«. Mit einer normativen Aussage wird ja gerade nicht das Gegebensein eines Sachverhalts behauptet, sondern seine (zukünftige) Herstellung gefordert. Der »Wahrheitsanspruch« eines normativen Anspruchs (der ja nur die andere Seite seiner kontrafaktischen Bedeutung ist) wird selbst dann nicht erfüllt, wenn in naher Zukunft das eintritt, was gefordert worden ist, denn er bezieht sich ja nicht auf die Tatsache selbst, sondern auf die Modalform des »Gesolltseins«. Analog dazu sind Werturteile, die (explizit oder implizit) mit dem Prädikat »gut« im moralischen Sinne operieren, wissenschaftlich nicht intersubjektiv durch irgendwelche Methoden begründbar, weil »gut« hier keine Eigenschaft von Dingen ist, sondern Ausdruck einer Beziehung von Personen zu Dingen: Mit der Prädikation »gut« (im moralischen Sinne) bringen Personen subjektive Bewertungen zum Ausdruck. Die alten Stoiker haben diese Verankerung moralischer Bewertungen im Subjekt dadurch zum Ausdruck gebracht, dass sie die Dinge selbst als vollkommen wertneutral behandelten und sich sagten: Es sind nicht die Dinge, die uns beunruhigen, sondern die Meinungen, die wir von ihnen haben[195]. Die einzige Quelle des Guten (und des Bösen) ist – nach stoischer Ansicht – folglich auch alleine im Innern des Menschen, so dass alle Anstrengungen des moralischen Subjekts sich auf die Beherrschung seines Inneren richten soll[196].

---

195 Der entscheidende Bruch mit der Tradition wird deutlich, wenn man sich vor Augen führt, dass noch wenige Jahrhunderte zuvor Aeneas, der trojanische Held und Stammvater Roms, beim Anblick eines Wandbildes des brennenden Trojas ausrief: »*Sunt lacrimae rerum!*« – Die Dinge haben ihre Tränen. Jetzt, ein paar Jahrhunderte später, haben die Stoiker erkannt, dass die Dinge doch keine Tränen haben, sondern dass jeder immer nur seine eigenen Tränen über die Dinge weint: *Non sunt lacrimae rerum!*
196 Das ist natürlich eine streng rationalistische Position, die von Naturalisten (ebenso streng) bestritten würde. Immerhin besetzt sie in der abendländischen (philosophischen) Tradition eine wichtige Stelle und findet von dort aus Eingang in das pädagogische Denken. Eine interessante Variante dieses Argumentes findet sich bei Erasmus von Rotterdam, weil er es erkenntnistheoretisch begründet: »Ich behaupte

Schon ein flüchtiger Blick in die Welt 1 zeigt, dass wir wissenschaftlich in der Tat schneller und einfacher Einigkeit über deskriptiv erhobene Wahrheitsansprüche gewinnen können als über normativ erhobene moralische Geltungsansprüche. So besteht in der Bildungsforschung inzwischen heute kein Dissens mehr darüber, dass gegenwärtig im deutschen Schulsystem die Mädchen weitaus bessere Chancen als die Jungen haben, gute Noten und höhere Bildungsabschlüsse zu erreichen. Über die Frage jedoch, ob nun Jungen im deutschen Bildungssystem aufgrund ihres Geschlechts diskriminiert werden und, wenn ja, ob dies moralisch bewertet werden soll (entweder als gerechter Ausgleich für vorausgehende weibliche Benachteiligungen oder als ungerechte Diskriminierung, die man schnellstmöglich beseitigen sollte), gibt es durchaus keine Einigkeit (vgl. Matzner/Tischner 2008). Die Debatte über diese moralische Frage wird deshalb dort, wo sie geführt wird, erheblich emotional geführt – vor allem auch deshalb, weil dabei jeder Diskurspartner selbst (in seinem Geschlecht) im Gegenstandsbereich des Themas vorkommt.

Das Problem, auf das Max Weber mit seinem Postulat der Wertfreiheit reagiert, ist also, dass die Gültigkeit von Werturteilen und Normen methodisch nicht analog zu den deskriptiv erhobenen Wahrheitsansprüchen objektiviert werden kann. Wissenschaft hat sich offenbar darauf spezialisiert zu *schreiben*, was ist und wie man es erklären kann[197]; *vorschreiben,* was sein soll, und *(be-)werten,* was (moralisch) gut oder böse sei, vermag sie nur in stark eingeschränkter Weise, nämlich unter Preisgabe ihres professio-

---

    dagegen, daß es das größte Unglück ist, über alle Täuschung erhaben zu sein. Die das Glück des Menschen im Wesen der Dinge selbst suchen, sind wirklich nicht recht gescheit. Es kommt nur auf die Auffassung an. Die menschlichen Verhältnisse sind nämlich so dunkel und verworren, daß klare Einsicht gar nicht möglich ist« (Erasmus von Rotterdam 1983, S. 57). Ob allerdings das Wesen des Menschen und seine Auffassungen weniger dunkel und verworren sind und Selbsterkenntnis über jede Täuschung erhaben ist – diese Hoffnung der Frühaufklärer scheint aus heutiger Sicht doch allzu optimistisch gewesen zu sein.

197 Das schließt *Prognosen* dort ein, wo die Erklärung allgemein und die Randbedingungen als konstant vorausgesetzt werden können.

nellen Vorsprungs, der alleine in der kompetenten Handhabung methodisch kontrollierter Neugier auf (mehr) Wissen beruht. Die Frage G. E. Moores, ob es »ethische Wahrheiten« gibt, muss also dann verneint werden, wenn man darunter Wahrheiten versteht, die analog zu den deskriptiven und explikativen Aussagen begründet werden können. Weil Wissenschaft bei der Bewahrheitung von deskriptiven und explikativen Aussagen erprobte und erfolgreiche Methoden besitzt und deshalb ontologischen Aussagen über Welt-1-Sachverhalte Priorität einräumt, gibt es unübersehbare Tendenzen, den normativen Charakter von Normen und Werturteilen zu tarnen und diese als deskriptive Aussagen zu formulieren. Ein deutliches Anzeichen für diese Tarnung ist dann gegeben, wenn Normen und/oder Werturteile sprachlich im Indikativ daherkommen – wenn also z. B. an Stelle von Sollsätzen Istsätze formuliert werden. So beginnt beispielsweise ein zeitgenössischer Text zur Pädagogischen Ethik mit dem Satz »Die erste Frage einer Pädagogik ist [...], wie Erziehung gerechtfertigt werden kann« (Oelkers 1992, S. 11). Korrekterweise müsste der Satz eigentlich lauten: »Die erste Frage einer Pädagogik soll lauten: Wie kann Erziehung gerechtfertigt werden?« Diese Technik der Tarnung normativer Aussagen durch Überführung in deskriptive Aussagen (im Indikativ) ist auch im Alltag gängig: »Es kann nicht sein, dass...« ist häufig zu hören. Aus dem Handlungskontext wird allerdings meist klar, dass es sich hierbei nicht um eine Beschreibung, sondern um eine Bewertung handelt, die eine Norm zum Ausdruck bringt. Alle diese sprachlichen Tarnungen versuchen bei der Durchsetzung von Normen und Werturteilen am Bonus deskriptiver Aussagen zu partizipieren, die ontologisch auf der Basis von Welt 1 angesiedelt sind. Man benützt latent den ontologischen Wahrheitsbegriff, um Legitimationsproblemen des normativen Anspruchs zu entgehen.

Aber alle diese Versuche sind vergeblich. Wenn man die Ethik als (reflexive) Begründungstheorie von Moral begreift, muss man konstatieren, dass es ihr nicht gelungen ist, unbestreitbare Gründe zu finden, auf der Programmebene etwas gut und etwas anderes schlecht zu finden. Die normativen Erziehungsziele sind deshalb, wenn man den Blick – räumlich und zeitlich gesehen – nur weit genug schweifen lässt, kontingent. Spätestens um 1820 war diese Einsicht – trotz aller Versuche der Apriorisierung – theoretisch akzeptiert, nämlich dass es eine allgemeingültige normative Theorie der Erziehung »unmöglich geben kann« (Schleiermacher 1965, S. 22): »Die Pädagogik beruht auf der Einsicht vom Sittlichen, wie diese in einem *bestimmten Gesamtleben*, für welches die Pädagogik gegeben wird, im einzelnen und großen *gerade* ist« (ebd., S. 27). Immerhin blieb für den Neuplatonisten Schleiermacher die markierte Seite des Codes noch sicher: die Idee des Guten. Aber selbst diese rettende Flucht von den Programmen zum Code ist nicht unproblematisch, denn wer sagt denn, dass es immer gut ist, mit der Unterscheidung von Gut und Böse die Welt zu beobachten? Immerhin schleppt jeder Code den Gegenwert unweigerlich mit und produziert in diesem Falle damit nicht nur das Gute, sondern auch das Böse, so dass die paradoxe Situation entsteht, dass man in dem Maße, wie man verstärkt zum Guten erziehen will, auch die Abweichungen (also das Böse, die »Sünde«) produziert. Ohne Normen keine Abweichungen. Die Religion, die sich ebenfalls mit diesem Problem konfrontiert sieht, wenn sie nicht nur religiös, sondern auch moralisch sein will, hat erprobte Problembeschreibungen vorgeschlagen – etwa in Form des Mythos vom Sündenfall (1. Mose 3): Die Warnung vor der Unterscheidung von Gut und Böse wird vom Menschen nicht ernst genommen und das Verbot übertreten. Nun hat er, nachdem der Sündenfall passiert war, die Bescherung! Die Vertreibung aus dem Paradies! Was bleibt? Es bleibt ihm, nachdem »Gott der Herr (ihn) aus dem Garten Eden« mit dem »bloßen, hauenden Schwert« des Cherubim vertrieben hatte, praktisch nur, das Nächstliegende zu tun und »das Feld (zu) bebauen, davon er genommen ist« (1. Mose 3,23) – also das unlösbare theorietechnische Problem durch temporalisierte Praxis zu entparadoxieren[198]. Theoretisch aber bedurfte es schon der Installierung einer neuen Religion, die um den Mythos der Sündenvergebung herum aufgebaut sein musste, um das Theodizeeproblem zu entschärfen. Diese Möglichkeiten hat die Pädagogik nicht. Sie scheint zwei andere Wege zu favorisieren: die Flucht in die *Inhalte* und die Flucht in die *Werte*.

---

198 Auf dieses bewährte Durchschlagen des Gordischen Knotens der immanenten Paradoxie greift auch Candide (in Voltaires gleichnamiger Leibnizparabel) zurück, die mit der Aufforderung endet: »Wohl denn, lasst uns in den Garten gehen und das Feld bebauen!«

Bildungsinhalte und Werte

In der bildungstheoretischen Didaktik wird versucht, das (ungelöste) Normenproblem dadurch zu entschärfen, dass man nicht über Normen (Erziehungsziele, Bildungsziele, Lernziele), sondern über *Bildungsinhalte* Erziehung organisiert und die Auswahl der Inhalte durch kategoriale Kriterien vorbereitet: »Im Raum der Bildung dürfen einzig und allein nur die Inhalte einen zentralen Platz beanspruchen, die den im Begriff der kategorialen Bildung geeinten Kriterien entsprechen« (Klafki 1963, S. 83). Im Gegensatz zu einer lernzielorientierten Curriculumtheorie arbeitet eine solche Bildungstheorie inhaltsorientiert. Im Mittelpunkt des Interesses steht die Überführung von Kulturgütern in Bildungsgüter. Der Unterschied wird deutlich, wenn man einen Blick in einen Lehrplan wirft und diesen mit einem Curriculum vergleicht. Während die Curricula von Lernzielen ausgehen und diesen – scheinbar deduktiv – Inhalte und Methoden zuordnen, bestehen traditionelle Lehrpläne aus einer Aufzählung von Inhalten, die im Unterricht behandelt werden sollen. Es sind überwiegend Stoffpläne[199]. Was man an diesen Inhalten lernen soll, bleibt weitgehend offen – »weitgehend«, weil die Inhalte immerhin im Lichte vorweg gestellter Werte (»Bildungsideale«) erschlossen und kategorial mit der »wertprüfenden Seele« (Spranger) des Schülers verknüpft werden sollen. Die Akzentverlagerung ist offensichtlich. Sie lässt sich auf der allgemeinen Folie des Zweck-Mittel-Denkens so formulieren: Statt die Zwecke als von den Mitteln getrennt zu definieren und zu begründen, geht es hier um die in den Mitteln angelegten »Richtungen« und »Werte«[200]. Ich habe den Eindruck,

---

199 Zum Beispiel der Bildungsplan für die Volksschulen in Baden-Württemberg, eingeführt durch Erlass des Kultusministeriums vom 10.1. 1958 (Esslingen a. N. 1958). Da heißt es etwa in der Zwischenüberschrift zum evangelischen Religionsunterricht »Stoffplan für den Unterricht in evangelischer Religionslehre«, und für das 2. Schuljahr heißt der »Stoff« (u. a.): AT: »Sch. 7 »Abrahams Berufung«, Sch. 8 »Sodom und Gomorra« … NT: Sch. 66 »Die Hochzeit zu Kana«, und als »Lernlieder« sind aufgeführt: »Die helle Sonn leucht' jetzt herfür«, »Der Mond ist aufgegangen« u. a. m. (ebd., S. 29).

200 Diese Formulierung lehnt sich an die Sprache Margret Meads und Gregory Bateson an, die beide durch ihre vergleichenden Kultur-

dass eine an den Zwecken aufgehängte (lernzielorientierte) Curriculumtheorie nach ihrer kurzen, wenngleich heftigen, Hochphase (zwischen 1967 und 1976) wieder kampflos Platz gemacht hat für eine Bildungstheorie, die von der Prärogative der Inhalte qua Mittel ausgeht. Eine normenorientierte Pädagogik hat offensichtlich in der Geschichte der Pädagogik immer eine untergeordnete und meist nur temporär relevante Rolle gespielt. Man kann dies als Versagen vor der ethischen Problematik des Begründungsproblems (von Normen) interpretieren[201]. Dominant ist dagegen eine an den Inhalten orientierte Pädagogik (des Klassischen, des Kategorialen, des Exemplarischen, des Elementaren usw.), denn diese scheint das ethische Legitimationsproblem der vorausgehenden Selektionsentscheidungen wenn schon nicht zu lösen, so doch wenigstens besser zu verdecken, schiebt sie doch die Auswahl der »Richtungen« und »Werte«, die man an ihnen lernt, dem praktischen Vollzug – und dem Zufall – zu. Gleichwohl bleibt auch hier das Problem der Auswahl ethisch ungelöst. Warum soll man diese und nicht jene Inhalte im Unterricht behandeln? Und wie soll man den Befund bewerten, dass der Kanon von (Bildungs-)Inhalten zunehmend porös geworden ist und verloren gegangen

---

studien unterschiedliche Formen des Umgangs mit Zwecken und Inhalten (qua Mitteln) entdeckt haben und für eine Umorientierung plädieren. Bateson zitiert zunächst Mead mit den Worten: »In unserem kulturellen Rahmen haben wir gelernt, das Verhalten in ›Mittel‹ und ›Zwecke‹ einzuteilen, und wenn wir fortfahren, die Zwecke als von den Mitteln getrennt zu definieren und die Gesellschaftswissenschaften als schlicht instrumentelle Mittel anzuwenden, indem wir die Rezepte der Wissenschaft benutzen, um die Menschen zu manipulieren, dann werden wir eher bei einem totalitären als bei einem demokratischen System des Lebens anlangen« – und er fährt fort: »Die von ihr angebotene Lösung besteht darin, daß wir uns mehr um die in den Mitteln angelegten ›Richtungen‹ und ›Werte‹ kümmern, als ein geplantes Ziel anzupeilen und zu glauben, dieses Ziel rechtfertige oder rechtfertige nicht manipulative Mittel. Wir müssen den Wert einer geplanten Maßnahme in ihr selbst und gleichzeitig mit ihr selbst finden und nicht getrennt von ihr, so als leite die Maßnahme ihren Wert vom Bezug zu einem zukünftigen Zweck oder Ziel her« (Bateson 1981, S. 221).

201 Und der Unlösbarkeit des pädagogischen Technologieproblems (vgl. Luhmann/Schorr 1979 a).

scheint?[202] Offenbar fühlt man sich lehrplantechnisch ob dieser Unsicherheit genötigt, zusätzlich noch allgemeine »Leitgedanken« vorweg zu schicken, die die Aufgaben und die Bildungsziele als »Werte« vorformuliert. Da werden dann im Lehrplan von 1958 (von Baden-Württemberg) die wichtigsten Artikel der Landesverfassung zitiert (»Erfüllung des christlichen Sittengesetzes«, »rechte Lebensführung …, die sich nach den Geboten Gottes richtet«, »Ehrfurcht vor Gott«, »Liebe zu Volk und Heimat«, »sittliche und politische Verantwortlichkeit«, »berufliche und soziale Bewährung«, »freiheitlich demokratische Gesinnung«). Diese kleine Zitatenauswahl mag genügen, um die historische Relativität erkennbar zu machen. Innerhalb von kaum fünfzig Jahren haben sich die Achsen der allgemeinen Wertperspektiven so verschoben, dass man sich genötigt sieht, in immer kürzeren Abständen Lehrplanreformen durchzuführen und dabei mit immer höher aggregierten Werten zu arbeiten – Werte, die zu »Grundwerten« verdichtet werden. Jetzt sind »Toleranz«, »Emanzipation«, »Mündigkeit«, »(Interkulturelle) Kompetenz«, »Antirassismus«, »Frieden«, »Freiheit«, »Menschenwürde«, »Gleichberechtigung« usw. angesagt und damit Werte, die Zustimmung scheinbar mühelos erzwingen. Was sind Werte?

Es fällt zunächst auf, dass im Vergleich mit Normen, die bekanntlich ein- und ausschließend formuliert werden können, Werte ausschließlich positiv sind. Das sagt schon der Name, denn was ein Wert ist, hat einen Wert. Damit wird der Vorzug von Werten offenkundig: Sie brauchen, im Gegensatz zu Normen, nicht begründet werden. Ihr implikativer Geltungsmodus herrscht unbegrenzt, und wenn nicht, dann wird durch Gruppenbildung der Konsens wieder schnell herstellbar. Werte erzwingen Zustimmung mühelos. Während Normen eine segregierende, also exklusive Funktion bedienen, scheinen Werte primär eine Inklusionsfunktion zu haben. Deshalb ist der Bedarf nach Werten vor allem dann groß, wenn die gesellschaftliche Fragmentierung und Pluralisierung zunimmt. Dann ist auch der Ruf nach Werteerziehung häufig und lautstark zu hören (vgl. z. B. die Beiträge von

---

202 Vgl. zur aktuellen Debatte um die Frage, wie man Kanons erhalten und verloren gegangene Kanons pädagogisch wieder »herstellen« kann, Charlier/Lottes 2009.

Brezinka und Huber in Huber 1993, S. 53 ff. und S. 77 ff.). Dass man nicht gegen Werte sein kann, macht sie beliebt und die Forderung nach mehr Werten zu einem Wert, gegen den man nicht sein kann. Ob Werte überhaupt einen Wert haben, wird normalerweise nicht gefragt. Diese Zustimmungserzwingung signalisiert die Funktion der Werte als Reflexions- und Kontingenzstopp. Haben Normen eine dynamisierende Wirkung, so haben Werte eine beruhigende Wirkung. Diese Funktion erlangen sie allerdings nur dadurch, dass sie, was die normative Programmatik betrifft, weitgehend leer sind.

Beliebte Werte, wie z. B. »das Wahre«, »das Gute«, »das Schöne«, »das Heilige«, sind offenbar nahe am Code selbst angesiedelt, ja mit ihm identisch, und zwar auf der markierten Seite des Guten. Das bedeutet jedoch, dass sie auch eine unmarkierte Seite besitzen, die sie meistens implizit (z. B. »Kompetenz«) und gelegentlich sogar explizit (z. B. »Antirassismus«) mitschleppen. Sie sind also auf ihren Gegenbegriff bezogen, nicht aber auf die konkrete Entscheidungssituation, und das ist ihr Nachteil. Mit Werten kann man kommunikativ feiern und Lehrerfortbildungsseminare »aufhübschen«, aber keine Entscheidungen treffen, denn bei konkreten Entscheidungsproblemen versagen sie, weil es keine allgemein akzeptierte Werthierarchie gibt und nicht geben kann, die zwischen Wertkonflikten algorithmisch zu entscheiden erlaubte. Werte haben deshalb keinen direktiven Wert (etwa für Curriculumentscheidungen), sondern nur einen Wohlfühlwert. Es sind meist Wärmemetaphern, weil sie ein warmes Gefühl (der Zustimmung) vermitteln, aber einen hilflos lassen, wenn es darum geht, ethische Entscheidungen vorzubereiten und zu fällen. Wer Werte fordert, feiert sich selbst und bedient die Sehnsucht nach Zustimmung, bleibt aber ethisch indifferent und entscheidungstheoretisch folgenlos. Apellantentum scheint hier ungefährlich, wenngleich (auf Dauer) langweilig. Wer etwa in einem pädagogischen Text dazu aufruft: »Heil, mehr Heil, in diese Welt zu bringen, daß jeder von uns etwas zum Frieden beitragen kann, zu heilen vermag«[203], wird wahrscheinlich keinen Widerspruch produzieren, aber auch keine

---

203 Helmut Zöpfl in einem Beitrag, der den bezeichnenden Titel trägt: »Vom Werte der Werte. Über das Wahre, Gute, Schöne und Heilige« (in Huber 1993, S. 147).

Begeisterungsstürme auslösen, denn er trägt nichts dazu bei, pädagogische Entscheidungen und Perspektiven ethisch zu begründen.

Bei Wertkonflikten kann die Sehnsucht nach einem einzigen Wert eine gewisse Attraktivität erlangen. Es müsste allerdings ein Wert sein, der nicht bloß einen Wohlfühlwert hat, sondern auch Kriterien für kontingente Entscheidungssituationen bereitstellt, mit denen man (pädagogisch!) arbeiten kann. Ein solcher Wert könnte als Regel der Vorziehungswürdigkeit für (pädagogische!) Handlungen fungieren und der diffusen pädagogischen Praxis durch rationale Selektionen Struktur geben. Gibt es einen solchen Wert? Die Suche nach einem solchen Wert mündet (früher oder später) in der (Pädagogischen) Anthropologie, denn hier fokussiert sich das Interesse auf das Bild »des Menschen« im Kollektivsingular. Wir wollen uns deshalb im nächsten Kapitel der Pädagogischen Anthropologie zuwenden und diese damit als Teilgebiet der Ethik fortschreiben. Pädagogische Anthropologie ist, so gesehen, die Fortsetzung der Pädagogischen Ethik mit anderen Mitteln. Im Rahmen der Pädagogischen Anthropologie werden wir dann auch den bislang dominierenden rationalistischen Denkansatz verlassen und in Richtung einer Evolutionären Ethik überschreiten, der ein naturalistisches Menschenbild zugrunde liegt.

9 Anthropologie

...oder warum es in der Pädagogik so menschelt

Pädagogik versteht sich von jeher als »Mensch-zu-Mensch-Pädagogik«, als ein soziales Verhältnis, das sich zwischen oder in den Menschen abspielt. An vielem kann pädagogisches Denken deshalb vorbeidenken, nicht aber am Menschen. Der Mensch steht im Mittelpunkt ihres Interesses, auch und gerade, wenn er bei der Geburt nicht viel mehr als ein begabtes Tier zu sein scheint. Erziehung hat deshalb – wie es in einer häufig gebrauchten Formulierung heißt, die vor allem bei Kant ihren theoretischen Zusammenhang entfaltete – die vornehme Aufgabe, »die Menschwerdung des Menschen« voranzutreiben. Geboren als Tier, aber begabt mit allerlei Anlagen (zum Guten und Bösen!), in gesellschaftliche Klassen hineingepresst und durch kulturelle Muster verbogen und beschädigt, ist er bestenfalls »Bürger«, wenn er aus der Schule kommt. Erst durch die richtige Erziehung wird er zum »Menschen« – befreit von den tierischen und gesellschaftlichen Begrenzungen, befähigt, autonom das Gute nicht nur zu wollen, sondern auch zu tun. Noch bei Kant ist die Erziehung dafür zuständig, aus dem Tier einen Menschen zu machen. Darin gründet auch die moderne Pädagogik ihr stolzes Selbstbewusstsein, scheint sie doch zuständig zu sein für die Menschwerdung selbst.

Das differenztheoretische Menschenbild

Das bedeutet allerdings, dass der Begriff des Menschen differenztheoretisch gedacht werden muss. Der Mensch in Welt 1, wie er nun einmal ist, darf nicht identisch gedacht werden mit dem Menschen, wie er in Welt 3 sein soll. Ohne diese normative Implikation des Menschenbegriffs wird sonst nicht verständlich, warum es der Erziehung überhaupt bedarf. Entweder die immanente Bewegung der menschlichen Ontogenese ist ausschließlich endogen und selbstorganisiert – das wäre die naturteleologische Denkweise –, dann bedürfte es keiner ausdrücklichen, von außen kommenden Erziehung, denn der Mensch entfaltete sich aus seinen Anlagen ganz von selbst, bis er schließlich sein *telos* erreicht hat – ein *telos*, das gleichzeitig Grenze und Erfüllung (also Ende) ist. Erziehung müsste sich zurückziehen auf eine Art Begleitung von dem, was von selbst geschieht, und wäre deshalb im Grunde eigentlich überflüssig. Oder aber dieser Prozess läuft nicht ausschließlich endogen (organologisch) ab, sondern bedarf der externen Bildung. Dann hat Erziehung einen, wenn nicht gar den zentralen Stellenwert bei der Menschwerdung des Menschen – sei es negativ durch Vermeidung und Verhütung der falschen kulturellen Einflüsse, sei es positiv durch Vermittlung der richtigen kulturellen Formen und Inhalte. In diesem Falle bedürfte allerdings die Erziehung – wie das in der sprachlichen Bedeutung (des »Er-ziehens«) schon mitklingt – einer Richtungsangabe (in welcher Richtung man »ziehen« sollte)[204]. Es bedürfte einer Antwort auf die Frage nach dem *Menschenbild*, denn im Begriff des Menschenbildes kondensiert sich die Richtungsangabe in Form einer normativen Rahmung. Die Rede von der Bildung des Menschen zum Menschen gebraucht deshalb nicht nur die Rahmungsmetaphorik (die im Begriff der Bildung enthalten ist[205]), sondern auch eine normative Semantik. Pädagogische Anthropologie, verstanden als das pädagogische Nachdenken über die Frage nach dem für die Pädagogik »richtigen« Menschenbild, hat deshalb eine dezidiert ethische Relevanz, denn sie führt Erziehung auf ihre sittliche Verantwortung zurück, mit dem avisierten Menschenbild, das der Erziehung als Richtungsangabe dient, das Gute zu erreichen, denn »Gute Erziehung gerade ist das, woraus alles Gute in der Welt entspringt« (Kant 1981, S. 504 f.).

Wenn es so einfach wäre! Wer vom »Guten« spricht, schleppt unweigerlich die Verweisung auf das »Nichtgute« – also das

---

204 Zu dieser Alternative und ihren Implikationen vgl. Treml 1992.
205 Bilder bestehen aus Bildinhalt und Rahmen, systemtheoretisch gesprochen: aus System und Umwelt, und es ist vor allem der Rahmen (als Grenze zwischen System und Umwelt), der die Grenze von Kunst und Nichtkunst konstituiert (vgl. genauer dazu Treml 2000, S. 210 ff.).

»Schlechte« oder das »Böse« – mit, ohne die eine Rede vom Guten gar keine Bedeutung hätte. Seit Erziehung sich das Ziel gesetzt hat, das Gute zu erreichen, hat sie es deshalb auch mit den Abweichungen zu tun, mit den missglückten Folgen von Erziehung und der Erklärung des Bösen trotz guter Absichten. Dementsprechend wird jede Pädagogische Anthropologie, die der Erziehung die Absicht zuschreibt, den Menschen zum Menschen erziehen zu wollen, mit der Frage nach dem Menschenbild konfrontiert, das dieser Norm zugrunde liegt. Gleichgültig, wie eine Antwort auch ausfallen mag, sie wird eine differenztheoretische Semantik benützen müssen, die mit einem Gegenbegriff arbeitet, der als Negativfolie den Kontrast bildet, der als Differenz überhaupt erst weiterbehandelt werden kann. Wer vom Menschen spricht, benützt den Kollektivsingular und suggeriert damit vordergründig, dass es um »den« Menschen als etwas Singulärem geht. Weil die einzelnen Menschen in Welt 1 jedoch ganz offenkundig sehr unterschiedlich sind, können diese nicht gemeint sein. Vielmehr unterstellt die Rede vom Menschen im Kollektivsingular eine Einheit, die nur als Idee (der Welt 3) sinnvoll formuliert werden kann: das »Wesen des Menschen«, das »Humanum« als normative Idee.

Wieder finden wir hier eine Dreiteilung in *Unterscheidung*, *Bezeichnung* und (asymmetrischer) *Bewertung* vor: »Mensch« bedarf, um verstanden werden, einer semantischen Differenz, am besten eines komplementären Gegenbegriffes (wie z. B. »Gott«, »Tier«). Das ist die Unterscheidung. Dann folgt der implizite Hinweis: Diese Seite der Unterscheidung (und nicht jene) ist gemeint (als z. B. »Mensch« und nicht »Gott«). Das ist die Bezeichnung. Und schließlich folgt die – latente oder offene – asymmetrische Bewertung: Diese Seite der Unterscheidung ist besser (höherwertiger, vorziehungswürdiger usw.) als die andere (also z. B. »Mensch« ist höherwertiger als »Tier«).

Diese Logik lässt sich systematisch und historisch am Begriff des Menschen veranschaulichen. Dabei wird deutlich werden, dass wohl der binäre Code universell und unvermeidbar ist, die komplementären Gegenbegriffe aber historisch kontingent sind und als binäre Semantik mit der gesellschaftlichen Entwicklung korrelieren (oder damit identisch oder auch nur analog zu sein scheinen). Schon die relativ homogene Weltanschauung der Alten

Ägypter (»Ma 'at«) besaß in der normativen Vorstellung des »Rechten Schweigers« ein Menschenbild, das einen kontrastierenden Gegenbegriff hatte: den »Heißen« (vgl. Brunner 1957)[206]. Die für die Pädagogik schließlich einflussreiche Semantik entstand jedoch erst im frühen antiken Griechenland – mit der (schon erwähnten) Unterscheidung von *physis* und *nomos*. Allerdings erscheint hier der Mensch zunächst als Teil einer kontingenten Ordnung des *nomos*. Die Sitten, Gebräuche und Anschauungen, aber auch die unterschiedlichen körperlichen Gestalten der Völker und Rassen, die unter den Begriff des *nomos* subsumiert sind, werden erklärt durch die Anpassungen an die je verschiedenen Umweltbedingungen (vgl. Heinimann 1945, S. 14ff.). Für die Erziehung bedeutet dies allerdings eine Ethik der relativen Sittlichkeit. Das Menschenbild, auf das hin erzogen werden soll, ist kulturspezifisch und kann keinen Anspruch auf zeit- und raumlose Geltung erheben. Das hat immerhin den Vorteil, dass Ethik geradezu ethnografisch gesättigt ist, nämlich durch die Erfahrungen der kulturellen Üblichkeiten. Der Nachteil ist jedoch, dass das Menschenbild raum-zeitlich heterogen ist und an den Rändern diffus bleibt. Das Bedürfnis nach Sicherheit und Eindeutigkeit (im wörtlichen Sinne) in einem Menschenbild, das der Erziehung Ziel und Rahmen vorgibt, kann so auf Dauer nicht befriedigt werden. Früher oder später reicht es deshalb nicht mehr aus, nach den Menschenbildern (im Plural!) zu fragen und diese zu dokumentieren, sondern man beginnt, nach dem einen Menschenbild (im Singular) Ausschau zu halten, das der Erziehung Ziel und Richtung geben könnte. Diese Entwicklung dürfte aus zwei Quellen gespeist worden sein: zum einen Platons ontologischer Zwei-Reiche-Lehre und zum anderen der (in der christlichen Religion) mit Paulus und Augustin einsetzenden (neuplatonischen) theologischen Umpolung in die Differenz von Mensch bzw. Welt einerseits und Gott bzw. Gnade andererseits.

Platons Ideenlehre geht von der Idee als Einheit (in Welt 3) aus, die sich in der Vielfalt der Dinge in Welt 1 nur mangelhaft

---

206 Ohne damit allerdings ein *tertium non datur* zu unterstellen, denn wie so oft, wird auch hier ein dritter Wert in die Kommunikation eingeführt: der so genannte »Krumme«, das ist der nicht bildbare und nicht lernfähige Mensch, der damit per definitionem als nicht erziehbar gilt.

widerspiegelt. Das *logos* des Seins einer Idee (als wahrhaft Allgemeines) kann deshalb nur im Singular, das Seiende in der Welt nur im Plural (der je besonderen Erscheinungsformen) zum Ausdruck kommen. Noch war Welt 3 eine Art Himmel voller Ideen. Die Rückführung dieser Ideen auf eine einzige Idee, die als Maßstab auch für die *paideia* dienen könnte, hat Platon im »Staat« versucht und im Höhlengleichnis in einer theorietechnisch so raffinierten Weise als »Gerechtigkeit« bestimmt, dass die Interpreten bis heute ausreichend damit zu tun haben, ohne sich einig zu werden (vgl. Blumenberg 1989, S. 83 ff., Treml 2005, S. 60 ff.). Nun ist Platons Ideenlehre für die weitere Entwicklung des philosophischen und pädagogischen Denkens sicher von überragender Bedeutung, die eigentliche Breitenwirkung sollte die Differenz von Sein und Seiendem jedoch erst in ihrer theologischen Überhöhung und Radikalisierung erreichen, wie sie von den frühen christlichen Theologen vorgenommen wurde. An die Stelle der ontologischen Unterscheidung von Idee und Welt, von Sein und Seiendem, rückt nun die theologische Unterscheidung von Gott und Welt bzw. Gott und Mensch. Für die weitere Entwicklung des anthropologischen Selbstverständnisses sollte diese dichotome Gegenüberstellung die eigentliche Weichenstellung bedeuten. Weil Gott im Christentum personal gedacht wird, muss er als Beobachter der Weltimmanenz epistemologisch in eine Position gebracht werden, die außerhalb der Welt gedacht werden muss: der Transzendenz. Nur als transzendenter Beobachter kann Gott im Gegenüber die *ganze* Welt beobachten. Der Mensch wird damit der Beobachtete eines Beobachtergottes, in dem alle Unterschiede der Welt fokusartig zusammenführen. Damit konnte nun auch spiegelbildlich der Mensch als Einheit gedacht werden, und die Frage nach dem »Wesen des Menschen« (im Kollektivsingular) wurde von nun an virulent.

Der Mensch und die Menschen

Diese theologische Umpolung der ontologischen Differenz haben die christlichen Theologen nicht erfunden, aber präzise bestimmt und rücksichtslos radikalisiert. Sie beginnt schon mit der kurzen Episode des wohl ersten Monotheisten, des Pharao Echnaton. Von ihm ist ein in Stein verewigtes Relief erhalten, das ihn im Kreise seiner Familie zeigt; ihm gegenüber seine Gemahlin, die beiden Kinder auf dem Schoße der Eltern – und über allem Gott, der, als Sonne symbolisiert, mit seinen Strahlen alles auf sich zentralperspektivisch zurückbindet. Schon damit ist theorietechnisch die Möglichkeit einer Pädagogischen Anthropologie vorausgedacht, die nicht nur den beobachtenden Gott, sondern auch den beobachteten Menschen als Einheit zu denken erlaubt. Schließlich sind alle Menschen in all ihrer Verschiedenheit – Eltern und Kinder – doch in *einem* gleich, nämlich darin, von *einer* Sonne beschienen, von *einem* Gott beobachtet zu werden. Noch sollte es lange dauern, bis dieser Gedanke zu einer Anthropologie führt, die in der Vielheit des Menschlichen nach der Einheit des Menschen – nach seinem »Wesen« suchte. Die Paulinische Theologie gibt eine Antwort, die vom ersten großen Kirchenvater Augustinus theologisch (und neuplatonisch) ausformuliert und in ein einflussreiches System gebracht wurde. Es ist kein Menschenbild, das den Menschen als Einheit des Guten bestimmt – dazu ist das Böse im Menschen zu offensichtlich. Um das Theodizeeproblem zu entschärfen, muss deshalb die Unterscheidung, von der man ausgeht, nämlich die von »göttlich« und »menschlich«, in die eine Seite der Unterscheidung wieder hineinkopiert werden. Damit hat man wohl eine theologische Antwort auf die Frage gefunden, wie das Böse in die Welt kommt, wo diese doch zum Guten angedacht war, ohne die Zielperspektive des Guten aus dem Auge zu verlieren, aber um den Preis eines dichotomischen Menschenbildes, das den Menschen manichäisch zerreißt in einen Teil, der im »Gottesstaat«, und einen, der im »Teufelsstaat« zu Hause ist[207].

Mit dieser theologischen Deutung des Menschenbildes und der Überführung der bis dato dominierenden Unterscheidung von Mensch und Natur in die von Mensch und Gott (bzw. Welt und Gott) gelang die Abkehr oder Überwindung des naturteleologischen Denkens, das in den Dingen der Welt die Richtung vermutete, die als Norm der Welt und des menschlichen Umgangs

---

207 Im 11. Buch seines Gottesstaates unterscheidet Augustinus folgenreich einen »irdischen Staat«, in dem die Menschen »nach dem Fleische leben«, und einem »himmlischen Staat«, in dem die Menschen »nach dem Geiste leben«.

mit ihr vorgegeben war (vgl. Spaemann 1983, S. 19 ff.). Es sollte auch für die weitere Entwicklung eines anthropologischen Denkens in der Pädagogik bedeutsam werden, dass jetzt das Ziel nicht mehr in den natürlichen Dingen (als *entelechie*) selbst, sondern außerhalb ihrer (in einem göttlichen Schöpfungsakt) vermutet wurde. Nur dort, wo ein »zielsetzender Geist« ist, kann es ein Ziel, ein *telos* geben (so Thomas von Aquin). Es bedurfte dann nur noch der Überführung der diesem Schöpfungsdenken zugrunde liegenden Theozentrik in Anthropozentrik, wie das dann viel später in der Moderne geschehen ist, und wir haben jenes handlungstheoretische Denken, das bis heute in der Pädagogik dominiert[208]. Offen bleibt dann allerdings, welches Menschenbild diesem handlungstheoretischen und anthropozentrischen Denken zugrunde liegt. Ein solches bleibt gerade bei einem handlungstheoretischen Selbstverständnis unabdingbar, denn dem Handlungsbegriff wird ein geistiges Bewusstsein als notwendig vorausgesetzt, das sich die Ziele absichtlich setzt. Auf die Hilfe der in den natürlichen Dingen selbst liegenden Ziele kann eine solche Anthropologie nicht mehr hoffen. Die Frage drängt sich auf: »Wenn Natur von sich aus nicht mehr hingeordnet ist auf ihre Vollendung und damit Transzendierung im Geist, wie muß sich dann der Handelnde begreifen im Verhältnis zu dem, was er als Natur voraussetzen muß?« (Spaemann 1983, S. 29). Wo also bleibt die Norm, die als Idealbild seiner selbst dem Menschen Ziel und Richtung für sein Leben geben könnte?

Wenn man der Anthropologie die Unterscheidung von Gott und Mensch zugrunde legt, kann die asymmetrische Bewertung zunächst nur dergestalt ausfallen, dass Gott als zielsetzender Geist das Maß aller menschlichen Dinge – also auch der Erziehung – wird. Das gesamte Mittelalter hindurch sollte deshalb in Europa das

---

208 Wenn wir von der Stoa einmal absehen, lassen sich deutliche Spuren einer Aufwertung des Menschen (qua Subjekt seiner Weltbewältigung) vor allem in der Renaissance entdecken. An die Stelle der Gegenüberstellung von »Mensch – Gott« (bei der der Mensch schlecht abschneidet) tritt zunehmend die Unterscheidung von »Mensch – Tier« (bei der der Mensch aufgewertet wird). Erst mit der Naturalisierung der Ethik (in der Gegenwart) wird diese anthropozentrische Perspektive wieder (ansatzweise) überwunden.

Leben als eine Art »Pilgerschaft« des Menschen durch ein irdisches Leben verstanden werden, das sein Ziel im Jenseits weiß. Für Erziehung blieb da nicht viel übrig, denn das »Ziehen« der Erzieher in Richtung Jenseits muss sich für sie im Diesseits ereignen und als vergeblich erweisen, wenn die »Erbsünde« jede Erlösung durch Leistung ausschließt. Augustinus hat mit dieser seiner Erbsündenlehre, die eine Erlösung ausschließlich der Gnade eines willkürlich erscheinenden göttlichen Aktes anheimstellt, keinen guten Dienst erwiesen. Der Mensch ist sündig und das auch noch durch alle Generationen hindurch – ohne Möglichkeit, sich je durch eigene Leistung von diesem Schicksal befreien zu können! Die Lähmung, die von dieser theologischen Denkfigur (insbesondere auch und gerade für das pädagogische Selbstverständnis) ausging, konnte erst dann überwunden werden, als ein anderer theologischer Gedanke in den Vordergrund gerückt wurde: die Imago-Dei-Theorie. Spätestens mit Comenius überlagert die Erinnerung daran, dass Gott (nach 1. Mose 1,27) den Menschen »nach seinem Bilde« geschaffen hat, die Erinnerung an die Erbsündenlehre. Damit wird ein positives Menschenbild möglich, weil der Mensch an der göttlichen Perfektion spiegelbildlich partizipiert. Der Mensch wird damit wohl nicht zu Gott selbst – das verbietet schon das 1. Gebot des Dekalogs –, aber er hat einen Teil, der göttlich, also gut ist, der andere muss ambivalent – also auch potentiell »böse« – sein. Damit wird die Unterscheidung von göttlich und menschlich in den Menschen hineinkopiert und die Folge ist ein dichotomisches Menschenbild, das den Menschen als Einheit binär spaltet und in zwei »Reichen« verortet. Dieses dichotomische Menschenbild kommt in verschiedenen sprachlichen Varianten vor. Für die Pädagogik am einflussreichsten dürften wohl die Unterscheidungen von »Geist und Körper« und die von »Natur und Kultur« sein.

Körper und Geist, Natur und Kultur

Die Einteilung in Geist und Körper verbirgt nur oberflächlich die alte Einteilung von göttlich und weltlich bzw. göttlich und menschlich. Auch die Bewertung ist zunächst traditionell; »Fleisch und Blut« können nach Paulus »das Reich Gottes nicht erben«

(1. Korinth. 15, 50), also verkörpern (!) sie das Böse; nur der Geist ist – weil göttlich – gut. Es ist der Sündenfall, aus dem die totale Verderbtheit der menschlichen Natur folgt. Diese Bewertung ist so tief verwurzelt, dass sie noch bis hinein in das 18. Jahrhundert wie selbstverständlich tradiert wird. Ein Beispiel ist folgendes Zitat von Herder: »Der Mensch ist ein vermischtes Geschöpf, ein Geschöpf von einer doppelten Natur. Seiner Seele nach ein Engel, seinem Körper nach ein Tier. Seinen Seelenkräften nach das erhabenste, reinste, geistigste Wesen, seinen sinnlichen Neigungen und Bedürfnissen nach ein schwaches, dürftiges, oft elendes und ekles Geschöpf« (Herder 1942, S. 109). Nicht nur die »doppelte Natur« des Menschen wird hier beschworen, sondern auch die traditionelle asymmetrische Bewertung übernommen: Die vergeistigte Seele – obwohl zum Guten wie zum Bösen fähig – wird als »erhaben« und »rein« nobilitiert, während der Körper mit seinen sinnlichen Neigungen und Bedürfnissen als »schwach«, »dürftig«, »elend« und »eklig« geradezu diskriminiert wird, obwohl er – wie z. B. die griechischen Statuen zeigen – auch schön, bewunderungswürdig und stark sein kann.

Einer Pädagogischen Anthropologie, die sich diesem Gedankengang verpflichtet fühlt, muss es bei der Erziehung darum gehen, den Menschen zu »vergeistigen« – und seine körperlichen Impulse und Neigungen zu überwinden. Alles Gute entspringt einem Handeln, das gegen die Natur gerichtet ist. Noch in Kants Vorlesungen zur Pädagogik wird dies – zumindest auf den ersten, oberflächlichen Blick – so gesehen. Der Mensch wird als »roh« und »wild«, quasi als Tier geboren, und es gilt deshalb, dieses durch Erziehung zu einem Menschen zu machen – zu einem Menschen, der als geistiges Wesen in der Lage ist, »Moralität bei sich hervor(zu)bringen« (Kant 1981, S. 702). Weil Natur unter Gesetzen der Kausalität, Moralität jedoch nur unter Bedingungen autonomer Freiheit eines »intelligiblen« Subjekts gedacht wird, ist Kant gezwungen, dort, wo es um Moralität geht, zwischen Natur und Geist jede Verbindung abzubrechen. Moralisch kann der Mensch nur dort sein, wo er nicht Natur ist.

Allerdings erscheint der menschliche Geist in Form von Kultur, und diese besitzt eine Geschichte, die zurückreicht bis zu einer Zeit, in der der Mensch stammesgeschichtlich noch ein Tier war. Folglich kommt Kant zu dem überraschenden Schluss, dass die

Entfaltung der Kultur eine »Absicht« der Natur selbst sei[209]. Das zugrunde liegende Menschenbild ist paradoxer Art: Der Mensch ist der Moralität dort am nächsten, wo er seinen Naturzustand endgültig überwunden hat. Aber genau dies ist die heimliche »Absicht« der Natur selbst, denn diese hat im Menschen die Anlagen zum Guten angelegt und damit auch den heimlichen Imperativ mitgegeben, diese möglichst vollständig zu entwickeln.

Wir finden diese zirkelhaft scheinende Paradoxie im anthropologischen Diskurs öfter vor. Ein anderes Beispiel lässt sich bei *Rousseau* entdecken, der – ausgehend von der gleichen Grunddifferenz (nämlich von Natur und Kultur) – von einer konträren Bewertung ausgeht: Die Natur ist gut und die Kultur schlecht, weil sie natürliche Anlagen eben nicht entwickelt, sondern bürgerlich verkümmern lässt. Aber der Naturzustand, den Rousseau hier beschreibt, ist kein empirisch in Welt 1 vorfindbares Phänomen. Der Naturbegriff besitzt hier (wie schon bei den Sophisten) einen kulturkritischen und damit theorietechnischen Stellenwert, der es erlaubt, eine theoretische Haltung gegenüber der Kultur einzunehmen (vgl. Treml 2005, S. 254 ff.). Und was entdeckt man aus dieser theoretischen Distanz? Man entdeckt beispielsweise, dass auch und gerade ein Naturmensch nicht in der Lage ist, seine Anlagen voll zu entfalten, denn die täglichen Zwänge, seine Grundbedürfnisse zu befriedigen, lassen ihm weder Raum noch Zeit dafür. Dazu bedarf es erst der Kultur und ihrer Geschichte als Geschichte zunehmender Freiheit. Spaemann kommt deshalb bei seiner Rousseau-Interpretation zu dem paradoxen Schluss: »Natur im vollen Sinne wird erst von der bürgerlichen Gesellschaft als Subjektivität freigesetzt« (Spaemann 1981, S. 23). Erst im Hinausgehen über sie – in Richtung Kultur – kommt Natur zu sich. Die Menschwerdung des Menschen landet damit wieder beim Bürger, den sie gerade zu überwinden versprach. Wenige Jahrzehnte später sollte Kant – der von einer konträren Bewertung der anthropologischen Grunddifferenz aus-

---

209 Logisch gesehen ist das ein »re-entry«, also das Wiedereintreten einer Unterscheidung in die eine Seite der Unterscheidung. Die Unterscheidung von »Natur« und »Kultur« wird in die eine Seite der Unterscheidung – nämlich »Natur« – hineinkopiert.

ging – in seiner Anthropologie den gleichen zirkelhaften Gedankengang benützen.

Dass dieser Gedankenzirkel kein Zufall sein kann, beweist ein weiteres Beispiel. Im 19. Jahrhundert, das häufig als das historische Zeitalter bezeichnet wird, rückte die Unterscheidung von Natur und Geschichte in den Mittelpunkt der anthropologischen Diskussion – eine sprachlich nur leichte Tarnung der Grundunterscheidung von Natur und Kultur. Auf der Suche nach dem Proprium des Menschen landet man, wenn man von dieser Unterscheidung ausgeht, schnell in der *Geschichte*, denn nur der Mensch scheint sie zu haben. In der Natur ist der Mensch nicht einzigartig, sondern nur ein Lebewesen unter vielen. Einzigartigkeit gewinnt er nur dort, wo er die Natur übersteigt und Geschichte hat. Allein der Mensch versteht sich als historisches Wesen. Deshalb kommt Wilhelm Dilthey, der Theoretiker des geisteswissenschaftlichen Denkens, zu dem Schluss: »Was der Mensch sei, sagt ihm nur die Geschichte«[210]. Betrachtet man dann folglich genauer die Geschichte und versucht dabei herauszufinden, was das Charakteristische, das Eigentliche des Menschen ist, dann findet man – wenn man nur lange genug und genau nachschaut –, dass es letzten Endes nur die immer gleiche »Natur des Menschen« ist[211]. Überall in der Geschichte findet man den »duldenden, strebenden und handelnden Menschen, wie er immer ist und immer war und sein wird«, wie es Jacob Burckhardt einmal ausdrückte. So kommt es, dass gerade die Vertreter des historischen Bewusstseins – für die Dilthey und Burckhardt stellvertretend stehen – die immer gleiche Menschennatur hinter der Geschichtlichkeit des Menschen entdecken. Die Anthropologie, die angetreten war, die Natur des Menschen zu überwinden, in der Geschichtlichkeit des Menschen sein Wesen zu entdecken, landet

---

210 Dilthey zit. nach dem Historischen Wörterbuch für Philosophie (I), Sp. 362 ff. Stichwort »Philosophische Anthropologie«. Ich verweise im Folgenden auf diese Literatur.
211 So gibt z. B. Lord Chesterfield seinem Patensohn folgenden Rat: »Beobachte vor allem aufmerksam die menschliche Natur im allgemeinen, die bei allen Menschenwesen so ziemlich die gleiche ist und sich hauptsächlich durch Sitten, Gewohnheiten, Erziehung und Vorbilder unterscheidet« (Chesterfield 1992, S. 71).

wieder bei der Natur des Menschen. Nachdem die Suche nach dem allgemeingültigen Menschenbild zunächst in der kulturellen Relativität mündete, findet man auf einmal doch wieder das Wesen des Menschen – als das Gemeinsame in der Natur des Menschen, die hinter aller historischen Kontingenz das ruhende Apriori verbürgt. Handelt es sich hier also um einen Nachklang der Sehnsucht nach Aprioris, die sich, vom 18. Jahrhundert her kommend, noch in das 19. Jahrhundert historisierend fortsetzt?

Die Zirkularität anthropologischer Begründungen

Wenn das so wäre, könnte das Ergebnis allerdings nicht zufrieden stellen, denn man landet gerade wieder dort, wo man begonnen hatte, nach dem Allgemeinen des Menschen zu fragen. Was ist die Natur des Menschen, wenn sie in der Entfaltung aller seiner Anlagen zur Kultur zum Ausdruck kommt? Ein Kulturwesen! Also ist das basale Menschenbild doch wieder eines, das der Mensch in seiner Kultur und Geschichte findet. Aber dieses Bild erweist sich gerade als ein Kunterbunt von mehr oder weniger Aspekten, das sich aus dem jeweils gewählten Komplementärbegriff der zugrunde gelegten Unterscheidung ergibt. Schon ein flüchtiger Blick in die einschlägige Literatur beweist die Vielfalt und Kontingenz der Ansätze. Der Mensch, so lesen wir, ist

- das durch eine besondere Geschicklichkeit ausgezeichnete Wesen: »*homo habilis*«,
- das Wesen, das aufrecht gehen kann: »*homo erectus*«,
- das zur Imitation fähige Wesen: »*homo imitans*«,
- das vernünftige Wesen: »*homo rationale*«,
- das fühlende Wesen: »*homo emotionale*«,
- das unwissende Wesen: »*homo insipiens*«,
- das lernfähige Wesen: »*homo discens*«,
- das zur Herstellung und Gestaltung befähigte Wesen: »*homo faber*«,
- das schöpferische Wesen: »*homo creator*«,
- das Wesen, das Symbole zu gebrauchen und zu deuten weiß: »*homo symbolicus*«,
- das sprach- und kommunikationsfähige Wesen: »*homo loquens*«,

- das spielende Wesen: »*homo ludens*«,
- das forschende Wesen: »*homo investigans*«[212].

Diese verwirrende Aufzählung zeigt an, dass die Hoffnung, in der menschlichen Kultur ein einheitliches Menschenbild finden zu können, das der Pädagogik als normative Zielperspektive dienen könnte, getrogen hat. Es ist nachvollziehbar, wenn man deshalb bei der trotzigen Suche nach einem Gemeinsamen im Verschiedenen wiederum in der Natur des Menschen landet. Die Zirkelhaftigkeit der Gedankenführung ist offenkundig: Im Herausgehen aus der Natur landen wir in einer Kultur des Menschen, die ihr Gemeinsames nur wiederum in der Natur zu finden glaubt. Gerade dort, wo man denkt, sich aus der Natur vollständig emanzipiert zu haben – wo der Mensch sich zum Herrscher über die Natur aufzuschwingen glaubte –, scheint er in die pure Naturwüchsigkeit zurückzufallen, aus der er sich gerade zu befreien hoffte[213]. Aber in der Natur angekommen, findet er dort den Imperativ, sich zu einem Kulturwesen weiterzuentwickeln usw. Diese eigentümliche Gedankenführung wollen wir an einer auch und gerade für die Pädagogik einflussreich gewordenen Schule veranschaulichen und genauer betrachten, der Philosophischen Anthropologie.

Die *Philosophische Anthropologie* wird hier als Eigenname einer bestimmten deutschen Schule der philosophischen Anthropologie verstanden (und deshalb als feststehender Begriff groß geschrieben), die, mit Johann Gottfried Herder im 18. Jahrhundert beginnend insbesondere durch Arbeiten von Helmut Plessner, Max Scheler und Arnold Gehlen im 20. Jahrhundert entwickelt und geprägt wurde und gerade auch in der Pädagogischen Anthropologie stark rezipiert und adaptiert worden ist. Das erläuternde Prädikat »philosophisch« macht deutlich, dass es sich hier um rationalistische Ansätze handelt, die dem Wesen

---

212 Das ist nur eine Auswahl aus einem größeren Repertoire, ausgewählt nach dem Kriterium der Nähe zu pädagogischen Fragen (ein ausführlicher und erläuternder Überblick findet sich bei Schiefenhövel/Vogel/Vollmer 1992, S. 6 ff.)

213 Das ist die zentrale These bei Spaemann 1983. Sie wird positiv gewendet, wenn sie in einer »Ethik des Sein-Lassens« (als höchster Form der Freiheit) mündet.

des Menschen durch ein reflexives Nachdenken über sich selbst auf die Spur kommen wollen.

Den Grundgedanken kann man vielleicht am einfachsten dadurch zum Ausdruck bringen, dass man ihn mit dem Überkommenen kontrastiert. Im alttestamentlichen Schöpfungsmythos schuf Gott den Menschen als letztes und edelstes Wesen am sechsten Tage, um sich dann am siebten Tage erschöpft von der Arbeit zurückzulehnen und sich selbst zu loben: »Und Gott sah alles an, was er gemacht hatte; und siehe da, es war sehr gut« (1. Mose 1, 31)[214]. Hier scheint das moralische Gutsein noch Teil der (gemachten) Natur zu sein. Lange Zeit hat man dies im Modus der Perfektion so interpretiert, als wäre der Mensch »fertig« auf die Welt gekommen. Ein »perfekter«, »fertiger« Mensch kann allerdings wenig mit Erziehung anfangen. Wohin sollte man ihn auch »ziehen«, wo er doch schon bei seiner Perfektion angekommen ist? Es bedurfte des Sündenfalles, um Defektion einzubauen. Allerdings verschenkte sich Augustinus die Möglichkeit eines Menschenbildes, das aktiv mit diesem Mangel umgeht. Erlösung kann nicht durch Erziehung, sondern allein durch (willkürliche) Gnade erreicht (oder nicht erreicht) werden. Der Mensch kann nicht nur kein Lehrer sein, sondern er braucht es eigentlich auch gar nicht, denn er kann an seiner Sündhaftigkeit nichts ändern. Nur Gott bzw. Jesus kann Lehrer sein, und Lernen ist bloß Erinnerung eines innerlich schon Vorhandenen, aber leider Vergessenen[215]. Erst 900 Jahre später kam mit Thomas von Aquin Bewegung in dieses statische Menschenbild: Wohl habe Gott den Menschen geschaffen – jedoch nur als Anlage, als »Vermögen« zur Entwicklung einschließlich der Bildsamkeit durch einen äußeren Erzieher. Erziehung durch einen menschlichen Lehrer ist deshalb möglich und notwendig, weil dieser das »schlafende Vermögen« aufwecken und die *potentia* in *actus* überführen kann[216].

---

214 Goethes Mephistopheles spottete (im »Faust«) über diese allzu menschliche Regung des Schöpfergottes: »Natürlich, wenn ein Gott sich erst sechs Tage plagt/Und selbst am Ende Bravo sagt,/Da muß es was Gescheites werden« (Faust I, Hexenküche).
215 Vgl. Augustinus 1959; sekundär Böhm 2005.
216 Das Wissen, das nur »innerlich im Geist verursacht« werden kann (durch »Selbsttätigkeit«!) ist als eine Art »schlafendes Vermögen«

Damit ist eine wichtige Differenzierung in die pädagogische Diskussion eingeführt worden, die von innerer Anlage (*potentia*, »schlafendes Vermögen«) einerseits und Verwirklichung durch aktive pädagogische Einflussnahme (*actus*, Erziehung, Unterricht) anderseits. Was allerdings die Bewertung dieser Unterscheidung betrifft, gibt es zwei Möglichkeiten und dementsprechend zwei unterschiedliche Traditionslinien. Man kann einmal die Tatsache, dass der neugeborene Mensch wie kein anderes Tier ein *entwicklungsbedürftiges Wesen* ist, als Defizit sehen, das behandelt werden muss, ober man kann andererseits diese Eigenschaft des Menschen, als ein nicht fertiges Wesen geboren zu sein, das entwickelt werden muss, ganz im Gegensatz dazu als eine besondere Auszeichnung interpretieren und ihn als das *entwicklungsfähigste Wesen* bewerten. Das eine Mal wird der Mensch als *Mängelwesen* definiert, das hilflos und unfähig ist, sich alleine aus seinem Defizitstatus zu befreien. Das andere Mal wird der Mensch als das bildungsfähigste Wesen nobilitiert und damit als eine Art »*Exzellenzwesen*« bewertet, das allen anderen Lebewesen überlegen ist. Diese beiden unterschiedlichen Bewertungen sind aber bei Lichte besehen nur die beiden Seiten der gleichen Medaille, weil sie von der gleichen Unterscheidung ausgehen. Noch bei Herder lassen sich beide Akzentsetzungen finden, und das gelegentlich sogar in einem Satz: Einerseits wird »der Mensch ... schwach und schwächer als irgendein ander lebendiges Geschöpf geboren« (Herder 1942, S. 367)[217], andererseits »bringt (er) Fähigkeiten auf die Welt, und zwar unter allem, was wir kennen, die größten Fähigkeiten; sie sind aber noch alle unentwickelt, sie müssen erst durch Übung, Gebrauch und Erziehung wirkliche Kräfte werden« (ebd.).

»keimhaft angelegt« und kann durch einen äußeren Lehrer »geweckt« werden (vgl. Thomas von Aquin 1988).

217 Dieser Akzent wird in seinen Schriften mehrfach gesetzt, z. B. in folgendem Zitat: »Daß der Mensch den Tieren an Stärke und Sicherheit des Instinkts weit nahestehe, ja daß er das, was wir bei so vielen Tiergattungen angeborne Kunstfähigkeiten und Kunsttriebe nennen, gar nicht habe, ist gesichert ... (Er ist) das verwaiseste Kind der Natur. Nackt und bloß, schwach und dürftig, schüchtern und unbewaffnet ...« (Herder 1989, S. 20, 24).

Später trennen sich jedoch die semantischen Traditionslinien, und die weitere Entwicklung der Anthropologie bekam eine deutliche Schlagseite in Richtung »Mängelwesen«. *Plessner* bestimmt den Menschen als ein der natürlichen Umwelt (noch) nicht eingepasstes Wesen, das der Kultur bedarf, um dieses Defizit zu kompensieren. Es ist die »konstitutive Heimatlosigkeit des menschlichen Wesens« (Plessner 1981, S. 383), die Kultur hervorbringt, denn als bloßes Naturwesen ist es »exzentrisch positional«, d. h. außerhalb der Einbettung in eine für sich selbst sorgende Natur, sich selbst überlassen – also (in gewisser Weise) defekt. Auch Gehlen scheint den Menschen vor allem durch seine Mängel zu definieren. Er sei – im Vergleich zu allen höheren Säugetieren – dadurch charakterisierbar, dass er »unangepasst«, »unspezialisiert«, »instinktarm« und »unentwickelt« ist. Der so als »Mängelwesen« charakterisierte Mensch bedarf – da er von Natur aus ein »nichtfestgestelltes« Tier sei, das nicht an seine Umwelt angepasst ist – der Kompensation durch aktive Handlung in Form der Kultur und seiner Institutionen (vgl. Gehlen 1978). Allerdings wird dabei gerne übersehen, dass Gehlen bei dieser anthropologischen Bestimmung keine ontologische, sondern eine transistorische (also heuristische) Aussage über den Menschen macht: Nur unter der Voraussetzung, dass man die Kultur sich wegdenkt, würde der Mensch im Vergleich zu anderen Säugetieren zu einem »Mängelwesen«. Gehlen versucht die Kultur und seine Institutionen dadurch zu verstehen, dass er sich fiktiv diese kontrafaktische Vorstellung erlaubt. Das ist ein durchaus legitimer »heuristischer Kniff« (Eibl 2009, S. 12), wenn man die Funktion einer Universalie verstehen will. Weil Gehlen dabei nicht nur die Entlastungsfunktion der kulturellen Institutionen (in Anbetracht der nicht festgelegten Weltoffenheit des Menschen) herausarbeitet, sondern auch deren Unverzichtbarkeit betonte, wurde er in einer Zeit des »Konservativismus« verdächtigt, in der dieser Begriff zu einem Schimpfwort geworden war. Die Entlastungsfunktion von kulturellen Institutionen verdanke sich – so Gehlen – der Latenz ihrer Einschränkungen. Eine über das Bewusstsein gehende Ethik würde diesen Selektionsvorteil gerade wieder verspielen und zu einer Überlastung führen. Mit deutlichen Worten (die schon damals fern jeglicher politischen Korrektheit waren) warnt Gehlen vor dem »Humanitarismus« (Gehlen 1970, S. 79 ff.), dessen explizite Ethik alle Menschen überall und allezeit zu lieben und zu achten fordere. Das sei eine gefährliche Illusion, weil sie die ursprüngliche Beschränkung von Moral auf den Familien- und Sippenethos grenzenlos ausweite und damit auf die angeborenen Formen der »Verengung der Möglichkeiten« durch Sollgefühle, die auf die Nächsten bezogen sind, verzichte[218].

Indem Gehlen die latente Präventivwirkung kultureller Institutionen herausarbeitete, ihre »wohltätige Fraglosigkeit« pries und ihre Unverzichtbarkeit betonte, bekam seine Anthropologie in den Augen vieler seiner Zeitgenossen etwas Apologetisches und Antiaufklärerisches, denn die Aufklärung latenter Strukturen und ihre Kritik gehörte zu deren Standardprogramm[219]. Dabei arbeitete Gehlen ja gerade eine latente Funktion heraus (und »klärte« damit »auf«) – wenngleich mit einem für viele unerwünschten Ergebnis. Seine Aufklärung nimmt allerdings selbst Formen der Moral an, wenn sie z. B. vor dem Verschleiß »unersetzbarer Erbschaften« warnt: »die Disziplin, die Geduld, die Selbstverständlichkeit und die Hemmungen, die man nie logisch begründen, nur zerstören und dann nur gewaltsam wieder aufrichten kann« (Gehlen 1974, S. 101) und schließlich kommt seine Kritik an dem »weinerlichen Geschäft«, bloß »Meinungen zu haben«, selbst als Meinung daher[220].

Abgesehen davon, dass man dabei möglicherweise – wie so häufig – den Überbringer der Botschaft mit der unerwünschten Botschaft selbst verwechselte, übersah man auch, dass bei Gehlen die Entlastung durch Latenz Voraussetzung »beweglicher Freiheit«

---

218 »Das moralische Organ des Menschen ist von Natur her auf Naheliegendes eingestellt; es funktioniert überzeugend nur angesichts des Nächsten, also im optischen Nahebereich, und ein Verpflichtungsgefühl gegenüber persönlich unbekannten Menschen erreichte man erst auf dem Umweg über die gemeinsame Identifikation mit einer Vaterfigur ...« (Gehlen 1974, S. 11).
219 Nicht umsonst zitiert er zustimmend Mme. de Staël: »Die Aufklärung ist, kurz gesagt, die Emanzipation des Geistes von den Institutionen« (Gehlen 1974, S. 102).
220 Wenngleich sicher auch nicht nur, und insofern ist diese Kritik überzogen. »Die Ereignisse werden uns stellen, und das zugleich philosophische und weinerliche Geschäft, Meinungen zu haben, wird nicht genügen« (Gehlen 1974, S. 12).

ist, die »geistige Energien nach oben hin frei« (Gehlen 1970, S. 97) mache. Man hätte also durchaus Möglichkeiten gehabt, den Akzent anders zu setzen und die Freiheit zu kulturell wertvollen Handlungen in den Vordergrund zu rücken. Die Pädagogik hätte sich hier einklinken und als Garant der Erhaltung und Verbesserung kultureller Traditionen stilisieren können. Sie hätte auch Gehlens Warnung vor einer »moralhypertrophen Aufgeregtheit« aufgreifen und sich – in Anbetracht einer über 2000 Jahre langen Erfahrung in dieser schwierigen Angelegenheit – damit vor der eigenen Überforderung einer Moralerziehung schützen können, die nicht nur bewusst verantwortet, sondern auch vernünftig begründet und wirksam bzw. effektiv sein sollte. Stattdessen rückte sie seine Anthropologie des »Mängelwesens« in den Vordergrund. Das ist vordergründig nachvollziehbar, denn es liegt auf der Hand, dass eine Anthropologie, die den Akzent auf die Mangelhaftigkeit des Menschen setzt, an das pädagogische Denken anschlussfähiger ist als eine, die von Perfektion ausgeht, denn um aktiv zu werden, bedarf es eines Defektes, der pädagogisch bearbeitet werden muss. Der perfekte Mensch bedürfte der Erziehung nicht; der unfertige Mensch aber bedarf ihrer zu seiner Ausbildung und Vervollkommnung. Erst durch Kultur und der in und durch sie wirkenden Erziehung wird der Mensch zum Menschen gemacht – so ertönt die Lobpreisung der Pädagogik etwa bei Kant, Herder und bei den Philosophischen Anthropologen des 20. Jahrhunderts, wenngleich in unterschiedlicher Lautstärke. Damit bekommt der Zirkel zwischen Natur und Kultur eine inhaltliche Zuspitzung: »Nicht nur ist das Mängelwesen Bedingung der Möglichkeit von Erziehung, sondern Erziehung ist zugleich Bedingung der Möglichkeit des Menschen qua Mängelwesen« (Wulf in Wulf/Zirfas 1994, S. 17).

Resignative Anthropologie

Das bisherige Ergebnis ist nicht ermutigend. Eine rationalistische Anthropologie kann offenbar der Pädagogik weder Ziel noch Grund in Form eines homogenen Menschenbildes geben[221].

---

221 So schon Dienelt 1974: »Es steht ohne Zweifel fest, daß die Pädagogik von ihrem Ziel, ›anthropologischen‹ Grund zu gewinnen, weiter

Früher oder später landen alle ihre Versuche, den Menschen zu bestimmen, in einem Zirkel. Was kann man in dieser Situation tun? Eine Möglichkeit wäre, auf das zu verzichten, was man eh nicht erreichen kann, und dies als Realismus zu feiern. Die Pädagogische Anthropologie in der zweiten Hälfte des 20. Jahrhunderts nahm in der Tat eine Entwicklung in Richtung »Pluralität und Historizität«[222]. Die Suche nach einer normativen Basis für die Pädagogik wurde aufgegeben und stattdessen in die Rekonstruktion der eigenen Geschichte oder in die Beschreibung und Analyse von heterogenen Einzelaspekten ausgewichen[223]. In der Zeitdimension von Sinn wurde die »Historisch-Pädagogische Anthropologie« proklamiert und in der Sachdimension die »anthropologische Dimension« reklamiert; bei dieser verzichtet Pädagogische Anthropologie auf einen eigenen Disziplinentwurf und bestimmt sich stattdessen als eine die »gesamte Pädagogik durchziehende Betrachtungsweise« (Bollnow 1965, S. 49).[224] Die Vergeblichkeit der Suche nach einem einheitlichen Menschenbild, das der Pädagogik einen normativen Grund und ein Ziel in einem geben sollte, führte nun schnurstracks zur Nobilitierung des Gegenteils: der »Relativität« und des »Perspektivismus«[225].

---

entfernt ist als ehedem und daß ihre Rückständigkeit anderen Menschheitswissenschaften gegenüber eher größer geworden ist …« (Dienelt 1974, S. 141).
222 So die Kapitelüberschrift in Wulf/Zirfas 1974, S. 25. Vgl. zur Pluralisierung und Historisierung der (pädagogischen) Anthropologie auch beispielhaft König/Ramsenthaler 1980.
223 Im »Handbuch Historische Anthropologie« (Wulf 1997) finden wir z. B. Artikel zu den Stichworten »Nase«, »Mund«, »Haut«, »Pflanze«, »Tier«, »Straße«, »Geheimnis« und »Schweigen«, nicht aber den traditionellen Gegenbegriff zu »Mensch«, nämlich »Gott«.
224 Vgl. als Beispiel der Historisch-Pädagogischen Anthropologie Wulf 1996 und als Beispiel für eine systematische Pädagogische Anthropologie, die auf Systematik verzichtet, vgl. Wulf 1997 und Wulf/Zirfas 1994.
225 »Pluralisierung und … Historisierung bezeichnen die Abkehr vom Fundamentalismus einer normativen Pädagogik und die Anerkennung der Relativität von Paradigmata sowie die Hinwendung zu einem begründeten Perspektivismus« (Wulf in Wulf/Zirfas 1994, S. 27).

Für eine normative Grundlegung der Pädagogik oder auch nur als Hilfe für eine pädagogische Ethik, die nach einer festen Grundlage und Zielperspektive sucht, ist eine solche konzeptionelle Bescheidenheit in der Tat ungeeignet. Selbst wenn sie – angeregt von der angloamerikanischen vergleichenden Kulturanthropologie – empirische Forschungsergebnisse rezipiert und die »historische und kulturelle Vielfalt menschlichen Lebens« (Wulf 1997, S. 13) dokumentiert, bleibt sie auf die Aufzählung kontingenter kultureller Erscheinungsformen (des Menschseins) beschränkt. Vor lauter Bäumen (der heterogenen Vielfalt menschlicher Unterschiede) kann man den Wald (das Gemeinsame des Menschseins) nicht mehr sehen. Eine weitere Suche nach menschlichen Universalien ist nicht (mehr) vorgesehen, ja wird – dort wo sie versucht wird – geradezu als unanständig bewertet und als »Fundamentalismus«, »unzulässige Reduktion« und »Vermessenheit« denunziert[226]. Es scheint so, als ob das Nichtkönnen dazu geführt hat, dass man sich im Nicht(mehr-)wollen häuslich eingerichtet hat. Die Folgen hat Heidegger schon 1929 auf den Punkt gebracht: »Keine Zeit hat so viel und so Mannigfaltiges von Menschen gewusst wie die heutige ... Aber keine Zeit wusste weniger, was der Mensch sei, als die heutige« (Heidegger 1929, S. 200).

Aber möglicherweise hat man die Suche nach »dem Menschen« mit universalistischem Anspruch zu schnell eingestellt und zu früh sich auf das bienenfleißige Sammeln von Informationen über »die Menschen« beschränkt. Vielleicht gibt es ja zwischen Fundamentalismus und Relativismus, zwischen einem geschlossenen Menschenbild und beliebigen Perspektiven eine weitere Möglichkeit, nämlich eine naturalistisch begründete Anthropologie, die die Umrisse eines Menschenbildes empirisch zu begründen erlaubt. Dieser Schritt von einer dem Rationalismus verpflichteten Anthropologie zu einer sich naturalistisch begründenden Anthropologie ist selbst schon in der Philosophischen Anthropologie angelegt. Zum Beispiel bei Arnold Gehlen. Mit der Gleichung »Mensch minus Kultur = Mängelwesen« hatte er immerhin schon den Blick frei gemacht auf die biologischen Grundlagen des

---

226 Zur Diskussion um menschliche Universalien vgl. den Überblick bei Antweiler 2007 sowie die diversen Versuche der Humanethologie (vgl. Eibl-Eibesfeldt 1986).

Menschseins. Auch wenn sein Ansatz ein rationalistischer ist, weil er von A-priori-Unterscheidungen ausgeht – und deshalb wird er zu Recht der so genannten »Philosophischen Anthropologie« zugerechnet –, so kommt doch eine naturalistische Sichtweise im Objekt seiner Beobachtung vor[227]. Gehlen hat deshalb das Verdienst, die traditionelle enge Bindung an eine philosophische Sichtweise so weit gelockert zu haben, dass die Anthropologie sich nun auch den empirischen (insbesondere naturalistischen) Wissenschaften vom Menschen öffnete[228]. Wie von selbst haben wir damit den Zirkel von einem rationalistischen zu einem naturalistischen Weltbild und wieder zurück zu seiner rationalistischen Einbettung durchschritten. Immerhin hat sich damit der Blick auf eine empiristische Sichtweise der Menschen geöffnet, und wir können im Folgenden der Frage nachdenken, ob wir den rationalistischen Zirkel anthropologischer Begründung durch einen Sprung in den Objektbereich der Beobachtung durchbrechen können, und möglicherweise eine Naturalistische Anthropologie die Ausgangsfrage nach einem für die Pädagogik normierenden Menschenbild besser beantworten kann als die vielen vergeblichen philosophisch (und damit rationalistisch) begründeten Versuche.

---

227 Historisch gesehen gliedert sich die Philosophische Anthropologie aus der Theologie dadurch aus, dass sie – eine ältere geistige Strömung aufgreifend – radikaler als bisher damit beginnt, als Gegenbegriff zum Menschen nicht mehr »Gott«, sondern »Natur« zu gebrauchen (vgl. Historisches Wörterbuch für Philosophie I, Sp. 362 ff.).

228 Franz Josef Wetz fasst diese Entwicklung im Anschluss an Gehlen im »Funkkolleg Der Mensch – Anthropologie heute«, das diesen Schwerpunkt dezidiert und eindrucksvoll setzt, so zusammen: »Wenn man die Entwicklung der Philosophischen Anthropologie von Scheler über Plessner zu Gehlen überblickt, so muß man feststellen, daß hier eine immer stärkere Loslösung von der philosophischen Tradition erfolgt, die den Menschen vom Geist und den Geist von einem göttlichen Absoluten oder einer göttlichen Vernunft her begreift. Stattdessen wird der Mensch immer stärker in den Naturzusammenhang eingebunden, behauptet sich darin allerdings als ein nur in der Innerlichkeit seiner selbst zugängliches Wesen, das ein Selbstverhältnis besitzt und sein Dasein aus sich zu führen hat« (DIFF 1992, I, S. 33).

Naturalistische Anthropologie

Die Hoffnung, die man auf eine Naturalistische Anthropologie setzen mag, gründet vor allem im Versagen aller Philosophischen (und das heißt: rationalistisch begründeten) Anthropologie vor der Aufgabe, ein einheitliches und allgemein akzeptiertes Menschenbild zu begründen. Eine Pädagogik, der es in Anbetracht ihres ungelösten Normenproblems eh an Selbstbewusstsein mangelt, sollte diese Hoffnung auf ihre Tragfähigkeit wenigstens prüfen, bevor sie sich dann unter Umständen wieder ihren »einheimischen Begriffen« zuwendet. Man könnte ja einfach aus Neugier auf das Alternativangebot blicken, das z. B. unter der Überschrift »Naturalistische Ethik« diskutiert wird. Dass dem nicht so ist, und die »Karawane« der Pädagogische Anthropologie stattdessen den Weg zur »Historischen Anthropologie« gegangen ist, könnte als Ausdruck einer ungebrochenen Dominanz des philosophischen (rationalistischen) Denkens in der Pädagogik (selbst im Zeitalter der »empirischen Bildungsforschung«!) interpretiert werden, das den Mut zum Sprung in eine naturalistisch begründete Anthropologie nicht aufbringt[229]. Es schimmert hier ein Denken durch, das in seiner Mitte ein zweiwertiges Menschenbild hartnäckig verteidigt, das sich auf der einen Seite der Unterscheidung wohnlich eingerichtet hat und die andere Seite zu ignorieren gewohnt ist. In seiner radikalen Dichotomisierung – z. B. in der an Kant anschließenden Tradition – darf kein »Lüftchen« zwischen empirisch zugänglicher Natur und rationalistisch sich entfaltender Freiheit des Menschen wehen: Freiheit ist dort, wo Natur nicht ist! Weil Moral aber nur dort sein kann, wo die Selbstbindung an das Sittengesetz alleine aus Freiheit geschieht, scheint eine »naturalistische Ethik« eine Art »hölzernes Eisen« zu sein – kurzum etwas Unmögliches. Aus dem

---

229 Als Ausnahme muss wohl Heinrich Roths »Pädagogische Anthropologie« von 1971 gewertet werden, die trotz oder wegen ihres voluminösen Umfanges randständig geblieben ist – vielleicht auch deshalb, weil Roth den Versuch unternahm, rationalistische (normative) und empiristische (naturalistische) Ansätze additiv miteinander zu verbinden und deshalb – unabhängig davon, ob ihm das nun geglückt oder nicht geglückt ist – weder von den Rationalisten noch von den Naturalisten vereinnahmt werden konnte.

»Sein« kann man in dieser Tradition unmöglich auf das »Sollen« schließen, denn das würde unweigerlich einen vitiösen (also fehlerhaften) »Naturalistischen Fehlschluss« bedeuten!

Dabei könnte man den Zugang zu einer naturalistischen Sichtweise sowohl rationalistisch als auch empiristisch begründen und damit vielleicht die auf beiden Seiten gepflegte Geneigtheit zum Wegsehen (von der je anders begründeten Sichtweise) überwinden. Rationalistisch wäre der Hinweis darauf, dass auch eine in der Natur des Menschen gründende Ethik das Produkt eines denkenden Geistes ist[230]. Auch das »Sein« ist so gesehen ein gedachtes Sein und die Natur immer nur ein Bild, das der Mensch sich von der Natur macht[231]. Also – so könnte man hartnäckigen Rationalisten zurufen – lassen wir uns doch probeweise einmal darauf ein, was die empirischen Wissenschaften, insbesondere die Biowissenschaften, über den Menschen herausgefunden haben (denken!)! Für einen Empiristen ist natürlich (!) auch das »Sollen« Teil des »Seins« (was auch sonst?) – das war ja schon den alten Griechen bekannt[232] – und kann deshalb empirisch beobachtet und erforscht werden.

---

230 Im alttestamentlichen Mythos von der göttlichen Gesetzgebung am Berge Sinai (2. Mose, 19 f.) finden wir die klassische rationalistische Antwort auf die Frage, woher die Normen kommen, in ihrer schöpfungstheoretischen Version: von einem denkenden, personalen und göttlichen Geist.

231 Nah an diese rationalistische Erkenntnis können selbst nachdenkliche Naturalisten kommen. Wenn z. B. Werner Heisenberg von einem »naturwissenschaftlichen Weltbild« spricht, das selbst nicht »eigentlich naturwissenschaftlich« sei, dann entdeckt er (in Form eines »re-entry«), dass im Objekt das Subjekt selbst vorkommt und deshalb nicht subjektfrei erkennbar ist: »Die Naturwissenschaft steht nicht mehr als Beschauer vor der Natur, sondern erkennt sich selbst als Teil dieses Wechselspiels zwischen Mensch und Natur« (Heisenberg 1984, S. 418).

232 Auch nachdenkliche Geisteswissenschaftler – z. B. in der Hermeneutik und in der Katholischen Soziallehre – kommen unter Umständen auf diese Erkenntnis. Allerdings zeigt die Studie von Bollnow (Bollnow 1974), wie schwer es eine philosophische, rationalistische Position hat, wenn sie sich vor dem Naturalistischen Fehlschluss wie der Teufel vor dem Weihwasser fürchtet.

Es kann schwerlich bestritten werden, dass Normen in der Welt vorkommen. Das ganze in Gesetze gegossene Recht beispielsweise besteht aus kodifizierten Normen. Aber auch nichtkodifizierte Normen sind allgemein bekannt. Schon im antiken Begriff des *nomos* wird das Wissen transportiert, dass andere Völker andere Sitten und Gebräuche haben, die durch unterschiedliche Umweltbedingungen erklärbar sind. Strittig mag schon eher der Hinweis darauf sein, dass auch im Bereich der *physis* – also der Natur – Normen vorkommen[233]. Schon eine phänomenologische (also nichtexperimentelle) Beobachtung von Tieren (welcher Art auch immer) führt allerdings schnell zu der Erkenntnis, dass ihr Verhalten vielfach nur durch eine Antriebskraft erklärt werden kann, die in der antiken Philosophie als *pithymia* oder *appetitus*[234] bezeichnet wurde, was gewöhnlich mit »Begehrungsvermögen« übersetzt wird. Weil diese Kraft auf ein Ziel bezogen ist, bei dessen Erreichen sie erst zur Ruhe kommt, kann man auch von einer normierenden Funktion sprechen, die hier bedient wird. Noch für Kant ist dieses Vermögen Grundbestimmung des Lebens überhaupt und wird als Abgrenzungs- und Definitionskriterium für Leben schlechthin genommen: »Leben ist das Vermögen eines Wesens, nach Gesetzen des Begehrungsvermögens zu handeln« (Kant KpV, Vorrede AA, 5, 9 Anm.). Das Begehrungsvermögen bringt ein Lebewesen dazu, den Zustand der Ruhe zu verlassen und so lange in Bewegung überzugehen, bis das Ziel des Begehrens erreicht ist. Wenn es beispielsweise Hunger hat, wird es sich aufmachen, um Nahrung zu suchen. Wenn das Männchen in die Hitze kommt, wird es alles unternehmen, um ein Weibchen zu finden und gegebenenfalls gegen Mitkonkurrenten zu kämpfen. Sie handeln also so, *als ob* sie einem Imperativ bzw. einer Norm folgten, der ihnen sagt: Tu dieses! Unterlasse jenes! Auch der

---

233 Noch 2001 finden wir in einem pädagogischen Text die lapidare Aussage: »Weder erhebt die Natur normative Ansprüche, noch folgt sie solchen« (Müller/Müller 2001, S. 777). Konträr dazu die These des Evolutionsforschers: »Moral fiel nicht vom Himmel. Sie ist die Summe aller Regeln und Normen, die der Stabilisierung einer Gesellschaft dienen, und ein Resultat der Evolution durch natürliche Auslese« (Wuketits 2006, S. 47).
234 Vgl. Cicero de off. I 11–14 (Nickel 2008, S. 131 f.).

Mensch besitzt solche Appetenzen. Wenn wir z. B. Hunger haben und uns deshalb auf den Weg zum Kühlschrank machen, dann ist das so, als ob unser Körper der Norm folgt: Du sollst jetzt etwas essen! Ein anderes Beispiel ist die Müdigkeit, die – frei nach Goethe – bekanntlich die beste Schlaftablette ist. Warum? Weil dabei unser Körper das normative Signal aussendet: Du sollst jetzt bald schlafen! Auch die Appetenz zur elterlichen Fürsorge dürfte eine (angeborene) menschliche Universalie sein; ihr liegt der (heimliche) Imperativ zugrunde: Kümmere Dich (bevorzugt) um Dein Kind![235] Weil diese Norm universeller Natur – also gattungsspezifisch – ist, braucht sie unter normalen Umständen keiner ausdrücklichen zusätzlichen kulturellen Normierung[236]. Ein deutliches Indiz für das Vorhandensein angeborener Normen ist ihre emotionale Absicherung und die (inzwischen unstrittige) Tatsache, dass auch Tiere zu Gefühlen (wie Schmerz, Freude, Angst, Trauer usw.) in der Lage sind (vgl. Wuketits 2006, insbesondere S. 124 f.). Gefühle können bekanntlich nicht gelehrt, aber sehr einfach provoziert werden, wenn ein starkes »Begehren« erfüllt oder nicht erfüllt wird[237].

Bei diesen Beispielen sollen wir uns nicht an der gebrauchten Begrifflichkeit stoßen – diese hat sich im Verlaufe der Zeit vielfach geändert. So wurde der Begriff des Begehrungsvermögens, der von Platon bis Kant verwendet wurde, durch eine Reihe anderer Begriffe ersetzt, z. B. durch »Trieb«, »Instinkt«, »Appetenz«, »Angeborenes Auslösendes Verhalten«, »angeborenes Mitgift«, »ange-

---

235 Vgl. zu einer solchen stammesgeschichtlichen Begründung der »Erziehungspflicht« insbesondere Liedtke 1996, S. 44 ff.
236 Ganz im Gegensatz zur Norm »Ehre deine Eltern!« (vgl. 2. Mose 20, 12: »Du sollst deinen Vater und deine Mutter ehren ...«). Diese Norm muss kulturell eingeführt und verstärkt werden, weil sie offenbar nicht im gleichen Maße im natürlichen Erbe schlummert.
237 Homers Ilias beginnt deshalb mit einem schicksalhaften starken Gefühl – dem *Zorn* des Helden: »Singe den Zorn, o Göttin, des Peleiaden Achilleus ...« (Homer 1961, S. 3). Im Übrigen wurde die Bedeutung der Gefühle schon in frühen Konzepten einer rationalistischen Ethik gesehen, z. B. in Adam Smiths Theorie der moralischen (bzw. ethischen) Gefühle – und dort zu einer Begründung moralischer Normen als »*via media*« ausgebaut (vgl. zu dieser Interpretation Fricke/Schütt 2005, insbesondere S. 3 sowie 16 ff.).

borene Lehrmeister«, »angeborene Neigungen«, »natürliche Neigungen«, »genetisches Flüstern«, »genetisch bedingte Antriebe« usw. Allen diesen Begriffen gemeinsam ist die Annahme, dass die Bewegung von Lebewesen in Richtung eines Zieles durch angeborene Programme kausal bestimmt wird. Bei Vorliegen einer Spannung, die durch die Differenz von einem Seinszustand und einem Sollenszustand entsteht, wird eine gerichtete Appetenz aufgebaut; diese sucht sich aktiv den dazu passenden Auslösereiz, um dann – wenn dieser erfolgt – das angeborene Verhaltensprogramm zu aktivieren[238]. Weil der Reiz scheinbar automatisch, also immer bei Vorliegen, das jeweilige Verhalten auslöst, spricht man hier auch von Auslösereiz.

Liegen hier die drei Kriterien einer Norm vor? In der Sachdimension von Sinn ist im Begriff der Appetenz die ontologische Differenz von Sein und Sollen gegeben, die darin enthaltene Kraft beruht auf der Spannung zwischen dem aktuellen Sein und dem gebotenen Handlungsziel. In der Zeitdimension ist ebenfalls eine Differenz von Jetzt und Später enthalten, denn das Begehrungsvermögen intendiert durch das ausgelöste Handlungsprogramm einen Zustand, in dem die Bewegung wieder zur Ruhe kommt. Und wie ist es mit der Sozialdimension? Hier fallen Normsender und Normadressat nur scheinbar zusammen, denn wohl wird das Sollen als Wollen erlebt, jedoch als ein unabweisbares, drängendes Wollen, das man nicht abweisen kann. Es sind hier gewissermaßen internalisierte Normen – vergleichbar beim Menschen etwa mit dem Gewissen, das als eine Art innere Stimme den normativen Anspruch scheinbar ohne äußeren Sender erhebt. Gleichwohl ist der Sender ursprünglich – z. B. in Form eines Erziehers – von außen gekommen, wurde dann allerdings nach innen verlagert. Analog dürfte auch bei Tieren in ihrer Phylogenese die innere

---

[238] Verhalten wird von Sich-Verhaltenden schon auf elementarer Ebene so als Zielgerichtetheit erlebt, d. h. auf zukünftige Zustände bezogen. Normen lassen sich somit (aus naturalistischer Sicht) auf (beschreibbare) Fakten zurückführen: »Normen und Wertvorstellungen oder Verhaltensrichtlinien stellen sich unter stammesgeschichtlichem Aspekt demnach dar als das Bewußtwerden und die Formulierung genetisch angelegter Bedürfnisse, Antriebe und Wertungsmuster und dessen lernabhängigen Ergänzungen« (Liedtke 1980, S. 187).

Norm qua Appetenz im Verlaufe eines langen Anpassungsprozesses an äußere Umweltbedingungen entstanden sein.

Normativer Naturalismus?

Rationalisten (z. B. Philosophen) werden hier vielleicht einwenden, dass Appetenzen keine Normen seien, und sie haben sogar recht, wenn man den engen Begriff des Normativen verwendet, der den von außen kommenden Anspruch auf Verhaltensänderung betont, wohingegen die Begriffe »Instinkt«, »Appetenz« usw. das von innen kommende Streben, ein Verhaltensziel zu erreichen, in den Vordergrund rücken. Auch kann man nicht von einem geistigen Anspruch des Sollens sprechen, wenn man ein solches auf ein Ziel hin drängendes Verhalten von Tieren beschreibt. Verhaltensforscher interpretieren dieses Verhalten stattdessen als eine physiologisch bedingte Reiz-Reaktion. Tieren dürfte gewöhnlich ein wesentliches Kriterium von menschlicher normativer Erfahrung fehlen, nämlich das Bewusstsein ihrer Kontingenz. Nur weil das Verhalten auch anders – also kontingent – sein kann und dies dem Menschen bewusst ist, erfüllen Normen ihre Funktion der Kontingenzregulierung durch Einschränkung der Handlungsmöglichkeiten. Dagegen subsumieren wir bei Tieren das durch einen Reiz ausgelöste Reaktionsverhalten unter die Modalform der Notwendigkeit – und nicht der Kontingenz. Nur dort, wo zwei annähernd gleich starke, aber sich widersprechende Auslösereize gleichzeitig wirken, kann man vielleicht analog von Kontingenz sprechen. Also z. B. wenn eine hungrige Löwin kurz vor dem Sprung auf ihr Beutetier entdeckt, dass ihre eigenen Jungen von Raubfeinden bedroht werden, wird sie gleichzeitig zwei sich widersprechende Auslösereize empfinden und vor dem Problem stehen, ob sie ihr weiteres Verhalten an ihrem angeborenen Angriffsprogramm oder an ihrem angeborenen Brutpflegeschutzprogramm orientieren soll. Hier kann man dann ein – vielleicht auch nur kurzzeitiges, aber deutliches – Verzögern des angeborenen Verhaltensprogrammes beobachten. Das kann einerseits – zumindest in der Fabel bei Buderians Esel – zur gegenseitigen Blockierung und zu einer völligen Handlungsunfähigkeit führen: Der Esel zwischen zwei gleich großen Heuhaufen kann sich nicht entscheiden, welchen er nun aufsuchen und fressen soll – und verhungert. Dieser mögliche Nachteil in Welt 1 kann aber andererseits zu einem entscheidenden Vorteil werden, nämlich dann, wenn die durch die Verzögerung des Handlungsentschlusses gewonnene Zeit als Offenheit für alternative Verhaltensoptionen benutzt wird, die zerebrale Verarbeitungskapazität erweitert und eine gedankliche Abwägung der Möglichkeiten und schließlich eine »rationale« Entscheidung möglich[239]. Dazu dürften ansatzweise schon höhere Tiere, etwa Affen, in der Lage sein. Aufgrund ihres sehr begrenzten zerebralen Speicherungsvermögens können sie jedoch nur sehr rudimentär »rationale Überlegungen« anstellen. Der Mensch besitzt durch seinen zerebralen Speicher dagegen ein ausgeprägtes Vorstellungsvermögen, das es erlaubt, vor der eigentlichen Entscheidung (in Welt 1) die entsprechenden Abläufe antizipierend (in Welt 2) vor sein geistiges Auge zu stellen – gewissermaßen im Geiste »Probe zu handeln« – und auf der Basis von abgespeichertem Erfahrungswissen abzuwägen. Die mentale Repräsentation in einer Welt 2 – auch »(Raum- und Zeit-)Repräsentationskompetenz« genannt – ist es, die erst Menschen die Erfahrung der Kontingenz machen und den Bedarf nach normativer Regulierung entstehen lässt[240].

---

239 Adolf Portmann hebt diese »eigenartige Offenheit der Anlagen unseres Verhaltens« als »das Bezeichnende« des Menschen hervor und bewertet es durchaus nicht als »Schwächung«, sondern als »Stärkung«, dass die »sichere Enge der Instinkte« wohl einerseits aufgehoben wird, andererseits aber dadurch eine adaptive »Schulung« möglich wird: »Das ist die Lösung für ein keiner bestimmten Umgebung speziell angepaßtes, ungesichertes Wesen: Sich selbst muß es eine ihm gemäße neue Natur schaffen« (Portmann 1971, S. 156 f.).

240 Schon lange vor dem Aufkommen der empirischen Verhaltensforschung haben dies die Stoiker erkannt und als Unterscheidungsmerkmal stilisiert: »Aber zwischen Tier und Mensch besteht vor allem dieser Unterschied: Das Tier passt sich in dem Maße, wie es durch die Sinneswahrnehmung angeregt wird, allein an das an, was es vor Augen hat und was ihm gegenwärtig ist; dabei nimmt es Vergangenes und Zukünftiges kaum wahr. Weil der Mensch aber über die Vernunft verfügt, mit der er die Folgen seiner Taten wahrnimmt, die Ursachen seines Handelns sieht und seine Voraussetzungen und sozusagen seine Vorstufen genau kennt, Ähnlichkeiten vergleicht und zukünftige mit gegenwärtigen Verhältnissen verbindet und verknüpft, überblickt er

Es gibt also durchaus *Unterschiede* zwischen einem tierlichen Begehrungsvermögen und einem menschlichen Verhalten, das sich Normen unterwirft. Allerdings sind die Unterschiede aus naturalistischer Sicht nicht qualitativer, sondern bloß gradueller Art. Zu dieser Erkenntnis muss man kommen, wenn man die vielen *Gemeinsamkeiten* in den Blick nimmt. Es ist nur eine Frage, wie stark man abstrahiert, um den gemeinsamen funktionalen Bezugspunkt zu entdecken, der tierliche Appetenzen und menschliche Normen vergleichbar macht. Es deutet sich schon hier an, dass in einem ganz allgemeinen Sinne die Funktion einer überlebensdienlichen Verhaltensoptimierung angesichts kontingenter Umweltsituationen bedient wird. Normen entstehen phylogenetisch mit dem Verzögern und Zurücktreten der angeborenen Programme und dem damit entstehenden Bewusstsein der Kontingenz möglicher Handlungen auf der Basis eines zerebral gespeicherten Erfahrungswissens. Damit wird die Funktion von Normen transparent: Sie bedienen die Funktion der Kontingenzregulierung durch eine geforderte Einschränkung des Handlungsspielraumes. Tierliche Handlungsprogramme und menschliche Normen lassen sich – aus naturalistischer Sicht – in ein Kontinuum überführen[241], das – aus rationalistischer Sicht – mehrfach geordnet

---

ohne weiteres den Verlauf seines ganzen Lebens ...« (Cicero de off. I 11–14, zit. n. Nickel 2008, S. 131 f.).

241 Noch bei Kant findet sich ein teleologisches Verständnis der Natur, wenngleich eingepackt in eine raffinierte theorietechnische Als-ob-Konstruktion. Dass Kultur »letzter Zweck der Natur« sei, bedeutet, dass die Natur so betrachtet werden muss, »als ob« ihr eine Idee zugrunde liege, die es erlaubt, die Heterogenität der Phänomene in eine Ordnung zu bringen. Allerdings gilt auch, dass diese Einsicht in den letzten Zweck der Natur, der in der Kultur der menschlichen Gattung zur Entfaltung drängt, ein regulatives Prinzip der menschlichen Vernunft ist. Diese kantische Naturteleologie erlaubt es aber nicht nur, den Zweck der Natur, sondern auch die Mittel zu rekonstruieren, mit der die Natur diesen Zweck zu erreichen sucht: Es ist die »ungesellige Geselligkeit«, also die Zwietracht und die Antagonismen, der Streit und die Konkurrenz unter den Menschen (vgl. Kleingeld 1995). Kants Naturteleologie bereitet mit dieser Als-ob-Konstruktion (eines transzendentalen Beobachters) den modernen Begriff der Teleonomie vor, der zwischen Natur und Kultur funktionalistisch vermittelt. Für die Pädagogik hat Max Liedtke einen die Stammesgeschichte,

werden kann. Häufig unterscheidet man die Einschränkungen der Verhaltensmöglichkeiten je nach Bezugseinheit und Stärke[242]:
- durch gattungsspezifische ererbte, instinktive Antriebe,
- durch kulturelle Traditionen, Sitten und Gebräuche,
- durch Normen, die ein Individuum als soziale Erwartung erlebt.

Weil gewöhnlich erst auf der dritten und letzten Ebene Normen deutlich in ihrem (kontrafaktischen) Anspruchscharakter in oder vor das Bewusstsein treten, vergessen wir häufig die darunter liegenden (faktischen) Ebenen. Immerhin ist die zweite Ebene noch in der Ethik (z. B. als »Vernunftmoral«) präsent und im Begriff des *ethos* etymologisch erhalten. Dagegen neigen Rationalisten und Kulturalisten – und damit auch viele Pädagogen – dazu, die erste (naturale) Ebene (mit ihrer »Gefühlsmoral«) vollständig zu übersehen oder, wenn sie überhaupt ins Blickfeld gerät, diese als Gegensatz zu stilisieren, so dass wohl die Unterschiede, nicht aber mehr die Gemeinsamkeiten gesehen werden können[243].

Die Übergänge zwischen diesen einzelnen Ebenen dürften fließend sein. Die Namen, so unterschiedlich sie auch sein mögen, sind rationalistische Unterscheidungen, die die empirisch beobachteten Sachverhalte nur grob und aus Gründen der sprachlichen Abkürzung so behandeln, als ob sie ontologisch eigenständig wären. Je genauer man hinschaut, desto mehr dürfte man erkennen, dass auf allen Ebenen die gleiche Funktion von Normen

---

die Kulturgeschichte und den Lebenslauf umgreifenden Ansatz vorgelegt (vgl. Liedtke 1980, 1996), der inzwischen aufgegriffen und weiterentwickelt worden ist (vgl. Treml 2000, 2004).

242 Die folgende Einteilung findet sich z. B. bei Friedrich von Hayek in einem Beitrag mit dem bezeichnenden Titel »Die drei Quellen der menschlichen Werte« (Hayek 1979). Heinrich Roth differenziert: 1. Reflexverhalten (starr montiertes Reiz-Reaktions-Verhalten), 2. Instinktverhalten (Appetenzauslöser, Endhandlung), 3. Trieb- und Affektverhalten (durch Erfahrung modifizierbar) und 4. Verhalten aus Einsicht, das bei Menschen durch zunehmende Freiheitsspielräume erweitert wird (vgl. Roth 1976, S. 443 f.).

243 Die Unterscheidung von »Gefühlsmoral« und »Vernunftmoral« im Anschluss an Vowinckel in Neumann/Schöppe/Treml 1999, S. 79 ff.

bedient wird und deshalb ein Kontinuum vorliegt, das Phylogenese, Soziogenese und Ontogenese umfasst[244].

Die Ordnung der Normen aus naturalistischer Sicht ist eine, die sich nichtzufällig zwischen Starrheit und Offenheit, zwischen fester Verdrahtung und hoher Plastizität einpendelt. Angefangen von den so genannten »Angeborenen Auslösenden Mechanismen« (AAM) über die »Erworbenen Auslösenden Mechanismen« (EAM) und gelerntes Kulturwissen bis hin zu den vielen individuell kontingenten Lernprozessen lassen sich die Normierungen in einem absteigenden Grad der Starrheit einordnen. Diese abgestufte Normierung ist evolutionär adaptiv, denn sie spiegelt den unterschiedlichen Grad konstanter Umweltbedingungen wider. Eine starre Verbindung zwischen Normierung und Verhalten ist dort anbracht und nützlich, wo die Umweltbedingungen über Jahrmillionen sich nicht verändert haben und dauerhaft sind. Hier ist es adaptiv, das Verhalten fest mit den jeweiligen Umweltbedingungen zu verdrahten und genetisch zu normieren. Auch der Mensch besitzt solche Normierungen, etwa im körperlichen Bereich der Anpassung an seinen Mesokosmos, aber auch bei Erfahrungen anderer Handlungsmuster, die dauerhaft und erfolgreich wiederholt werden. Vor allem über starke Gefühle (der Antipathie bzw. Abneigung einerseits und der Sympathie bzw. des Wohlwollens andererseits) lassen sich diese angeborenen Neigungen entdecken. Sie sind wichtig, um Handlungen zu bewerten und auszuwählen, aber (leider) nicht lehrbar. Alle anthropologischen Universalien des Verhaltens fallen darunter[245], z. B. die Reaktion auf das »Kindchenschema« (Konrad Lorenz), das »Fremdeln« von Kindern (Irenäus Eibl-Eibesfeldt) und der Zusammenhang von Bindungsstärke und Explorationsverhalten bei Kleinkindern

---

244 Schon bei Heinrich Roth lassen sich diesbezügliche Hinweise finden, z. B. wenn er schreibt: »Verhalten, auch moralisches Verhalten, beginnt nicht über die Einsicht – so als ob diese vorausginge und das Handeln nachfolge, sondern als Imitation, Gewöhnung, Anpassung, wenn nicht sogar über Dressur und Zwang. Verhalten wird beim Kleinkind orientiert, reglementiert, lange bevor die dafür zuständige Einsicht selbst verantwortlich handlungsführend werden kann« (Roth 1976, S. 426).

245 Vgl. dazu den Beitrag von Eibl-Eibesfeldt in Neumann/Schöppe/Treml 1999, S. 99 ff.

(Köhler, Köhler-Bischof)[246]. Auch spiegelt das älteste »göttliche Gebot« – das »Seid fruchtbar und mehret euch!« – ein grundlegendes, angeborenes biologisches Fitnessprogramm aller Lebewesen wider. Auf dieser Ebene ist es nützlich, die Verbindung zwischen Norm (die durch den Auslösereiz aktiviert wird) und dem dazu gehörigen Verhaltensprogramm über den Modus der Notwendigkeit in den Genen der Art abzuspeichern, durch starke Gefühle abzusichern und damit von bewussten Überlegungen zu entlasten.

Dann gibt es eine Reihe kulturspezifischer Normen, die eine erfolgreiche Anpassung an kulturell erzeugte Umwelten in einem Zeitraum widerspiegeln, der bis zu Jahrtausenden gehen kann. Kulturen experimentieren mit unterschiedlichen Formen der Anpassung aufgrund ihrer unterschiedlichen räumlichen und zeitlichen Gegebenheiten in Zeiträumen, die im Vergleich zu genetischen Anpassungen erheblich kürzer, im Vergleich zu individuellen Anpassungsprozessen aber erheblich länger sind. Sie sind so gesehen in einer mittleren Lage – evolutionsbiologisch gesehen eine »Zwischenwelt« (Eibl 2009). Die kulturell tradierten Muster werden durch Prägungsprozesse – als funktionale Erziehung, Sozialisation bzw. Enkulturation – vermittelt und in Form von Gewohnheiten transportiert, deren ethische Bedeutung problematisch ist[247]. Weil sie kulturspezifisch sind, ist ein Lernmecha-

---

246 Der Soziologe Karl Otto Hondrich verweist auf drei »elementare Gesetze« als Grundlage des gesellschaftlichen Lebens, die in allen Kulturen vorhanden (also wohl angeboren) sind: »das Gesetz der Gegenseitigkeit/Vergeltung (»Wie du mir, so ich dir!«), das Gesetz des Vorziehens (»Du sollst die Deinen mehr lieben als die Fremden!«), das Gesetz der Gemeinschaft (»Du sollst übereinstimmen!«) und das Gesetz des Altersvorrangs (»Ältere Bindungen gehen neuen vor!«)« (Hondrich 2006, S. 9). Die pädagogischen Implikationen liegen auf der Hand, sind jedoch, wie mir scheint, in der (Interkulturellen) Pädagogik noch nicht angekommen.
247 Kant als Gesinnungsethiker meinte, dass ein gutes Handeln aus bloßer Gewohnheit keinen moralischen Wert besäße (»pflichtgemäßes Handeln«) und um es moralisch zu machen noch der Achtung vor dem Sittengesetz bedürfte (»Handeln aus Pflicht«): »Man muß dahin sehen, daß der Zögling aus eignen Maximen, nicht aus Gewohnheit gut handle, daß er nicht bloß das Gute thue, sondern er darum thue, weil

nismus nützlich, der die Verbindung zwischen Norm und Verhalten am Anfang offen und modellierbar lässt, dann aber nach erfolgreicher Prägung schließt und in unbewusste Gewohnheiten, Sitten und Gebräuche – aber auch Institutionen – überführt. Weil die darauf beruhenden Verhaltensmuster ihre Soll-Qualität verbergen und Stabilität auf alternativenloser Selbstverständlichkeit gründet und deshalb wie angeborene Schemata wirken, spricht man hier auch von einer »zweiten Natur« (Pascal). Solche quasinatürlichen Traditionen entlasten vom Legitimationsaufwand ständiger Überlegungen und Entscheidungen (Arnold Gehlen!); sie können, dort, wo sie verloren gehen, nicht mehr ersetzt, sondern nur noch – mit erhöhten Rechtfertigungszwängen versehen – als Dauerbaustelle permanenter Reformen abgearbeitet werden[248].

Schließlich gibt es jedoch eine Reihe von Umweltbedingungen, die sich so schnell und unvorhersehbar ändern und so spezifisch sind, dass sie nicht mehr auf diese ökonomische Art gelernt werden können, sondern eine situative Anpassungsbereitschaft erfordern. Die adaptiven Lernprozesse müssen nun individuell und kurzfristig erworben werden. Je schneller dabei der soziale Wandel und je komplexer Gesellschaftsstrukturen sind, desto individueller und kontingenter werden die erforderlichen Lernprozesse sein, so dass die Entwicklung so weit gehen kann, dass die Zeit der Kindheit und der Jugend nicht mehr als Lernzeit ausreicht. »Lebenslanges Lernen« ist dann angesagt, weil die

---

es gut ist. Denn der ganze moralische Werth der Handlung besteht in den Maximen des Guten« (Kant 1968). Es ist klar, dass ein Folgenethiker (der sich an den Folgen der Handlungen orientiert) zu einem anderen Urteil kommen wird.

248 Ein Beispiel dafür ist die Curriculumplanung, auf die Habermas in seiner Rede zur Hegel-Preis-Verleihung 1974 hingewiesen hat: »So geht die Curriculumplanung von der Prämisse aus, daß alles auch anders sein könnte. Die Curriculumplanung versucht, eine wesentliche Leistung der Tradition, nämlich aus der Menge der zugänglichen Überlieferungen eine legitimere Auswahl zu treffen, nun selbst zu übernehmen ... (Dadurch) verstärkt die Curriculumplanung den Rechtfertigungszwang gegenüber jener Sphäre, die sich gerade durch ihre Kraft zur argumentarmen Selbstregenerierung ausgezeichnet hatte« (Habermas/Henrich 1974, S. 73).

Schnelligkeit und Unvorhersehbarkeit der gesellschaftlich induzierten Veränderungen in zunehmendem Maße ein jugendliches Lernen »auf Vorrat« entwertet. Traditionelle Rollenverteilungen zwischen Kind und Erwachsenem werden porös, und man kann zu Recht dann von einer Infantilisierung des Erwachsenen sprechen, weil ursprünglich die Zumutung des Lernens ein Kriterium für Kindheit war (vgl. Treml 1997).

Auf allen diesen Ebenen spielen Normen eine wichtige Rolle, weil sie Kontingenzen des Handelns und Erlebens dergestalt regulieren, dass dadurch eine Synchronisierung gegenseitiger Erwartungen möglich wird. Das wiederum ist Voraussetzung für die Entstehung größerer sozialer Systeme – Systeme, die nicht mehr auf eine Interaktion unter körperlich Anwesenden oder gar familiale Verwandtschaftsstrukturen begrenzt sind. Aus naturalistischer Sicht ist diese Funktion auf allen Ebenen ein Produkt der Evolution und damit der Natur. Auch die Varianz kultureller und individueller Normen testet nur den Rahmen aus, der ihr von der Natur vorgegeben ist, und deshalb kann in der Tat (die Universität von) »Salamanca (dir) nicht geben, was die Natur (dir) versagt hat«[249]. Normen der Kultur und ihrer Institutionen sowie der Spielraum normativer Erwartungen für Individuen können diese Grenze nicht überschreiten. Der Mensch verlässt mit seiner kulturellen und individuellen Freiheit nicht den Spielraum, den ihm die Natur dafür zur Verfügung stellt, sondern füllt ihn aus[250]. Kultur ist ein »Zweck der Natur« (Kant). Man braucht nicht die Wertung übernehmen, die Kant vornimmt, indem er von der Kultur als dem »höchsten Zweck der Natur« spricht, um den Grundgedanken einer naturalistischen Ethik trotzdem zu finden. Er lautet: Normen lassen sich auf allen Ebenen als natürliches

---

249 Vgl. die gelungene Konfrontation der Argumente einer rationalistischen mit einer naturalistischen (pädagogischen) Anthropologie – stellvertretend bei Diderot und Helvétius – von Enzensberger 2004, hier S. 6.

250 In einer metaphorischen Formulierung: »Die Gene halten die Kultur im Zaum. Der Zügel ist sehr lang, aber die ethischen Werte werden unausweichlich bestimmten Zwängen unterworfen, je nachdem, wie sie sich auf den menschlichen Genbestand auswirken« (Wilson 1993, S. 150).

Produkt von evolutionären Anpassungsprozessen interpretieren, die Lebewesen dazu nötigt, starre *und* flexible Formen der Anpassung evolutiv zu erproben. Dass der Mensch einen besonders hohen Grad an normativer Selbstregulierung besitzt, hat selbst natürliche Ursachen und lässt sich auf die Entstehung eines zerebralen Speichers – des Gehirns – und dessen hohe Leistungsfähigkeit zurückführen. Im Verlaufe seiner Stammesgeschichte sollte dieses Organ des Menschen zur Eroberung weiterer »Welten« (Welt 2, Welt 3) in der Lage sein und zu adaptiven Voranpassungen befähigen.

Damit wird klar, dass aus naturalistischer Sicht der Mensch kein »Freigelassener der Natur« ist, sondern seine partielle Freilassung (aus angeborenen Reiz-Reaktions-Normen) in seinen je spezifischen kulturellen und individuell ausgeprägten Formen selbst als natürliche Funktion interpretiert werden kann, die sich in einem langen Evolutionsprozess als adaptiv erwiesen hat. Von daher gesehen ist es sinnlos zu fragen, ob pädagogische (soziale oder kulturelle) Normen, die in den Ebenen 2 und 3 angesiedelt sind, aus natürlichen Normen der Ebene 1 (deduktiv) abgeleitet werden können, denn eine logisch-deduktive Ableitung würde gerade wieder den Selektionsvorteil einer weichen, flexiblen und kontingenten Anpassung verspielen und stattdessen eine »feste Verdrahtung« von Norm und Verhalten erzwingen wollen. Wir müssen einsehen, dass die Natur nicht nur mit kausal festen »Verdrahtungen« arbeitet, sondern auch mit weichen und flexiblen Anpassungsformen experimentiert, und dass für den Menschen gerade die Kombination von starren und weichen Anpassungsformen spezifisch ist. Darin gründet seine bisherige evolutionäre Erfolgsgeschichte – allerdings ohne Garantie auf dauerhafte Fortsetzung[251].

Aus Sicht einer Allgemeinen Evolutionstheorie kann man diese Kombination von Anpassungsformen auch unter dem Gesichtspunkt der verschiedenen Selektionseinheiten reformulieren: Biologische Evolution arbeitet in der Stammesgeschichte (primär) mit der Selektionseinheit *»Gene«*, die kulturelle Evolution in ihrer

---

251 Das wirft auch ein spezifisches Licht auf die Debatte um Anlage oder Umwelt: Anlage und Umwelt sind so gesehen keine Rivalen, sondern eher Bündnispartner.

Kulturgeschichte mit der Selektionseinheit »*Meme*« und die individuelle Evolution in der Ontogenese mit der Selektionseinheit »*Phäne*«[252]. Die »Interessen« dieser Selektionseinheiten sind nicht nur unterschiedlich stark und nehmen unterschiedliche Zeiträume in Anspruch, sondern können unter Umständen auch miteinander konfligieren. Deshalb können z. B. kulturelle und individuelle Normen auch den natürlichen Normen widersprechen. Während unsere Gene flüstern: »Habe Kinder und bevorzuge sie vor allen anderen!«, und die Phäne ihr individuelles Leben nach dem Motto gestalten: »Erhalte und optimiere Dein Leben!«, könnte z. B. das religiöse Mem dem islamistischen Selbstmordattentäter befehlen: »Bringe Dich und die Ungläubigen um, um der Replikation der heiligen Sache zu dienen!« An diesem Beispiel wird deutlich, dass das, was Menschen als »moralisch« nobilitieren, durchaus auch in Widerspruch zu den natürlichen Überlebensimperativen – den »angeborenen Neigungen« – treten kann und »Natur« nicht konfliktfrei mit »Kultur« zusammengehen muss. Die Leine, an der Natur die Kultur hat, scheint so weit zu sein, dass diese auch dazu benützt werden kann, um jene (und sich selbst) zu zerstören. Spätestens hier mündet das Durchdenken des naturalistischen Menschenbildes wieder bei der Kultur und ihren Freiheitsspielräumen. Sie schließen ein, dass Anpassungsprozesse nicht nur erfolgreich über Lernen kultureller Vorselektionen situativ und flexibel gelingen, sondern auch misslingen können, weil sie nutzlos sind. Erst als kulturelles Wesen, das der Sprache und der nachdenkenden Vernunft mächtig ist, gelingt es dem Menschen, genau dies zu durchschauen: Kultur und Freiheit der Ausgestaltung dieser Kultur ist Funktion seiner Natur – wahrscheinlich nicht im Sinne Kants als »höchster Zweck«, der in Moralität mündet, sondern als ein hartes und gnadenloses Schicksal, das täglich gemeistert werden muss.

---

252 Vgl. zu dieser Unterscheidung und ihren theoretischen Implikationen Becker 2003; Treml 2004, S. 192 ff.

Der Mensch als Tier

Ein rationalistischer Einwand gegen dieses naturalistische Menschenbild muss noch abschließend erwähnt werden: *Moralität!* Als härtester Unterschied zum Tier wird häufig dem Menschen die Befähigung zur Moralität zugeschrieben und gleichzeitig als anthropologisch höchste Form des sittlichen Handelns nobilitiert[253]. Sogar Darwin war der Meinung, »daß von allen Unterschieden zwischen den Menschen und den Tieren das moralische Gefühl oder das Gewissen der weitaus bedeutungsvollste sei« (zit. nach Vogel 1986, S. 468). Kein Wunder, dass die Moral bzw. die Tugend nicht selten mit den angeborenen natürlichen Neigungen in einem ausschließenden Sinne kontrastiert wird[254]. Selbst dort, wo man Tieren ein normativ analoges Verhalten zubilligt, hält man trotzig daran fest, dass nur Menschen moralisch handeln können und meint dann meistens mit »moralisch« ein uneigennütziges altruistisches Handeln. Die meisten Naturalisten bestreiten allerdings, dass es reinen Altruismus in dem Sinne gibt, dass Investitionen ausschließlich zu Gunsten anderer evolutionär stabil sein können (vgl. Wilson 1993, Wuketits 2007, insbesondere S. 36 ff.). Auch bei Tieren lässt sich »moralanaloges Verhalten« (Lorenz 1954[255]) feststellen – also Investitionen in andere und eine Art Aufopferung eigener Interessen zu Gunsten anderer. Wenn beispielsweise ein Murmeltier an exponierter Stelle bei Gefahr durch einen Raubvogel Warnrufe ausstößt, erhöht es wohl die Chancen zur Flucht anderer Artgenossen, mindert jedoch gleichzeitig seine eigene Überlebenswahrscheinlichkeit. Ist das ein Beispiel für altruistisches Verhalten? Aus soziobiologischer Sicht optimiert

---

253 Z. B. bei Kant, Piaget und Kohlberg in ihren Stufentheorien der moralischen Entwicklung. Charles Darwin formulierte lapidar: »Ein moralisches Wesen ist ein solches, welches imstande ist, seine vergangenen und künftigen Handlungen oder Beweggründe untereinander zu vergleichen und sie zu billigen oder mißbilligen« (Darwin 1966, S. 75).
254 Und deshalb Schiller (in den »Xenien«) noch ironisch klagen konnte: »Gerne dien' ich den Freunden, doch tu' ich es leider mit Neigung; und so wurmt es mir oft, daß ich nicht tugendhaft bin«.
255 Zur berechtigten Kritik an problematischen Schlüssen bei Lorenz vgl. Vogel 1993, insbesondere S. 31 ff.

dieses Verhalten unterm Strich die Reproduktion des eigenen (erweiterten) Genbestands und ist deshalb kein reiner Altruismus.[256] Naturalisten haben die verschiedenen Formen des scheinbaren Altruismus herausgearbeitet. Die wichtigsten sind:
- *Genetischer Altruismus* (»*kin selection*«) ist eine Investition in die eigenen Gene und liegt z. B. bei elterlicher Liebe vor[257]. Eltern investieren wohl erheblich in die Erziehung ihrer Kinder und verzichten dabei auf die Befriedigung eigener Interessen, erhalten dafür allerdings eine höhere Wahrscheinlichkeit, dass ihre Gene in den Kindern erhalten und weitergegeben werden (»Bevorzuge deine Kinder und Verwandten!«). In ihrer erweiterten Fassung liegt diese Form von genetischem Eigennutz auch dort vor, wo rechnerisch die Wahrscheinlichkeit der Reproduktion eines gemeinsamen Genpools (in der Verwandtschaft) vergrößert und damit die Gesamtfitness optimiert wird (»*inclusive fitness*«). Die Anfälligkeit gegenüber Nepotismus (»Vetternwirtschaft«) und Ethnozentrismus, aber vielleicht auch Nationalismus und Rassismus, lässt sich so erklären (nicht legitimieren!).
- *Reziproker Altruismus* liegt überall dort vor, wo unter kurzfristigem Verzicht auf eigene Bedürfnisse in Sozialbeziehungen investiert wird, aber langfristig im Tausch eine Gegenleistung erwartet werden kann (»Behandle andere so, wie Du selbst behandelt werden willst – also gut!«)[258]. Ein solcher »milder Altruismus« (Hamilton) ist Grundlage für die Bildung sozialer Systeme, die über Verwandtschaft und Interaktion unter körperlich Anwesenden hinausgeht.
- *Beobachtungsaltruismus* liegt vor, wo uneigennütziges Verhalten durch Beobachtetwerden die eigene Reputation steigert, und damit eine knappe, wichtige Ressource zu eigenen Gunsten

---

256 Vgl. die verschiedenen Beiträge zu dieser Frage in Neumann/Schöppe/Treml 1999 (insbesondere Wuketits, Mohr, Voland).
257 Die grundlegende Theorie der hierbei zugrunde liegenden Verwandtschaftsauslese ist insbesondere von William D. Hamilton entwickelt worden (vgl. Voland 2000, insbesondere S. 229 ff.).
258 Die theoretischen Grundlagen eines solchen »wechselseitigen Altruismus« wurde vor allem von Robert L. Trivers entwickelt (vgl. Trivers 1971).

vermehrt werden kann (»Handle uneigennützig – und lass es alle sehen!«). Diese Form von Altruismus liegt vor allem solchen Handlungen zugrunde, die die Wahrscheinlichkeit, ein »Mem« zu replizieren, durch ein freiwilliges Handicap vergrößern, weil der freiwillige Verzicht auf ein knappes Gut als Signal für den Wert der damit transportierten Überzeugung interpretiert wird (z. B. religiöse Riten, Märtyrertum, Zölibat, Opfertod für eine »Idee« usw.)[259].

Wir sehen, aus naturalistischer Sicht sind das alles keine echten Formen von Altruismus, denn ihre unterstellte Uneigennützigkeit ist nicht gegeben. Kooperation und prosoziales Verhalten (auch bei Tieren), das den Anschein von Altruismus erweckt, sind Ausprägungsformen des subtilen Eigennutzes. Es hat sich deshalb in naturalistischen Kreisen eine Art ethisches Extremalprinzip eingebürgert, das als Idee des »niedrigen Motivs der guten Tat« etwa so formuliert werden kann: »Mache möglichst wenig altruistische Annahmen und versuche stattdessen zunächst, das beobachtete Verhalten mit (erweitertem) Eigennutz zu erklären!«[260] Das schließt natürlich Kooperation nicht aus, und der kluge Egoist kooperiert, denn nur so kann er die Kooperationsgewinne einstreichen, die Folge von sozialer Systembildung sind[261]. Naturalisten vermuten hinter allen »edlen Motiven« eine genetische Strategie der Kosten-Nutzen-Rechnung. Die den moralischen Normen implizite Verallgemeinerungsregel (»Handle so, dass die Maxime Deines Handelns zu einem allgemeinen Gesetz werden kann!«) in Verbindung mit dem Anspruch auf apodiktische Geltung für alle vernünftigen Wesen (»Moralische Normen gelten

---

259 Vgl. zum »Beobachtungsaltruismus« Treml 2004, S. 172 ff., und zu den memtheoretischen Grundlagen Blackmore 2000.
260 In den Worten von Edward Gibbon: »Man traue keinem erhabenen Motiv für eine Handlung, wenn sich auch ein niedrigeres finden lässt!« (zit. nach Vogel 1989, S. 209).
261 Vgl. Vogel 1993, der gleichwohl den Begriff der Natur moralfrei halten will – oder anders gesagt: der den Begriff der Moral für das menschliche Sozialleben reserviert: »… die biogenetische Evolution hat gar keine moralische Dimension. Insofern gibt es auch keine Möglichkeit, das menschliche Sittengesetz auf naturwissenschaftliche Grundlagen zu stellen« (S. 37; vgl. auch Vogel 1986).

für alle Menschen zu allen Zeiten uneingeschränkt!«) spiegelt nur die verloren gegangene gattungsspezifische Normierung durch angeborene Programme wider[262]. Aus naturalistischer Sicht gibt es keine Ausnahmen. Der Generalverdacht lautet: Alle Normen, auch moralische Normen, besitzen eine natürliche Grundlage und müssen im Horizont ihrer evolutionären Selektionsvorteile interpretiert werden. Auch Kultur ist Natur, wenngleich an einem »langen Gängelbande«, das einen großen Spielraum für kulturelle Selbstregulierung ermöglicht. Evolution hat kein erkennbares Ziel und die Natur kein Menschenbild[263].

Der Mensch als Kulturwesen

Damit münden die Überlegungen einer naturalistisch begründeten Ethik wieder in einen Kulturbegriff, der eine große Varianz an normativen Bestimmungen und Erwartungen impliziert. Wenn man sich dann diesen kulturell und gesellschaftlich doch sehr heterogenen Normen genauer zuwendet, bleibt für einen Naturalisten als Beurteilungsmaßstab nur wiederum das Kriterium des evolutionären Selektionsvorteils, der »Überlebensüberlegenheit«. Ob diese aber im Einzelfalle vorliegt oder nicht, ist eine Frage der Interpretation in einer Sprache und in einer Kultur. Damit scheint die Argumentation wiederum zirkulär zu werden, wenngleich

---

262 Das ist meine Vermutung, die ich in Treml 1999a begründet habe.
263 Auch nicht das Ziel, »den Menschen in die mündige Selbstbestimmung zu führen«, wie das Heinrich Roth (zu Zeiten der studentenbewegten »kritischen Emanzipationspädagogik«) optimistisch seiner Pädagogischen Anthropologie noch glaubte, zugrunde legen zu können (vgl. Roth 1976, z.B. S. 14). Die durch zunehmende Freiheitsgrade charakterisierbare Individualisierung des Menschen, die Roth als »Selbstbestimmung« nobilitierte und wolkig als das »Ergebnis der kritischen Begegnung und produktiven Einigung der Generationen« (ebd., S. 588) beschrieb, bedeutet aus funktionalistischer Sicht wohl eher die Umstellung der Evolution auf die »kleinstmögliche Selektionseinheit«, um die Beschleunigung der soziokulturellen Evolution mit all ihren Risiken kompensatorisch abzufedern – und ist deshalb eher eine »aufgezwungene Notwendigkeit, fast eine Notlage« denn ein normativ einklagbares Ziel (Luhmann/Schorr 1979, S. 23).

dieses Mal mit einem anderen, nämlich naturalistischen Anfang. Normen werden wohl zunächst auf Natur gegründet und auf eine gemeinsame, alle Ebenen übergreifende Funktion bezogen, dann aber im Rahmen einer Kultur ausgehandelt. Dieses juristische, politische oder pädagogische Aushandeln eines normativen Menschenbildes kann wohl wiederum auf ihre natürliche Nützlichkeit bezogen werden – allerdings nicht, ohne dabei kulturelle Interpretationsmuster zu gebrauchen. Auch der Naturbegriff ist kulturell bedingt.

Diese Zirkelhaftigkeit einer zu Ende gedachten anthropologischen Suche nach einem einheitlichen Menschenbild, die wir nun sowohl aus rationalistischer als auch aus naturalistischer Sicht entdeckt haben, kann kein Zufall sein. Es ist sicher auch nicht so, dass die Philosophen und die empirischen Anthropologen hier nicht aufgepasst haben und die Gesetze der Logik (Zirkelverbot!) aus Nachlässigkeit oder Dummheit verletzt haben. Man muss (geistig) einen Schritt zurücktreten, um das Gleichbleibende in der zirkulären Veränderung zu sehen: Es ist das Nichtankommen im ontologischen Sinne und die dialektische Bewegung selbst, die sich hier in der subtilen Gedankenführung der Anthropologie zum Ausdruck bringt! Die Menschwerdung des Menschen ereignet sich durch seine Bewegung zwischen den Polen eines binären anthropologischen Selbstdenkens, das nie in den ruhenden Zustand des Angekommenseins überführt wird. Der Mensch kann anthropologisch nicht mehr inhaltlich und damit ontologisch abschließend bestimmt, sondern nur noch als Bewegung in einem nach vorne offenen Zeithorizont gedacht werden[264]. Die Paradoxie wird also durch Temporalisierung der in ihr angelegten Grundspannung entparadoxiert.

Das Menschenbild, das sich nach diesem Durchgang durch die rationalistische und naturalistische Fundierung herausschält, hängt in seiner normativen Dimension nicht mehr in der Luft einer empiriefreien Metaphysik (das ist ja der gängige Vorwurf an eine rationalistische Begründung von Ethik aus naturalistischer Sicht). Es macht jedoch auch nicht die »festverdrahtete« Natur angebo-

---

264 Und möglicherweise dann zu einem Gott zu werden, der auf die Frage nach seinem bestimmenden Namen mit einer temporalisierten Tautologie antwortet: »Ich werde sein, der ich sein werde« (2. Mose, 3,14).

rener Neigungen zum alleinigen normativen Maßstab des menschlichen (pädagogischen) Handelns, wie das nicht selten den naturalistischen Menschenbildern vorgeworfen wird, sondern sieht den Menschen von Natur aus als das (auch) zur Freiheit (des Glückens und Missglückens) fähige Kulturwesen – ein Kulturwesen, das erkennen kann, dass seine Bedingungen und Grenzen der normativen Selbstregulierung naturgegeben sind und auch in der Pädagogik der täglichen Bewährung (zwischen »angeboren« und »erworben«) bedürfen.

Der *positive Utilitarist* würde hier sagen: Perfektionierung ist angesagt! Herstellung von Glück für möglichst viele! Der *negative Utilitarist*[265] positioniert sich anders: »Entübelung«[266] ist angesagt, Reparaturen, Stückwerkstechnologie (Popper) und der ständige, nie zu Ende kommende Versuch, Leid zu vermindern – denn Glück ist nicht das, was uns widerfährt, sondern das, was uns erspart bleibt[267]. Der Mensch als »krummes Holz« (Kant) kann also nicht gerade geschnitzt werden, auch nicht mit Normen, Moral und einem einheitlichen Menschenbild. Für beide Positionen aber gilt, dass die Perfektion ans Ende der Zeit verlegt wird, denn nur dort werden Natur und Moral, Sein und Sollen deckungsgleich. Solange dies nicht der Fall ist, gilt – und damit wird der *epistemologische Vorbehalt* auf seinen ethischen Kern zurückgeführt – auch der *ethische Vorbehalt*: Normen und normative Menschenbilder gelten – und das gleichgültig, ob rationalistisch oder naturalistisch begründet – immer nur vorbehaltlich ihrer wahren Allgemeinheit, die immer eine zukünftige und damit ausstehende bleibt. Sicher, eine kleine Einschränkung muss auch dieses Menschenbild machen: »Nur wenn man ans Ende käme und alles wüsste, was ist, könnte es sein, daß sich die Bemühung als eine grandiose Tautologie erweisen und man in der Ferne ein höhnisches Gelächter hören würde« (Luhmann 1978, S. 27). Für unsere alltäglichen pädagogischen Probleme der Normfindung

---

265 Zum Begriff und zur Sache vgl. Kaufmann 1994.
266 Das bedeutet der (bei Comenius zentrale) Begriff der »Emendation« wörtlich.
267 Hier schimmert die angeborene – und evolutionär stabile – Appetenz aller Lebewesen durch, Lust (Wohlbefinden) zu vermehren und Leid (Schmerz) zu vermeiden.

kann das aber bedeutungslos bleiben: »Für die aktuelle Situation trägt es aber weder positiv noch negativ etwas bei, dies zu antizipieren.« (dito).

10 Theorien

... oder die Anarchie pädagogischer Systeme

In Büchern zur Theorie der Pädagogik werden gewöhnlich »Theorien« dargestellt, wobei die Bezeichnungen variieren können: »theoretische Grundpositionen der Erziehungswissenschaft«, »wissenschaftstheoretische Schulen«, »theoretische Ansätze«, »pädagogische Ansätze«, »Richtungen der Erziehungswissenschaft«, »Paradigmen« u.a.m. Die Bezeichnungen sind unterschiedlich, gemeinsam ist ihnen, dass der Theoriebegriff im Plural erscheint. Schon ein flüchtiger Vergleich zeigt schnell, dass manche »Schulen« bzw. »Theorien« immer wieder auftauchen, gleichwohl von einem streng abgrenzbaren Grundbestand an pädagogisch relevanten Theorien keine Rede sein kann. Noch in den siebziger Jahren des vergangenen Jahrhunderts beschränkten sich theoretische Einführungen in die Pädagogik gewöhnlich auf drei »Schulen«:

- die auf der Grundlage der hermeneutischen Theorie aufbauende Geisteswissenschaftliche Pädagogik,
- die zumeist mit dem Kritischen Rationalismus in Beziehung gesetzte Empirische Pädagogik (bzw. Empirisch-Analytische Pädagogik) und
- die auf die so genannte »*Kritischen Theorie* zurückgehende so genannte *Emanzipatorische Pädagogik* bzw. *Antiautoritäre Pädagogik* (z.B. Ulich 1972).

Diese Dreiteilung beweist, dass es schon zu dieser Zeit keine homogene theoretische Grundlage der Pädagogik als Wissenschaft mehr gegeben hat. Aber immerhin war die Zahl der »Schulen« durchaus noch überschaubar, die man den Studierenden in propädeutischen Werken der Pädagogik zumutete.

Das große Durcheinander

Das sollte sich schnell ändern. Wenn man heute neuere einschlägige Literatur zur Hand nimmt und die dargestellten Theorieangebote überfliegt, kann man leicht auf weit über zwanzig verschiedene Theorien kommen – theoretische Konzeptionen, die sich teilweise überschneiden, teilweise jedoch durchaus auch mit dem Anspruch auf Eigenständigkeit daherkommen. Neben den schon aufgeführten drei »wichtigsten« (wissenschafts-)theoretischen »Schulen« – der *Hermeneutik*, des *Kritischen Rationalismus* und der *Kritischen Theorie* – kann man z. B. folgende weiteren theoretischen Konzeptionen finden[268]: *Phänomenologische Pädagogik, Konstruktivistische Pädagogik, Transzendentalphilosophische Pädagogik, Feministische Pädagogik, Systemtheoretische Pädagogik, Evolutionstheoretische Pädagogik, Humanistische Pädagogik, Historisch-Materialistische Pädagogik, Normative Pädagogik, Analytische Pädagogik, Handlungstheoretische Pädagogik, Poetisch orientierte Pädagogik, Marxistische Pädagogik, Psychoanalytische Pädagogik, Kommunikative Pädagogik, Kritisch-Kommunikative Pädagogik, Biographische Pädagogik, Kybernetische Pädagogik* und *Systemische Theorieansätze der Erziehungswissenschaft* (vgl. z. B. Gudjons 2001; Petersen/Reinert 1992).

Wenn man den Überblick chronologisch ordnet, werden ein paar Eigentümlichkeiten deutlich:
- In den letzten vierzig oder fünfzig Jahren differenzierte sich das Theorieangebot in der Erziehungswissenschaft erheblich aus. Die Entwicklung ist gekennzeichnet durch Aufsplitterung, Differenzierung und Pluralisierung. Jede Auswahl von Positionen erscheint deshalb zunehmend zufällig und willkürlich zu sein und beliebig ergänzbar durch immer neue »Ansätze«. Eine Vollständigkeit kann nicht mehr garantiert werden. Nicht nur in der Philosophie gibt es eine »Anarchie philosophischer Systeme« (Kröner 1970), sondern auch in der Pädagogik[269]. In der Folge dieser zunehmenden Varianz an

---

268 Die Aufzählung ist willkürlich, bringt keine Rangordnung zum Ausdruck und erhebt nicht den Anspruch auf Vollständigkeit.
269 Als »Skandal« bezeichnete Kröner die Tatsache, dass die Philosophie trotz zweieinhalb Jahrtausende langen Nachdenkens immer noch nicht

Theorieofferten nimmt auch der Selektionszwang zu und damit der Bedarf an metatheoretischer Klärung der Frage nach den Selektionskriterien.
- Die verschiedenen theoretischen Ansätze stehen nicht zusammenhangslos nebeneinander, sondern beziehen sich meistens kritisch aufeinander. Sie grenzen sich gegenseitig durch harte Kontraste voneinander ab und vertreten häufig Geltungsansprüche auf Überlegenheit (der eigenen Sicht), die im Widerspruch zu den Ansprüchen der anderen Theorien stehen. Unverblümt ist gelegentlich von »Streit« – z.B. von »Positivismusstreit« – die Rede (vgl. z.B. Büttemeyer/Möller 1979; Treml 1996). Was Kröner über die Philosophie beklagt, nämlich eine »unreduzierbare Vielheit und den krassen Widerstreit der [...] Ansprüche« (Kröner 1970, S. 1), dürfte auch für die theoretische Pädagogik zutreffen. Die Frage drängt sich auf: Wer hat nun recht?
- Was den Einfluss bzw. das Gewicht der einzelnen Theorieofferten betrifft, lassen sich in dieser – doch recht kurzen und überschaubaren Zeitspanne – so etwas wie geistige »Klumpenbildungen« in der Form entdecken, dass zu bestimmten Zeiten bestimmte Theorien temporär in den Vordergrund rücken, die besonders stark nachgefragt, übernommen und diskutiert werden, um dann kurze Zeit später wieder von anderen Theorien in ihrer disziplinären Mittelpunktstellung abgelöst zu werden. So wurde beispielsweise in der Nachkriegszeit zunächst die geisteswissenschaftliche, hermeneutische Theorietradition rehabilitiert, so dass diese theoretische Richtung deutlich – bis hinein in die späten sechziger Jahren des letzten Jahrhunderts – die theoretische Pädagogik dominierte. Am »Ausgang ihrer Epoche« (vgl. Dahmer/Klafki 1968) angelangt, übernahm dann die *Kritische Theorie* in der Pädagogik für eine gewisse Zeit diese führende Position, um dann spätestens vor zehn/zwanzig Jahren eine empirische Wende (zur *Empirischen*

---

zu »fixen Resultaten« gekommen ist und stattdessen eine »babylonische Sinn- und Sprachenverwirrung« herrsche und »endlose Streitereien« üblich seien. Da die Pädagogik, sowohl historisch als auch systematisch, aus der Philosophie kommt, muss man wohl dieses harsche Urteil auch auf sie anwenden dürfen.

Bildungsforschung) zu vollziehen. Diese Entwicklung erweckt den Eindruck, dass die Theorierezeption in der Erziehungswissenschaft Moden folgt, ohne dass dabei ein Fortschritt erkennbar wäre.
- Es bleibt offen, ob die Theorien noch auf einen Gegenstandsbereich verweisen, weil sie sich eigentlich nur noch selbstreferentiell aufeinander beziehen, ohne in der Lage zu sein, objektsprachliche Anwendungsbeispiele zu geben. Ob eine mit den Prädikaten zum Ausdruck gebrachte ontologische Referenz überhaupt noch gegeben ist, bleibt deshalb fraglich. Wenn man unter »Theorie« eine »Gesamtheit von Aussagen, die einen Gegenstandsbereich hinsichtlich bestimmter Strukturen beschreibt« (Essler/Martinez 1983, S. 9), versteht, dann ist unklar, ob es überhaupt (noch) einen solchen Gegenstandsbereich gibt. Wenn Wissenschaftstheorie die Theorie der Wissenschaft ist, dann ist oft nicht mehr erkennbar, ob es überhaupt noch eine Wissenschaft gibt, auf die sich die Theorie bezieht, oder ob sich stattdessen die wissenschaftstheoretischen »Schulen« nur noch als sich selbst genügende Sprachspiele ereignen, die operativ und ontologisch geschlossen arbeiten – also nur noch in Welt 3 (und vielleicht in Welt 2) zu Hause sind, ohne auf Sachverhalte in Welt 1 zu verweisen. Möglicherweise gibt es den beschriebenen Gegenstandsbereich (inzwischen) gar nicht mehr, und die Begriffe haben nur noch eine Intension, aber keine Extension mehr, ohne dass es die Wissenschaftstheoretiker bemerkt haben. Das soll nicht heißen, dass jeder vom anderen nur abschreibt, sondern dass die Frage der Referenz nicht geklärt und stattdessen durch gegenseitiges Zitieren und Kritisieren eine Art »gigantisches Simulakrum«[270] entstanden ist.
- Die Übergänge von »Theorien« und »Methodologien« sind fließend. Es ist nicht (immer) klar, ob es um theoretische Programme geht, die Strukturen möglicher Beobachtung limitieren, oder um Prozesse des Vorgehens bei der Gewinnung von Daten. Können z.B. die *Empirische Pädagogik*, die *Empirische Bildungsforschung* oder die *Phänomenologische Pädagogik* den Status von Theorien beanspruchen, oder sind sie

---
270 Der Begriff wurde von Baudrillard 1978, S. 14, ausgeliehen.

doch nur ein methodisches Vorgehen bestenfalls auf der Metaebene ergänzt mit einschlägigen Methodenlehren. Dort, wo diese »Schulen« erwähnt (und nicht nur gebraucht) werden, bewegt man sich auf ausschließlich metatheoretischer Ebene und erreicht damit bestenfalls einen methodologischen Status. Schon in der begrifflichen Vielfalt der Bezeichnungen (»Theorien«, »Ansätze«, »Paradigmen«, »Konzeptionen« usw.) deutet sich diese Unsicherheit über den theoretischen Status an.

Diese allgemeine Konfusion, die sich hier auf mehreren Ebenen zeigt, ist Anlass genug, um in diesem letzten Kapitel des Buches noch einmal den schon im ersten Kapitel angedeuteten Stellenwert eines theoretischen Nachdenkens aufzugreifen und auf der Basis der damit gewonnenen Erkenntnis die angesprochenen Probleme zu klären. Ich schlage vor, »Theorie« (im Singular) und »Theorien« (im Plural) entlang der Unterscheidung von *Code* und *Programm* zu unterscheiden und zu präzisieren. Zur Erinnerung: Wir haben Theoriearbeit im griechischen Sinne zurückgeführt auf die operative Annahme einer *Realitätsverdoppelung*. Wer theoretisch nachdenkt, gibt sich nicht zufrieden mit dem, was ist – was also als »real« erscheint –, sondern vermutet hinter dem Offensichtlichen etwas Nichtoffensichtliches, hinter dem Selbstverständlichen etwas Nichtselbstverständliches. Ausgangspunkt ist also durchaus die Erfahrung oder Erkenntnis von Welt (z. B. von Erziehung), wie sie ist (und nicht wie sie sein soll). Gleichzeitig wird jedoch die Annahme fruchtbar gemacht: Das ist unter Umständen nicht alles! Hinter dieser Realität versteckt sich möglicherweise eine zweite, der man durch Nachdenken auf die Spur kommen kann, wenn man Erkenntnis nicht auf Einheit, sondern auf Differenz zurückführt. Diese operative Realitätsverdoppelung hat sich in der Geistesgeschichte als eine fruchtbare A-priori-Annahme erwiesen[271]. In der Philosophie erscheint sie z. B. in der Antike mit der Unterscheidung von *doxa* und *epistemé*

---

271 Sie gründet vermutlich in der schon in der frühen Kindheit entwickelten Fähigkeit zum symbolischen Verstehen und Handeln – wie es z. B. im kindlichen Spiel zum Ausdruck kommt. Wer spielen kann, ist in der Lage, die fiktive Verdoppelung von Welt im Kontrast zum

oder von »Sein« und »Seiendes« (z. B. bei Platon), in der Transzendentalphilosophie (Kants) findet sie dort statt, wo nach der »Bedingung der Möglichkeit von …« gesucht wird. In der Theologie erscheint sie in Form der basalen Unterscheidung von »Transzendenz« und »Immanenz« oder von »Gott« und »Welt« usw. In der Literatur finden wir die Unterscheidung von »eigentlicher« und »uneigentlicher Sprache« (Ironie, Metaphorik usw.) bzw. von »beschreibender« und »fiktiver Literatur« (vgl. Luhmann 2008, S. 231 f.). All dies kann man als Mittel interpretieren, um etwas in Bewegung zu bringen, was Gefahr läuft zu erstarren, und durch die so erzeugte Variante weitere Evolution wahrscheinlich zu machen. Eine Theoriearbeit, die sich so begreift, verlagert die Unruhe von der Seite des Beobachteten auf die Seite des Beobachters und muss deshalb nicht auf »Probleme« warten, die ihr vorgegeben werden, und sich dann zur »Problemlösung« gedrängt fühlen.

Die Nichtselbstverständlichkeit des Selbstverständlichen

Mit diesem Hinweis wird angeknüpft an das, was schon im ersten Kapitel gesagt worden ist, und ein Zusammenhang hergestellt, der den Anfang mit dem Ende dieses Buches verbindet. Die beiden schon erwähnten Theorieverständnisse werden noch einmal von einer anderen Seite deutlich unterscheidbar[272]. Das in der Pädagogik dominierende instrumentelle Theorieverständnis geht von der Perfektion der Welt aus und beginnt erst dann aktiv zu werden, wenn es glaubt, Defekte zu erkennen – also z. B. Krisen, Reformbedarf, Defizite, Ungerechtigkeit, Ausbeutung, überflüssige Herrschaft, Unterdrückung, Benachteiligung usw. Theoriearbeit setzt hier am Defekt ein, den man zu erkennen glaubt, also beim »Nicht-« oder »Unnormalen«. Von daher gesehen ist der Impetus der Krisenbewältigung in Form eines instrumentellen Theorie-

---

Ernstcharakter zu unterscheiden und eine »Als-ob-Handlung« auszuführen.
272 Vgl. zu dieser Unterscheidung aus soziologischer Sicht: Luhmann 1981, S. 11 ff.

Praxis-Verständnisses nahe liegend: Mit Hilfe der Theorie soll die Praxis nicht nur über ihre Defizite und Probleme aufgeklärt, sondern diese auch einer Lösung näher gebracht werden: *theoria cum praxis*! Das griechische Theorieverständnis dagegen geht nicht von dieser Perfektionsvorstellung aus, sondern behandelt jede Welterfahrung gleichzeitig als normal und als ein erklärungsbedürftiges Rätsel. Sie fragt stattdessen: Wie ist das möglich? Sie wartet also nicht auf Defizite und verspricht nicht, was sie in der Regel sowieso nicht halten kann – nämlich »Praxisrelevanz« und die Lösung konkreter (pädagogischer) Probleme –, sondern sie behandelt auch das Normale als erklärungsbedürftig. Damit kehrt sie die Gewohnheit um, nach den Ursachen (von etwas) nur dann zu fragen, wenn »der normale, gewöhnliche Ablauf der Ereignisse [...] auf irgend eine Weise durchbrochen wird« (Scheibe 1970, S. 256). Jetzt wird das Normale (und nicht nur das Unnormale) und das Gewöhnliche (und nicht nur Ungewöhnliche) interessant und erklärungsbedürftig.

Damit das Normale erklärungsbedürftig wird, bedarf es einer theoretischen Beobachtungsdifferenz. Der Theorie liegt ein zweiwertiges Beobachtungsschema zugrunde, das die operative Form eines *binären Codes* einnimmt: entweder Sein oder Seiendes, entweder Realität oder Bedingung ihrer Möglichkeit, entweder Rationalismus oder Empirismus, entweder Variation oder Selektion usw. Theorie arbeitet mit Hilfe dieses Codes seine Unruhe ab und ist insofern Ausdruck einer *Bewegung* des Denkens, die sich nicht zufrieden gibt mit dem, was gegeben ist. Aber diese Theoriebestimmung ist bislang rein formal geblieben, weil sie als Form des bewegenden Denkens – als eine Lebensform von Wissenschaft sui generis – daherkommt. Als skeptische Denkbewegung einer Suche nach dem, was »dahinter« sein könnte – also das, was Platon (in seinem Höhlengleichnis) als »Umwendung« beschrieben hatte –, vergrößert sie die Komplexität, denn sie verzichtet auf die Entlastungsfunktion der Latenz, in der das Normale und Selbstverständliche erscheint. Es bedarf deshalb wieder Formen der Reduktion von Komplexität, um diesen Prozess erträglich abzuarbeiten – es bedarf der inhaltlichen Auffüllung des Codes mit Hilfe von *Programmen*. Dort, wo diese formale Bewegung mit Inhalten aufgefüllt wird – also mit inhaltlichen Programmen –, können wir von »*Theorien*« (Theorie im

Plural!) sprechen. Theorien reduzieren die durch das theoretische Denken produzierte Komplexität und zwar in Form seiner skeptischen Umwendung (z. B. auf die Bedingungen seiner Möglichkeit), z. B. indem sie eine inhaltliche Grundunterscheidung einführen, mit der beobachtet werden soll, und bewertet sie asymmetrisch (weil nur dann »Praxisrelevanz« durch Handlungsvorschläge gewährleistet werden kann).

Zum Beispiel sagt die »Kritische Theorie«: Beobachte entlang der Unterscheidung von »überflüssiger Herrschaft« und »Emanzipation«! Und was sehen wir dann? Wir sehen überall überflüssige Herrschaft und einen permanenten Nachholbedarf von Emanzipation in der Pädagogik! Oder die »Feministische Theorie« sagt: Beobachte entlang der Unterscheidung von Mann und Frau, und unterstelle die Benachteiligung der Frauen auf Verdacht! Und was sehen wir dann? Überall geschlechtsspezifische Einflussfaktoren und die Unterdrückung der Frauen in der und durch die Pädagogik! Oder die »Hermeneutische Theorie« sagt: Beobachte mit Hilfe der Unterscheidung von Sinn und Unsinn, von Verstehen und Missverstehen, von Erinnern und Vergessen, und ziehe das Sinnvolle dem Sinnlosen, das Verstehen dem Missverstehen und das Erinnern dem Vergessen vor! Und was sehen wir dann? Überall richtig und falsch Verstandenes, das der erläuternden Paraphrasierung, der didaktischen Interpretation oder der korrigierenden Kritik und der Richtigstellung bedarf! Kurzum, Theorien steigern die Sensibilität für Bestimmtes, unterschiedliche Theorien steigern die Sensibilität für unterschiedlich Bestimmtes. Sie konstruieren und prozessieren Informationen mit Hilfe von Unterscheidungen, die Vergleiche und damit Kritik ermöglichen. Damit sie das leisten können, müssen Theorien ihren Beobachtungsradius durch inhaltliche Prämissen (Unterscheidungen und Bewertungen) limitieren, weil derjenige, der alles wüsste, nicht nur nicht mehr handeln, sondern auch nicht mehr kritisieren könnte. Nur durch Begrenzung auf einen Beobachtungsradius und die Übersetzung in Operationen (durch Methoden) können die Ergebnisse konditioniert (und im Idealfalle wiederholbar) werden.

Die Funktion von Theorien ist damit durchsichtig geworden und auch jener Selektionsvorteil, der sie stabilisieren kann. Theorien machen den zunächst nur formalen Code eines theoretischen Nachdenkens mit Hilfe bestimmter programmatischer Entscheidungen inhaltlich fruchtbar und anschlussfähig an methodisch kontrollierte Erkenntnisgewinnung. Nur als reduzierte Komplexität wird so inhaltliche Erkenntnis möglich. Allerdings wird auch der Preis ersichtlich, der dafür bezahlt werden muss, dass Komplexität reduziert und handhabbar wird: Die Leistungsfähigkeit von Theorien muss mit der Beschränktheit der Beobachtung auf dasjenige, was beobachtet wird, bezahlt werden. Mit anderen Worten: Weil Theorien ihre inhaltlichen Erkenntnisse abhängig machen von den inhaltlichen Voraussetzungen, die sie a priori in ihren Beobachtungen voraussetzen, können sie nur sehen, was sie sehen können. Aber sie können natürlich nicht sehen, was sie nicht sehen können.

Die Funktion der Vielfalt

Wer nur *eine* Theorie kennen lernt und diese anwendet, wird unter Umständen erfolgreich damit arbeiten können (»Beobachtung 1. Ordnung«). Dieser Vorteil funktioniert allerdings nur so lange, als die Kontingenz des theoretischen Zugriffs nicht mitbeobachtet wird (»Beobachtung 2. Ordnung«). In dem Augenblick, wo Theorien im Plural erscheinen, besteht unweigerlich die Gefahr, dass der eigene theoretische Zugriff als kontingent ins Bewusstsein tritt und als Folgeproblem die Frage nach dem Selektionskriterium entsteht. Die oben erwähnte Entwicklung zu einem völlig unübersichtlichen Theorienpluralismus in der jüngeren Erziehungswissenschaft provoziert genau diese Problemlage. Für Studierende des Faches wird die Vielzahl der Theorien deshalb vermutlich verwirrend wirken und den Eindruck der Beliebigkeit erwecken. Vor allem dann, wenn man die verschiedenen Theoriekonjunkturen überblickt und dabei als einzig verbleibende Konstante nur noch den ständigen Wechsel zu entdecken glaubt, dürfte der Verdacht der Trivialität und Irrelevanz aufkeimen (vgl. Oelkers/Neumann 1981). Anstatt die Komplexität des Faches zu reduzieren, wird sie wieder erhöht und das eigene Denken mit der Frage nach den Bewertungs- und Selektionskriterien belastet.

Kein Wunder, dass es deshalb deutliche Bestrebungen gibt, genau dies zu verhindern – wenn man nicht gleich seine unterschwellige Theoriefeindlichkeit kultiviert, Theoriearbeit mit einem penetranten Sinnlosigkeitsverdacht belegt und sich mit Grausen abwendet bzw. sich in Richtung »Praxis« verabschiedet. Das Problem entschärfend, wenngleich auch nicht lösend, sind (auch bei Erziehungswissenschaftlern) Verfahren der *selektiven Wahrnehmung* und der *trotzigen Lernverweigerung* durch *Kultivierung des eigenen Blicks* (auf die »einheimischen Begriffe«) – gemeint sind »die gewöhnlich in der Phase der primären akademischen Sozialisation ausgebildeten Affirmationen für dieses oder jenes geschlossene Denksystem« (Oelkers/Neumann 1981, S. 630) und die »Einigelung« in die Gemeinschaft der gleich und/oder ähnlich Denkenden. Der biografische Zufall, gerade diese (oder jene) theoretische Richtung während seines Studiums (mühsam) gelernt zu haben (und andere Richtungen nicht), kann als eine Form der *Prägung* (die bekanntlich Veränderungsresistenz zur Folge haben kann) interpretiert werden und hat dann erhebliche Folgen, wenn die aufgewendete Triebenergie auf die Verteidigung gegen neue Zumutungen des Umlernens umgeleitet wird. Dieser Mechanismus funktioniert als eine Art auf Dauer gestellte normative Erwartungshaltung und schützt vor der Umstellung auf eine kognitive Erwartungsstruktur. Das hat in der Tat »eine erstaunliche Überlebenskraft, ja Resistenzfähigkeit von theoretischen Entwürfen und Richtungen zur Folge, die in theoretischer Diskussion längst in Zweifel gezogen und relativiert, wenn nicht gar disqualifiziert worden sind« (ebd.) und wäre eine plausible Erklärung für die schon erwähnte merkwürdige operative Geschlossenheit erziehungstheoretischer Sprachspiele. Die eigene Theorie dient hier als Vorselektion und stellt die Selektionskriterien zur Verfügung bei der Wahrnehmung, Rezeption und Bewertung anderer Theorien – allerdings ohne zu bemerken, dass man damit nur die mitgebrachten Vorurteile anwendet, ohne auf eine Metaebene zu gelangen, auf der nur die verschiedenen Ansätze gleichberechtigt verglichen werden können. All das mag der Trägheit des Denkens entgegenkommen, Folge eines Prägungsprozesses sein und ein Revierverhalten zur Folge haben, das den Herausforderungen des Lernens mit dem Beharrungsvermögen von Gelerntem begegnet, aber es ist keine zufrieden stellende theorietechnische Option.

Wahrscheinlich wäre einer Umstellung auf eine kognitive Erwartungsstruktur dienlich, wenn man sich die Funktion von Theoriepluralismus und Theoriendynamik vor Augen führt. Die

Tatsache, dass es – nicht nur in der Erziehungswissenschaft – eine Vielzahl von Theorien und theoretischen Grundpositionen gibt, beweist zunächst einmal das Scheitern eines am *konsenstheoretischen* Wahrheitsbegriff orientierten Wissenschaftsverständnisses. Konsens scheint es in der wissenschaftstheoretischen Debatte nur darüber zu geben, dass es keinen Konsens gibt, und das ist auch nicht verwunderlich, denn die unterschiedlichen Theorien besetzen ja nicht unbedingt unterschiedliche Gebiete, so dass sie sich nicht in die Quere kämen, sondern sie räubern durchaus und überwiegend in den gleichen Gegenden und nehmen deshalb andere Positionen, wenn überhaupt, überwiegend kritisch wahr. Weil aufgrund ihrer unvermeidbaren Perspektivität keine Theorie den Anspruch erheben kann, *alles* zu sehen, kann auch keine wissen, ob alle Theorien zusammen eventuell *alles* sehen könnten. Schon deshalb, weil Denken immer ein Vergleichen bzw. In-Beziehung-Setzen bedeutet, kann man unmöglich das Ganze – also alles – denken. Das ist der Grundgedanke der »belehrten Unwissenheit« des Nikolaus von Cusa, nämlich zu wissen, was man nicht wissen kann: Das Ganze zu denken ist unmöglich, weil es sich aller Vergleichbarkeit entzieht (Cusanus 1970, insbesondere S. 9 ff.). Es ist also nicht nur die Perspektivität der Theorien, sondern auch die Unmöglichkeit, ihre Referenz korrespondenztheoretisch als wahr zu erweisen (denn dazu bedürfte es erst der Erkenntnis des Ganzen), die das Weiterverfolgen dieses Gedankens verbietet. Das beweist, dass auch ein Wissenschaftsverständnis, das sich am *korrespondenztheoretischen* Wahrheitsbegriff orientiert, gescheitert ist. Deshalb konnte auch die pädagogische Praxis nicht warten, bis die pädagogische Wissenschaft sie über ihre Bedingungen und Möglichkeiten theoretisch aufgeklärt hat. Ohne auf die akademische Pädagogik zu warten, hatten unsere Vorfahren immer schon ihre Kinder erzogen und unterrichtet und sogar Wissen darüber angesammelt und überliefert (vgl. Liedtke 1980, S. 176). Nicht Wahrheit, sondern (evolutionäre) Bewährung ist das Medium des Erfolgs.

Man kann den Theoriepluralismus als Folge des Scheiterns des konsenstheoretischen und des korrespondenztheoretischen Wahrheitsbegriffes interpretieren, denn wenn es die *eine* Wahrheit nicht mehr geben kann, dann bleibt nur übrig, mit *vielen* Wahrheiten zu arbeiten. Man kann dieses Konzept, das hier im Theorienpluralismus zum Ausdruck kommt, als rationalistisches, ja als theologisches Argument einführen, das schon am Beginn des modernen wissenschaftlichen Denkens – in der Scholastik, zur Renaissancezeit und im Humanismus – formuliert worden ist. In einem fiktiven, in das Jahr 1327 verlegten Dialog zwischen William von Baskerville und seinem Adlatus Adson von Melk wird es von Umberto Eco punktgenau auf den Begriff gebracht:

»Mit einem Male begriff ich die Denkweise meines Meisters, und sie schien mir recht unähnlich der eines Philosophen, der von ehernen Grundprinzipien ausgeht, so daß sein Verstand gleichsam die Vorgehensweise der göttlichen Ratio übernimmt. Ich begriff, daß William, wenn er keine Antwort hatte, sich viele verschiedene Antworten vorstellte. Und das verblüffte mich sehr. ›Aber dann‹, wagte ich zu bemerken, ›seid Ihr noch weit von der Lösung entfernt . . .‹. ›Wir sind ihr bereits ganz nahe‹, entgegnete William heiter, ›ich weiß nur noch nicht, welcher.‹ ›Demnach habt Ihr nicht eine einzige Antwort auf alle Fragen?‹ ›Lieber Adson, wenn ich eine hätte, würde ich in Paris Theologie lehren.‹ ›Und in Paris haben sie immer die richtige Antwort?‹ ›Nie‹, sagte er fröhlich, ›aber sie glauben sehr fest an ihre Irrtümer.‹ ›Und Ihr‹, bohrte ich weiter mit kindischer Impertinenz, ›Ihr begeht nie Irrtümer?‹ ›Oft‹, strahlte er mich an, ›aber statt immer nur ein und denselben zu konzipieren, stelle ich mir lieber viele vor und werde so der Sklave von keinem‹. Ich hatte allmählich den Eindruck, daß William überhaupt nicht ernsthaft an der Wahrheit interessiert war, die bekanntlich nichts anderes ist als die Adaequatio zwischen den Dingen und dem Intellekt. Statt dessen amüsierte er sich damit, so viele Wahrheiten wie möglich zu ersinnen!« (Eco 1984, S. 391 f.).

Theoretische Redundanz als Anpassungsreserve

Man kann das Prinzip allerdings auch empiristisch, ja naturalistisch begründen, denn es ist nichts anderes als das Prinzip der *Redundanz*, das in der Evolution sich vielfach bewährt hat. Evolution kann bei den Lebewesen keine auch nur annähernd vollständige Erkenntnis der Umwelt voraussetzen. Für alle Lebewesen sind ihre Umweltbedingungen opak; sie müssen deshalb mit Systembedingungen arbeiten, die ein Überleben ohne (vollständige) Erkenntnis (*sine sapientia*) ihrer (Um-)Welt wahrscheinlich macht. Die Lösung dieses Problems heißt Redundanz, also ein »mehr als nötig«, ein blindes Zuviel, das mit zufälligen Abweichungen arbeitet. Diese »funktionelle Redundanz« ist ein anderes Wort für Variation, also eines der drei Strukturprinzipien evolutionärer Veränderungen: Variation – Selektion – Stabilisierung. Nur über eine solche

Redundanz wird einem Evolutionsprozess, der kein steuerndes und allwissendes Agens besitzt, eine Selektionsofferte unterbreitet, auf die dieser nach Maßgabe der jeweils aktuellen Herausforderungen selektiv zurückgreifen kann. Das ist natürlich kein teleologischer, sondern ein teleonomer Prozess der Problemlösung, der Erfolg nicht garantieren, aber wahrscheinlich machen kann. Dabei dürfte das gemeinsame Selektionsprinzip das ökonomische Sparprinzip der *natürlichen Selektion* allgemein sein, das – wenngleich immer situativ und kontextuell bedingt – jene Variante einer anderen vorzieht, die mehr mit weniger bzw. gleicher Energie erreicht.

Dieses Prinzip findet in der Wissenschaftstheorie als *Ockham'sches Rasiermesser* zunächst seine rationalistische – genauer gesagt: ontologische – Formulierung: Mache bei Deinen Weltbeschreibungen und Welterklärungen möglichst wenige ontologische Annahmen! Als normatives Prinzip erlaubt es, Theorien miteinander zu vergleichen und zu bewerten, so dass ein methodologischer Ratschlag möglich wird: Ziehe jene Theorie anderen Theorien vor, wenn sie mehr mit weniger Annahmen zu beschreiben und zu erklären erlaubt! Wenn nach dieser Norm die Wissenschaftsentwicklung tatsächlich gesteuert worden wäre, würde im Idealfalle *eine* Theorie als leistungsfähigste nobilitiert und letztendlich übrig bleiben. Das ist jedoch ganz offensichtlich nicht der Fall. Im Gegenteil! Wir haben einen zunehmenden Theoriepluralismus konstatiert. Folglich muss noch ein weiteres Prinzip bei der Theorieentwicklung eine Rolle spielen – ein Prinzip, das nun keineswegs sparsam ist, sondern, im Gegenteil, verschwenderisch vorgeht. Bekanntlich hat schon Darwin ein zweites Selektionsprinzip entdeckt, das Prinzip der *sexuellen Selektion*. Es bringt vor allem Männchen dazu, verschwenderische Produkte zu entwickeln (wie z. B. riesige und bunte Schwanzfedern, gewaltige, aber sehr hinderliche Geweihe, aufwändige Balz- und Revierkämpfe usw.), mit denen sie den Weibchen signalisieren, dass sie überdurchschnittlich fit sind (und »gute Gene« haben). Während (aufgrund der Knappheit der Ressourcen) die natürliche Selektion den Energieeinsatz auf *Optimierung* einstellt, arbeitet das Prinzip der sexuellen Selektion (als eine Form der Signalselektion) mit einer Strategie der *Maximierung*. Signalselektion zielt nicht auf Lernen, sondern auf »Beobachtetwerden«. Möglicherweise kann die Theorie der sexuellen Selektion auch die aufwändige und verschwenderische Produktion von Kulturgütern, wie z. B. schwer verständliche Theorien (in dicken Folianten) erklären – also Theorien, die alles andere als sparsam (mit wenigen Annahmen viel erklärend) sind[273].

Die moderne Wissenschaft hat möglicherweise beide Prinzipien der Evolution, das Prinzip der natürlichen Selektion und das Prinzip der sexuellen Selektion, imitiert und optimiert, und das nicht aus Jux und Tollerei, sondern aus einer Notlage heraus, die sich aus einer gesellschaftlichen Entwicklung ergibt, die – aufgrund selbstinduzierter Umweltveränderungen – zunehmend komplexer, unübersichtlicher und schneller wird. Der Theoriepluralismus kompensiert den Verlust einer Welterkenntnis, die noch mit dem einfachen ontischen Wahrheitsbegriff arbeiten konnte, und reagiert mit dieser Form von Redundanz auf die zunehmende Komplexität gesellschaftlicher Entwicklungsprozesse. Gleichzeitig ist jedoch ein weiteres Prinzip in Kraft, das möglicherweise der sexuellen Selektion geschuldet ist und mit semantischer Verschwendung und Imponiergehabe arbeitet – und vor allem männlich ist (vgl. Baumeister 2008; Treml 2009). Damit wäre ein naturalistischer Begründungsansatz für den Theoriepluralismus und seine weitschweifige und oft schwer verständliche Semantik gegeben (der allerdings noch einer Reihe empirischer Detailuntersuchungen bedürfte, um seinen hypothetischen Charakter zu überwinden).

Zusätzlich zu den beiden grundlegenden Selektionsebenen müsste allerdings noch eine dritte Selektionsebene, nämlich die der *kulturellen Evolution*, berücksichtigt werden, wenn man die Theorieverläufe verstehen und erklären möchte. Gesellschaftlich induzierte Randbedingungen prägen und überlagern nicht nur die biologisch angelegten Selektionsdrücke, sondern bilden auch den Spielraum für kontingente Ausformungen, die leicht den Eindruck des Beliebigen erwecken. Allerdings dürfte sich hinter dem

---

273 Das ist natürlich keine intentionale, sondern eine funktionalistische Erklärung, die von latenten angeborenen Appetenzen ausgeht und nicht über das Bewusstsein gesteuert wird. Die Theorie sexueller Selektion ist inzwischen vielfach auch auf den Menschen angewendet worden, insbesondere auf seine Kultur. Vgl. Miller 2001; Treml 2009.

scheinbar Beliebigen eine Verlaufslogik verbergen, die das Verhältnis von Veränderungen in der Theorieentwicklung einerseits und sozialstruktureller Veränderungen der gesellschaftlichen Umwelt andererseits durchaus nichtzufällig gestaltet[274]. Wenn Erziehung eine »Probierhandlung« ist, die nach dem Prinzip von Versuch und Irrtum und der ständigen Fehlerkorrektur angelegt ist, dann schließt das nicht aus, dass sich im Verlaufe der Zeit bewährte Formen etablieren und in Strukturen (z. B. Institutionen) kondensieren. Diese symbolisieren einen »mittleren Zustand« von Erfahrungen, denen ein Auspendeln zwischen Extremen vorausging. Auch Anhänger der alten (Aristotelischen) »Theorie der Mitte« darf man daran erinnern, dass man die Mitte nur finden kann, wenn man zwischen den Extremen pendelt. Auch in der Theorieentwicklung dürfte sich eine Art Mitte (bewährter Topoi) herausgebildet haben, aber nur dadurch, dass die Entwicklung zwischen den beiden Polen hin und her pendelt und dabei die Bandbreite der Variationen als Selektionsofferte gebraucht.

Theorienkonjunkturen

Schon ein flüchtiger Blick auf die jüngste Theorieentwicklung dürfte diese Vermutung, wenngleich nicht begründen, so doch als Anfangsverdacht bestätigen: Nach einer Phase normativ-politisierender Pädagogik im Nationalsozialismus schwenkte die geisteswissenschaftlich-hermeneutische Phase nach dem Zweiten Weltkrieg wieder zurück zu geistigen Traditionslinien des 19. und 20. Jahrhunderts (bis hin in die Weimarer Zeit) und ihrer am Idealismus geschulten alltagsnahen und verstehenden Semantik, um genau dies dann von der »Kritischen Theorie« wieder normativ als »Affirmation« gescholten zu werden. Der politisierenden Pädagogik der »Kritischen Theorie« mit ihrer normativen Erwartungshaltung folgte dann bald der Umschlag zu einer Erziehungswissenschaft, die theoretisch erklärend (wie z. B. die System-

---

274 Von dieser Vermutung ausgehend, analysiert Niklas Luhmann in einer Reihe subtiler Studien den Zusammenhang von »Gesellschaftsstruktur und Semantik« (vgl. Luhmann 1980, 1981, 1989).

theorie) oder deskriptiv analytisch (wie z. B. die empirische Bildungsforschung) arbeitet. Man kann die beiden Extreme des theoretischen Selbstverständnisses, zwischen denen die Entwicklung pendelt, beschreiben als eine »warme«, weil Praxisrelevanz versprechende, geisteswissenschaftliche Pädagogik als Handlungswissenschaft einerseits und eine »kalte«, weil desillusionierende und folglich notwendigerweise auch »enttäuschende« Erziehungswissenschaft andererseits (vgl. Flitner 1991). Ironisierend zugespitzt stehen sich gegenüber der Pädagoge »als jene Mischung von Wissenschaftler, Politiker und pädagogischem Wanderprediger« (ebd., S. 94) und der Erziehungswissenschaftler »als Überbringer (in) schlechter Nachrichten, als Gegenspieler(in) der Pädagogik, der ihr die Illusionen nimmt, ohne der Praxis so recht etwas Besseres bieten zu können« (ebd., S. 95). Im Hin- und Herpendeln zwischen den Extremen einer primär normativ erwartenden Pädagogik und einer primär kognitiv erwartenden Erziehungswissenschaft situieren sich eine bunte Palette weiterer (Zwischen-) Positionen, die dem weiteren Theorieverlauf genug Selektionsstoff zur Verfügung stellt. Eine wissenssoziologische Untersuchung der Logik dieser Theorieverlaufskonjunktur steht noch aus.

Die scheinbar hohe Kontingenz der Theorieofferten in der jüngeren Erziehungswissenschaft kontrastiert auffällig mit der Konstanz, mit der üblicherweise die Theoretiker ihre Theorie vertreten. Einmal Hermeneutiker, immer Hermeneutiker? Einmal Kritischer Rationalist, immer Kritischer Rationalist? Einmal Anhänger der Kritischen Theorie immer Anhänger der Kritischen Theorie? Auch ist nicht bekannt, dass die »Klassiker« der einzelnen wissenschaftstheoretischen Schulen in ihrem Leben ihre positionelle Verankerung gewechselt hätten. Popper ist kein Marxist, Luhmann kein Anhänger der Kritischen Theorie und Habermas ist kein Systemtheoretiker geworden[275]. Man kann diese »Affirmation für dieses oder jenes geschlossene Denksystem« (Neumann/Oelkers 1981, S. 630) kritisieren und als Starrheit oder als Unfähigkeit umzulernen denunzieren. Man kann sogar, das Subjekt-Objekt-Verhältnis vertauschend, davon sprechen, dass hier

---

[275] Vielleicht ist Ludwig Wittgenstein eine Ausnahme, denn er hat zwei völlig verschiedene Philosophien entwickelt – und deshalb unterscheidet man Wittgenstein I und Wittgenstein II.

möglicherweise nicht Menschen eine Theorie, sondern Theorien Menschen »besitzen« und Wissenschaftler damit bloße Vehikel im Dienste von »Memen« sind, die sie zum Zwecke der eigenen Reproduktion benützen[276].

Man kann aber auch die Funktion der zugrunde liegenden Differenz von Individuen, die sich in einem Akt des Bewusstseins zu einer Theorie bekennen, und Theorien, die in Form öffentlicher Kommunikation selektiert werden, herausarbeiten. Der Wissenschaftler kann als psychisches System beschrieben werden, das sich in einem zeitintensiven langen Lernprozess bestimmte Theorien aneignet oder ausbaut und (meist ein Leben lang) vertritt. Die Wissenschaft aber ist ein soziales System, das sich nicht über *Bewusstsein*, sondern ausschließlich durch *Kommunikation* erhält. Wenn man sich diese Differenz von psychischen Systemen (der Individuen) und den sozialen Systemen (qua Wissenschaft) vor Augen führt, wird die Konstanz, mit der Einzelne bestimmte Theorien affirmativ behandeln und vertreten, funktional durchsichtig. Wissenschaftler, die am Ausbau und an der Differenzierung ihrer Theoriekonstrukte arbeiten und sich dabei gegenüber anderen Theorien völlig abschotten, nehmen vielleicht nur den Reizschutz in Anspruch, der für den Aufbau von Eigenkomplexität unabdingbar ist. Dort, wo sie andere Ansätze zur Kenntnis nehmen, ist kritische Abgrenzung und Kontrastverschärfung üblich. Durch die damit produzierte Kontrastverschärfung verstärken sie die konzeptionellen Abweichungen und bieten damit der weiteren Evolution wissenschaftlicher Theorien ausreichend identifizierbare Selektionsofferten[277]. Gerade weil jegliche abbildtheoretische Erkenntnis der Welt durch wissen-

---

276 So – etwas ungeschützt und zugespitzt formuliert – die evolutionäre Memtheorie (vgl. Blackmore 2000; Treml 2004, S. 176 ff.).
277 Hans Vaihinger würde diese Art von Selektionseinheit als »nützliche Fiktion« bezeichnen und darauf hinweisen, dass der menschliche Geist durch Begriffsbildungen feste Ankerpunkte bildet und dabei notwendigerweise so tut, »als ob« es dazu in der Wirklichkeit auch eine Referenz gäbe: »Die Wirklichkeit ist sicherlich ein Heraklitischer Fluß des Geschehens, aber unser Denken würde selbst verfließen, wollten wir uns nicht durch Fiktion imaginärer Haltepunkte und Grenzlinien ... jener fließenden Wirklichkeit bemächtigen« (Vaihinger 1986, S. 411).

schaftliche Erkenntnis gescheitert ist, wird es funktional, wenn damit der weiteren Entwicklung wissenschaftlicher Ideen ausreichend Spielraum für Abweichungen offeriert wird. Individuelle Beharrung ist deshalb und so lange nicht schädlich (sondern vielleicht sogar nützlich), wie das soziale System Wissenschaft eine öffentliche und freie Prüfung der Geltungsansprüche dieser unterschiedlichen Theorien garantiert.

Karl Popper hat diesen Gedanken ins Grundsätzliche gehoben und von der »offenen Gesellschaft« gesprochen (vgl. Popper 1992), die alleine – wenngleich auch ohne Garantie – als ethisches Prinzip komplexen Gesellschaften funktional ist. Machtanhäufung wäre dort, wo man die Umwelt nicht mehr kontrollieren und die Zukunft nicht mehr normativ erwarten kann, ebenso dysfunktional wie ein utopisches Denken, das sich irgendwelcher historischen Gesetzmäßigkeiten sicher glaubt. Man hat dieses Programm vor allem in seiner ethischen Bedeutung gewürdigt, dabei aber seine funktionalistische Begründung meist übersehen. Dort, wo es keine ontische Wahrheit mehr gibt, kann es auch keine absolut sichere Erkenntnis mehr geben; Planungssicherheit muss sich auf kleine Bereiche im Nahbereich menschlichen Handelns beschränken und wird zunehmend von einem Kontingenzbewusstsein aufgezehrt, das u. U. nicht nur die praktische, sondern auch die theoretische Pädagogik erfasst hat. In dieser Situation ist es funktional, wenn Theorien variieren, sich pluralisieren und differenzieren – und die individuelle Rezeption der weiteren Evolution (des Geistes) überlassen[278]. Die Leistungsfähigkeit einer solchen, am evolutionstheoretischen Wahrheitsbegriff orientierten Entwicklung kann sich allerdings nur in einer »offenen Gesellschaft« entfalten, die keine Vorselektionen in Form von Einschränkungen – welcher Art auch immer[279] – a priori akzeptieren kann. Individuelle Beharrungstendenzen sind so lange nicht

---

[278] Eine Folge davon mag die »Geschwätzigkeit« des wissenschaftlichen Betriebes sein, die Publikationsschwemme und das unaufhörliche »Geplapper« wissenschaftlicher Vorträge. Aber das ist der Preis, den wir bezahlen müssen, um nicht Gefahr zu laufen, in totalitären Glaubenssystemen »stumm« zu werden: »Pluralismus macht geschwätzig. Aber Totalitarismus macht stumm« (Luhmann 1990a, S. 390).

[279] Also auch nicht von »Heiligkeit« oder »Wahrheit«!

schädlich, als sie im sozialen System der Wissenschaft nur in Form einer Stimme unter vielen zum Ausdruck kommen, und dort nützlich, wo sie der Differenzierung und Kontrastverschärfung dienen.

Was etwa für den einzelnen Studenten als ein Ärgernis daherkommen mag, nämlich eine unübersichtliche und heterogene, ja widersprüchliche Theorielage in der Erziehungswissenschaft, dürfte aus funktionalistischer Sicht eine wohl evolutionär erzwungene, aber gleichwohl nützliche Anpassung an kontingente, unübersichtliche und schnell wechselnde Umweltlagen sein, zu der es keine Alternative gibt – es sei denn, die Regression in die Illusion einer prämodernen Welterfahrung, in der (wie im Märchen) »das Wünschen noch geholfen hat«, und das heißt: die einfach und überschaubar ist, wenn und weil man die Augen zumacht. Die oft kritisierte Verbissenheit, mit der einzelne Propagandisten ihre Theorie vertreten, ist vielleicht die Lösung eines *individuellen* Kontingenzproblems, die Offenheit und Unabgeschlossenheit, mit der die Wissenschaft (auch die Erziehungswissenschaft) die Geltungsprobleme ihrer Theorien verhandelt und die Anarchie ihrer Ansätze und Methoden die Lösung des *sozialen* Kontingenzproblems. Wo alles anders sein kann, und das schon heute und nicht erst morgen, jede vollständige Kontrolle von Umweltbedingungen illusionär ist, jede Reform deshalb nur in einer Vergrößerung des Reformbedarf mündet und absolute Wahrheiten ihren Charme schon lange verloren haben, da werden Redundanz und Widersprüchlichkeit adaptiv. Die Einsicht drängt sich auf, »daß Widerspruchsfreiheit, Konsens und zeitliche Stabilität nicht absolute Systemnotwendigkeiten sind, daß jedes soziale System vielmehr ein hohes Maß an Widersprüchlichkeit braucht, um in einer fremden, nicht vollbeherrschbaren Umwelt zu bestehen« (Luhmann 1972, S. 269). Auch Theoriearbeit ereignet sich in einem sozialen System, nämlich der Wissenschaft, und kann diesen Randbedingungen nicht entfliehen. Aber sie kann darüber reflektieren, Evidenzen in Probleme überführen und einfache Wahrheiten in komplizierte übersetzen.

Literaturverzeichnis

Adorno, Th. W.: Marginalien zu Theorie und Praxis. In: ders.: Stichworte. Kritische Modelle II. Frankfurt a. M. 1969, S. 169 ff.
Adorno, Th. W. u. a. (Hg.): Der Positivismusstreit in der deutschen Soziologie. Neuwied, Berlin 1970 (2).
Albert, H./Topitsch, E. (Hg.): Werturteilsstreit. Darmstadt 1971.
Albert, H.: Traktat über kritische Vernunft. Tübingen 1969 (2).
Antweiler, Chr.: Menschliche Universalien, Kulturen, Natur und die Einheit der Menschheit. Darmstadt 2007.
Apel, U. O.: Das Leibapriori der Erkenntnis. In: Gadamer, H.-G./Vogler, P. (Hg.): Neue Anthropologie. Bd. 6: Phil. Anthropologie 2. Teil. Stuttgart 1975, S. 264–288.
Aristoteles: Nikomachische Ethik, übersetzt v. Fr. Dirlmeier. Stuttgart 1969.
Augustinus, A.: Der Lehrer. De Magistro liber unus. Hg. v. C. J. Perl. Paderborn 1959.
Augustinus, A.: Der Gottesstaat. De veritate dei. Dt. von C. J. Perl. Paderborn 1979.

Bateson, G.: Geist und Natur. Eine notwendige Einheit. Frankfurt a. M. 1984 (3).
Baudrillard, J.: Aporie des Realen. Berlin 1978.
Baumeister, R. F: Wie Kultur Männer benutzt. Über Geschlechtsunterschiede als Kompensationsgeschäft. In: Merkur – Dt. Zeitschrift für europäisches Denken, 1, 2008, S. 10–23.
Beck, J.: Lernen in der Klassengesellschaft. Reinbek bei Hamburg 1974.
Becker, A. u. a. (Hg.): Gene, Meme und Gehirne. Geist und Gesellschaft als Natur. Frankfurt a. M. 2007.
Beckmann, J. P.: Einführung in die Erkenntnistheorie. Hagen (Fernuniversität – Studienbrief) 1981.
Betti, E.: Die Hermeneutik als allgemeine Methodik der Geisteswissenschaften. Tübingen 1962.
Beutler, K./Horster, D.: Pädagogik und Ethik. Stuttgart 1996.
Bischof-Köhler, D.: Spiegelbild und Empathie. Die Anfänge der sozialen Kognition. Bern 1989.

Blackmore, S.: Die Macht der Meme oder Die Evolution von Kultur und Geist. Heidelberg, Berlin 2000.
Blumenberg, H.: Matthäuspassion. Frankfurt a. M. 1988.
Blumenberg, H.: Höhlenausgänge. Frankfurt a. M. 1989.
Böhm, W.: Aurelius Augustinus und die Bedeutung seines Denkens für die Gegenwart. Würzburg 2005.
Bollnow, O. Fr.: Die anthropologische Betrachtungsweise in der Pädagogik. Essen 1965.
Bollnow, O. Fr.: Sprache und Erziehung. Stuttgart u. a. 1966 a.
Bollnow, O. Fr.: Die Macht des Worts. Essen 1966 b (2).
Bollnow, O. Fr. (Hg.): Erziehung in anthropologischer Sicht. Zürich 1969.
Bollnow, O. Fr.: Philosophie der Erkenntnis. Stuttgart 1970.
Bollnow, O. Fr.: Über eine Selbstdarstellung. In: Grundner, U. J. u. a. (Hg.): Der Mensch als geschichtliches Wesen. Anthropologie und Historie. Stuttgart 1974, S. 118–138.
Braitenberg, V.: Das Bild der Welt im Kopf. Eine Naturgeschichte des Geistes. Münster 2004.
Brezinka, W.: Grundbegriffe der Erziehungswissenschaft. Analyse, Kritik, Vorschläge. München 1974.
Brezinka, W.: Pädagogik in Österreich. Die Geschichte des Faches an den Universitäten vom 18. bis zum Ende des 20. Jh. 2 Bde. Wien 2000 und 2003.
Brunner, H.: Altägyptische Erziehung. Wiesbaden 1957.
Büttemeyer, W./Möller, B.: Der Positivismusstreit in der deutschen Erziehungswissenschaft. München 1979.

Carnap, R.: Theoretische Begriffe der Wissenschaft. In: Zeitschrift für Philosophische Forschung, 16, 2, 1960, S. 205–233.
Carnap, R.: Scheinprobleme in der Philosophie. Frankfurt a. M. 1971.
Cassirer, E.: Substanzbegriff und Funktionsbegriff. Untersuchungen über die Grundfragen der Erkenntniskritik. Darmstadt 1994 (7).
Charlier, R./Lottes, G. (Hg.): Kanonbildung. Protagonisten und Prozesse der Herstellung kultureller Identität. Berlin 2009.
Chesterfield, Ph. D. Stanhope Earl of: Die Kunst zu gefallen. Briefe an den Patensohn. Aus dem Englischen übersetzt und mit einem Nachwort versehen von Gerhard Vowinckel. Mainz 1992.
Claessens, D.: Das Konkrete und das Abstrakte. Soziologische Skizzen zur Anthropologie. Frankfurt a. M. 1993.
Copei, Fr.: Der fruchtbare Moment im Bildungsprozess. Heidelberg 1969
Comte, A.: Rede über den Geist des Positivismus. Hamburg 1979.
Cube, T. v.: Ist parteiliche Wissenschaft noch Wissenschaft? Eine Streitschrift. In: Aus Politik und Zeitgeschichte, B 35, 1977, S. 3–17.

Dahmer, J./Klafki, W. (Hg.): Geisteswissenschaftliche Pädagogik am Ausgang ihrer Epoche – Erich Weniger. Weinheim, Berlin 1968.
Dante, A.: Die Göttliche Komödie. Deutsch von K. Vossler. Zürich o.J.
Darwin, Ch.: Die Abstammung des Menschen. Wiesbaden 1966.
Dawkins, R.: Der Gotteswahn. Berlin 2007.
Derbolav, J.: Thesen zu einer Pädagogischen Ethik. In: Pädagogische Rundschau, 39, 1985, S. 255–274.
Descartes, R.: Abhandlung über die Methode. Leipzig 1922.
Deutsches Institut für Fernstudien an der Uni Tübingen (DIFF) (Hg.): Funkkolleg Der Mensch. Anthropologie heute. Tübingen 1992.
Dienelt, K.: Die anthropologischen Grundlagen der Pädagogik. Kastellaun 1974.
Dilthey, W.: Gesammelte Schriften. Bd. V: Die geistige Welt. Einleitung in die Philosophie des Lebens. 1. Hälfte: Abhandlungen zur Grundlegung der Geisteswissenschaften. Stuttgart, Göttingen 1982 (7).
Dohmen, G.: Bildung und Schule. 2 Bde. Weinheim 1964/65.

Eckermann, J.P.: Gespräche mit Goethe in den letzten Jahren seines Lebens 1823–1832. Zwei Bände in einem Band. Berlin o.J.
Eco, U.: Der Name der Rose. München, Wien 1984 (29).
Eibl, K.: Kultur als Zwischenwelt. Eine evolutionsbiologische Perspektive. Frankfurt a.M. 2009.
Eibl-Eibesfeldt, I.: Die Biologie des menschlichen Verhaltens. Grundriß der Humanethologie. München, Zürich 1986 (2).
Enzensberger, H.M.: Ein Philosophenstreit. Über die Erziehung und andere Gegenstände aus Denis Diderots Widerlegung des Helvétius. Berlin 2004.
Essler, W.K.: Einführung in die Logik. Stuttgart 1969 (2).
Essler, W.K.: Induktive Logik. Grundlagen und Voraussetzungen. Freiburg, München 1970.
Essler, W.K.: Analytische Philosophie I. Stuttgart 1972.
Essler, W.K.: Erkenntnis und Erleuchtung. In: Zeitschrift für Entwicklungspädagogik 1, 1990, S. 12–16.
Essler, W.K./Martinez Cruzade, R.F: Grundzüge der Logik. Das logische Schließen. Frankfurt a.M. 1983.

Fend, H.: Theorie der Schule. Weinheim 1980.
Fiebig, H.: Hobbes' operative Theorie der Wissenschaft. In: Landgrebe, L. (Hg.): 8. Kongress für Philosophie. Philosophie und Wissenschaft. Meisenheim am Glan 1972, S. 440–451.
Flitner, E.: Auf der Suche nach ihrer Praxis – Zum Gegensatz von »ermutigender Pädagogik« und »enttäuschender Erziehungswissenschaft«. In: ZfPäd – Zeitschrift für Pädagogik, 27. Beiheft, 1991, S. 93–108.

Fonagy, P. u. a.: Affektregulierung, Mentalisierung und die Entwicklung des Selbst. Stuttgart 2006 (2).
Frege, G.: Logische Untersuchungen. Hg. u. eingeleitet v. G. Patzig. Göttingen 1966.
Funk-Kolleg Erziehungswissenschaft. Hg. v. W. Klafki u. a. 3 Bde. Frankfurt a. M. 1971.

Gadamer, H.-G.: Wahrheit und Methode. Grundzüge einer philosophischen Hermeneutik. Tübingen 1965 (2).
Gamm, H. J.: Pädagogische Ethik: Versuch zur Analyse der erzieherischen Verhältnisse. Weinheim 1988.
Gawlick, G./Specht, R.: Empirismus und Rationalismus. Geschichte und Philosophie in Text und Darstellung. Hg. v. R. Bubner, Bd. 4 und 5. Stuttgart 1980.
Gehlen, A.: Moral und Hypermoral. Eine pluralistische Ethik. Frankfurt a. M. 1969.
Gehlen, A.: Moral im Wandel. Volk, Staat und Individuum. In: Die politische Meinung, 19, 152, 1974, S. 5–12.
Gehlen, A.: Der Mensch. Seine Natur und seine Stellung in der Welt. Wiesbaden 1978 (12).
Gerhardt, V.: Geist der Freiheit. Eine Lobrede auf G. W. Hegel. In: Die Welt, 21. 4. 07, Die literarische Welt, S. 1.
Gerhardt, V. (Hg.): »Man merkt leicht, daß auch kluge Leute bisweilen faseln«. Kant zum Vergnügen. Stuttgart 2003.
Gerspach, M.: Einführung in pädagogisches Denken und Handeln. Stuttgart 2000.
Goethe, J. W. v.: Maximen und Reflexionen. Frankfurt a. M. 1976.
Gregor von Nazians: Reden »Über den Frieden« und »Über die Liebe zu den Armen«. München 1983.
Groothoff, H.-H.: Zur Bedeutung der Diskursethik von Jürgen Habermas für die Pädagogik. In: Pädagogische Rundschau, 39, 1985, S. 275–298.
Günzler, C. u. a.: Ethik und Erziehung. Stuttgart u. a. 1988.

Habermas, J.: Wahrheitstheorien. In: Fahrenbach, H. (Hg.): Wirklichkeit und Reflexion. Walter Schulz zum 60. Geburtstag. Pfullingen 1973, S. 211–265.
Habermas, J./Henrich, D.: Zwei Reden. Aus Anlaß des Hegel-Preises. Frankfurt a. M. 1974.
Habermas, J.: Umgangssprache, Wissenschaftssprache, Bildungssprache. In: Merkur, 32, 1978, S. 327–332.
Habermas, J.: Moralbewußtsein und kommunikatives Handeln. Frankfurt a. M. 1983.

Habermas, J./Luhmann, N.: Theorie der Gesellschaft oder Sozialtechnologie – Was leistet die Systemforschung? Frankfurt a. M. 1971.
Haeckel, E.: Die Welträtsel. Gemeinverständliche Studien über monistische Philosophie. Stuttgart 1984.
Haering, Th.: Der christliche Glaube. Dogmatik. Stuttgart 1912.
Hartmann, N.: Teleologisches Denken. Berlin 1966.
Hayek, F. A. v.: Die drei Quellen der menschlichen Werte. Walter Eucken Institut: Vorträge und Aufsätze, 70. Tübingen 1979.
Hegel, G. W. F.: Phänomenologie des Geistes. Mit einem Nachwort von Georg Lukács. Frankfurt a. M. u. a. 1970.
Heinimann, F.: Nomos und Physis. Herkunft und Bedeutung einer Antithese im griechischen Denken des 5. Jh. Darmstadt 1987.
Heidegger, M.: Kant und das Problem der Metaphysik. Bonn 1929.
Heisenberg, W.: Das Naturbild der heutigen Physik. In: Gesammelte Werke. Hg. von W. Blum, H.-P. Dürr und H. Rechenberg. Bd. I. München, Zürich 1984.
Herbart, J. F.: Pädagogische Schriften. Hg. v. W. Asmus. Stuttgart 1982.
Herder, J. G. W.: Mensch und Welt. Jena 1942.
Herder, J. G. W.: Abhandlungen über den Ursprung der Sprache. Stuttgart 1989.
Homer: Ilias. Übersetzt v. J. H. Voss. Stuttgart 1961.
Hondrich, K. O.: Einwanderung ist eine Zumutung. In: Die Welt, 6. 5. 2006, S. 9.
Horster, D./Oelkers, J. (Hg.): Pädagogik und Ethik. Wiesbaden 2005.
Huber, H. (Hg.): Sittliche Bildung. Ethik in Erziehung und Unterricht. Asendorf 1993.
Hug, Th. (Hg.): Einführung in die Forschungsmethodik und Forschungspraxis. Hohengehren 2001.
Husserl, E.: Logische Untersuchungen. Hamburg 2009.

Kainz, Fr.: Über die Sprachverführung des Denkens. Berlin 1972.
Kamphaus, Fr.: Ein Dialog mit dem Islam. In: FAZ, 2. 2. 2007, Nr. 38, S. 9.
Kant, I.: Kritik der reinen Vernunft (KrV). Text der Ausgabe 1781. Leipzig o. J.(1877).
Kant, I.: Grundlegung zur Metaphysik der Sitten (MdS). Stuttgart 1959 (3).
Kant, I.: Kritik der Urteilskraft (KdU). Hg. Von G. Lehmann. Stuttgart 1963.
Kant, I.: Über Pädagogik. In: Weischedel, W. (Hg.): Werke in 10 Bänden. Darmstadt 1981, S. 695–761.
Kant, I.: Idee zu einer allgemeinen Geschichte in weltbürgerlicher Sicht. In: Schriften zur Anthropologie, Geschichtsphilosophie, Politik und Pädagogik. 1. Teil. Darmstadt 1981 (4).

Kaufmann, A.: Negativer Utilitarismus. Ein Versuch über das bonum commune. München 1994.

Keil, W./Treml, A. K.: »Lehrers Kinder und Pfarrers Vieh...«. Johann Heinrich Pestalozzis prekäres Verhältnis zu seinem Sohn im Spiegel der erhaltenen Briefe. In: BIOS – Zeitschrift für Biographieforschung, Oral history und Lebenslaufsanalysen, 2, 2006, S. 300–311.

Kern, P./Wittig, H.-G.: Phylogenetische Normierung der Pädagogik? Anfragen zur pädagogischen Rezeption evolutionswissenschaftlicher Ansätze. In: Pädagogische Rundschau, 36, 1982, S. 393–408.

Klafki, W.: Studien zur Bildungstheorie und Didaktik. Weinheim 1963.

Kleingeld, P.: Fortschritt und Vernunft. Zur Geschichtsphilosophie Kants. Würzburg 1995.

Klüver, J.: Die Konstruktion der sozialen Realität Wissenschaft: Alltag und System. Braunschweig 1988.

Knoblich, E.: Theoria cum praxi. Leibniz und die Folgen für Wissenschaft und Technik. In: Studia Leibnitiana, XIX, 2, 1987, S. 129–147.

Köck, M.: Evolutionäre Spuren in der Mathematik jenseits unseres Anschauungsraumes. In: Kurig, J./Treml, A. K. (Hg.) 2004, S. 13–156.

König, E.: Theorie der Erziehungswissenschaft. 3 Bde. München 1975, 1978.

König, E./Ramsenthaler, H. (Hg.): Diskussion Pädagogische Anthropologie. München 1980.

Kopper, J.: Kurze Betrachtung der Entwicklung des europäischen Denkens von Descartes bis Kant. Frankfurt a. M. 1997.

Kraft, V.: Die Grundlagen einer wissenschaftlichen Wertlehre. Wien 1951(2).

Kröner, Fr.: Die Anarchie der philosophischen Systeme. Graz 1970.

Krüger, L. (Hg.): Erkenntnisprobleme der Naturwissenschaften. Texte zur Einführung in die Philosophie der Wissenschaft. Köln, Berlin 1970.

Kues, N. v.: Die belehrte Unwissenheit. Buch 1. Hg. v. P. Wilpert. Hamburg 1970.

Kümmel, Fr.: Autorität und Erziehung. In: Die neue Landschule, 7, 1957, S. 145–151.

Kümmel, Fr.: Über den Anspruch des Allgemeinen, wirkliches Allgemeines zu sein. In: Zeitschrift für philosophische Forschung, 24, 1970, 2, S. 224–252.

Kurig, J./Treml, A. K. (Hg.): Neue Pädagogik und alte Gehirne? Erziehung und Bildung in evolutionstheoretischer Sicht. Berlin 2008.

Kutschera, Fr. v.: Einführung in die Logik der Normen, Werte und Entscheidungen. Freiburg, München 1973.

Leibniz, G. W.: Neue Abhandlungen über den menschlichen Verstand. Leipzig 1904 (2).

Leibniz, G. W.: Schöpferische Vernunft. Schriften aus den Jahren 1668–1686. Hg. v. W. V. Engelhardt. Marburg 1951.
Lenk, H.: Philosophische Logikbegründung und rationaler Kritizismus. In: Zeitschrift für Philosophische Forschung, 24, 2, 1970, S. 183–205.
Leonhard, H. P.: Pädagogik studieren. Stuttgart 1992.
Lévi-Strauss, Cl.: Traurige Tropen. Frankfurt a. M. 1989 (7).
Liedtke, M.: Zur Funktion von Erziehung in der Gesellschaft. Problemgeschichtliche und phylogenetische Aspekte. In: Pädagogische Rundschau, 26, 1973, S. 106–126.
Liedtke, M.: Pädagogische Anthropologie als anthropologische Fundierung der Erziehung. In: König, E./Ramsenthaler, H. (Hg.) 1980, S. 175–190.
Liedtke, M.: Anthropologie: biologisch-evolutionstheoretische. In: Hierdeis, H./Hug, Th. (Hg.): Taschenbuch der Pädagogik. Bd. 1. Hohengehren 1996 (4), S. 35–49.
Lorenz, K.: Moral-analoges Verhalten geselliger Tiere. In: Forschung und Wirtschaft, 4, 1954, S. 1–23.
Lorenz, K.: Die Rückseite des Spiegels. Versuch einer Naturgeschichte menschlichen Erkennens. München, Zürich 1973.
Luhmann, N.: Normen in soziologischer Perspektive. In: Soziale Welt, 20, 1969, S. 28–48.
Luhmann, N.: Die Risiken der Wahrheit und die Perfektion der Kritik. In: Wissenschaft und Kritik. Eine interdisziplinäre Ringvorlesung. Mainz 1971, S. 30–42.
Luhmann, N.: Zweckbegriff und Systemrationalität. Frankfurt a. M. 1973.
Luhmann, N.: Theorie der Gesellschaft. Unveröff. Manuskript. Bielefeld 1973 a.
Luhmann, N.: Soziologische Aufklärung 3. Soziales System Gesellschaft, Organisation. Opladen 1981.
Luhmann, N.: Die Wissenschaft der Gesellschaft. Frankfurt a. M. 1990 a.
Luhmann, N.: Die gesellschaftliche Moral und ihre ethische Reflexion. In: EU – Ethik und Unterricht, 1, 1990 b, S. 4–9.
Luhmann, N.: Erleben und Handeln. In: Lenk, H. (Hg.): Handlungstheorien interdisziplinär II. München 1978, S. 235–253.
Luhmann, N.: Gesellschaftsstruktur und Semantik. Studien zur Wissenssoziologie der modernen Gesellschaft, Bd. 1: Frankfurt a. M. 1980, Bd. 2: Frankfurt a. M. 1989.
Luhmann, N.: Soziale Systeme. Grundriß einer allgemeinen Theorie. Frankfurt a. M. 1984.
Luhmann, N.: Die Gesellschaft der Gesellschaft. 2 Bde., Frankfurt a. M. 1997.
Luhmann, N.: Das Erziehungssystem der Gesellschaft. Frankfurt a. M. 2003.
Luhmann, N.: Ideenevolution. Beiträge zur Wissenssoziologie. Frankfurt a. M. 2008.

Luhmann, N./Schorr, K.-E.: Das Technologiedefizit der Erziehung und die Pädagogik. In: ZfPäd – Zeitschrift für Pädagogik, 25, 3, 1979 a, S. 346 – 365.

Luhmann, N./Schorr, K.-E.: Reflexionsprobleme im Erziehungssystem. Stuttgart 1979 b.

Luhmann, N./Schorr, K.-E.: Wie ist Erziehung möglich? Zur wissenschaftssoziologischen Analyse eines Forschungsfeldes. In: ZSE – Zeitschrift für Sozialisationsforschung und Erziehungssoziologie, 1, 1981, S. 37 – 54.

Mann, Th.: Der Zauberberg. Roman. Frankfurt a. M. 1967.

Marquard, O.: Zukunft braucht Herkunft. Philosophische Essays. Stuttgart 2003.

Matzner, U./Tischner, W. (Hg.): Handbuch Jungen-Pädagogik. Weinheim, Basel 2008.

Meuter, N.: Anthropologie des Ausdrucks. Die Expressivität des Menschen zwischen Natur und Kultur. München 2006.

Miller, G. F.: Die sexuelle Selektion. Heidelberg, Berlin 2001.

Mittelstraß, J.: Neuzeit und Aufklärung. Studien zur Entstehung der neuzeitlichen Wissenschaft und Philosophie. Berlin, New York 1970.

Montaigne, M. de: Die Kunst, sich im Gespräch zu verständigen. München 2008.

Müller, S.: Die Unverständlichkeit von Fachtexten als Instrument. Funktionen unverständlichen Schreibens in der Erziehungswissenschaft. In: Pädagogische Rundschau, 4, 2008, S. 421 – 435.

Müller, Fr./Müller, M.: Pädagogik und »Biogenetisches Grundgesetz«. Wissenschaftshistorische Grundlagen des pädagogischen Naturalismus. In: ZfPäd – Zeitschrift für Pädagogik, 47, 3, 2001, S. 767 – 785.

Neumann, D./Oelkers, J.: Folgenlose Moden? Beobachtungen zur Trivialisierung der Pädagogik. In: Pädagogische Rundschau, 35, 1981, S. 623 – 648.

Neumann, D./Schöppe, A./Treml, A. K. (Hg.): Die Natur der Moral. Evolutionäre Ethik und Pädagogik. Stuttgart, Leipzig 1999.

Nikolaus von Kues/Nicola de Cusa: De docta ignorantia. Die belehrte Unwissenheit. Buch 1. Hamburg 1970.

Nießeler, A.: Vom Ethos der Gelassenheit. Zu Heideggers Bedeutung für die Pädagogik. Würzburg 1995.

Nickel, R. (Hg.): Stoa und Stoiker. Bd. II. Griechisch – lateinisch – deutsch. Auswahl der Fragmente und Zeugnisse. Düsseldorf 2008.

Nohl, H.: Einführung in die Philosophie. Frankfurt a. M. 1967 (7).

Oelkers, J.: Die Vermittlung zwischen Theorie und Praxis in der Pädagogik. München 1976.

Oelkers, J.: Pädagogische Ethik. Eine Einführung in Probleme, Paradoxien und Perspektiven. Weinheim, München 1992.
Oelkers, J./Neumann, D.: Ist Erziehungswissenschaft Wissenschaft? In: Die Deutsche Schule, 7/8, 1980, S. 447–456.
Opp, K.-D.: Methodologie der Sozialwissenschaften. Einführung in Probleme ihrer Theoriebildung. Reinbek 1970.

Peirce, Ch. S.: Die Festigung einer Überzeugung und andere Schriften. Frankfurt a. M. 1985.
Picht, G.: Zum Philosophischen Begriff der Ethik. In: Zeitschrift für evangelische Ethik, 22, 4, 1978, S. 243–261.
Platon: Sämtliche Dialoge. Hg. von O. Apelt. Hamburg 1978.
Platon: Der Staat. Übersetzt und hg. v. K. Vretska. Stuttgart 2001.
Plessner, H.: Die Stufen des Organischen und der Mensch. In: Gesammelte Schriften IV. Frankfurt a. M. 1981.
Popper, K. R.: Logik der Forschung. Tübingen 1971 (4).
Popper, K. R.: Die offene Gesellschaft und ihre Feinde. 2 Bde. Tübingen 1992 (7).
Popper, K. R.: Objektive Erkenntnis. Ein evolutionärer Entwurf. Hamburg 1973.
Postmann, A.: Entläßt die Natur den Menschen? München 1971 (2).
Prauss, G.: Einführung in die Erkenntnistheorie. Darmstadt 1993 (3).

Riedl, R.: Biologie der Erkenntnis. Die stammesgeschichtlichen Grundlagen der Vernunft. Berlin, Hamburg 1980.
Riedl, R.: Kultur. Spätzündung der Evolution? München, Zürich 1987.
Riedl, R.: Korrespondenz und Kohärenz im Erklärungsmodell der Evolutionären Erkenntnistheorie. In: Riedl, R./Delpos, M. (Hg.): Die Evolutionäre Erkenntnistheorie im Spiegel der Wissenschaften. Wien 1996, S. 52–57.
Riedl, R.: Biologie der Erkenntnis. Berlin 1998.
Rizzolatti, G./Sinigaglia, C.: Empathie und Spiegelneurone: die biologische Basis des Mitgefühls. Frankfurt a. M. 2008.
Robinsohn, S. B.: Bildungsreform als Revision des Curriculum. Neuwied, Berlin 1967.
Roth, H.: Pädagogische Anthropologie. Bd. II. Entwicklung und Erziehung. Hannover 1976 (2).
Roth, G.: Warum ist Einsicht schwer zu vermitteln und schwer zu befolgen? Neue Erkenntnisse aus Hirnforschung und Kognitionswissenschaften. In: EU – Ethik und Unterricht, 4, 2000, S. 17–22.
Rousseau, J.-J.: Emile oder Über die Erziehung. Stuttgart 1963.

Scherer, K./Stahnke, A./Winkler, P. (Hg.): Psychobiologie. Wegweisende Texte der Verhaltensforschung von Darwin bis zur Gegenwart. München 1987.
Scheunpflug A.: Evolutionäre Didaktik. Unterricht aus systemtheoretischer und evolutionstheoretischer Sicht. Weinheim 2000.
Schievenhövel, W./Vogel, Chr/Vollmer, G.: Von der Wiege bis zur Bahre. Was uns am Menschen interessiert. In: Funkkolleg Der Mensch. Anthropologie heute. Studienbrief 1. Tübingen (DIFF) 1992, Studieneinheit 1, S. 1–42.
Schlick, M.: Kausalität im täglichen Leben und in der neueren Naturwissenschaft. In: Krüger, L. 1970, S. 135–155.
Schmid, M.: Leerformeln und Ideologiekritik. Tübingen 1972.
Searle, J. R.: Intentionalität. Eine Abhandlung zur Philosophie des Geistes. Frankfurt a. M. 1987.
Seiffert, H.: Die Sprache der Wissenschaft als Imponiergehabe. In: Deutsche Universitätszeitung, 21, 1979, S. 680.
Skirbekk, G. (Hg.): Wahrheitstheorien. Eine Auswahl aus den Diskussionen über Wahrheit im 20. Jh. Frankfurt a. M. 1977.
Smith, A.: Theorie der ethischen Gefühle. Hg. v. H. G. Schachtschabel, 1. Bd. Frankfurt a. M. 1949.
Smith, A.: Theorie der moralischen Empfindungen. Bristol 2000.
Spaemann, R.: Moralische Grundbegriffe. München 1982.
Spaemann, R.: Philosophische Essays. Stuttgart 1983.
Spencer, H.: Die Erziehung in intellektueller, moralischer und physischer Hinsicht. Stuttgart 1921.
Spencer-Brown, J.: Eine Einführung die »Laws of Form«. Hg. von T. Schönwälder u. a. Wiesbaden 2004.
Stegmüller, W.: Das Universalienproblem einst und jetzt. In: Archiv für Philosophie, 6, 1956, S. 192–225, 7, 1957, S. 45–81.
Stegmüller, W.: Probleme und Resultate der Wissenschaftstheorie und Analytischen Philosophie. Bd. 1: Wissenschaftliche Erklärung und Begründung. Berlin u. a. 1969.
Stegmüller, W.: Das Problem der Kausalität. In: Krüger, L. 1970, S. 156–173.
Stegmüller, W.: Das Wahrheitsproblem und die Idee der Semantik. Wien, New York 1972.
Steiner, R.: Wie erlangt man Kenntnisse höherer Welten? Dornach 1975.
Sternberg, J./Kaufmann, J. C.: The Evolution of Intelligence. Maliwah 2002.
Stoa und Stoiker. Bd. 1. Auswahl der Fragmente und Zeugnisse. Übersetzung und Erläuterungen von R. Nickel. Düsseldorf 2008.
Stoa und Stoiker. Bd. 5. Hg. v. R. Nickel. Düsseldorf 2008.
Stroh, W.: Die Macht der Rede. Eine kleine Geschichte der Rhetorik im alten Griechenland und Rom. Berlin 2009.

Tarde, G. de: Die Gesetze der Nachahmung. Frankfurt a. M. 2009.
Technik und Ethik. Vorträge d. Rheinisch-Westfl. Akademie der Wissenschaften: Geisteswissenschaften. Opladen 1987.
Thomas von Aquin: Über den Lehrer. De magistro. Hamburg 1988.
Tomasello, M.: Primate cognition. New York 1997.
Treml, A. K.: Logik der Lernzielbegründung. Umrisse einer Theorie der Legitimation pädagogischer Normen. Diss. (unveröff.) Tübingen 1978.
Treml, A. K.: Theorie struktureller Erziehung. Grundlagen einer pädagogischen Sozialisationstheorie. Weinheim, Basel 1982.
Treml, A. K.: Zurück zur Natur? Rousseaus Naturbegriff im »Emile«. In: Universitas, 7, 1988, S. 799–813.
Treml, A. K.: Über die beiden Grundverständnisse von Erziehung. In: ZfPäd –Zeitschrift für Pädagogik, 27. Beiheft 1992, S. 347–360.
Treml, A. K.: Über den Zufall. Ein Kapitel Philosophiegeschichte. In: Nüchtern, M. (Hg.): »Gott würfelt (nicht)« – Chaos, Zufall, Wissenschaft und Glaube. Karlsruhe 1993, S. 9–44
Treml, A. K.: Zur Logik des evolutionstheoretischen Denkens in der Pädagogik. In: Adick, Chr./Krebs, U. (Hg.): Evolution, Erziehung, Schule. Beiträge aus Anthropologie, Entwicklungspsychologie, Humanethologie und Pädagogik. Erlangen 1992, S. 27–34.
Treml, A. K.: Klassiker. Die Evolution einflussreicher Semantik. Bd. 1. Theorie. St. Augustin 1997.
Treml, A. K.: Ist Werteerziehung möglich? Möglichkeiten und Grenzen moralischer Bildung in einer pluralistischen Gesellschaft. In: Burmeister, H.-P./Dressler, B. (Hg.): Werteerziehung in der Pluralität? Herausforderungen an Theologie und Pädagogik. Loccum 1997, S. 139–156.
Treml, A. K.: Klassiker. Die Evolution einflußreicher Semantik. Bd. 2. Einzelstudien. St. Augustin 1999.
Treml, A. K.: Universality and Necessity. Kant's Ethics in the Light of Modern Evolutionary Theorie. In: Evolution and Cognition, 1, 1999 a, S. 12–23.
Treml, A. K.: Allgemeine Pädagogik. Grundlagen, Handlungsfelder und Perspektiven der Erziehung. Stuttgart 2000.
Treml, A. K.: Evolutionäre Pädagogik. Eine Einführung. Stuttgart 2004.
Treml, A. K.: Pädagogische Ideengeschichte. Stuttgart 2005.
Treml, A. K.: Warum der Berg ruft. Bergsteigen aus evolutionstheoretischer Sicht. Hamburg 2006.
Treml, A. K.: Gibt es drei Welten? Über die ontologischen Voraussetzungen einer Evolutionären Pädagogik. In: Kurig, J./Treml, A. K. 2008, S. 190–212.
Treml, A. K.: Simplicissimus oder: Über das Verhältnis von religiöser und säkularer Ethik. In: Elsenbast, V./Schweitzer, F./Ziener, G. (Hg.): Werte,

Erziehung, Religion. Beiträge von Religion und Religionspädagogik zu Werteerziehung und werteorientierter Bildung. Münster 2008, S. 59–57.

Treml, A. K.: Die Natur der Kultur. In: Gilgenmann, K./Mersch, P./Treml, A. K. (Hg.): Kulturelle Vererbung. Erziehung und Bildung in evolutionstheoretischr Sicht. Norderstedt 2010, S. 11–26.

Trivers, R. L.: The evolution of reciprocal altruism. In: Quarterly Review of Biology, , 46, S. 35–57.

Uhl, U.: Neue Medien und alte Gehirne. Wie eine evolutionäre Medienanthropologie hilft, den Umgang mit Fernsehen, Computer und Co. besser zu verstehen. In: Kurig, J./Treml, A. K. 2008, S. 14–29.

Vaihinger, H.: Die Philosophie des Als Ob. Aalen 1986 (Neudruck der 9./10. Auflage Leipzig 1927).

Vogel, Chr.: Evolution und Moral. In: Maier-Leibnitz, H. (Hg.): Zeugen des Wissens. Mainz 1986, S. 467–507.

Vogel, Chr.: Gibt es eine natürliche Moral? In: Meier, H. (Hg.): Die Herausforderung der Evolutionsbiologie. München 1989, S. 193–209.

Vogel, Chr.: Der wahre Egoist kooperiert. Ethische Probleme im Bereich von Evoluti-onsbiologie, Verhaltensforschung und Soziobiologie. In: Universitas, 1, 1993, S. 25–38.

Vogel, P.: Kausalität und Freiheit in der Pädagogik. Studien im Anschluß an die Freiheitsantinomie bei Kant. Frankfurt u. a. 1990.

Vollrath, E.: Überlegungen zur neueren Diskussion über das Verhältnis von Theorie und Praxis. In: Allgemeine Zeitschrift für Philosophie, 1, 1989, S. 1–26.

Voland, E.: Grundriß der Soziobiologie. Heidelberg, Berlin 2000 (2).

Vollmer, G.: Was können wir wissen? Bd. 1: Die Natur der Erkenntnis. Stuttgart 1985.

Weber, M.: Gesammelte Aufsätze zur Wissenschaftslehre. Tübingen 1968 (3).

Wentscher, U.: Pädagogik. Ethische Grundlegung und System. Berlin, Leipzig 1926.

Wilson, E. O.: Altruismus. In: Evolution und Ethik. Stuttgart 1993, S. 133–152.

Wittgenstein, L.: Philosophische Untersuchungen. Frankfurt a. M. 1967.

Wittgenstein, L.: Über Gewißheit. Frankfurt a. M. 1970.

Wittgenstein, L.: Tractatus logico-philosophicus. Logisch-philosophische Abhand-lungen. Frankfurt a. M. 1973 (9).

Wright, R.: Diesseits von Gut und Böse. Die biologischen Grundlagen unserer Ethik. Hg. v. J. G. Scheffner. München 1996.

Wuketits, Fr. M.: Bioethik. Eine kritische Einführung. München 2006.

Wulf, Chr.: Einführung in die pädagogische Anthropologie. Weinheim, Basel 1994.
Wulf, Chr. (Hg.): Anthropologisches Denken in der Pädagogik 1750–1850. Weinheim 1996.
Wulf, Chr. (Hg.): Vom Menschen. Handbuch Historische Anthropologie. Weinheim, Basel 1997.

Zoglauer, Th.: Einführung in die formale Logik für Philosophen. Göttingen 2008 (4).

Personenregister

Adorno, T. W. 15, 22, 165
Albert, H. 214
Alt, R. 224
Apelt, O. 221
Aquin, T. v. 62, 196, 245, 252–253
Aristoteles 15–16, 73, 100, 136, 138, 182, 184, 206, 208, 218, 220–222, 225, 227
Augustinus 37, 59, 104, 192, 196, 244, 246, 252

Bacon, Fr. 36, 39
Baskerville, W. v. 293
Bateson, G. 30, 234–235
Bätz, R. 73
Baudrillard, J. 285
Baumeister, R. F. 295
Beck, J. 206
Becker, A. 274
Beckmann, J. P. 23, 49, 51
Betti, E. 128–129
Bischof-Köhler, D. 132
Blackmore, S. 277, 298
Blankertz, H. 217
Bloch, E. 60
Blumenberg, H. 12, 17, 64, 126, 243
Böhm, W. 252
Bollnow, O. F. 17–18, 106, 148, 157, 200, 227, 257, 261
Brecht, B. 117
Brunner, H. 202, 242

Carnap, R. 39, 101, 119, 127, 156–157

Cassirer, E. 68–69, 71, 77, 110, 174
Charlier, R. 236
Chesterfield, L. 249
Cicero 227, 262, 267
Claessens, D. 76
Comenius, J. A. 39, 157, 170, 246, 280
Comte, A. 91

Dahmer, J. 284
Dante, A. 14, 17
Darwin, Ch. 275, 294
Dawkins, R. 87
Descartes, R. 16, 29, 36–38
Diderot, D. 272
Dienelt, U. 256–257
Dilthey, W. 129, 249

Eckermann, E. 131
Eco, U. 57, 293
Eibl, K. 254, 270
Eibl-Eibesfeldt, I. 258, 269
Enzensberger, H. M. 272
Erasmus von Rotterdam 230–231
Essler, W. K. 30, 56, 66, 155, 175, 186–187, 285

Flitner, A. 297
Fonagy, P. 133
Frege, G. 69, 71–72, 154
Fricke, H. 263

Gabriel, G. 41, 45

Gadamer, H.-G. 12, 107–108, 128, 200
Gamm, H. J. 202–203
Gawlick, G. 42
Gehlen, A. 251, 254–256, 258–259, 271
Gerhardt, V. 41
Gerspach, M. 23
Goethe, J. W. v. 17, 24, 42, 47, 50, 52, 131, 151–152, 174, 192, 227, 263
Gudjons, H. 283

Habermas, J 94, 102–104, 164, 173, 271, 297
Hare, R. M. 166
Hartmann, N. 128, 135–136
Hayek, F. A. v. 268
Hegel, G. W. Fr. 41, 96, 161, 176, 225, 271
Heidegger, M. 73, 87, 228, 258
Heinimann, F. 208, 242
Heisenberg, W. 261
Henrich, D. 271
Herbart, J. Fr. 16, 78–79
Herder, J. G. W. 247, 251, 253, 256
Homer 263
Hondrich, K. O. 270
Horn, H. P. 18–21
Horster, D. 202
Huber, H. 237

Jesus (von Nazareth) 96, 99, 252
Kamphaus, Fr. 90
Kant, I. 27, 47–51, 64, 79, 88, 90–91, 93, 105, 119–121, 125, 135–136, 156, 176–177, 181, 188, 194–196, 201, 205, 217, 221–222, 239–240, 247–248, 256, 260, 262–263, 267, 270–272, 275, 280
Kaufmann, Fr.-X. 280
Keil, W. 113

Kern, P. 43, 45, 166, 176, 179, 223–224, 229, 280
Klafki, W. 58, 234, 284
Kleingeld, P. 267
Klix, F. 183, 224
Knoblich, E. 20
Kohlberg, L. 275
König, E. 23, 152, 257
Kreimendahl, W. 42
Krieck, E. 113, 224
Kröner, F. 283–284
Kues, N. v. 13
Kümmel, Fr. 179, 216–217, 219

Leibniz, G. W. 20, 33, 48–50, 60, 157, 167–168, 177, 179, 181, 196
Liedtke, M. 118, 136, 145, 263–264, 267–268, 292
Lipps, H. 200
Locke, J. 39–40
Lorenz, K. 42–44, 52, 110, 224, 269, 275
Lorenzen, P. 175
Lottes, G. 236
Luhmann, N. 13, 31–32, 38, 46–47, 61, 84–85, 104, 109, 112–113, 117, 126–128, 137, 142–143, 151, 163–164, 169, 172, 182, 185, 187, 193, 198, 206–207, 213, 215, 224, 226, 228, 235, 278, 280, 287, 296–297, 299–300

Mann, Th. 24, 52, 163
Matzner, M. 231
Meuter, N. 150
Miller, J. 295
Misch, G. 200
Mittelstraß, J. 48
Möller, K. 284
Moore, G. 216–217
Moores, G. E. 217, 232

Müller, K. E. 140, 173, 262

Nazians, G. v. 163
Neumann, D. 18–20, 268–269, 276, 290–291, 297
Nickel, R. 262, 267
Nießeler, A. 228
Nohl, H. 22

Oelkers, J. 18–20, 54, 202–203, 232, 290–291, 297
Opp, K.-D. 186, 188

Pape, I. 59
Petersen, J. 283
Piaget, J. 275
Platon 33–36, 51, 68, 71–73, 120–121, 156, 181, 192, 208, 218, 221–222, 243, 263, 287–288
Plessner, H. 251, 254, 259
Popper, K. R. 33, 68–69, 71, 76, 105, 117, 187, 189–190, 198–199, 280, 297, 299
Portmann, A. 266

Reinert, G. B. 283
Rizzolatti, G. 132–133
Robinsohn, S. B. 205, 212
Roths, H. 260
Rousseau, J.-J. 23, 64, 113, 170, 190, 209, 248

Schäfer, A. 34
Scheibe, W. 288
Scheunpflug, A. 145, 213
Schiefenhövel, W. 251
Schiller, Fr. 42, 275
Schleiermacher, Fr. 71, 206, 233
Schlick, M. 122
Schmid, M. 165
Schöppe, A. 268–269, 276
Schorr, K. E. 151, 213, 235, 278

Schütt, W. 263
Sokrates 22, 54, 72, 189, 191
Spaemann, R. 228, 245, 248, 251
Spencer-Brown, G. 32
Stegmüller, W. 56, 110, 116, 158
Steiner, R. 31
Stroh, W. 192

Tomasello, M. 75
Treml, A. K. 8, 31, 67, 74–75, 87, 92, 113, 120, 126, 130, 140, 145, 152, 160–161, 171, 173, 175, 188, 190, 202, 209, 212–213, 217, 219, 240, 243, 248, 268–269, 272, 274, 276–278, 284, 295, 298
Trivers, R. 276

Uhl, U. 71
Ulich, K. 282

Vaihinger, H. 136, 298
Valentin, K. 10
Vogel, P. 196, 251, 275, 277
Voland, E. 276
Vollmer, G. 13, 52, 122, 251
Vollrath, E. 15
Voltaire 233
Vowinckel, G. 268

Weber, M. 228–229, 231
Wetz, Fr. J. 259
Wilson, E. O. 272, 275
Wittgenstein, L. 9, 100, 154, 166, 182, 198–199, 297
Wittig, G. 43, 45
Wuketits, Fr. M. 262–263, 275–276
Wulf, Chr. 256–258

Zirfas, W. 256–257
Zoglauer, Th. 175
Zöpfl, H. 237

Sachregister

Absicht 126, 219
Abstraktion/en 14f., 73, 76, 142, 182
Äquivalenzfunktionlismus 142f.
Allgemeinbegriff/e 15, 55, 68, 73, 82, 156f., 183, 189
Allgemeine, das 11, 16, 36, 41, 216f., 243, 250
Als ob 110, 126, 262, 298
Als-ob-Fiktion 136f.
Altruismus 62, 275f.
– Beobachtungs- 276
– genetischer 276
– reziproker 171, 276
Angeborene Auslösende Mechanismen (AAM) 269
Anschlussfähigkeit 109, 18
Anthropologie 201, 239–281
– Empirische 279
– Naturalistische 131, 259–265
– Pädagogische 238, 244, 247
– Philosophische 249–256, 2587f.
Apriori 35, 180, 250
Ausdrucksverstehen 150
Aussage/n 158–162
– deskriptive 158f.
– explikative 158
– normative 158f.
Autopoiesis 197f.

Begehrungsvermögen 262
Begriffe, evokative 225

Beobachtung 39, 75, 118, 169–172, 193, 224, 290
Bestandsfunktionalismus 141
Bewahrheiten 94
Bewahrheitung 109
Bewertung 162f., 241
Bewusstsein 126, 129, 146ff., 139, 298
Bezeichnung 67, 162, 241
Bildung 11, 58, 151, 163, 163, 197, 214, 234
Binäre/r Code/s 162–165, 241, 288
Biologie 132, 261

ceteris-paribus-Bedingungen 124f.
Christentum 59, 243
Code 162, 218, 228, 233, 288
Curriculum 212, 234, 271
Curriculumtheorie 204, 212, 234, 235

Deduktive Logik/Deduktion 73, 158, 180, 187, 217
Definition/en 74, 153ff.
– Real- 154f.
– Nominal- 155, 218
Divination 129
Dreistadiengesetz 91
Drei-Welten-Theorie 67–73, 203

Eigenname/n 15, 156, 169
Emanzipation 135f., 139f., 165, 206, 255

Empathie 132
Empirische Bildungsforschung 285
Empirismus 32 ff., 38, 45
Epistemologischer Vorbehalt 93
Erfahrung 33 f., 36 f., 41, 111, 125, 132
Erkenntnis 25–52, 71, 90, 125, 181
Erkenntnisse, objektive 158
Erkenntnistheorie 25–52
– Evolutionäre 52
Erworbene Auslösende Mechanismen (EAM) 269
Erziehung 74, 82, 139, 151, 163
– Intentionale 60, 126, 151
Erziehungswissenschaft 7, 30, 78, 145, 185, 300
Ethik 161, 201–238
– Pädagogische 54, 201–204, 232, 258
Evolutionstheorie 92
– Allgemeine 273
Existenz 55, 75
Existenzbehauptung 58, 63 ff.
Experiment 39 f.
Extremalprinzip 145, 215

Form 101, 176, 183, 200
Formalsprache/n 178, 18–192
Funktionalismus 138, 140, 143 f.
Funktionalität 119, 136 ff., 139, 142 f.

Gefühl/e 132 ff., 223, 237, 263
Gehalt (einer Aussage) 164 f., 218
Geist 149, 195, 246, 261
Geisteswissenschaft/en 174, 186 f., 261
Geisteswissenschaftliche Pädagogik 284
Gen/e 63, 272 f.
Geschichte 106, 249 f.

Gewohnheit 14, 24, 138, 208, 221, 225
Glaube, religiöser 86 ff., 91
Gott 27, 59, 98, 241, 243, 246, 252, 259, 279, 287
Gottesperspektive 42, 101, 112

Halo-Effekt 64, 134
Handlungsstruktur 130, 150
Handlungswelt 68
Hermeneutische Logik/Theorie 199, 283, 289
Hermeneutischer Zirkel 131
Höhlengleichnis 24, 68, 218, 288
Horizontverschmelzung 128, 131, 140, 189

Idee/n 35 ff., 49, 71 f., 218, 243
Idee der Wissenschaft 89, 96
Ideenwelt 72 f.
Identität 66, 143, 184, 190
Immanenz 89 f., 287
Individuum 221
Induktionsproblem 187
Induktive Logik/Induktion 73, 185
Induktive Verallgemeinerung 39
Instinkt/e 62, 263, 265, 268
Intention 129
Intentionalität 119, 125–136
Irrationalismus 33

Kasuistik 215–219
Kausalität 119–125, 137, 195
Kind/er, -heit 34, 129, 136, 138, 204, 263
Klassiker 171, 192, 272
Körper 134, 149, 246
Kognitives Erwarten 83–86, 219 f., 227
Komplexität 118, 131, 144, 289
Kommunikation 99, 102 f., 147 ff., 154, 169, 171 f. 183, 193, 199, 298

- mündliche 147–153
- schriftliche 99, 153–157

Kontingenz 22, 131, 137, 206f., 211f., 223, 297, 300
Kontingenzstopp 160, 171, 237
Kontrafaktische Erwartungen 166, 204f.
Korrelation/en 122ff., 186
Korrespondenz 101
Kritik 99, 167, 223f.
Kritische Theorie 164, 283, 289, 296
Kritischer Rationalismus 164, 184
Kultur 209, 246ff., 249f., 254ff., 272, 274, 278
Kulturwesen 250, 278, 280

Leerformel/n 164
Lehre/n 138, 143, 148, 151
Lehrer 61, 124f., 129, 134f., 150, 219, 252
Lernen 35, 142, 220, 271
Logik 73, 145, 173–200
Logikbegriff 176–180
Logische Formen 178

Macht 152, 161, 206, 219ff.
Mängelwesen 253f., 256
Mathematik 71, 155, 178–182
Medium 101, 109, 194, 221
Meinung/en 153, 167, 220, 255
Mem/e 63, 274, 298
Menschenbild 139, 218–238, 249–280
Methode, wissenschaftliche 74, 89, 112, 117f.
Methodologie 115–146, 285
Mesokosmos 12f.
Möglichkeit 58f., 151
Moral 201–238, 255, 260, 262, 275
Moralcode 226f.
Münchhausen-Trilemma 213

Mystik/er 30, 197

Natur 135f., 182, 209, 244, 246ff., 277f.
Naturalistischer Fehlschluss 261
Naturalismus 33, 265
Naturalist 41, 124, 230, 261, 276
Negation 131, 193
Normatives Erwarten 83–86, 85, 117, 124, 134, 219, 227
Norm/en 102, 154, 158, 160f., 175, 203–208, 216, 223, 229, 267, 269f., 278f.
Nominalismus 56f., 66
nomos 208–211, 242, 262

Objekt 31ff., 121, 59, 203
Objektivität (der Wissenschaft) 89, 228
Ockham'sches Rasiermesser 294
Ontologie 53–77

Pädagogik 7, 78, 139, 203, 233
Pädagogisches Legitimationsproblem 213
Pädagogisches Technologieproblem 164, 213, 235
Paradoxie 108, 188
Parteiliche Pädagogik 226–228
Perfektion 210, 252
Phän/e 274
Philosophie 7, 11ff., 22, 53
physis 208–211, 242, 262
Placeboeffekt/e 134
Poiesis 11, 197
Positivismusstreit 284
Pragmatik 165–168, 192
Praxis 9, 11, 18ff.
Praxisrelevanz 18, 20, 22, 288f.
Programm/e 218, 226, 232, 286, 288

Rationalismus 32–34, 40, 45, 184, 28, 268
Raumdimension 80, 266
Realitätsverdoppelung 92, 214 f., 286
Recht 57, 219 ff.
Redundanz 9, 182, 293
Re-entry 32, 248
Referenz 53, 65
Religion 86 ff., 218, 233
Reputation 169 f.
Rhetorik 15, 176, 192

Schöpfungstheorie 92, 252
Schrift 70, 148
Schüler 65, 122, 124 f., 129, 135, 150, 219
Schule 124, 231

Selektion 60, 108, 126
– kulturelle 294
– natürliche 294
– sexuelle 294 f.
Semantik 53, 71, 74, 144, 165, 178, 240, 242, 295
Signalselektion 150
Sinn 126 f., 130 f., 140, 141, 154, 193 ff.
Sinnbegriff 126, 128
Sittlichkeit 159
– einfache 211, 227, 229
– reflektierte 211
Sozialdimension 81, 264
Sozialisation 74, 270
Spiegelneuronen 133
Spiel, Kinder- 74
Spielraum (einer Aussage) 164 f., 218
Sprache 56, 58, 66, 147, 163,. 165, 199
– Meta- 56, 155 ff.
– Normal- 156
– Objekt- 155 f., 175
– Theorie- 156 f.
Sprachphilosophie 147–172
Sprachtyp/en 153
Sprechsituation, ideale 105
Stoa 70, 143, 245
Stoiker 70, 230, 26
Subjekt 29, 31 f., 33, 50, 66, 121, 125, 137, 140, 203, 230, 247
Subjekt-Objekt-Spaltung 203
Subjekt-Objekt-Struktur 28–32, 37, 46, 81, 93
Supertheorie/n 44
Syllogismus 175, 184
System/e, soziale 147, 206, 272
Systemtheorie 144, 164

tabula rasa 40
Takt, pädagogischer 79, 227
Technik 20, 91, 186
Teleologie, teleologisch 119, 135 f., 267
telos 129, 135, 240, 245
Temporalisierung 105, 117, 215
Theodizeeproblem 233
Theologie 89
theoria 16, 20 f., 288
Theorie/n 7–24, 288
Theorie-Praxis-Verhältnis 16 ff., 76, 287 f,
Theoriekonjunkturen 296
Theoriepluralismus 10, 291
Theorien der Erziehungswissenschaft 10
theory of mind 132 f.
Tier/e 138, 239, 241, 247, 253, 263, 265 f., 275
Transzendenz 89 f., 215, 223, 243, 287
tu-quoque-Argument 45
Tradition 16 f., 23, 27, 32, 53, 67, 107, 109, 210 f., 229, 268

Universalie/n 36, 55 f., 72, 189, 254, 258, 263, 269
Unterricht 61, 139, 151, 214, 235
Unterscheidung 162, 183, 241
Ursache 119, 121, 125
Urteilskraft, praktische 215

Vergangenheit 69, 106, 108 f, 110, 123
Verhalten 138
Vermittlungsproblem 18 f., 21
Vernunft 39, 98, 100, 109 f., 135, 210, 266
Vernunft, reine 194, 196
Verstehen 107, 125, 128 f., 131, 133, 140
Voraussagen 110, 187
Vorbehalt 146
– eschatologischer 90, 93
– ethnischer 280
– erkenntnistheoretischer 93, 280
– skeptischer 111
Vorselektion/en 151, 220, 274, 291
Vorstellungswelt 68, 70, 72
Vorstellungsraum 69

Wahrheit 72, 88, 91, 93 f., 98, 109, 112, 115 ff., 170, 204, 292
Wahrheiten, absolute 88
Wahrheitsbegriff 88, 91, 93, 99, 115, 179, 295
– evolutionstheoretischer 95, 106–111, 299
– kohärenztheoretischer 95, 173–200
– korrespondenztheoretischer 94, 100 ff., 143, 154, 292

– konsenstheoretischer 95, 102–106, 171, 292
– ontischer 94–99
Was-Frage 120
Warum-Frage 120, 158
Welt 1 67 ff., 72, 75, 82, 96, 98, 100, 111, 114 ff., 119, 130, 134, 144, 154, 159, 166 f., 174, 180 ff., 210, 225 f.
Welt 2 68 f., 75, 82, 119, 127, 130, 134, 168, 182, 219, 225, 285
Welt 3 71 f., 83, 94, 98, 100, 111, 114 ff., 119, 126, 130, 154, 159, 166 f., 180 ff., 210, 225 f., 241 f.
Welt der objektiven Ideen 71
Wert/e 160 f., 175, 203 f., 223, 233–238, 268
Wertfreiheitspostulat 228–233
Werturteil/e 153, 158 ff., 230
Widerspruchsfreiheit 177, 184, 190, 193, 196
Wirklichkeit 11, 39 f., 45, 55–61, 71
Wissen 25, 78 f., 86 ff.
Wissenschaft 51, 80 ff., 86, 89, 152, 168, 171
Wissenschaftsforschung 81, 86, 73
Wissenschaftstheorie 78–114, 86, 173
– i. e. S. 81 f., 84
– i. w. S. 81 f.

Zeitdimension 80, 152, 264
Zufall 137, 152, 179, 207, 291
Zukunft 106, 111, 216, 235
Zweck 119, 213, 234 f., 272, 274

Alfred K. Treml

Pädagogische Ideengeschichte
Ein Überblick

2005. 326 Seiten. Kart. € 21,-
ISBN 978-3-17-017277-7
Urban-Taschenbuch, Band 600

Das Buch gibt einen komprimierten Überblick über die (abendländische) pädagogische Ideengeschichte – angefangen bei der altägyptischen Hochkultur, der griechischen und römischen Antike über das christliche Mittelalter, die Reformation und den Humanismus bis in die Moderne, die mit der Aufklärung im 18. Jahrhundert zu sich kommt. Der Schwerpunkt der Darstellung liegt auf den einflussreichen Ideen - also auf jenen, die eine langanhaltende kommunikative Resonanz gefunden haben. Ausführlich und verständlich werden die dominanten Ideen und die exemplarischen Topoi behandelt, die bis heute die Basis des pädagogischen Selbstverständnisses bilden, wobei vor allem die geschichtlichen Übergänge und Wendepunkte der (Ideen-)Geschichte herausgearbeitet werden. So wird deutlich, wie und vor welchem geschichtlichen Hintergrund neues pädagogisches Denken und Handeln bahnbrechend wurde.

▶ www.kohlhammer.de

W. Kohlhammer GmbH · 70549 Stuttgart

Klaus Prange

Schlüsselwerke der Pädagogik

Band 1: Von Plato bis Hegel

2007. 256 Seiten. Kart. € 18,-
ISBN 978-3-17-019605-6
Grundriss der Pädagogik/Erziehungswissenschaft, Band 25
Urban Taschenbuch, Band 685

Band 2: Von Fröbel bis Luhmann

2009. 264 Seiten. Kart. € 18,-
ISBN 978-3-17-019607-0
Grundriss der Pädagogik/Erziehungswissenschaft, Band 26
Urban Taschenbuch, Band 686

Pädagogik, als das Bewusstsein, das Erziehung begleitet, ist eingebettet in kulturelle Kontexte, soziale Konstellationen und biografische Schicksale. Dabei sind ganz unterschiedliche Ausdrucksformen entstanden, in denen sich dieses Bewusstsein artikuliert. Sie reichen über Beispielerzählungen und Traktate, romanhafte Gestaltungen, essayistische Programmschriften bis zu den systematischen Werken der älteren und neueren Erziehungstheorie. Die beiden Bände erschließen in subtiler Interpretation die großen Einzelwerke der pädagogischen Literatur, wobei sowohl die zeitgenössische Bedeutung und Wirkung des Schlüsseltextes als auch seine Impulse für die Entwicklung des pädagogischen Denkens herausgestellt werden.

▶ www.kohlhammer.de

W. Kohlhammer GmbH · 70549 Stuttgart